利休の茶室

堀口捨己著

はしがき

利休の茶室、これは日本の茶室と云ひ代へてもあまり變つたことにはならない。それほど利休の名は茶の湯に關る限り大きな在り方である。利休の茶室は日本の數寄屋造《すきやづくり》の起りであり、またその到り着きでもあり、そしてまたそれは數寄屋造の盛りの花でもあつた。

私は嘗て利休三百五十年祭の折に、妙喜庵圍のことを書いて、次のやうな前書を添へたことがあつた。

千利休は今日に於ては單なる茶人ではない。彼は三百五十年前の文化人であり、創意に滿ちた知識人であつた。茶の湯と云ふ生活構成の藝術の中に獨創的な工藝品や茶室や茶庭を殘した工藝家でもあり、建築家でもあつた。

利休の茶室は實際今日に於ては單に茶室だけのものではない。茶室以上の建築である。彼の

茶室は　建築そのものの本然の問題をはらみ、事物的《ザッハリッヒ》な要求を　如何に建築的に解いたかを物語る教書であるやうに思ふ。そこに今日利休を探り、利休をとり上げる現代建築の立場があるのである。それは現代日本文化の務でもあるのである。

今ここに現代建築の立場で　利休の茶室をとり上げる。其事だけの中にも　既に一つの昂揚された精神を　私は自分の中に見出すのである。既に云ひ古され、傳へ古された利休が　實は古いものではなくて、新しいからである。云ひ古され　傳へ古されたのは　茶人達のマンネリズムの中の利休だけである。利休は其傳記についても茶の湯についても茶室についても、まだまだ充分に知られてゐない人なのである。それらの史料は　所々に祕藏されてはゐるが、一度も集められた事はないのである。利休研究は　實に未踏の處女地なのである。彼の茶室に至つては　今迄に二三の寫眞と俗傳が紹介されてゐるのみで、嚴密な意味では　まだ少しも研究されて居ないし、紹介もされてないと云つても過言ではないのである。そこに彼の三百五十年祭と云ふ記念すべき時に　新しく一つの文を改めて纏める意義は　充分に見出されるであらう。然し今迄打捨てられてゐた利休の茶室について　我々が何を云ひ得るか。この問ひに對しては　全く我ながら聲なき次第である。それは利休傳記や　茶會記の基礎的な史料の蒐集一つされて居ない今日には　茶室の研究をするにも其方面の檢討からしてかゝらなければならないのである。史料は祕藏され、古い傳統の中に化石して、見る機會がない今日、どうして其事が滿足すべき程度に達せられようか。然し今日でも軒傾いた古い彼の遺構の中に彼の意匠の生きた相《すがた》を求め、紙魚に委ねた古傳書の中に彼の創作意圖の片鱗に接する時、我々の昂められた精神は我々の情感を內からゆすぶるのである。

彼の遺構妙喜庵は色褪せて朽ちかけてはゐるが、猶古びもせずに輝いてゐる其建築の宜しさと美しさは、見る者を直に把へずには居ない。その宜しさと美しさの中に我々が今摸索してゐる現代建築的表現の健かな姿を見出し、我々は全く驚くのである。かうした彼の作品を其史料が充分であるなしにかゝはらず、此機會にとり上げて、出來るだけの史料で一應今日達し得られる範圍を極めることは意義のない事ではない。

これだけを書いて見て、私は更に讀み返して見るとき、或は云ひ過ぎでないかと祕かに省みた。そして私が此度妙喜庵へ寫眞を撮りに行つて、受けた感動が一ケ月餘經つた今日猶少しもさめてゐず、以上の如き云ひ表はし方で此感動を人に傳へる事が出來るかと危懼を抱く位である。賣品の廣告や爲にする世辭の云ひ表はし方と混同されるやうな結果になりはしないかを懼れ乍ら、尙も私の感動を充分に傳へ足りない氣持を抱くのである。

妙喜庵の躙口から中へ入つた時の感じを もつと卑近な表現をとるなら、脊すぢの中へ サッと何ものかを受けた感じである。私はぞくぞくとして 全く我を忘れた。魅せられると云ふのは かう云ふ事であらう。かう云ふ感じを 受けるものは さう多くあるものではない。茶室の中では織田有樂の如庵があり、それにつゞいて小堀遠州の龍光院茶室があらうか。其他尚二三ありさうに思はれるが 然し大分へだたりがある。茶室ではないが 桂離宮の御車寄などの前に立つ時や、三月堂を裏から奈良朝時代の部分だけを見上げた時などには 同じ感激を覺えた記憶をもつてゐる。利休の作品でも妙喜庵ほどの感じを與へるものは 未だ他に接したことがない。言ひかへれば、妙喜庵茶室あるがために 利休のえらさを知るのである。そして今は 既に亡びた數々の彼の作品を古茶書にさぐり、此妙喜庵茶室を生むだけの充分な力を 肯はざるを得ないものに 私は出會つて 益〻意を强うして 讃へたく思ふのである。

これが嘗て書いた前書の一節である。利休について抱くこのやうな心持は 今も少しも變つてゐない。利休の宜しさや偉さは 或はその好ましさ、時には 恐ろしさは 私には いつもこの妙喜庵圍を通つて來る。利休の妙喜庵圍なしに 私には 利休はなかつたかも知れない。私は常に妙喜庵園を通して利休を見る。またこれを通して數寄屋造を見るのである。然もそれは日本の數寄屋造を。數寄屋造の意匠理念は今も建築の理念として世界に生きてゐる。そのやうな數寄屋造を。

利休の茶室を見るに私は常に日本の建築史の上に於て把へ、建築史全體の關りに於て見ようとしてゐる。謂ふ所の數寄屋や園は小さいが據つて來る所は大きいし、深い。及ぼす所も同じく大きく深くまた廣いのである。私は日本の住宅の寢殿造と書院造との中から生れ出て來た數寄屋造を明かにしようとしてゐるのである。少くとも日本住居史の三つの大きな樣式としての寢殿造、書院造、そして數寄屋造を、樣式的な性格付けとその生れ、育ち、榮えを把へようとするのが私の茶室研究の目あてなのである。この書は利休の名に關るものだけに限つたのではあるが、この書に辿りつく迄に、私はこの二倍近い頁數をこの問題に費してゐる。それは「書院と茶室」と云ふ題のものであつたが、然し不幸にしてそれは本になるばかりになつて、太平洋戰爭の牲となつて了つた。發行所の事務所と、印刷所と、そして私の事務所と三つの空襲の折に三度に亙つて、三つの別の所で、根こそぎ灰になつて了つた。その四分の一、約二百頁近い校正だけが手元にのこつた。それは書院造の庭にかゝはる所だけであるが、今は已むを得ずその所だけでもと、この書と同じく版にしようとしてゐる。それはこの書の中の茶庭につながる部分である。この書の中心である書院造と茶座敷の先驅をなした部分は最も私の力を入れた處で、なか〳〵元の形に戻せさうにない。これは闇から闇に、葬られて行く宿命《さだめ》であつたのかも知れない。その中の骨組の一部は私の學位論文になつた處であるから、まだこの世に殘されてゐるはずなので、折を見て、また再びそれに肉付けをして、世に生れ出る時がないとは云へないかも知れない。それは寢殿造から書院造が育つて來る樣を明かにし、足利義政の東山殿を一つの頂として室町時代中頃に初期書院造の完成を主に見た調べであつた。そこに既に後の茶座敷の芽を見て來たことは茶合せの茶の中に利休の茶の胚を觀たと同じであつた。先に位すべき書物が出ずに、今それの續きの利休の茶室が世に先に目見えると云ふことは私にとつてはなか〳〵辛い思ひである。それは前の書き物を受けて、これは述べられてゐる處が少からずあるからである。然しいづれの日かを期してまたそれも世に送る可く努めよう。私はこれにつゞいてなほ織部や有樂や遠州やその他の多くの調べる可き目當てのものを殘してゐる。どちらにこののち向ふべきか今は心を決めてゐない。またこの「利休の茶室」は前に書いた「利休の茶」と共に、一冊に纏めて刷り度かつたが、紙の都合でそれは二つに分けて刷ることにした。「利休の茶」は利休の茶室が據つて來る茶の湯の思想的な向を纏めたものである。その思想の源から利休の造形的理念も育まれて出てゐたのであつたから、この書の前に當にある可きものとして刷られる可きである。然しそれは既に「思想」誌に載せたものが主になつてゐるから、今は新しい稿を先に取り敢へず出すことにしたのである。いづれその「利休の茶」も遠からず刷られ得ると思ふ。

このなかに收めたもののうち、「利休書院殘月亭」と「妙喜庵圍」だけは嘗て雜誌に出したものに手を加へたものである。

戰の災はこの書き物の世に出るのを著しく後れさせたが、今や燒け野原と成り果てた都の一隅に立つて、思ひも掛けぬ所に表はれた圓やかな富士と太陽とをまともに見乍ら、新しい日本の出で立ちを祈りつゝ、私は私の新しい踏み出しとしようと考へてゐるのである。

昭和二十年十月の日に　目白の燒け殘りの家にて

目次

插繪目次

三　利休三疊大目

六　利休の妙喜庵圍

こゝの中に入れた寫眞の中 左に誌したものは 特に 昭和十五年、十六年、十七年に渡って、私の指圖で、加藤武雄氏、渡邊義雄氏、佐藤辰三氏等の寫眞家の手を 煩はしたものである。また寫眞を撮るに付き 西村辰治郎氏を通して、某氏からその費の援を得た。誌して、その御骨折と御志とに 心からの御禮を申し上げる。このうち

加藤武雄氏撮の分　六の二、四、五、六、七、八、九、一一、一二、一三、一四、一五、一七、一八、一九、二〇、二一、二二。七の二

渡邊義雄氏撮の分　二の五、六、七、八。三の三、四、五。四の五、六。五の三、四。七の一。

八の一七、一八、一九、二〇、二一

佐藤辰三氏撮の分　六の三、一一、一六。八の一、二、三、七、八、九、一〇、一二、一三、一四

右の外　八の一一は村澤文雄氏、八の二二は市浦健氏、八の二三は坂本萬七氏の撮られしもの。

一　利休茶室と傳へるもの

一の目次

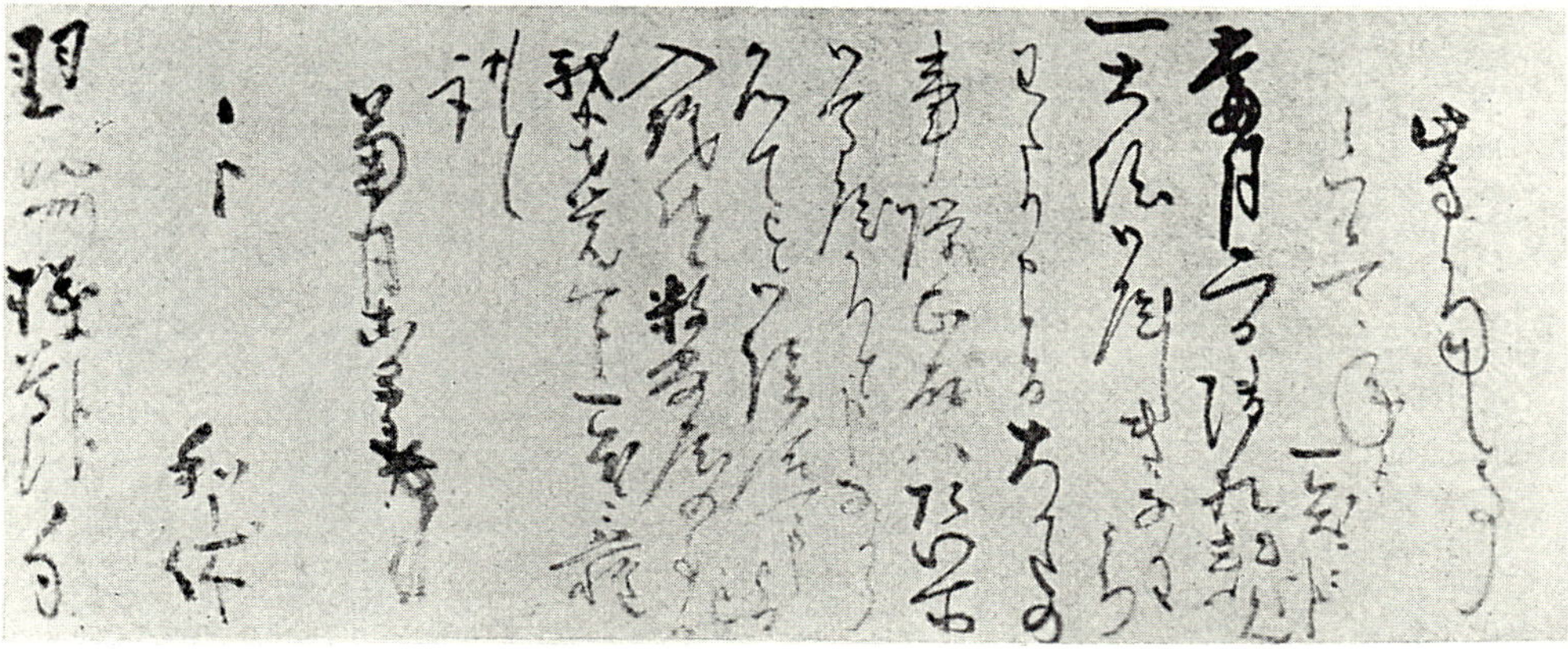

利休自筆の手紙の一つで、天正十四五年頃に、前田利家（羽柴筑前守）に宛てたもの、讀みは

此方に用事
候ハヽ可承候　一笑々々かしく
當月二日御札拜見
一大佛御屋しきなわうち
わたり申候間大かたの
事彈正殿へたい所
御馬屋うちと申なから
かつてを御談合可申旨を
入魂仕候　數寄屋の事ハ
我等才覺可申候一笑〳〵恐惶
謹言
菊月十八日　宗易（書判）
ト　利休
羽筑州樣　尊報　易

と云ふのであるが、「今月二日の御手紙拜見しました。京都の大佛御屋敷の繩張りをいたしましたから、大かたの事を彈正淺野長吉（後の長政）殿へ臺所、御馬屋内など使ひ勝手の事などを相談いたす旨を通じました。數寄屋の事は私が工夫を致す考へで居ります。尚私に御用が御座ゐますなら承りませう。」と云ふ含みである。

一の第一圖　建築についての利休の手紙（遠藤義一氏藏）

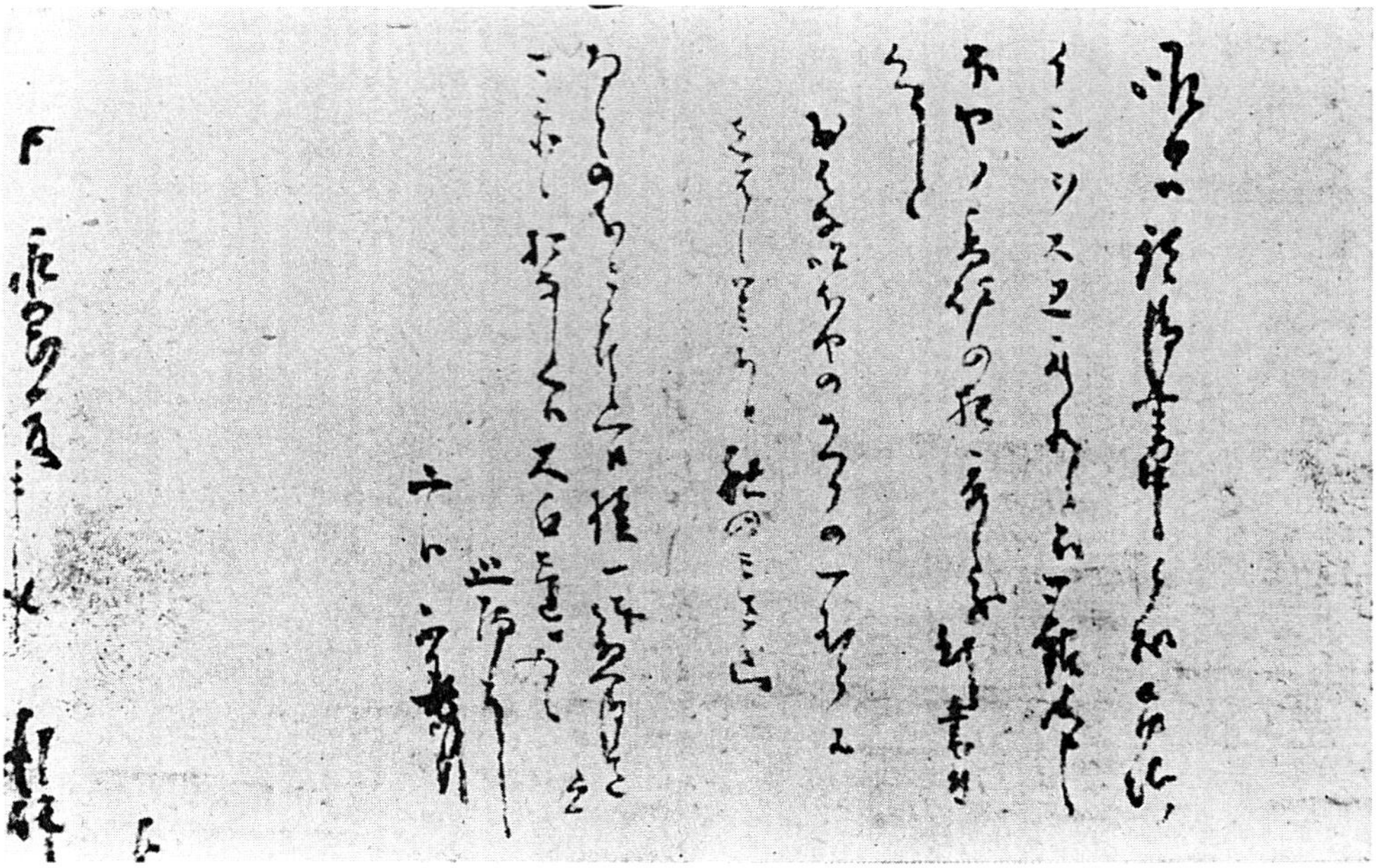

利休自筆の手紙の一つで、宛名は長岡越中守細川三齋でないかとも思はれるが、明かでない。讀みは　判り難い處もあるが

昨日ハ預御書中候處　呂次ノ
イシヲスヱ罷居候故御報不申候
不ヤノ香爐の狂歌之義則書付
進シ候

おはな吹不ヤのめくりの一むらに
しはし里ある秋のミさ山

一度々の義ニ御座候へ共椿一本被懸御意候ヘ、
可忝候　おなしくハ大白望ニ存候
恐惶かしく
二日　宗易（書判）

永岡殿
貴報
利休

の如くである。卽ち「昨日は御書中で申し上げるように申しましたが、路地の石を据えて居りましたから御知らせ申しませんでした。穂屋《ほや》香爐の狂歌は「尾花吹く　ほやのめぐりの一むらに　しばし里ある秋のみさ山」（玉葉集の中にある金判盛久の歌）度々の事ですが、椿一本下されば　忝く存じます。同じくは大白を望みます。」と云ふのである。

一の第二圖　庭造りに關る利休の手紙（某氏藏）

一の一　圍と數寄屋

茶室或は 茶座敷と こゝで云ふのは 茶の湯を行ふため 特に造られた建物、 或は部屋を 指してゐるのであるが、 利休傳書の中に 見えてゐるそれらについての言葉は

「かこい」「かこひ」（天正元年（一五七三） 南坊宛）

「數寄屋」（天正九年（一五八一） 野村宗覺宛、 天正十五年（一五八七） 萬貫屋新四郎宛、 川崎梅千代宛、 宗瓦宛、 常陸宛）

「小座敷」（茶湯百ヶ條）

「座敷」（天正九年 野村宗覺宛、 紹知宛、 荒木攝津宛、 百ヶ條）

などである。 なほ「二疊た《だ》いの座敷」（天正八年（一五八〇） 藪內紹知宛、 宗德宛） と云ふ含みで 「二疊臺」（天正八年 藪內紹知宛）、 「二帖大目」（萬貫屋新四郎宛） などと、 疊の數でのみ呼んでゐた場合もある。 これらの傳書のうち 利休の筆として傳へられてゐるのは 南坊宛と紹知宛だけで、 他は後の寫しであるから 利休の筆のまゝに 寫されてゐたか否か 疑ひなきを得ない。[註一] 然しながら長い時代を通

して 利休の名に於て このやうな文字で 傳へられて來たものである。

室町時代に於ては「喫茶之亭」(喫茶往來)、「茶湯座敷」(看聞御記)、「數寄座敷」(分類草人木)、「函方」「丈函」(蔭涼軒日錄)、「茶屋」(二水記) などが稀に見えてゐたが、多くは たゞ座敷と 廣い含みの客間の謂ひで 呼ばれてゐた。 例へば 茶の湯の書物に於ても、珠光の「御尋の事」をはじめ「數寄道大意」の中には「座敷」と云ふ言葉より他には出ないし、また松屋會記の古い所にも「座敷北向」(永祿十一年(一五六八)二月十六日 堺春慶の會) とあつたやうな 書き振りであつた。 これは桃山時代に入つても 多くは さうであつた。 例へば「座敷東向四疊半 右かつて いろり二寸長。」(信長茶會記 天正元年(一五七三)十一月三日) とか「深三疊 床なしの座敷なり」(荒木道薫茶會記 天正十一年(一五八三)正月廿日) と云ふやうであつた。 これはまた 江戶時代に入つても、中頃迄は 同じやうに承け繼がれてゐた。[註二]

利休が用ひてゐた「かこい」「かこひ」は圍の字を當てるのであるが、後に これを數寄屋と分けて、建物の一所を 圍つて作つた茶座敷とし、數寄屋は 主屋《おもや》と離れた獨立のものを呼ぶとしたものも表はれた。[註三] 然し利休の傳書では まだそのやうに 明かに使ひ分けられてはゐなかつた。例へば 天正元年の傳書に「カコイノ床ニ七飾有事」とした條のカコイは 世の汎き茶座敷の含みであつて、獨立した茶座敷、數寄屋をも その中に込めて 云つてゐたと考へられるのである。その

故は この長い 事細かな傳書に 書院の名は出て來ても、數寄屋とか 小座敷などの名は 一處も出て來ないからである。

「かこい」の名の起りは 松屋茶湯祕抄に「堺福阿彌と云ハヂシュ(時宗か)ナリ。客殿の緣の先を 利休圍て イタサレ候。」とし、「茶湯座敷を 世上ニ 圍イと云事 此座敷より初たり。」とも誌してゐて、利休が堺に居た頃の 好みであつたと傳へてゐた。

「數寄屋《すきや》」と云ふ言葉は 天正九年(一五八一)の利休傳書に 出てゐるのなどが 恐らく 最も早い表れであらうか。これはそのころ專門的な呼び稱へであつたかのやうに思へる。そして利休時代に於ても稀で、宗湛日記(天正十五年(一五八七)正月十八日の條 その他)、秀吉の手紙(天正廿年(一五九二)十一月廿五日附 淺野侯爵藏)などに「數奇や」とか「すきや」とあり、南方錄の中に 二處ばかり「數奇屋」と出てゐたのなどが 目に留つた處である。慶長年代に入ると、宗湛日記、梵舜日記、鹿苑日錄、駿府政事錄などに、(註四) 時をり表はれて來る。慶長十三年(一六〇八)日附の平內政信が傳へた「匠明」には

「……茶ノ湯之座敷ヲ 數寄屋ト 名付事ハ 右同比 堺ノ宗益云初ル也。」(匠明)

としてゐた。右同じ頃と こゝで述べてゐたのは 前の所にある聚樂第を 築く頃を指し、「堺ノ宗益」は 云ふ迄もなく 堺の宗易で、利休宗易の含みであつた。工匠の傳で この如く 利休が名付

くる所としてゐたやうに 數寄屋は 利休のものに 今の處 眞先に 表はれてゐた。然し江戸時代にもなると

「數寄屋と申事 きゝにくしとて、小座敷と古より申候。數寄申事をよけ申候。」（江岑夏書）

と云ふやうなことが、利休の末の人から 云ひ出されて來たし、また

「利休流ニ 數寄屋ト云事 無レ之。小座敷ト云。此小座敷ハ棟ヲ別ニ上テ、路地ヨリ ク、リ《潜》ヲ付テ、客ノ出入スルヲ 云ナリ。又圍ト云ハ 書院ヨリ襖障子ナト立テ、茶ヲ立ル座敷ヲ 圍イト云ナリ。之ハ床ヲ入テモ、ク、リヲ付テモ、中柱《なかばしら》ヲ立テモ、或ハ突上窓《つきあげまど》、或ハ勝手口、通口有レ之トモ、廣座敷ノ内ニ 間仕切テ 茶ヲ立ルヤウニ造ルユヘ圍ナリ。」（茶譜）

なども云ひ出されてゐる。江岑宗左の江戸時代中頃近くには 數寄屋とか、數寄と云ふ言葉が聞きにくいものとなつたことは 恐らく數寄と云ふ言葉が 茶の湯から離れて、他の含みに移つて行つたためかとも思はれ、特にそれを避けようとしてゐたらしい。然し利休に於ては 寧ろ數寄屋としるした場合が多く、小座敷とした例は 先にも示したやうに「茶湯百箇條目錄」（松屋日記の内）だけに たゞ一度見られるのみであつた。

「茶室」と云ふ言葉は「南方錄」に出てはゐたが、極めて稀で、元和六年（一六二〇）に歿くなつた南浦の

「茶室記」に出たのなどと共に早い方であらう。この言葉は今でこそ多く使はれてはゐるが、利休をはじめ、古くは殆んど使はれなかつた。[註五]「茶座敷」は古くから「茶湯座敷」と呼ばれた例に準つて云ひ詰めただけで、こゝではこれを主に使はう。

茶座敷は世の座敷と分けて、室町時代初めから呼ばれたやうに一つの何かしら世の常のものと異つた踏み出しをしてゐたが、數寄屋とか圍など云ふ名が利休時代になつて云ひ出された迄はまださして他の座敷と異つた造りではなかつたやうである。室町時代の茶の湯座敷は恐らく茶の湯棚が造られた座敷であつたであらうし、函丈とか函方などの名は四疊半敷か、それより狹い四角な部屋の含みから出てゐた稱へ名であらう。茶屋は庭うちの亭などに付けられた名であつた。これらの古い稱へを變へて、利休が圍と言ひ、數寄屋と呼ぶのはそれらはそれだけの變つた部屋構や、建物になつて來たからに外ならなかつた。利休時代に於ても、なほそれを多く座敷とか、小座敷とか呼んだのは、前からの習を承けついで居たのであつて、それが天正元年（一五七三）頃から九年（一五八一）頃にかけて今迄使ひ習はなかつた名が出て來たのは この頃か、その頃前に漸く性格的な構を持ち出し、他と異つた建物として完く成つて來たことをおのづから示してゐるやうに思はれる。天正元年(一五七三)の利休傳書には 廣い部屋で、恐らく書院附きの座敷を「書院」と呼び、圍の茶の湯と對ひ立つものとして「書院立の事」が說かれてゐた。また宗德宛のものには 二疊だいの座敷に對ひ立つものとして、「廣座敷」と書いてゐた。

このことから推して、圍とか數寄屋とかは 小座敷と共に 總て狹い部屋を 利休は 指してゐたこと 明かである。

また圍や數寄屋は 廣座敷、書院に對ひ立つと共に それらと離すことの出來ない連りを持つて、茶の湯の組み立ての場として 常に構へられてゐた。すなはち利休の茶座敷は 庭や主屋が それの廻りを取りまき、境を 形造つてゐたと云ふだけでなしに、それらが茶の湯そのものの中にも深く食ひ入つて、互に相倚り 相俟つ 關はり合ひの中に 置かれてあつたのである。例へば 天正十八年(一五九〇)十月廿日の利休聚樂の會（宗湛日記）のやうに 二疊敷と書院廣座敷とを つゞけて用ひる場合とか、十一月九日の「茶ノ湯は 四疊半にて」「御食は 廣間にて」（利休百會記）と云つた會の如きは 云ふ迄もなかつたが、別々に用ひる折にも、小座敷と廣座敷との在り方の違ひを 茶の湯の道具組みや手前の中に 織り込むのであつた。そして 同じ客については 常にその使ひ分けを 考へに入れてゐたのであつた。[註六] このことは彼の傳書として 明かには示してゐないが、彼の茶會記の中に 汲みとることが出來る。それ故に利休の圍にしても 數寄屋にしても たゞそれだけを 離して見る可きでなしに 屋敷構の中の 一つのものとして、それらの大さの中に ある好ましき比例を もち、それらと隣るものとの取り合せに於て 見なければならない。

註一 利休の筆と云はれてゐる京都の妙法院藏の天正八年(一五八〇)十二月附藪内紹知宛、及び堀越家藏天正元年(一五七三)九月十六日附南坊宛の傳書は、桑田氏はこれを「江戸時代の僞物」としてゐる。松山吟松庵氏は眞筆とせられてゐる。私は まだこれらを明かにするだけ 利休の文字についての調べをしてゐないので、こゝでは松山吟松庵氏に從つて置かう。

註二 數寄屋と圍とを分けて考へるのは、江戸時代初めに書かれた「織部聞書」や「茶譜」などが早い方であらうか。「南方錄」にも「長四疊ハ深三疊ヨリ後ノシツラヒ也。」「コレラハミナ圍ノ類ニテ諸事不自由ナリ。ソレユヘ近來マレニ成タリ。」と書いてゐる所から考へると、圍の含みは明かであつたが、それを 數寄屋と云はずに、それと對ひ立てて、分けて考へてゐると思へるほど確には見えてゐない。「織部聞書」には「數寄屋ハカヤフキニ定也……」とあり、「同瓦フキ又ハコケラフキナトニスル事夢々不可有之。」ともし、次に「圍ハ何方成共拵候ナレハ何フキニテモ不苦。」として、明かに分けて誌してゐたが、これは江戸時代初めに編まれたもので、織部自ら この如く分けて使つてゐたやうには思へない。後には「翁草」に明かに 分けて書いてゐたが、これはあまり世に用ひられなかつたやうに思はれる。茶譜に「右當代ハ數奇屋トナラデハ不云。又書院ノ脇ニ襖障子ヲ立テ、或ハ三疊、或は四疊半、或ハ六疊敷ニシテ、小座敷ノゴトクナレバ、之モ數奇屋ト云。又小座敷別ニ棟ヲ上テ、書院ト離タモ圍ト云。何レモ誤ナリ。」と江戸時代初期に 世の中では使ひ分けてはゐなかつた。

註三　寛永三年(一六二六)版の草人木にも數寄屋と二度程出てゐるが多くは座敷が使はれ、一度「草庵」とも書かれてゐる。元祿時代の茶の湯奧儀抄や茶道便蒙鈔なども座敷と書いてゐた。

註四　後に使はれる數寄屋或は數奇屋はあまり使はれてなく、利休の天正九年(一五八一)、天正十五年(一五八七)の傳書の外になほ宗湛日記（天正十五年正月十八日の條）、次にまた天正廿年(一五九二)十一月廿五日附、秀吉の手紙（淺野侯爵藏）に「すきや」とある。その後、梵舜日記（慶長三年(一五九八)十二月四日の條その他）、駿府政事錄（慶長十六年(一六一一)十月廿五日の條その他）、鹿苑日錄（慶長十七年(一六一二)正月廿日の條）、元親記（寛永八年(一六三一)五月十九日の條その他）などにあり、また寛永三年(一六二六)代の草人木に二度程表はれてゐる。この數寄屋の元をなすかも知れない言葉に數寄座敷（分類草人木）、すきのさしき（御湯殿上日記天正十四年(一五八六)一月十六日の條その他）があつた。然しこれらは稀しい方で、大方は殆ど座敷とか茶湯座敷が使はれてゐた。圍は極めて稀で、天正元年(一五七三)の利休傳書の他は 江戸時代初期の茶譜などに表はれるのが早い方であらう。中期に入つてからは茶の湯奧儀抄に道安座敷、圍、茶の湯評林に妙喜庵の圍、次に槐記に圍居などともある。

註五　桃山時代のものに殆ど表はれなかつた茶室の如き文字をしるしてゐた南方錄は既に前にも疑ひを述べたことであつたが、或は山本賓山が江戸時代になつて手を入れた折にでも入つたのでないかとも思はれる。これはなほ後の考へに俟たう。江戸時代に入つても、中期に刷り出された茶道要錄の如き、漢文めかしたものにさへ「茶席」を多く使つてゐた。また後の源流茶話にもさうであつた。倭訓栞や和爾雅、紳書には「茶寮」の字を宛ててゐた。茶室は江戸時代末期の「嬉遊笑覽」や「茶道早合點」に見えてゐるだけである。

註六　宗湛を客とした天正十八年（一五九〇）九月十日、利休が聚樂の會では「書院にて臺子の茶湯也」（神屋宗湛獻立日記）であつたが、翌月十月廿日には「二疊敷　圍爐裏」（宗湛日記）の茶をしてゐた。また利休百會記の中でも毛利輝元の如く幾度も出る人に向つては、例へば二疊敷（八月十八日朝）、四疊半（九月廿二日晩）と座敷を變へたばかりでなしに、釜、水指、茶入、茶碗など總ての器を異へて行つた如きであつた。然しこのやうな座敷構の考へは「近年小座敷の茶すみて又書院或ハ四疊半なとへ出て、茶よ菓子よと馳走する事始りたり。……備前宰相殿、淺野殿、宗及へ相談の由にて、クサリの間とて、別段に座敷を作る事あり。毎々小座敷すみて、又此座にて會あり。此事を宗易傳へ聞給ひ、是後世に佗茶湯のすたるへき基なりとて、わざと御兩所へ參り御異見申されしなり。此のちハ御成の時も小座敷なれハ小座敷、書院なれハ書院、とかく一ヨに座をかへての飾所作御斷申されしなり。」（南方錄）と云ふ程に盛になつて來たらしかつた。

一の二　利休好み茶座敷と本式四疊半

利休好みの茶座敷として　いま云ひ傳へられて居るものには　疑はしいものもあるが、山崎妙喜庵の待庵《たいあん》、堺南宗寺の實相庵《じつさうあん》、京都大徳寺聚光院の閑隱《かんいん》、高臺寺の傘亭《からかさてい》の四つである。然しなほ圖面でのみ殘つてゐるものは　數多く、いま手元にある書物や繪圖から　利休好みの名のつく異つた間取圖を拾つて見ると、四十五種を數へる事が出來る。然しその中には寫しが度重なる毎に誤りが出來て來て、知らず知らず　一つのものが二つにも三つにも　なつたものがあるかも知れない。そこで　それ等は疊の數、床間、爐、入口によつて　特徴を表はしてゐるのであるから、疊の敷方の違ひや　入口や床間の在り處が　三尺より下のずれは　同じものと考へ、また土椽（土庇）のついたものと　それのないものも　他が似て居れば　同じものと見なして整へると、三十八種になつて來る。これは他の人の場合と比べて、餘程多い方であつた。

然し　これらの間取圖のうち、利休時代に書かれた圖で、然も原本であると　考へられるものは唯一つ、山上宗二が天正十六年(一五八八)二月廿七日付の巻物に三疊大目の利休大坂の茶座敷(三の第九圖)を書き殘してゐたものより他に今は知らない。その書の中には利休の京都の一疊半のことも書いてゐたが、圖は出てゐない。然しなほ利休の子少庵が書いたものを杉木普齋が寫したと云ふものの寫しが他に傳へられてゐる。これなどは據るべき史料として使へるもののやうに思ふ。それには利休の四疊半と二疊が出てゐる。

この外に利休時代の多くの茶人の日記はその原本は殆んど知られてゐないが、史料として據るに足るものがあり、また江戸時代初めの書物にも目を注ぐべきものがある。然しそれらの中から取り出し得る利休好みの茶座敷はさう多くあるわけではない。どうしても數多い江戸中期より後の書物に求むるより他に道がない。中期後の書物と云つても、それは據るに足るべき桃山時代から江戸初めにかけての史料をそのまゝ傳へてゐたものが決してないとは云へないのである。いま集め得る利休の茶座敷もなかば上をこれら中期及びそれより後の寫本に求め得たものである。その中にには例へば東陽坊の茶座敷の如きは、中期に近いものには利休好みとして傳へられてゐたが、後に小堀遠州の好みと傳へられ、明治より後になつて、建仁寺に移されてからは、東陽坊みづからの好みと云はれてゐるのもある。その時代の好みの潮によつて、古い茶座敷が人氣ある偶像化された茶人に附會される事をこれに依つて見る事が出來る。又それは安樂庵の竹林院のものの如く初め織部好みと云はれ、後に遠州好みと傳へられるに到り、また更に後に織部好みとなる如きと同じ時代の表れである。かうしたやうに、いま利休の茶座敷として集めた圖の中には他の人の好みが利休好みにされたものが恐らく含まれてゐる事であらう。然し利休の長い茶の湯生活の間に彼が直に或は遠廻しに關り合つた茶座敷は少からずあつたに違ひない。中には一寸した間取圖を直す位の事から、或は床の間廻りの木を選ぶ程の物、自ら細張りにたづさはり、柱の墨を見る程の心を使つた座敷にいたる迄、秀吉や自分のものを初め諸〻の大名や友達のため彼の好みを何等かの形で表はしたものは恐らく數十より上であらうと思ふのである。今四十餘りの間取圖を集め得たとしても、その數が多過ぎると云ふ事はないであらう。たゞ載せてゐる書寫本の多くが少し降つてゐるために、他からの混り込みや書寫の際の誤りが加はつて居る事に心を使つて、檢べる要があるのみである。

利休が建築に關つた文獻は二三に留まらないが、その一つの前田利家に宛てた手紙（遠藤義一氏藏）を見るに

「大佛御屋しき、なわうちわたり申候間、大かたの事、彈正殿へ、たい所、御馬屋うちと申な

がら、かつて《勝手》を御談合可申旨を入魂仕候、數寄屋の事は、我等才覺可申候。」と書いてゐた。數寄屋は云ふ迄もなく利休自ら責を負うて建築をしてゐた事が明らかであるし、屋敷全體の縄張から、臺所、馬屋についても大佛殿造營の奉行であつた彈正少弼淺野長吉(後に長政)に談し合ひをしようとしてゐた所を見ると、今の建築家の仕事を彼が引き受けてなして居た事が想はれる。この邸宅は天正十七年《一五八九》四月六日に前田利家が豐臣秀吉を招いた京都大佛の邸宅を建てる事であつて、それは天寬日記及び三壺記によれば三年前から企てられたものであり、

「千宗易に書院の指圖など相談せられ候作事等夥敷勤めしが、日數漸々累り大形調ひしかば、淺野彈正少弼を以、來卯月八日御成を申上度旨、天正十七年二月九日被言上……」(天寬日記)

と誌してゐたものであつた。これに依つてこの利休の手紙は恐らく天正十四五年の頃のもので、實際に利休が建築に關つてゐた有様をよく窺ふ事が出來る。また同じこの淺野長政についてと思はれるが、

「淺野殿休公《利休》に所望ニテ昔ヨリノ住居トモ不レ殘作事アリ。大名ナラテハ成カタキ事ナリ。ヨキ手本ナリ。」(南方錄)

とも傳へられてゐた。利休は淺野長政かに望まれて、昔からの住居を殘らず作つたと云ふのであつたが、いろいろの時代の座敷を恐らく復原的に建てて見たのであらうか。またそれを南坊宗啓がよき手本なりと述べてゐた所から考へると、住居の中の居間や書院座敷の外に、茶座敷が含まれてゐたことは云ふ迄もなからう。同じ書物に傳へた義政の東山殿書院などの圖も、この時に或は利休の手によつて作られたのかも知れない[註一]。

また細川三齋の話によると

「利休ハ四疊半ニ中柱《(なかばしら)》立《(たつ)》へ《(可)》きとたくミ候中に相果候。其後、織部殿四疊半に中柱を間半目に立て候得共、しまぬよし被仰候。」（細川三齋御傳受書）

とあるが、利休はその命を終る迄茶の湯の手前の新しい組み立てを考へてゐたと同じやうに、茶座敷に於ても心の中で考へてゐながら、遂に果たし得なかつた座敷構があつたのである。恐らくこれらの話は他の茶座敷工夫の細々した事柄と共に常に心に掛け、思ひをそれに走らせてゐた一端の表れに過ぎなかつたと考へられるのである。

次のそれぞれの處で述べるが、床《とこ》の間《ま》の天井を上げた話、落掛《おとしかけ》を作つた話、中柱《なかばしら》を建てた話など松屋日記や細川三齋御傳受書などに利休の茶の湯に親しく會つた人々が自らしるし、或は弟子に談り繼いで、今に迄書き殘されてゐるものは少なくない。そしてそれらの利休の好みが細川三齋の如き人柄にとつても、極めて重く見られ、

「當世の床は 利休狹め候床より 狹と被レ仰候。座敷の廣狹により可申哉と申上候得は 利休目水精《すゐしやう》にて 能程《よきほど》に狹《せば》めて 極《き》め候間、座敷によらす候と仰られ候。」（細川三齋御傳受書）

と傳へられてゐた。利休好みが 如何にその頃の人達の心に叶ひ、持て囃されたかが 利休の物を見定める眼が 水晶のやうに明かに見通して、決めたがため と云ふやうな云ひ方の中に よく窺はれるのである。

利休の好んだ茶座敷のうち 彼みづからの住居や 或は秀吉のために 好んだものなどは 前田邸の建物と同じか、それより上に、繩張から仕上げ迄、工事にたづさはり、彼の好みを よく出したものであつたであらうと思はれる。そのうち利休の住居に 自ら好んで作つた茶座敷は 彼の茶室を調べるには 最も目を注ぐべきものであらう。そしてそれらの茶座敷を知るには 彼の茶の湯の百會記よりよいものは他にないであらう。然し彼の住居は 處々にあり、例へば 堺、大坂、山崎、京都などにあり、また京都に於ても 聚樂屋敷とか大德寺門前とか、或は醒ヶ井屋敷[註二]とかの屋敷が傳へられて居て、會記の茶の湯が どこの屋敷の どの座敷であつたか 明かにし得るも

のは甚だ少ない。

そのうち「利休百會記」として傳へられてゐるものは、他のものから推して、恐らく聚樂屋敷で行はれたであらう事がわかる。この百會記は昔から天正十八年（一五九〇）から同十九年へかけての會とするのと、天正十五年（一五八七）から同十六年へかけての會とするのと二種の書寫本が傳つてゐた。これは閏正月とある事に依つて、天正十八年とする說が正しいとされてゐる。なほこの外の事柄によつても、十八年が正しく、然も十八年としてこそ初めて據るべき史料となり得ると考へられることがある。[註三] 茶會記は多くの場合、月日だけ誌されるのが常であつて、後に一つに纏め編まれる時に年を書き入れるか、或は年號なしのものの後寫しの際に書き込まれることもある。利休百會記もそのやうなものの一つであらう。この百會記には處の名は一つも誌してないが、前に述べた宗湛日記と合ふ會によると、聚樂にてと書いてある。利休の聚樂屋敷は「葭屋町元誓願寺下ル町」と茶道要錄や茶祖的傳に傳へてゐた。この聚樂屋敷に於てこの總ての會が行はれたかどうかは明かでないが、恐らくさうであつたらうかと思はれる。

この茶會記の會には四疊半敷、二疊敷が使はれて居た。異本（家藏）の一つには二疊半敷が一會加はつてゐたが、他の本にないので恐らく書寫の誤であらう。宗湛日記に出た利休聚樂の

二つの會は 二疊敷であつた。また先に引いた天正十六年(一五八八)九月四日の古溪餞の會に於ては 聚樂の四疊半であつた。利休聚樂屋敷に於ては これらの茶會記に依つて、二疊及び四疊半の二つの茶座敷があつた事がわかる。

　利休の茶會は なほ別に南方錄に集められてゐる「宗易茶湯日記 去年十月ヨリ 此九月廿九日迄 百會之内 品異候分 所々書拔」とした十月一日から翌年の九月廿九日迄の 五十回餘りのものがある。この年代及びその所は、醍ヶ井屋敷と記された一會の他はわからないが、京都に於てであるやうである。この茶會記の終りの會、その他に 笑嶺和尚が出てゐる。この笑嶺は 大德寺聚光院の笑嶺宗訢であつたらう事は 細川幽齋より上に坐つた十一月十二日の會によつて 考へられる。この笑嶺は 寺傳に據れば 天正十一年(一五八三)十一月廿九日に亡くなつてゐたから この會は晩くとも天正十年十月一日から 翌十一年九月廿九日より後とはなり得ない。然るに 四月一日に小早川隆景、吉川藏人の出てゐた會があり、その夜、毛利輝元一人の會があつた。吉川藏人が 吉川廣家であつた事は 隆景や輝元との客組によつて 明かであり、この吉川廣家が 藏人亮になつたのは 天正十一年十月三日（吉川家史譜）であつたから 此茶會記の如く 天正十一年四月一日に藏人となる事はあり得なかつた。またこの三人が同じ時に 京都或は大坂に居た事は 天正十六年(一五八八)と天正十八年（一五九〇）であつたが、四月居た事は知られてゐない。これらの矛盾によつて この茶會記は 直には 史料として用ひ難い。これは後からの書き入れが 本文と混り合つた程の誤りだけではなかつたからである。

この茶會記の解明は 今は別として、この中に表はれてゐた茶座敷は 二疊、四疊半、三疊、六疊（醍ヶ井屋敷）であつた。これらは他のものから推して、有り得ないと云ふものではなかつた。これら二つの茶會記に 出てゐた利休の茶座敷は 二疊、三疊、四疊半、六疊で、その内 二疊と四疊半は 二つ共に出てゐたが、同じものを指してゐたか否か明かでない。また多くの茶書に 傳へられてゐた利休二疊大目、三疊大目などは それらに一度も表はれてゐなかつた。それ故に この茶會記の住居には 恐らく そのやうな茶座敷は なかつたのであらうかと思はれる。[註四]

利休三疊大目は 他の留書によると 大坂の屋敷にあつたらしい。例へば 博多の神屋宗湛は 日記に「天正十五年（一五八七）正月十二日 大坂利休御會」として「ふか三疊半」の茶座敷を 傳へてゐたし、また山上宗二は 天正十六年（一五八八）の傳書に「宗易大坂の座敷の寫也。」として、三疊大目の圖を書いてゐた。[註五] それ故にこれらの茶會の中には 大坂の彼の會は 入つてゐなかつたとしても よいかも知れないのである。

また利休若い頃の茶會記は 土門久政(松屋)や、津田宗達(天王寺屋)、今井宗久(納屋)などの日記に 十度餘り書き留められてゐた。そのうちで 永祿二年(一五五九)卯月廿三日、彼の歳三十八の時の會に「四疊半 左構へ 南向」と誌されてゐた。この外の會には 座敷については誌されたものなく、果してどんな茶座敷を使つたか 分らない。然しその前、宗珠や紹鷗ころからの 世の仕來たりから推して、他の會も同じく四疊半であつたであらうかと思ふ。若し世のものと異つた座敷であつたならば これらの何れかに書き留められなかつたはずは ないからである。

利休の前の宗珠、紹鷗ころの茶座敷については

「座席之廣狹 貴人の御茶湯之座ハ 六疊敷相應、其謂レハ イカニ茶湯ト申共 膝詰ニアラヌ物也。御相伴モ 少間ヲ置テ 恐アル風情ニ ミナ着座ス。ソウ(總)ナミ(並)ハ四帖半ヨシ。」(數寄道大意)

と云つた考へが 世の常であつた。この傳へのやうに宗珠などは 大永六年(一五二六)には「四疊半敷、六疊鋪」(宗長手記) と京都の下京の茶座敷が傳へられてゐたし、また奈良に於ても それより前頃から松屋の茶座敷は

「久行小座敷 六疊敷幷ニ四疊半と二ッ有レ之。路地ニ五疊敷のキヌヌキ(衣脱)有之ナリ。キヌヌキ今更之樣ニ申せ共 昔よりもありたるそ。」(松屋茶湯祕抄)

とあつて、數寄道大意が傳へた如く 世の常の習として、六疊敷、及び四疊半が珠光この方の傳へであつたらしい。また北向道珍も 永祿二年《(一五五九)》四月廿二日の會に「四疊半 右カマヘ東向」(松屋茶會記)、或は「道珍ハ六疊敷也」(池永宗作傳書)とも傳へられ、また松屋會記によれば 松永彈正の永祿六年《(一五六三)》一月十一日の會は「六疊鋪」(松屋會記)、筒井順慶、今井宗久、天王寺屋道叱などは いづれも四疊半であつた。

かうした世の總並《そうなみ》の習に從つて、利休も六疊や、四疊半を使つてゐたでもあらう。然し 六疊の茶座敷は 後のものに 表はれてゐただけで、若い頃には 四疊半だけが知られてゐた。恐らく四疊半を主にしてゐたであらうと思ふ。彼の老年に於ては 既に述べた如く、その茶會記に 表はれた所では 四疊半が最も多かつた。[註六]

利休は また南方錄によると

「休云《(利休)》 紹鷗四疊半ハ イナカ《(田舍)》間疊ニテアリシ也。コレ本式四疊半ト心得ヘシ。」(南方錄)

と傳へられ、また別に

「珠光四疊半、是四疊半ノ根本也。眞ノ座敷ト云。」(南方錄)

とも誌されてゐた。

このやうな事柄や傳へに鑑みて、四疊半を茶座敷の根本とした考へは利休に於ては古く、若い時も老いてからも變らなかつたとしてよいであらう。それ故に利休の茶座敷を考へるにはまづ何よりも彼の四疊半を見なければならないであらう。

彼の若い頃の四疊半と深い連りを持つと考へられる紹鷗の四疊半(一の第四圖)について松屋茶湯祕抄が傳へる所によると、「座敷圖從二紹鷗一宗易(利休)へ相傳の通、同置合四疊半何れも北向の心也。」として、四疊半廻り敷き、四疊半切り爐の圖を傳へてゐた。またこの同じ茶座敷のことと思はれるが、細川三齋が傳へた所によると「紹鷗四疊半座敷ヨリ始テ下《サゲ》テ切爐ヲ四疊半構と云。」(細川三齋御傳受書)とし、また「此座敷ハ眞ノ張付也。鳥子紙也。此四疊半ヨリ始テ茶立前ヲモ四疊半手前ト云也。」(同上書)として圖を傳へてゐた。これらによれば或は紹鷗の時から四疊半構を茶立手前の基とし、四疊半を茶座敷の根本とした考へは始つてゐたかも知れない。なほこの二つの圖によると紹鷗の四疊半は北向緣側付で、一間床、葭架《よしだち》があり、茶立口は「襖障子二枚」建て、客入口には杉桁緣があり、「戸四枚明障子二枚」で、恐らく三本溝敷居であつた。またこの四疊半は多くの傳書及び起繪圖になつて殘つてゐるものであつたが、紹鷗の堺の住居にでも作られたものであらうか。この紹鷗四疊半と同じ頃のもので、なほ奈良の松屋久榮の四疊半(一の第三圖)が傳へられ

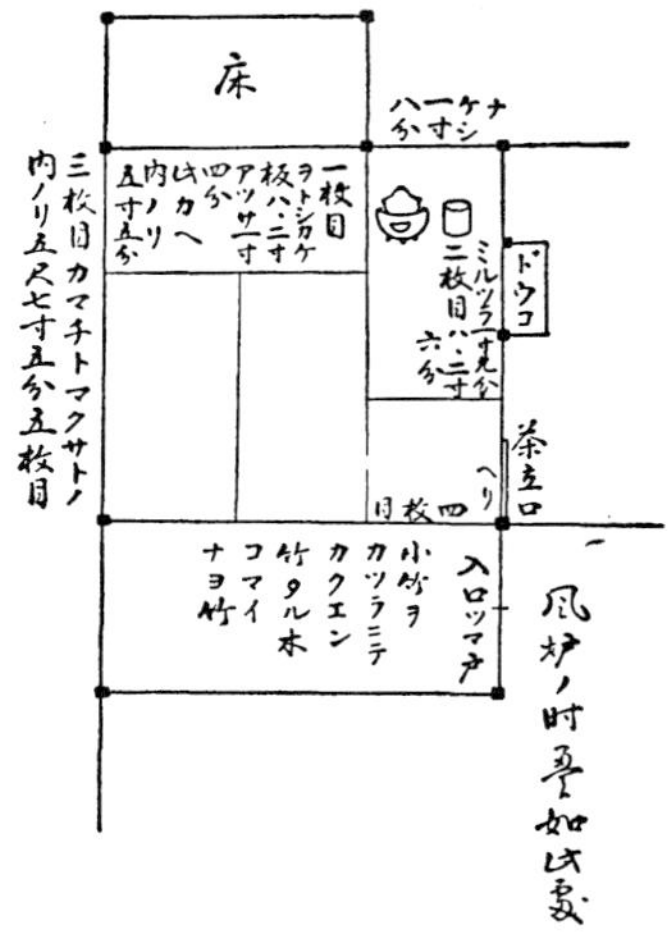

一の第三圖　松屋久榮の四疊半

これは松屋茶湯祕抄にある圖で、その書き込みに

　久政大佛殿ニ付椿井町へ四疊半ヲ引取候也

としてゐるものであつた。

このうち風爐の時の疊敷きかへ圖に一枚目、二枚目、三枚目、四枚目、五枚目など云ふ書き込みがある。これは恐らく元の本の一枚目二枚目などにその部屋の展開圖があつて、それと照らし合はせるために付けられたものであらう。その中で五枚目は内法書と同じ行に書き續けられてゐるが、恐らく四疊半外の竹緣の所に書き込まれたものが上の行に續けて寫し誤つたものかと考へられる。また左下にあるフトヘケイタサンはよくわからないが、太へげ板棧のことでもあらうか。

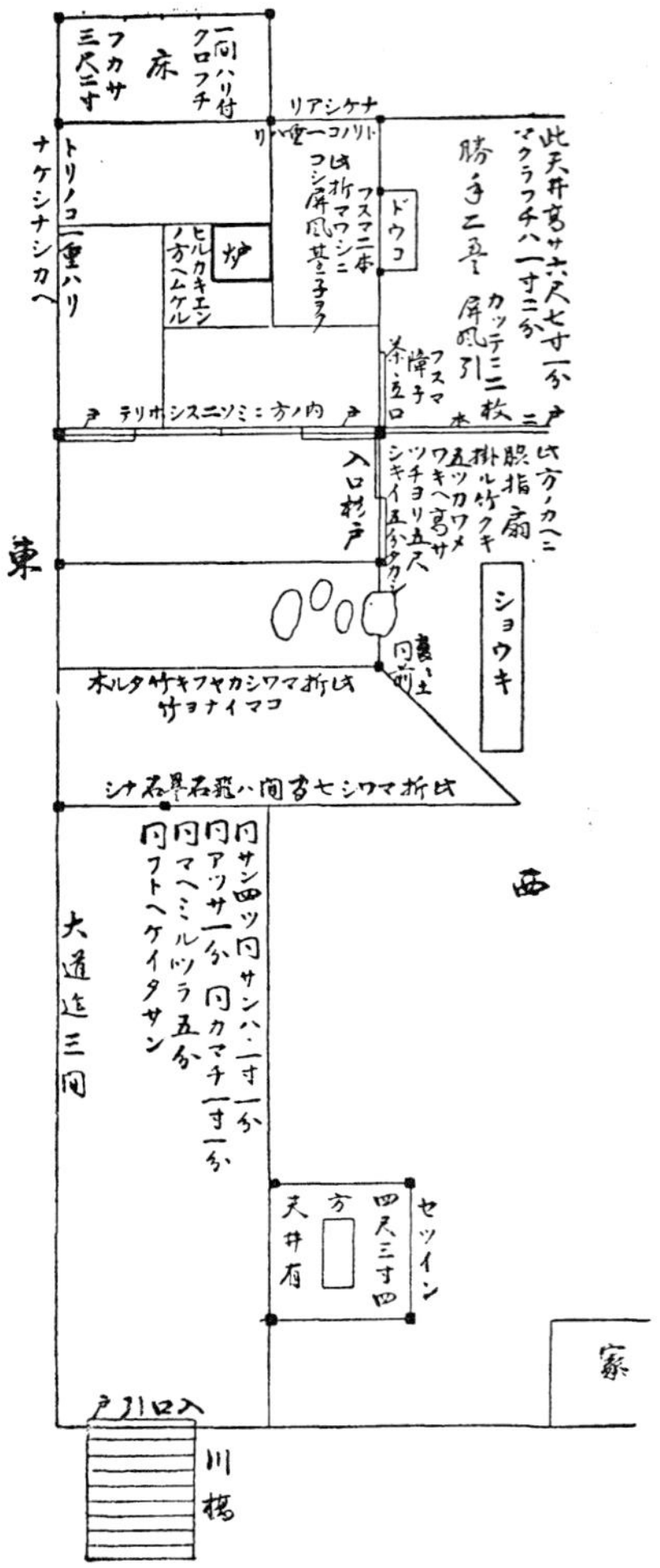

てゐた。これらによつて 利休四疊半の源をなした茶座敷は ほゞ考へ出すことが 出來るのであるが、そのうち松屋久榮のものは

「久榮ハ四疊半ニての茶湯也。 久政大佛亂ニ付 椿井町へ四疊半ヲ引取候也。 柱ハ 何れも二寸八分四方 めんを一分つよし。 但板目を面《おもて》、 敷鴨居 五尺七寸一分半、 鴨居ノ上 小壁ノ間 壹分半、 天井高さ六尺八寸、 壁敷居の上より 廻りふち《縁》との内《うち》のり《法》なり。」（松屋茶湯祕抄）

と傳へられてゐたものである。 この中の大佛大亂とは 松永久秀、 三好三黨の爭で、 東大寺の燒けたことに 外ならなかつたから 永祿十年《一五六七》に 久榮の子久政が奈良の椿井町へ その四疊半を移したものであつたらしい。 これについた圖《一の第三圖》によると 紹鷗のと同じく 北向緣側付で、 一間床、 道庫（葭棚）付、 茶立口は 襖二本建で、 緣側には「内ノ方ニミゾ《溝》ニスシ《筋》ホリテ」とあり、 兩端に「戶」と書き入れがあるので、 三本溝の敷居鴨居であつたらしい。 利休の若い頃の四疊半は これらとあまり變りは なかつたと考へてよいであらう。 このことは後に改めて委しく述べるであらう。

先に引いた天正十六年《一五八八》付の山上宗二の傳書に

「三疊敷は 紹鷗の代迄は 道具なしの侘數寄 專とす。 唐物一種成とも持候者は 四帖半に悉《ことごとく》座敷を立る。 宗易《利休》異見候。 廿五年以來 紹鷗の時に同じ。 當關白樣御代十ヶ年の内、 上下悉《ことごとく》三帖

敷、二帖半敷、二帖敷用レ之。」

と書いてゐたのを見ると、紹鷗時代迄は　唐物を一品でも持つて、茶の湯を志したものは　悉く四疊半茶座敷を　建てたのであつた。これは　唐様座敷飾と共に進んで來た導譽このかたの筋を引く茶の湯で、能阿彌や相阿彌によつて　傳へられた茶の湯棚の茶を經て、珠光、紹鷗を通して　傳はつた茶の湯であつた。そしてこれは　數寄道大意が　總並は　四疊半を　習としたと云ふのと、よく合ふ傳へであつた。

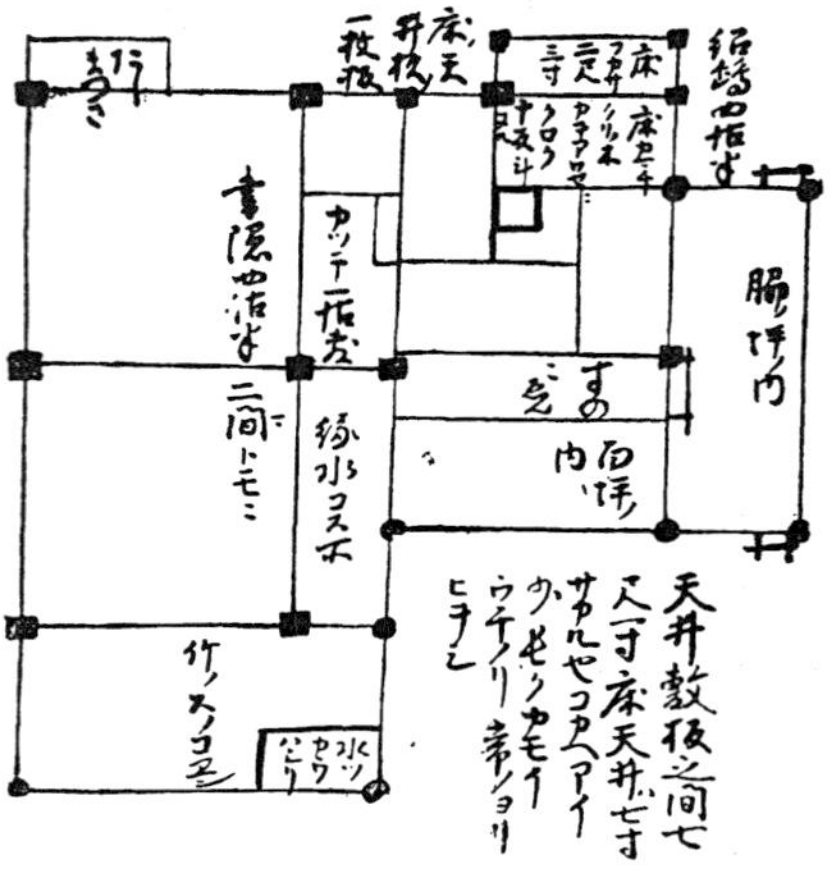

一の第四圖　紹鷗の四疊半（山上宗二傳書）

なほ宗二は　その間取圖を（一の第四圖）挿し入れてゐたが、これは　細川三齋御傳受書とも　よく似てゐた。また紹鷗の弟子　池永宗作の傳へた圖も　これと合つてゐる所が多い。

このやうな四疊半が　總並の習とした紹鷗の時にも　唐物を持たない者は道具なしの佗數寄として、三疊敷を作つたのであつた。然し利休はこれとは異つた考を持つてゐたため、秀吉の時代十年程に　上も下も　悉くそれに從つて、三疊とか二疊半、二疊の茶座敷を用ひるやうになつたらしいのである。この中に三疊大目、二疊大目の茶座敷が云はれてゐないが、大坂の利休茶座敷の例のやうに云ふまでもなくその中に含まれてゐたであらう。そしてこれによれば天正五-六年頃には このやうに狹い茶座敷が はやり始めたらしいのである。然しかくは云はれてゐても 四疊半の茶の湯が 全く廢たつたのではなかつたこと 先にも述べたやうに 利休晩年の茶會が その半より多く、四疊半のものであつたことから 考へられる所である。

こゝで 特に我々の心を引く事は 道具なしの侘數寄むき茶座敷が 時の流と變つた利休の考へによつて、初めて 道具持ちの人にも 採り入れられ、はやり出したと云ふ事であつた。これは利休の侘茶の成し遂げによつて、おのづからに 隨つて來た現れであつた。利休より前に於ても、紹鷗一の弟子と云はれた山本助五郎の侘數寄は紹鷗好み二疊半茶座敷を 持つてゐたと 山上宗二の傳書に見えてゐたやうに、何か既に 利休の先驅的なものが あつたことは 明かである。然しそれは道具なしの侘人に對つての茶座敷、或は道具一種あれば侘數寄する名人茶座敷として あつたのである。然し利休の茶が その道具を乘り越えた境に あつたやうに、利休の茶座敷も、道具を超えて、まさにかく在る可き小座敷として、數寄屋とか、圍と云ふ新しい呼び稱へさへ伴つて、表はれて來たのである。そしてその構は何かにつけて、前のものより 拔ん出たものが到る處に表れて來たのである。それは 柱とか壁などにも 表はれて來たが、先づ茶座敷そのものに對ふ心構が 改められて 來たのである。

例へば 四疊半茶座敷に於ても 角柱《かくばしら》、紙張付《かみはりつけ》壁の構を 眞の座敷とし、或は本式四疊半とし、面皮柱《めんかはばしら》 土壁《つちかべ》の構を 略の座敷とした考へ方が 後にこの面皮柱 土壁の構こそ 本式四疊半であると云ふ考へに移り行く導きをしたのである。然し そのやうな考へが 正面に表はれ出たのは 遙か遲れた江戸時代中頃であつた。

利休の考へを 多く傳へた南方錄に於ても 面皮柱 土壁の茶座敷を「略の四疊半」と誌してゐたし、また有樂流の正傳集に於ても さうであつたが、南方錄が云ふやうに「露地草庵一風ノ茶」を 本意とした利休の茶に於ては、「一宇草庵 二疊敷に わびすまし」とした二疊茶座敷は 云ふ迄もなく、また四疊半の場合でも、面皮柱 土壁の四疊半こそ、略の四疊半でなしに、本格的な本式茶座敷四疊半と云ふ考へに、おのづから導かれ行く可きであつた。茶會記に出て來る利休晩年の四疊半は 恐らく面皮柱で、土塗壁であつたであらうと 思はれるし、利休自らは その如きものを 恐らく本式四疊半と考へてゐたであらうことも 南方錄の傳へから 推して考へられる所である。

利休の茶座敷について　山上宗二は

「……但紹鷗かたりは　北向也。又宗易《利休》は　南向をすく。昔も珠光は北向、右勝手、坪の内に　大なる柳一本有。後に　松原廣し。松風計《ばかり》を聞。」(山上宗二傳書、天正十六年《一五八八》　桑山修理大夫宛)

と傳へてゐた。また紹鷗の弟子池永宗作は「私宗作所説記也」として、

「茶湯ノ座敷ハ　北向ヲ本トス。ナゼニナレバ强クアカル《明》フ無程《なきほど》ニ　茶具眞ニミユルジヤウ《常か上か》明リ也。東南西ノ明リハ　變リアリ。アカルキ時ハ　茶湯道具　早々《麁相》ニミユルナリ。」(池永宗作傳書)

と　恐らく　紹鷗から承け繼いだであらう考へを　述べてゐた。珠光の四疊半は　北向と　宗二が傳へてゐたが、どれ程に據り所があつたか、古い時代のことではあり、當にはならないが、紹鷗のは　この二つの傳へがよく合ふ所で、この如く北向であつたであらう。松屋會記が　傳へた天正前の古い時代のものを　試みに上げて見ると、

北向四疊半　　　　　　(松屋久榮及び久好)

北向四疊半　右カマヘ　(天王寺屋道叱　永祿二年《一五五九》四月十八日)

北向四疊半　左カマヘ　(ナヤ《納屋》宗久《今井》　同　四月十九日)

西向四疊半　左カマヘ　(住吉屋宗左衞門　永祿二年四月廿日)
北向四疊半　右カマヘ　(桶口屋　同　四月廿日)
北向　　　　右カマヘ　(薩摩屋宗折　同　四月廿一日)
東向四疊半　右カマヘ　(北向道珍　同　四月廿二日)
北向座シキ　　　　　　(天王寺屋良言　同　四月廿二日)
南向四疊半　左カマヘ　(千宗易　同　四月廿三日)
北向四疊半　左カマヘ　(多門山松永彈正　永祿(一五六五)八年一月廿九日)

の如くで、宗二の傳への如く 北向が多く、南向は 利休だけであり、利休の師 北向道珍は 東向であつた。[註七] また利休の遺構 妙喜庵圍も 南向であつた。また前にも引いた 三井寺本覺坊の傳へた利休聚樂四疊半は 東向であつた。宗二が傳へたやうに 利休は南向が好きであつたであらう。或は東向のものもあつたから、北向を好まなかつたと云つた方が、事實に近かつたかも知れない。いづれにしても 師の紹鷗や、そのころ堺の先人達が 行つてゐたものと變つて、彼だけは 獨り南向に 建てたのである。このことは 何か かく然らしむる據り所が あつたであらうが、今こゝで 思ひつくことは 彼は何よりも 明るい日當りを好んだと 云ふことであらう。宗作が「東南西ノ明リハ變リアリ」として 避けやうとした心持は よく彼も知つてゐたに 違ひないが、それは寧ろ彼にとつては 季の移り變りと共に、時の動きとして、茶の湯の一つの眺めに 見立てる位の腹は 持つてゐたかも知れない。然しあまり「アカルキ時ハ 茶湯道具 麁相ニミユル」憂はあつたであらう。これに對つて 彼の工夫は 妙喜庵圍が示すやうに、深い土庇を設けたり、幾つかの小さい窓を あちらこちらに、開けたりして、平らな柔かい光に 滿ちた部屋を 作り出し、北向の座敷が持つ「强ク明フ無キ程」の部屋は 南向であつても、彼に於ては よくその望みを遂げたのであつた。わが國の 世の常の住居が 柱と建具によつて 開け放たれた楣式《まぐさしき》の建方を 昔から仕來たりとしてゐたのに、獨り茶座敷のみ 壁に取り圍まれ、閉された部屋となし、時には 丸い頂の迫持形《せりもちかた》櫛形口《くしかたくち》までも作つて、壁造り栱式構に 近い姿をさへ 採つたのは、このやうな茶の湯らしい根强い求めに 應へて、次々に考へられ、試みられて、仕遂げられたものに外ならなかつた。

　利休茶座敷の南向き好み これだけが因で いま見るやうな姿にまで 達したとは云へないにしても、その初の動きは この好みと關りなしに 進んだものとは思へない。茶座敷が このやうになつて來ると、南向や東向にした日當りの明るさは 部屋の中では殆ど失はれて、北向と あまり變りがなかつたが、一足外に出れば そこには 光に溢れた路地庭が開けてゐたのである。そこにまさに利休好みがあつたと云へるであらう。彼のこの時代は後にも述べるやうに、幅六尺程に區切られた「坪の内」路地が常であつて、北向に建てられた茶座敷では部屋の中も外も家の蔭となつて、その明さの趣はあまり變らないものとなつてゐたに違ひない。このやうな内も外も光が變らない茶座敷と路地は彼の持ち前の好みから云つて、恐らく「ぬるい」ものであつたと思ふのである。

名ある器を集めた茶の湯を超えて、侘人の茶を根本とした利休の茶に於ては その總てのものに「ぬるさ」を排けた如く、茶座敷や茶庭に於ても極めてきびしい表はしを求めたのであつた。それは四疊半に於てもさうであつたが、今も殘つてゐる妙喜庵二疊の圍などにもまざまざと建物の宜ろしさの中に示してゐた所である。これについてはなほ後に改めて觸れるであらう。

これ迄述べて來たことは利休好みと傳へられた茶座敷は數も多く、樣々であつたが、とにかく彼みづからその繩張りから仕上げにまで携さはつたものもあつて、秀吉や利家のものをはじめ、彼の住居に作られたものなどには見る可きもの少くなかつたと考へられる。そのうち彼の茶會記に表はれたものは 二疊、三疊、四疊半、六疊であつて、その中でも 特に四疊半を 彼の若い頃から主に使つてゐたことであつた。そして彼はこれを茶の湯の根本としてゐたらしいことであつた。それは茶の湯と共に 紹鷗から傳へられて、その構へも 若い時のものは同じやうであつたと思はれる。然しその向は紹鷗の北向とは異つて、南向を好んだ。そのためもあらうか、明りの採り方に心遣はれて、後にはわが國建築としては珍らしい壁式の構が作り出されるやうにさへなつた。

註一　この義政の書院については拙著「書院と茶室」の中で考へる所あつたが、利休の持つて居た能阿彌の傳によると云ふこの圖は多くの義政の書院圖に比べて、何か據る所あるが如くではある。然しその頃の記錄、例へば蔭涼軒日錄などとは會はない所のもので、半ば上は想像になつたものであることを既に證して置いた。

註二　利休の醒ヶ井屋敷は南方錄の茶會記の中に「六月十三日朝　御成」として「醒ヶ井屋敷六疊敷」を傳へてゐた。これと同じ會を今井宗久も誌してゐたが、京都の利休屋敷であつたと思はれる。しかし今井宗久日記には「天正十五(一五八七)丁亥年六月十三日朝　於さめかい屋敷　上様御成　宗易會」としてゐて、天正十五年としてゐた。この年月は全く誤りとすべきで、宗湛日記によると「亥六月十三日朝　箱崎ニテ　宗及老ニ御會」としてゐて、秀吉は津田宗及の茶會に臨んで居り、翌十四日は「十四日晝　箱崎トウロ堂ニテ　利休老御會」であつた。利休もその時九州博多にあつたのである。今井宗久日記はこの年月が誤つてゐたばかりでなしに、北野大茶會の日付も誤つてゐた。今井宗久日記は北野大茶會の日付が、小瀬甫庵太閤記に誤つて、天正十三年（一五八五）としたに倣つてゐたらしいので、恐らく寛永初めより後に編まれたものであらう。然し茶會記はいづれも月日だけ付けてゐたのが多く、年まで書き込むことは先づなかつたから、いづれも後になつて整へられ一つに編まれることが多く、その折に年號は誤り勝ちなのである。そのために總てが僞書と見るに及ばないものがある。これなどもその一つであらう。そして利休の醒ヶ井屋敷も京都と考へてよいであらう。南方錄及び今井宗久日記については別に述べるであらう。

註三　利休百會記の中の九月廿日、紙屋宗旦一人の茶會は、宗湛日記天正十八年（一五九〇）同月同日の會と全く合ふし、また八月十八日輝元（毛利）一人の會は、天正十八年とすれば、小田原攻めのため、秀吉はこの時東國に出てゐて、輝元は京都の聚樂第をあづかつて留つてゐたからこの會が行はれ得た。また輝元が天正十八年八月十八日に、利休の茶會にのぞんだことは「茶道仰聞書」に出てゐて記事がよく合ふ。また九月廿一日の朝、晝、晩の會に小早川隆景、吉川藏人廣家、毛利輝元の會がつゞくが、隆景及び廣家は九月一日に秀吉と共に小田原攻めから京都に凱旋してゐたから、この時京都に留つてゐた。若し十五年とすれば閏正月がないばかりでなしに、此等の人々の闘りが全く崩れてしまふ。例へば、天正十五年（一五八七）九月廿一日は小早川隆景は

肥後に 高狹城を攻めて居り、輝元及び廣家は 國に歸り、その卅日には兵をひきゐて 豐前に入つてゐた事を、萩藩閥閲錄、小早川什書、鍋山文書が示す所であつて、京都で 九月廿一日にこの三人が 茶會に出る事はあり得ない。

註四 三疊は 山上宗二傳書に表はれてゐたやうに 時には三疊大目をも含むことがあつたが、この茶會記を誌した利休や宗啓は 共に 三帖大目とか、三疊臺目と他で書いてゐたので、三疊大目を三疊と誌すことは先づないとすべきであらう。

註五 山上宗二の傳書が傳へる所では「細長い三帖敷」とも書いてゐたが、後に疊の所及び利休三疊大目の章で、明かにする如く、これは三疊大目の座敷であつた。

註六 利休の茶會が 四疊半を 主に使つてゐたことは 前に書いた「利休の茶」の中で 委しく誌した所である。

註七 山上宗二は「……道陳ハ 東向右勝手……」と、天正十六年(一五八八)附で、傳へてゐたが、松屋會記とよく合ふところである。

一の三　床の間

「床《とこ》の間《ま》」とか「床《とこ》」と呼んでゐるものは 座敷飾の中心をなす部屋の出張りを 指すのであるが、これは室町時代から いろいろないきさつを以て 今見るものに迄 進んで來たものである。註一 利休に於ては 彼の茶座敷のうち 二疊のみは床なしと 傳へられてゐたが、註二 他は殆ど總て 床の間附きであつた。紹鷗も 床なしの四疊半を 作つたことがあつたらしく、「和泉草」に

「床なしの四疊半 紹鷗好は 堺に かなくや（鐵具屋か）と云ふ侘 有り。名物一種も不ㇾ持、侘さびきつて茶湯一扁に したるよしとて、此座敷このみ遺たると 云ひ傳よし」（和泉草）註三

と誌してゐた。かなり後の傳へではあつたが 紹鷗時代の 名ある器を 主にした茶の湯の心持が、よく表はれてゐて、堺の「かなくや」は 名物を持たなかつたために 床なしの茶座敷が 作られたのであつた。紹鷗にとつては 床の間は 正に名物を 飾るための場所であつたのである。このやうな 名ある器の茶を 超えた晩年の利休に於ては 恐らく床の間は

「花かなと被レ仰候得は、利休花見て置候とて、稲を切て入候御咄」（細川三齋御傳受書）などに表はれたやうにありふれた野山や畠のものをも活花にして、その折の季を表はし出すための場であつた。このやうに見立てられた床の間は侘の茶座敷にもなほ有りたきものとして構へたのであらう。

利休の床の大さは紹鷗に習つて初めは一間の間口であつたらしく、細川三齋は

「利休ヵ堺ニテハ松ノ角柱ニモ色ツケズ、上リ口一間半四枚ノ障子、勝手二枚障子、道幸ノ上葭ヘイナク。床一間ハ鳥子紙ノ白張、黒縁ヲ打候。其後色付ヲ利休仕初メ候者不レ覺ト仰セラレ候。」（細川三齋御傳受書）

と傳へて、利休が堺に居た頃の茶座敷の様を談つてゐた。これは後に述べるやうに四疊半であつたのであるが、山上宗二が紹鷗四疊半寫しと云ふのはこれを指してゐたのであらう。一間間口の床は、なほ他に奈良四性坊利休四疊半（二の第一圖）（起繪圖その他）や利休土間附四疊半（二の第二圖）（和泉草）、利休もづ野二疊（茶傳集）などに表はれてゐた。この床の間口《まくち》は後に狭められたのであつたが、大阪の利休三疊大目は山上宗二の圖では「五尺床」と書き入れがあつた。「利休家之圖」として傳へられた天正十年代の大徳寺門前屋敷のものについて見るに、[註四]

廣間の床	間口《まくち》（二間か）註五		奥行《おくゆき》	二尺六寸	落掛《おとしかけ》高	七尺四寸五分
長五疊床	間口（一間か）註六		奥行	二尺二寸	落掛高	六尺三寸五分
四疊半	間口	四尺三寸	奥行	二尺四寸	落掛高	五尺一寸
二疊	間口	約四尺註七	奥行	二尺二寸	落掛高	五尺一寸五分

これら五部屋の床の間のうち　廣間や長五疊の間口が　誌されてゐないのは　おそらく　二間とか一間とかで、部屋の幅一杯のものでなかつたかと思はれる。このうち　四疊半は　他に　本覺坊が傳へた利休の華頭口を持つた四疊半も　同じく　四尺三寸間口、二尺四寸奥行であつた。妙喜庵圍のものは　三尺八寸間口、二尺三寸奥行である。落掛の高さは　框より四尺七寸七分で、特に低いものであつた。

堺の四疊半、大徳寺門前の二疊の床は　後に云ふ室床《むろどこ》であつたらしく、妙喜庵圍のと同じく　天井も土塗仕上であつた。堺四疊半については「和泉草」に「とこ天井はら　すみぬりまわし」とあり、また二疊の床については「利休家之圖」に

「ぬり（塗）天井ノ高サ　落しかけ（掛）ノ下ハより一尺ノほら（洞）」（利休家之圖）

と誌してゐた。室床《むろどこ》と云ふ名は　何時頃から云はれてゐたか　よくは分らないが、松屋日記に土門

久好の茶座敷を 利休が變へさせた話があり、その中に「依レ之組天井を取り、むろ床ニ仕也。」としてゐた。これによつて 利休の時から この言葉があつたやうにも思へる。[註八] また 松屋茶湯祕抄には 承應元年(一六五二)の妙喜庵圍圖(六の第一圖)に

「四尺ムロ　天井ヨリヌリ(塗)ワヌシ(廻)」

と 床の間に 書き込んでゐた。

また 利休は 細川三齋によると、

「洞床は 利休か一疊半より仕出し候。」(細川三齋御傳受書)

とある。利休は 一疊半に 洞床《ほらどこ》をもつけたらしい。洞床と云ふのは 間口より奥の方が廣まつてゐるもので、(五の第一六圖)別に圖面で傳へられてゐたものもある。

利休の時代になつて、床の兩脇に 建てる柱には 特別なものが選ばれ出して、床の間も かなり見處多いものになつて來た。然しこれは 利休の晩年に 近い頃であつたらしかつた。先に 引いた堺の利休四疊半などには 未ださうした見立てが行はれたか否かは明かでないが、恐らく未だなかつたであらう。書院造に現はれた早い頃の床の間には 別に 他の柱と 變へて使ふと云ふ

やうな心遣は　なかつたやうであつた。例へば　床の間の最も古い例と　考へられる妙心寺靈雲院書院や　その他　古い流の筋を引く園城寺勸學院や　光浄院などの床にも、特別な床柱と云つた見立ては　なかつたと見受けられるからである。[註九] 然し、それは　目に付き易い所に立つため、他の柱に比べて、柾などの通つた選ばれた柱であつたことは　云ふ迄もない。

利休時代に於ても　床柱が　他のものと變へて見立てられるやうになつたのは、恐らく皮付柱や丸太柱を　用ひるやうになつてからであらう。堺の四疊半とは　異なるが、三井寺本覺坊の「利休相傳之書」と　質のものであつたであらう。それ迄は　書院造と同じく　他の柱と同じやうな形（帝國圖書館藏）の傳へに「四疊半數奇屋寸法」として「床柱の大さ二寸八分四方」としてゐた。[註一〇] これは四方としてゐるので　明かに　角柱であつた。後に述べるやうに　利休の大坂三疊大目や　少庵深三疊大目にも　床柱は角物であつたが、恐らく他の柱なみでなかつたかと考へられる。

床柱に　丸太皮付柱が　選ばれたことについては

「床柱を皮付に取りかへられしは　古織の物數奇なり。中柱の皮付は　利休より入れられしなり。」（茶道舊聞錄）

と云はれて、古田織部の思ひ付きと　後には傳へられてゐた。このやうな丸太が　使ひ出された利

休時代に於ては 今と異つて 床柱は一本でなく、床の兩脇柱が 對《つゐ》として 見立てられた。それ故に利休は「心を付けて見る次第」（川崎梅千代宛傳書）の中で「大目柱、おとしがけ、床ふち、二本柱、違棚」として、二本柱を上げてゐた。また「茶入 客より所望の時 勝手の床柱より四寸程前に置……」（常陸宛傳書）と云ふやうに二つの床柱のうち 勝手寄りの床柱と 云ふやうな表はし方をし、時には「床脇ノ柱」（利休家之圖）、或は「とこノ中柱」（利休家之圖）と云ふ云ひ方もあつた。また 細川三齋御傳受書には

「床柱の松と栗は 何を 左右に立てゝも さし合なし。其中 世間に 多ク立る方に 立るハ少面白と被仰候」

とも誌るされてゐて、常に 二本を組にした對の柱として 考へられ、後のやうに 床柱として 一本だけを 重きに置くのは 江戸時代中頃過ぎの 事であつたやうである。この二本柱は 織田有樂の「如庵」や、小堀遠州の數寄屋にも 明かに表はれてゐて[註一一]、右左は異つた木を 用いてゐた。

次に 床の間前の下り小壁を 受ける落掛《おとしかけ》についてであるが、利休時代に於ても 今と同じやうに 杉が多く用ひられたらしい。「利休家之圖」の四疊半のものについて

「同オトシカケ厚サ　但木くらまこ　三寸也。」

と誌してゐて、「くらまこ」とは 杉木普齋は 後に 述べるやうに「くらますぎ也」としてゐた。

また 三齋は

「おとしかけハ 昔より 杉丸太削り候と被仰候。」（細川三齋御傳受書）

とも傳へて、多く杉であつたらしい。この大さについては「利休家之圖」の中に表はれた床では

廣間の床　落掛せい　二寸五分　幅　三寸五分
長五疊の床　落掛せい　一寸八分　幅　二寸九分
四疊半の床　落掛せい　一寸一分半　幅　三寸
二疊の床　落掛せい　八分[註一二]（一寸一分の誤か）　幅　二寸二分

この他に なほ 利休のものとして、

四聖坊四疊半床落掛せい　一寸三分　幅（書入なし）
北野大茶會四疊半床落掛せい　一寸二分半　幅（書入なし）
妙喜庵圍床落掛せい　一寸一分　幅　二寸二分

の如きもので、後のもののやうに 一寸より 狹いせいのものは 二疊の床にのみ 表はれてゐたが、これも「利休手鑑寫」によつて 他のもの並の 一寸一分の誤りでなかつたかと思ふ。そしてこの大さは 奈良東大寺地藏院の珠光好み四疊半のものは

落掛セイ　一寸四分　幅　一寸六分

であり、また「昔ノ四疊半」として傳へられてゐたものは 石州「大工之書」によると

「同落掛ノ厚　一寸五分　同巾　二寸二分。」

と傳へられてゐた。利休茶座敷のものは それに比べて やゝ小さくなつては居たが、江戸時代より今に到るまで行はれてゐる一寸から 八分位のものに比べては 厚いものであつた。

床框《とこかまち》については 先にも引いた紹鷗四疊半について

「紹鷗に成て、四疊半座敷 所々改。……床の塗緣を 薄塗又は白木にし、是を草の座敷と 被申し也。」（南方錄）

とあるやうに 既に 床の塗緣は 白木に變へられた。また先に引いた松屋久榮の四疊半は

「床カマチ廣サ二寸三分、アッサ一寸四分、栗ノ木色也。床カマチノ下 壁敷居トノ間ニ一寸

三分板アリ」（松屋茶湯祕抄）

とあつて、栗の木で、色付の框であつたらしい。利休のものでは妙喜庵圍の框は「床フチ常ノ雜木ツラ付ル」（松屋祕抄）と傳へられ、今も元のまゝと思はれるが、櫻の如くにも見え、上端は左三分の一程は刀端《かたなば》になつてゐるものを使つてゐる。利休は四疊半にも紹鷗の四疊半のやうに塗框でないものを用ひたかも知れないが、四疊半の傳への中で、北野大茶會のものは「ぬりふち」として細川三齋茶書に傳へられてゐた。この塗框についての利休の好みは

「利休か云は爐縁も床かまちも水差《みづさし》の蓋も皆はな塗良。いち〱ハ堅く見ゆると言たと被仰候。」（細川三齋御傳受書）

と傳へられてゐる。すなはち床框も爐縁や水指の蓋と同じく、黑の漆花塗がよいとしてゐたのであつた。そしてこのやうな床塗框は

「床の塗かまちハ昔ハ床に上る程の道具持のミする事なれとも、今は心次第よしと被仰候。」（細川三齋御傳受書）

「床のカマチ眞に成候也。此時織部公久好に云給ハ是名物の有人の業《わざ》ニあらず、水下出入《みづこぼし》の時、はう《方》立ニ行當り候間方立ニ竹を立候得は、かまち《框》ハ眞ならでハ取合ずと傳へ給へり。」（松屋茶

湯祕抄）

とあるやうに 名物を超えた利休の茶の時代では 名物を 持たない者も 床を作つた如く、またその框も 心次第に なつて來たのであつた。それが後には

「四疊半は 春秋とも 黑塗の爐緣よし。同床緣も 塗緣のものなり。」（茶道舊聞錄）

と 塗框が爐緣と共に 四疊半の一つの習ひとも なつて了つたものである。また この床框の大さに付ては「利休家之圖」には、

廣間の床框　せい　三寸五分　厚　貳寸
長五疊の床框せい　二寸七分　厚　一寸六分
四疊半の床框せい　二寸六分　厚　一寸四分
二疊の床框　せい　二寸二分　厚　一寸四分

また本覺坊の利休相傳之書の四疊半は

四疊半の床框せい　二寸八分　厚　一寸七分

また細川三齋の傳へた利休北野大茶會のものは

四疊半の床框せい　二寸七分　厚　一寸五分

妙喜庵二疊圍のものでは

妙喜庵圍床框せい　二寸五分　厚　一寸四分

の如くで、後に見るやうに 正方形に近い斷面を 持つものとは異つて、總て高さは 幅より大きく 中には 二倍近いものもあつた。この比例は 江戸時代初期迄も 續いてゐた。そしてまた これは 古い仕來りの如く、宗珠、紹鷗 ころの四疊半の傳へとも考へられる「昔ノ四疊半」（石州大工之書）は

床カマチノタケ　二寸四分ニヨハシ（弱）

同　厚　一寸四分ニヨハシ

同下ノ小壁　一寸

と傳へられ、また紹鷗三疊寫しの久好椿井町茶座敷（奈良）は

カマチノ高　二寸六分

同　アツサ　一寸六分（松屋茶湯祕抄）

と傳へてゐた。またこの比例は 茶座敷だけに 限つたことではなかつた。また床框は 古くは 疊上に直に置かれてゐたのでなくて、石州の大工之書が傳へたやうに 框と疊寄《たゝみよせ》との間に 小壁が一

寸あつたし、また先に引いた松屋久榮の四疊半の床では 框の下と 壁敷居卽ち疊寄との間に 一寸三分の板が入つてゐた。この形は 醍醐三寶院や、園城寺勸學院客殿の床框などに 今殘つてゐて、古く室町時代からの仕來たりであつたと考へられる。茶座敷に この形がとられた例は この外には知らないが、恐らく珠光や宗珠などのものには 廣く行はれたかと思はれる。そして紹鷗や利休のは 特に この小壁なしの仕方であつたのである。

床の間の天井について「利休家之圖」の四疊半には「但 天井ハ 板天井也」とし、長五疊のは「天井の高さ 疊より板迄」としてゐたから 板天井であつたらしい。北野大茶會の利休四疊半では 床の天井を「天井板ハ 杉目とをりニて かゝミ《(鏡)》板也。」(細川三齋茶書)としてゐたから 恐らく柾目の通つた一枚板であつた。利休家の圖の板天井も鏡天井であつたかも知れない。紹鷗の平三疊寫しと 傳へた松屋久好奈良椿井町茶座敷は「床ハクミ《(組)》天井」(松屋茶湯祕抄)としてゐたが、恐らく 格天井《がうてんじやう》のことであらう。後にも述べるやうに 利休は この天井を 土天井に直させ、引き下げた話がある。このときは 高過ぎを 見とがめたのではあつたが、格天井も 同じく變へたので、利休は そのやうな格天井は 好まなかつたのであらう。利休の二疊は 先にも述べたやうに 室床《むろどこ》

で、土天井であつた。これらの天井は後のもののやうに高くはなく、「利休家之圖」の廣間の床でさへ

「同(床)天井ハおとしかけニもたせ申候。」

として居て、落掛上端に天井廻縁《まはりぶち》が附いてゐたか、或は落掛上端に天井板が直にもたせてあつたらしい。これは書院造の古い仕來たりに近いものであつた。茶座敷のものを「利休家之圖」について見るに、

廣間の床天井高さ　床疊上端より板迄　七尺七寸[註一三]
長五疊の床天井高さ　七尺六寸
四疊半の床天井高さ　六尺四寸[註一四]
二疊の床天井高さ　六尺一寸五分[註一五]

また本覺坊の利休相傳之書の四疊半は

四疊半の床天井高さ　六尺五寸三分

また細川三齋の傳へた利休北野大茶會のものは

四疊半の床天井高さ　七尺五寸四分五厘[註一六]

妙喜庵囲の床天井高さ　　六尺一寸

これで見ると、茶座敷でなかつた廣間や長五疊の床天井高さは七尺より上のものもあつたが、茶座敷のものは北野大茶會の例外があつたが、いづれも低いものであつた。古い仕來たりとして大工之書の「昔ノ四疊半」は

「床ノ天井ノ高サ　板敷ヨリ天井ノ板迄　六尺二寸七分」

とあつて、利休などもこれによつてゐたのであらう。

またその時代の書院造の床天井高さ

（天文一二年、西一五四三）霊雲院書院四疊半　六尺一寸一分間口　床天井高さ（疊より板迄）六尺六寸九分

（永祿三年、西一五六〇）西村邸書院　十二尺六寸五分間口　床天井高さ（疊より板迄）十一尺二寸二分

（天正十八年、西一五九〇）南禪寺大方丈鳴瀧間　九尺七寸間口　床天井高さ（疊より板迄）九尺八寸九分

（文祿年代か）金地院本堂書院　九尺二寸間口　床天井高さ（疊より板迄）十尺五寸五分

と云つたものと利休のを比べて見るとき、二間間口とも考へられる廣間の床も、九尺か六尺間口の長五疊の床も、押しなべて低かつた。これらに依つて床の天井は低いことが利休好みの傾であつたと見られよう。従つて その落掛も低くなつて來て、利休家の圖の四疊半及び二疊では

五尺一寸と五尺一寸五分で、妙喜庵二疊圍は 四尺七寸七分に過ぎなかつた。これを前に行はれたものと 比べて見れば、例へば

落掛下端より床框上端迄　六尺二分（珠光好み東大寺地藏院四疊半　樂翁起繪圖）
〃　五尺七寸（座敷圖從紹鷗宗易へ相傳四疊半　松屋茶湯祕抄）
〃　五尺八寸二分（昔ノ四疊半　石州大工之書）

などであつて、利休のものは いづれも前のものより 低くなつてゐたのである。このやうな利休の好みが よく表はれてゐる話は 松屋日記に

「是《（床天井）》を利休御覽シメ《（セ脱か）》、床天井高く惡シ。何とて高く仕たるぞと也。久好云 風《（ふ）》と御座候半《（さふらはん）》かと存、如此と申也。易《（利休）》聞給て、其分なれば 彌《（いよ〳〵）》惡し。不慮ニ 一軸掛る事あらバ 卷ためて 置て好し。自然のたくみ《（匠）》ハ 不レ入ものなり。早々 床天井を 取さげ申せとなり。依レ之 組天井を取り、むろ床ニ仕也。」（松屋日記）

と傳へてゐる。これは松屋久好が 徐熙の鷺の一軸を 掛けるために 床天井を 高くしたのを 利休が見とがめ、それを低く 作り直した話で、利休の考へでは 掛物が長い時には 下に卷き貯めて置いても かまはないと云ふのであつた。そして この時の天井は 格天井（組天井）であつた

ものを 室床《むろどこ》の土塗天井に 變へたのであつた。これによつて 利休が 室床を如何に好んだか、また如何に 低い天井を好んだかが 明かに窺へるし、また そのやうな利休の好みが 世に如何に尊ばれ、重んぜられたかもよく偲ばれる。また利休が 丈高い掛物のために 止むを得ず 床天井を高くする話も 傳へられてゐる。それは同じく松屋日記の中に 三齋の話として

「芝山監物とハ 秀吉公ノ咄ノ衆なり。此芝山ニ 佐久間甚九郎、左海《(堺)》住吉一休ノ寺方丈ニ初祖菩提達磨大師 一休筆にて有レ之を、佐久間買て 芝山ニやるなり。是ハ珠光表具と 利休見出したり。誰か か樣の事可レ成、扨もと ほめしなり。珠光ハ 一休ニ參を聞し也。然ニ長き掛物なれば 床ニ不レ掛候へバ、蒲生飛驒、細川與一郎《(三齋)》兩人を 芝山賴《(たのみ)》て云 利休へ表具の事 可レ申候間御取合賴候となり。ある時 利休、飛驒、與一郎、此三人へ 柴山數寄ニ呼て、墨跡を床天井の前ニ掛て、上を廻し、なよ竹ニて 角を押入掛て、下ニも卷ためて置て、芝山云 此掛物床ニかゝる樣ニ 利休ニ被レ成候て被レ下候へと云。利休答云 是を誰歟いろゐ候事 成事ニ候哉とて、同心無レ之候。芝山云 たとひ珠光成とも 床ニ掛る樣ニ被レ成候て 可レ被レ下候。竹ニて押入候へバ、毎度壁もそこね、如何ニしてもかけられず候と云。其時兩人の相客云 あれ程の望ニ候間 御直し被成候へかしと云へバ、易云 それハ何と云事ぞ、能物を惡敷なし度バ そなた衆め

されよ。如ㇾ其散々ニしかり、不機嫌ニ候き。惣別 珠光いろゐたる事を さはる事 努々不ㇾ可ㇾ有と云へり。左候ハヾ 床天井高くして 可ㇾ被ㇾ掛候と云り。是より天下の床 天井高ク成ゾ。手柄なる事共なり。」（松屋日記）

としてゐた。この話は 後に織部と誤られて 傳へられた。[註一七] 利休は「一行物は 巡禮の背中を 見るやうなりとて 嫌ひしなり。」（茶道舊聞錄）とも云はれてゐて、墨蹟は多く横物を 用ひたらしい。そのために 床天井は 低くゝて 間に合ひ、特に好んで 低めたのかも知れない。そのことを 江戸時代始めに

「茶湯座敷ノ天井ノ事 利休時代マテ 墨蹟モ横物ノ類ヲ用ユ。依ㇾ之床ノ天井低。」（茶譜）

と利休よりも前から世に廣く行はれた習の如く傳へてゐた。然し書院造の床天井に於ても 利休のものは 他のものより 低い所から考へると、床の天井の低さは 從つて 落掛の低さも 何か 彼の茶の湯の筋を 引いた好みの一つの傾とも見られよう。例へば そこに 侘茶に應はしい掛物として小幅を選ぶべきとしたとか、茶座敷の天井の低さが 侘の表れとして 特に低めたか、或はまた落掛の上の洞の暗さを 忌む心持が ありはしなかつたとか 云ふやうなことも 考へて見ることが出來る。

次に床の釘についてであるが、建築的には 細かい事で、目に立たないことではあるが、茶の湯としては 極めて重い要めな物の一つである。

永祿十年《（一五六七）》十月十七日の魚屋良句の茶會に於て 客は 利休を正客に 津田宗及と武野新五郎の三人のとき、利休は

「床 墨跡チゼツ《（癡絕）》之墨跡也。始テ拜見候。表具 茶色上下 アサギ中 モヨギ金シャ一文字風體、墨跡タケ長也。印三ツアリ。此墨跡持出テ 釘ヲ客之前ニて打テ、宗易カケラレ候。」（津田宗及日記）

と傳へられてゐた。卽ち利休は 前々から茶の家柄として 名高い二人の茶人の前で、開きの墨蹟を掛けるため 釘を打ち、それに みづから掛物を 掛けたのであつた。この場合は 茶座敷の開きのために 新しく釘を打つたのでなくて、「始めて拜見」と云つてゐた墨蹟掛物のために 新しく釘を打つたらしいのである。これによつて この時代には 掛物の釘が 恐らく掛物に卽いて その床に應ふやうに打たれたのであつた。これは釘ばかりでなしに 名物の掛物には 床そのものの大さや 高さ迄 定められたことは 松屋日記や南方錄に 誌されてゐた。[註一八]

利休の床の釘について「利休家之圖」の四疊半には

「床ノウチクキ《（打釘）》ノ出ハ　九分、竹ノ三ツくき　左右三分ツ、サケテ《（下）》（打）。」（矢野了安傳書）（利休家之圖）

としてゐた。[註一九]　四疊半茶座敷の間口　四尺三寸、奥行　二尺四寸と云ふ床の間に　三幅對の掛物が掛けられることは　考へられないから、大横物のためにであらう。左右の釘のみ　三分づゝ下げてあるが、時には或は二幅對も掛けるのであらう。利休は　まだ　六尺間口の床の時代と　考へられる天正元年《（一五七三）》に

「小モヤウ成物　二ふく一對　カクル事有也。」（利休南坊宛傳書）

とも誌してゐた。然し　そのやうな例は　今の處　茶會記の上には　表はれてゐない。これは恐らく唐様座敷飾の筋を　引く茶の湯で、君臺觀左右帳記などの押板飾に　見られる仕來たりが、この利休時代に迄　なほその響を　殘してゐたのであらうか。後には三つ釘も　巾廣の横物一幅のために打たれるとして　明かに傳へて

「横廣成掛物ハ　釘壹本ニハ　不掛物成故ニ、三本打テ掛ル。兩脇貳本也。」（織部聞書）

と誌してゐた。[註二〇]

「利休家之圖」の二疊茶座敷の床には

「床のま中ニ　うちへ見ゆるやう　杉けた（桁）一てう（丁）あり。」（利休家之圖）

とある杉けたは　掛物掛釘を　打つ板のことを　指すのでないかとも思はれる。これは後に　かなり廣い板となり、織部板とも　云はれるものの源をなしたものであらう。

また　床の花釘については　四疊半では

「竹の花入ノ釘　地敷ヨリ　三尺七寸、二疊敷ニ一寸高し（おとしかけより）（矢野了安傳書）。」（利休家之圖）

「床ワキノ柱ニ　折釘打事　おとしかけヨリ一尺一寸六分。」（同右）

としてゐた。本覺坊の傳へも　これと殆ど變りはなく

「數奇屋の床の内　花入の釘、床の地敷居より　三尺六寸九分。」（三井寺本覺坊　利休相傳之書）

「數奇屋床の柱の花入釘ハ　おとしかけより一尺一寸六分、是も折くき也。床の内の釘よりハちいさき也。」（同右）

としてゐた。また「利休家之圖」の二疊敷では

「竹の花入　懸る釘　地しきより三尺六寸に打つ。とこわきノ柱ニ　打釘　おとしかけより一尺一寸六分ニ打。」（利休家之圖）

として、四疊半と　いくらか異つてゐた。これらの釘は　織部や三齋などによつても　異つてゐた

が、然しこの利休のものなどが後の一つの目安ともなり、仕來りの規ともなつてゐる。註二一

また別に船花入の釘について本覺坊や織部は

「釣舟の花入ハ床のおとしかけの內の眞中ニ釣也。昔は出舟入舟とて口傳有たれとも、當代ハ舟のへさきを上座へ成して釣也。」（利休相傳之書）

として利休の傳へを留めてゐた。然しこれについて南坊は

「休ニ大釣舟、小釣舟アリ。何レモ床ノ天井眞中ニ小ヒルヲ打テ釣ラル。宗無モ小釣舟所持、休ト同然。紹林名物ノ小釣舟所持、是ハ床ノ落掛內ノ方ニ釘打テ釣ル。休ニ尋申タレハ古來定法ナシ。面々分別次第ノ事ナレ共落掛ニ釣テハ小座敷花ムカツキテ然ルヘカラス。床フチノ上ニ當テ釣物危キ心モアリ。休ハイツモ大小トモニ眞中ニ釣ナリト云々。」（南方錄）

と傳へてゐた。利休の好みも年代によつて變つて來たでもあらうが、利休自ら書いたものの中には例へば天正九年（一五八一）附の傳書には

「花の事常の如くならば薄板にのせ、床に餝るべし。懸花ならばかねにても土にても竹にても、柱に懸ける事よし。露を落す物なれば床の中にかくる事惡し。……」（野村宗覺宛）

と傳へてゐたのを見ると、露を落す物であるから床の中に掛ける事はよくないと述べてゐた

のである。おそらく彼みづからの好みからは花は舟のやうに床天井や落掛に釣ることは嫌で、あまり使はなかつたかと思はれる。そのために利休家之圖にはどの床にもその釘が誌されてないのは書き落しでなくて、なかつたのではなからうかとも思ふ。この舟花釘について後には

「床に釣る舟花入の釘利休は床の落し掛の外に打ちて、釘見せるなり。古織は落し掛の内に打ちて、釘を見せざるなり。利休はこれを繰《あやつ》りたるやうにて惡しと云はれしとなり。」(茶道舊聞錄)

とも傳へられ、今も流によつては落掛の正面外側にこの傳への如く打つが、「小座敷花ムカツキテ」と利休の好まなかつた仕方が全く誤られて傳へられて來てゐるのである。このやうな打ち方は

「落カケノ釘後ニ宗旦外ヘ出シウツ。内ヨリ下ルトアヤツリ(繰)ノ様ナレハト云」(覺々齋如心聞書)

と傳へられてゐて、利休ではなくて宗旦が始めたのであつたらしい。[註三] また宗旦も常にこのやうに打つたのでなくて、**槐記には**

「床ノ落懸ニ 釣舟ノ釘打ツ事ハ 今ノ宗旦流ト稱スルモノハ 外ノ方ニ打ツ。兼テ異ナ事ニ思ヒシガ、果シテ 内ノ方ニ 打テアリ。」（槐記 享保十二年《（一七二七）》三月十日の條）

と 大徳寺の芳春院にあつた宗旦好み一疊大目の茶座敷について 誌されてゐた。

また 利休の四疊半や 利休家之圖の幾つかの床には 見えてゐないが、 墨蹟窓と 後に呼ぶ床の下地窓に 花を生けることがあつて、 利休は「カコイノ床ニ 七飾有事」の中で

「法ス《（拂子）》懸物クキ《（釘）》ニカケ、下地窓のクキ《（釘）》ニ 懸花入ヲ懸、花ヲ生ル。中立過て かけ物ト法ス《（拂子）》ト取カユル事也。花入 其儘ヲク也。」（南坊宛傳書）

と傳へてゐた。唐様座敷飾の名殘を 思はせる拂子が 出てゐたが、 この窓は 今の所 古い茶座敷には 表はれてゐなかつた。 利休のでは 本覺坊の利休相傳之書に 傳へた四疊半だけに 一つの例があつた。 これには別に 釘のことは 誌してゐない。 松屋日記の利休居士傳の中に「床ニ下地窓惡シ」 などの言葉が見えてゐたから、[註二三] 晩年の利休は 或は好まなかつたかも知れない。 後に述べる聚樂第遺構とも 傳へられる京都西本願寺飛雲閣三階の床の間には 斜に格子を入れた窓がある。最も早い例の一つであつたが、 これにも 花釘は見えない。

この窓について 古田織部は

「床ノ中ノ窓　是ハ床に明《あかり》入候様トノ爲明《あけ》ル。又花ヲ可レ生《キ》爲《ケル》也。下地ノ眞中ニ堅ニ細キ竹ヲ入テカクベシ。是ニ折釘ヲ打。花入ヲ掛置候也。」（織部聞書）

とある。[註二四] 後に この床脇窓は「織部窓」とも呼ばれるのは この傳へのやうに 織部が 特に好んで用ひたためかも知れない。

註一　一ノ三床の間の起り及びその成り立ちについては「書院と茶室」の中で悉しく述べて置いた。

註二　三ノ七利休二疊と一疊半の插圖、第四、五、六の三つの二疊は床なしである。また細川三齋御傳受書には「但利休か一疊半には床なしと仰られ候。」ともある。

註三　此紹鷗四疊半は片桐石州が建てた高林庵にあつたものでそれにつき藤林宗源は「小書院　作事して右の紹鷗座敷取付可被置と在之候處、寛文十三（一六七三）巳霜月廿日御死去、前日十九日家臣藤林助之丞宗源代《テ》紹鷗座敷取付可申と再三願候處、左程存入候はゞ五三年の内緩々作事可仕旨に付三年忌の砌出來、北南の衆招請七日の法事有之右被露の由。」と傳へられてゐるものである。これは江戸時代後期には亡くなつて、其記錄もある。

註四　「利休家之圖」及び利休大德寺門前屋敷については「三の二　利休四疊半不審庵」、「三の六　利休書院殘月亭」の中で悉しく述べるであらう。

註五　この廣間は寸法書の終りに「已上右九間之分」としてゐたから十八疊間であつたらしく、それに書院と床が附けられてゐた。その附書院は「障子ノたつ《(立)》のくミこ《(組子)》五本」とあるものが「都合障子四枚也」と誌されてゐたから、一間幅の附書院であつたらしい。この十八疊間は三間角の部屋と考へられるので、この附書院と並んで床が取られたとすると、二間が床の間口として殘ることになるであらう。

註六　長五疊間の床の間も間口の書入がないが、部屋幅一杯の廣さであつたために書き入れなかつたのであらうと思ふ。そしてそれが狭い方の一間の處に付けられたとすれば一間幅の床となるであらう。

註七　二疊の床は「床のはゝハ一間ノ内勝手口ニ取殘也」としてゐて、勝手口は「勝手口はゝ二尺五分」とあるから、六尺三寸の京間疊の長さから勝手口の二尺五分を差し引いた四尺二寸五分が床に當てられ、そこに床柱大凡二寸七八分から三寸を引いたものが、床の間口で三尺九寸五分か七分位であらうか。

註八　松屋久好と利休との話の中に「依之組天井を取り、むろ床ニ仕也。」としてはゐたが、これは久好の日記を久重が纏め編んだものであつたから　これだけで　直に　利休時代からかく呼ばれたとは云へないかも知れないが　桃山時代から使はれさうな言葉であつた。

註九　靈雲院書院は室町時代後期、勸學院及び光淨院書院は桃山時代のもので拙著「書院と茶室」の中で既に說いた。

註一〇　この書は前に引いた古溪の餞茶會に出た三井寺の本覺坊が持つてゐたと傳へる「利休相傳之書」で、中に「四疊半數奇屋寸法」を載せてゐた。これは中に「くしかたの横ハ二尺七分、くし形の所敷居の上ハよりかもゐの下ハまて五尺二寸五分」と誌してゐて、給仕口に櫛形（華頭口）が作られたもので、全く異った四疊半の傳へである。これは利休のどこのものだかわからないが、利休時代らしい古さを傳へるもので、目を付くべき一つの資料である。

註一一　遠州公御數寄屋として「茶の湯評林」には「床柱赤松の皮つき、木とり其上を手斧にてなくる也。相手のはしらは栗のしやれ木。おとしかけ杉厚さ壹寸貳分也。内の方眞中に釣舟かけの折釘を打也。柱太さ貳寸八分、九尺三寸。」とあり、有樂の「如庵」は床柱に栗、相手柱は皮付の雜木が今でも見られる。

註一二　この利休二疊の床落掛のせいを八分と傳へることは宗編の利休道具圖會にもあるが、「利休手鑑寫」（松平確堂傳來、家藏）の中の二疊の寸法書は他の部分は殆ど同じであるが、この落掛に限り「一寸一分」となつてゐた。利休の他のものと考へ合はせて、一寸一分が正しいのでないかと思はれる。このことは「四疊半茶室不審庵」の所でも述べるであらう。

註一三　廣間の「床ノ落しかけの高サ七尺四寸五分」「同あつさ二寸五分」「同天井ハおとしかけニもたせ申候」によつて、七尺四寸五分と落掛厚さ二寸五分との和を天井高さとして見たものである。

註一四　四疊半の「床のおとしかけの高サ疊より五尺一寸」「同天井ノたかさをとし掛下はより一尺三寸のほらなり」とあるより、五尺一寸と一尺三寸の和、六尺四寸を天井高さとした。

註一五　二疊の「とこのおとしかけの高サ五尺一寸五分」「ぬり天井ノ高サ落しかけノ下ハより一尺ノほら」とあるから、五尺一寸五分と一尺の和、六尺一寸五分を床天井高さとした。

註一六　細川三齋茶書は「北野大茶湯之時利休此數奇や始て作寸法。此巳後より此寸法にて數寄や圍出來申事也。」として四疊半の寸法を傳へ、その內に床について「同床の天井の高さ　床の地敷居の上ハより　大輪の下ハまで七尺三寸八分、天井板ハ杉目とをりニてかゝミ板也。同床の大輪見付一寸六分半　松の角也。」としてゐて、大輪は廻り緣のことであるから、天井板までの高さは　七尺五寸四分五厘になる。これは他のものと全く異つて、江戶時代らしくなつてゐたが、寫し誤りがあつたのではないかとも思はれる。或は長い掛物をかけるためであつたかも知れない。

註一七　利休と床天井に關る話が、後に「茶湯座敷床ノ天井ノ事　利休時代マデ墨蹟モ横物ノ類ヲ用ユ。依レ之床ノ天井低。古田織部時代ニ　一行モノヲ爲レ可レ掛天井板ヲ押上テ張、其以後　數寄屋ノ天井　何レモ押上テ高張、剩七尺ヨリ低ハ　無レ之筈ノヤウニ覺テ、横物ノ墨蹟ヲ掛テ空ニ有レ之（如ク）恰合惡ヲ不レ知者多シ。右天井ヲ織部押上テ張、其發（初）ハ一休筆初祖菩提達摩大師ノ墨蹟ヲ數奇屋ニ爲可掛、天井ヲ押上張シ也。然トモタカサ七尺ヨリ多張上ヘカラス。横物類ヲ以後ニ掛テ惡シ。」（茶譜）と「利休床の天井六尺一寸より三寸までなるを、古織一山（休の誤か）の一行物かゝらぬ故、天井を七尺六寸にめされしなり。利休は一行物は巡禮の背中を見るやうなりとて嫌ひしなり。」（茶道舊聞錄）と傳へてゐるのは、皆先の松屋日記の話の誤り傳へであらう。

註一八　南方錄に「名物かけ物所持の輩ハ　床の心得あり。横物にて上下つまりたらは　床の天井を下る。竪物にて　餘る程ならは　天井を上てよし。別のかけ物の時　あしき事　少もいとふへからず。祕藏名物にさへ　恰好よければ　よき也」とある。この如き考へは名物を尊び重んじた古い茶の習の響を強く傳へてゐる。

註一九　床の釘については古くから細かな傳へがあるが、利休流のもの二つ三つを擧げれば「利休流床ノ中墨蹟掛ル竹釘幅二分厚サ一分半、壁ヨリノ出九分、本末同太サニ削、先ヲ直ニ切。何レモ面ヲ不取。皮メヲ少コソゲテ吉。之ハ掛緒ヲ走セマシキタメ也。右釘ノ打ヤウ天井廻縁ノ下ヨリ釘ノ上ツラマテ九分下テ壁ヨリ出モ九分。上ヘ二分ソラセテ皮メヲ上ヘシテ打。」「利休流床ノ中三ツ釘眞中ノ釘ハ右ノコトク削。兩二本ハ少細削テ吉、中ノ釘ハ右ノコトク出モ下モ同事、兩脇ノ二本ハ壁ヨリ出一寸宛ニ打。右三本ヲ同コトクニ打ハ堅ト云テ利休流ニ嫌コト也。宗旦語玉フ。利休ハ墨蹟ノ釘ヲ打時寸尺ヲ取コト無之。其釘ヲ大工ニアテサセ下ヨリ好。後ニ尺ヲ以左右ヲ見ル時眞中ナリ。少モ目カ不違。幷鎚音ヲ聞テ吉ト云テ打コトヲ止ム。寸ヲ見ルニ廻フチ（縁）ヨリ九分下壁ヨリ出モ九分有之ト云々」（茶譜）織部、遠州は二分半四方で皮目を下に打つことが同書に出てゐる。

註二〇　掛物釘について「三ツ釘ニカヽル大横物ハ東山殿ニテモ五佛祖ノ大横物、二間ノ押板ニ三幅對ノ法ノコトク押板ノカサリトモニ御賞翫アリシ也。コレ三ツ釘ノ始也。三所トモニ釘ニカクル本式也。同筆ナレ共牧溪ノ遊猿ノ圖、琴碁ノ圖ナトハ中ノ釘ハツシテ兩脇ハカリカケラル。其後小座敷ノ大横物珠光ノ圓悟ナトモ三ツトモニカケラル。利休ノ欲了庵ノ大幅モ三ツカケラル。凡ノモノ三ツ共ニ掛ルハヒカコト也。一ツモノト思フ祕藏ノ事也。夜會ニハ凡ノモノ三ツカケ不苦ト云々。」（南方錄）とある。夜會の時のみ三つかけると云ふことはよくわからないが、灯のために釘を選び難いためであらうか。

註二一　三齋は「床の中花入かけの折釘ハ長サ五分三厘折返し五分、同座五分釘挾壹分四厘同厚サ壹分と被仰候。」（細川三齋御傳受書）「床柱の折釘長サ三分折返し三分八厘同座三分、挾壹分貳厘厚サ壹分と被仰候」「右二ヶ所釘の打所床の向ハ地敷居より三尺六寸八分也。柱に打釘ハおとしかけの下端より釘の下端迄壹尺壹寸壹分也。但左に打釘ハ壹尺壹寸七分也。但上座の方に打折釘下ると被仰候。」（同上）また織部は「床ノ中花入掛ル折釘之事　壁ヨリ出ル分　折目迄長サ四分ニモ、折目ヨリ頭迄長サ四分又四分半也。廣サ不定。大方貳分斗歟。古ヨリ今時細ク成ト見ヘタリ。古ヘ座ヲスル事無之。今ハ座ヲスルト見エタリ。座有テモ不苦候歟。此折釘鐵ニテ造也。地敷居ヨリ三尺三寸五分ニモ打。左右ハ床眞中也。」（織部聞書）としてゐる。三齋のものが高さは利休に近く、織部はやゝ下を好んでゐる。

註二二　舟花入釘についてはなほ悉しく「……床ノ落シ掛ニ釘打事ハ、一疊半、二疊、二疊半ニハ床ノ落シカケノ内ニ釘打物也。又三疊半、四疊半ニハ床落掛ノ外ニ釘ヲ打物也。但落カケノ木ノ幅ヲ三ツニ割テ下分ニ釘ヲ打物なり。書院モ同前也。」（千宗守杉木吉太夫宛花傳書　延寶三年（一六七五）五月吉日附）とも傳へられてゐるが、これも宗旦の傳へであらう。利休がこのやうに好んだのなら、三齋や本覺坊も傳へて居ないわけはないと思ふし、また利休家之圖や少庵寫置にも、花釘のことは細かに書き留めてゐるのに係らずこのやうに目立つ釘については一つも出てゐない。また利休妙喜庵圍に於ても打つてない。茶道舊聞錄の利休が落掛の外に打つたと傳へてゐるのは宗旦の誤でないかと考へられる。宗旦のこのことについてはなほ「床の落し掛の釘内に打たるを、宗旦見て、何とか操りたる樣にて、不面白と云し。」と「喫茶明月集」にも書き留めてゐる。またその註の中に、「宗旦も右は云へども又隱には内にうたせし也。」と添書をしてゐる。

註二三　「利休座敷ニ床の內ニ窓無之」と茶道舊聞錄には傳へてゐたし、他の圖や書物にもその窓は見えてゐないが、本覺坊の利休相傳之書の四疊半數寄屋寸法の中に「床の內の窓、橫一尺四寸、床の內の地敷居の上ハより窓の下ハまて三尺一寸とある。窓の高さは拔けてゐる。

註二四　「織部聞書」に「床ノ內下地窓ノ折釘寸法ハ右壁ノ折釘ト同座モ無之。打所ハ窓ノ左右眞中堅竹下ヨリ下地狹間三間目ニ打也。」

一の四　柱、壁、窓、出入口及び木の色付

利休をはじめ 堺の人達が 多く寫したと傳へた紹鷗四疊半について 宗二は「天井、ノ子《（長へキ）》板、柱檜、眞ノハリツケ《（貼付）》、クロフチ《（黒縁）》也。勝手フスマ障子 横引手、」（山上宗二傳書）と誌してゐた。また 江戸時代中頃には 紹鷗座敷の 柱として「四疊半の柱は 檜木の四方柱。」（茶湯奥儀抄）とも傳へた。これによつて山上宗二が「柱は檜」としたのは 四方柱（四角柱）であつたかも知れない。利休がこの座敷を寫した時には 柱は松を使つたらしく、「玄端茶書」（帝國圖書館藏）に「宗易座敷の事」として

「四疊半也。但紹鷗四疊半を略して 作事の様子 ことごとく相替リシ也。柱ハ 松の丸木、四方ともに つら《（面）》を付テ三寸四方也。……《（後省く）》」

と誌してゐた。松の丸木 四方ともに つらを付てと云ふのは、いま面皮《めんかは》柱と 稱へるものに當るであらう。先にも引いた細川三齋の傳へで「利休か堺ニテハ 松ノ角柱ニモ色ツケス……」とし

てゐたのは まだこの面皮柱が 表はれなかつた頃を 傳へてゐたのであらう。そしてそのことを
茶譜は

「昔ノ松角柱ヲ立シヲ、松ノ皮付柱ニ仕替、又ハ杉丸太ヲ立。」（茶譜）

と傳へてゐたのであらうと思ふ。然しこれらの傳へは 建築的に常に正しく 角柱、面皮柱、押角、丸太などを使ひ分けてゐたかは疑はしい。

次にこの利休茶座敷の柱の太さについてであるが、先にも引いた松屋祕抄は「座敷圖從ニ紹鷗一宗易へ相傳の通」としたものに

「柱ハ何れも二寸八分、四方めん壹分つよし。但板目を面《おもて》。」

と傳へ、また玄端が傳へた利休四疊半は 前にも述べたやうに 三寸角（四方）であつたし、また床無し一疊半は

「柱ふとさ 二寸五分」（江岑筆 一疊半指圖 表千家藏）

としてゐた。

また後に 世の常の習として

「柱は つら《面》を付て 二寸八分也。但 四疊半の座敷にての事也。四疊半よりせハき座敷ならは

柱もたるき(棰)も 少太く仕事也。三寸よりふとく(太)ハ 不用也。」(細川三齋茶書 帝國圖書館藏)

「四疊半の柱は 三寸、一疊大の柱は 二寸六分、二疊大、三疊大は 二寸八分。」(茶道舊聞錄)

とも 云はれてゐた。これらは 利休時代頃からの仕來たりと思はれ、恐らく 利休の他の茶座敷も この位の太さのものであつたであらう。註一

中柱や、歪み柱については 後に 利休一疊半(五の第二圖)の所で 述べるから こゝでは繰り返さない。

壁は 紹鷗の四疊半は 宗二の傳へる所では「眞ノハリ(張)ツケ(付)、クロフチ(黑縁)也。」としてゐた。これは 室町時代から書院造の仕來たりであつたが、恐らく 白の鳥の子紙張付で、隅押への四分一に黑塗縁を 使つたのであらう。そして內法上《うちのり》は 漆喰塗であつたか 靈雲院書院のやうに 土塗であつたであらう。これが 堺の利休四疊半になると、先に引く三齋の傳へのやうに 床の間の壁だけが白の鳥の子張になり、他の處は 土壁になつて來たらしかつた。註二 これは 四性坊の利休四疊半もさうであつた。壁は たゞ土壁と云つても 聚樂《じゆらく》と呼んでゐる細かい土の壁であつたか、妙喜庵圍のやうな大苆入りの荒い土壁であつたか よくはわからない。恐らく妙喜庵圍の如きは

「兩居士 相談の上を以て、二疊敷を作る也。鷗の山里、休の妙喜庵等也。其外 數々あり。是

露地點茶の最初なり。」（南方錄）

とも云はれてゐた特別のもので、特に 荒い苆入壁であつたかとも考へられる。そして四疊半などの常のものは 聚樂土塗に近いものであつたとした方が よいかも知れない。伏見城の古圖（水戸彰古館藏）[註三]の中に

「月橋院ノ後 山ノ手ノ邊ニ 山里ト云所アリト。利休ノ左官路ト云ヨシ。」

と書いてゐた。利休の左官路と云ふのは 恐らく 利休好みの壁土を 取つた跡の路か 或は伏見城を築く折に 使つた利休流の壁塗左官が 通つた路と云ふ程の含みであらう。とにかく他と異つた利休好みの壁が 利休亡き後の城造にも 用ひられたらしいのである。そして そのやうな壁は いま世に「聚樂《じゅらく》」と呼んでゐたやうなもので なかつたかと思はれる。後に 茶譜の中で 利休茶座敷の壁について

「座中床ノ中マデ 壁塗ニシテ、其壁ノ上塗土ニ 長スサト云テ、四五寸ホドニ 藁ヲ切リ朽ラセ和《ヤハラゲ》テ 土ニ塗コミ、壁ニサビラ付ルト云テ、黒クフスモルヤウニ 見セ……（後略）」（茶譜）

と誌してゐたのは 主に 妙喜庵圍より後のものについて 云つてゐたのであらう。織部の傳へでは

「數奇屋壁之事　赤土ニテ塗也。數奇出候時　惣テ新鋪上塗ヲスヘシ。古《フルキ》ヲ其マヽハ　惡シ。又柱際斗　上塗ヲシテ、中ヲ色紙ノ如ク　置タルモ　面白キ事也。惣テ柱際斗ヲ塗廻ス也。」（織部聞書）

の如く傳へてゐる。織部は　陶物やその他の器に　利休が仕なかつた側を　大に展ばしたことから考へて　この壁の赤土や　茶會の時に　新しく塗りかへる事、塵際だけを新しく塗り替へるなどは利休好みを　承け繼いでゐたのでなしに、利休が仕なかつた　ことで　なかつたかとも思はれる。

次に　これら壁の疊際には　紙で腰張がされた。それは　紙の一枚の高さで、張り廻されたためか　一枚張とも　古くから呼ばれた。これについて

「一疊半、二疊半　中柱向の　ぬりまハしの　こはき《小脇》一枚張を　張まハし候へは、屛風をたてたる樣にて　惡敷とて、利休嫌ひ、ぬりまハしより向　横竹の下ハ　張す《ず》候よし被仰候。」（細川三齋御傳受書）

と傳へられてゐて、利休は　部屋廻りは　ぐるりと張つたのではなく、中柱向の塗り廻しの所は張らなかつたらしいのである。また

「反故の一枚張　利休いたし候ハ　終に　見ぬと被仰候。四疊半は　奉書紙、一疊半ハ美濃紙にて

張候と被仰候。」（細川三齋御傳受書）

と傳へ、これを裏付けするやうに 他に

「反古ハ利休の時ハ無之。」（松屋茶湯祕抄[註四]）

とも誌してゐた。またその高さについては

「美濃紙の一枚張ハ 高さ さして不ㇾ定と被仰候。」（細川三齋御傳受書）

とも傳へてゐた。[註五] 南方錄の異本の一つに

「腰張高下 二疊敷抔は 一段と高く張たるに 利あり。妙喜庵茶室の腰張抔高し。」（南方錄）

とも 傳へてゐた。利休妙喜庵圖のものは 江戸時代中期の起繪圖によると、高さ二尺五分、或は二尺四寸八分の「白張コシハリ」の所もあつた。後に 多く使はれる湊紙《みなとかみ》については

「湊紙にて くす《(屑)》の有にて、こし《(腰)》張は さひ《(寂)》て聞へて、 見て悪し。知りそうにて 人かしらぬと利休か 云と仰られ候。」（細川三齋御傳受書）

と云ふやうな利休の言葉も 傳へられてゐた。湊紙の中に 木屑の入つたものがあつたと見えて、それを利休は嫌つたのであつた。後に述べるが 利休不審庵の腰は 湊紙であつたと傳へるが、恐らく屑など入らなかつたものであらう。

次に窓であるが、これは先にも述べたやうに、茶座敷が南向きになつたため、部屋の明る過ぎを和げ整へようとして、特に心遣つて好まれたやうである。この事は後に述べる妙喜庵圍や、殘月亭書院復原圖(四の第四圖)などによつてよく窺はれる處である。そしてその形や開け方もいろいろなものがあつた。例へば格子窓、連子窓、下地窓(葭《よし》窓又は塗さし窓)や突上《つきあげ》窓(天窓)があり、引き違ひ障子、引戶、掛障子などの建具が付き、その形や大さはその部屋に見立てて定められた。それらの形はいろいろに試みられたものらしく

「利休の時初ハ横窓、後に竪窓にあけ候よし被仰候。」(細川三齋御傳受書)

の如き話も傳へられてゐた。横窓とは横長形の含みであらうが、その例は金森宗和の茶座敷圖などに稀に殘つてはゐた。然し利休のものには見られない。後には多く

「窓竪横おほかた二寸違ひなるものなり。」(茶道舊聞錄)

の如き目安まで出來て來るやうになつた。

また利休四疊半の窓の一つなどは化粧屋根裏の斜の線と平天井の水平線とのために錯覺を起こして、歪んで見えるのであつたが、それを利休は

「四疊半の屋根裡の　おうくびなりたる壁に　窓を　利休が開候に、ろく《(陸)》に見へ候。此方にてハ何と《(度)》御させ候ても　軒の方あがり候様ニ　見へ候に付て、利休か窓の寸を　取御覧候得は、二分さかりゆかミて、ろくに見へ候事、萬《(よろづ)》ニ有。置合なとも　其心得と被仰候」（同右）

とあつたやうに　わざと　二分下げて　切つて、水平（陸）に見えるやうな細かい試みも　行つてゐた。このやうな錯覺は　器の置合せも　あることを　三齋は說いてゐたのであつたが、利休は　常にその場合を頭に入れて、窓などは　心を入れて　作つてゐたのであつた。そして

「風爐の向の窓に、敷居　鴨居　入候得は、利休懸《(かけ)》障子に　好替候。敷居　鴨居　入候得は、客の方より　窓の釣竹　十文字に成、又　風爐　ひづミなとみへて、置にくきとて　一段嫌ひ候と被仰候。」（細川三齋御傳受書）

の如き話もまた傳つてゐた。これは恐らく　細川三齋の好んだ茶座敷の風爐《ふろ》先窓《さきまど》を　掛障子に取り替へた話であつたらうが、茶の湯らしい心入であつた。

先に擧げた色々な窓型のうち、四角に格子《かうし》を打ち付けた格子窓について　利休は

「小座敷　こうし《(格子)》窓　をもき《(重)》ものなり。」（松屋日記）

と云つたと傳へられてゐた。またこれについて細川三齋は

「竹がうし《（格子）》 利休は書院にうち候。數寄屋にハ 織部うち候が、どこもかも四角ニて惡敷と被仰候。」（細川三齊御傳受書）

としてゐた。この竹格子は 細い丸竹か、木舞《こまひ》竹のやうな割竹であつたか 明かではない。利休はこの格子窓を 書院に使つたことはあつたが、小座敷には 好まなかつたものらしい。利休に取つては 寢殿造の蔀戸などに 近く思へて、重い氣持を 覺えたかも知れない。然し織部は それを敢へて 試みたし、それを承けてか、遠州も大坂一心寺の茶座敷に 試みてゐた。そしてまた 三齋は あまり四角が 多過ぎて 惡いと云つたのであつた。

連子窓は 格子窓と變つて、たてにのみ竹や木を 打ち付けたもので、小座敷には 多く用ひられた窓である。その竹について 織部は

「窓ノ連子竹之事 節ノ所ハ 少引切也。上下トモニ掘入ニハセズ打付也。窓ノ中程ニ横木ヲ打テ、是モ竹ヲ可打付。竹ノ節何レモ不揃程ニ打也。逆竹ニ打事不レ可レ有。之嫌也。」（織部聞書）

としてゐた。利休の妙喜庵圍の躙口上にあるものは 竹の節の事など この通りであるが、上は釘打ち、下は掘り込みで、また中の貫は 竹でなくて、杉である。

下地窓は 塗さし窓とも云ふのであるが、南坊宗啓は

「風爐先に 塗さしを明しは 休(利休)の物好也。田舍にて 誠の塗さしを見て、數寄屋に 用られしと也。和泉河内邊は 壁下地よし(葭)多き所故 大方竹なしに よしにて 總つりをかく也。かつらの掛やう、間渡しの平竹入樣など、能々了簡すべし。」(南方錄)

と傳へてゐた。これは「塗さし」卽ち下地窓を 風爐先窓に 利休が 考へ付いた話であつたが、この下地窓の名は 利休の天正元年(一五七三)の傳書に 既に 表はれてゐた。これに付いても 移り變りがあつて、このやうに 間渡し平竹を 入れたのは 利休の二疊や妙喜庵圍に(六の第二〇圖) その例が殘つてゐるだけで、稀であつた。その多くは 葭と藤つるだけで 作つてゐた。それは 利休家之圖の四疊半にも表はれてゐて、窓の大さ一尺九寸、一尺八寸五分のものに、葭は「同横ノよし 數十三本」、「此うちたつ(立)のよし一本(十一異本)」が使はれ、「かいつる」が卷いてあつた。また この葭は 細川三齋が 傳へたやうに

「同(窓)竪ハ外より 橫ハ内より 御かゝせ候。太キ葭の皮 節二ツ三ツ御とらせ候も有。窓一ツに、一本程ツヽ也。」(細川三齋御傳受書)

と云ふやうな細かな事柄なども 恐らく 利休から始つてゐたであらうか。そしてその數について、織部聞書には

「葭之數ハ　一二三四五本斗ナト　竝テカク也。葭ノ惣數ハ　不定事也。竪横狹間《(さま)》ノ大サ　不定。利休之代ニハ　狹間ヲ細ニ　カキ候也。古織ヨリ荒ククカク也。尤荒クスルモ　可用葛藤ニテカク也。」（織部聞書　下地窓之事）

として　利休の時には　その數は　定つて居らず、また細かくかいたが、後に荒くするやうになつたことを　傳へてゐた。またその形について

「窓の塗樣　利休は　隅をくり込ム。宗及は　丸く塗と　仰られ候」（細川三齋御傳受書）

と云ふやうな細かな事などにも　利休らしい好みが　傳へられてゐた。

また　窓の敷居や鴨居の留の方立《はうだて》に　磨き丸竹を　使ふ事は　今では　仕來たりの如くなつてゐるが、このやうな形に　纏められる迄には　いろいろな試みが　行はれたものらしい。次のやうな話は、そんな利休の試みの一つと　見られようか。

「窓の釣竹　鴨居を切、釣竹を桁へのほ《(上)》せたるかよきと　利休申由　被仰候。」（細川三齋御傳受書）

また　利休が　突上窓《つきあげまど》を　切つたことについて

「小座敷に　つき《(突)》上窓　切初候事ハ　牧村《(兵部)》か書院に　切候を　利休か見て、小座敷に切初候と、御かたり候。」（細川三齋御傳受書[註六]）

と傳へられてゐた。突上窓の名は 天窓のことで、その上を 覆ふ雨戸が 部屋の中から 棒で突き上げて、開かれる所から この呼び名が 出たやうである。これはまた

「つき上窓ハ 左海《(堺)》草部屋道設 しそむる也。」(松屋日記)

としてゐたものを始め、なほ他の傳へもあつて、[註七] まち〳〵であつたが、利休の天正元年《(一五七三)》の傳書(南坊宛)に、既に出てゐて、かなり前からあつたらしい。これは 光を取るためでもあつたが、また熱を抜き、空氣を換へるためでもあつた。利休は

「扨つ《(突)》け上《(あげ)》有かこい《(圍)》なれバ 尺八竹ニテ ツ《(突)》キ上、外へ内の火シメシ候て、ハむる事也。内の火氣ヲ取所 少あくる事ならひ也。」(南坊宛利休傳書)

の如く 傳へてゐた。この突上げは 多く軒桁近くに 開けられてゐたが、時には 床近くにも 開けられた例もあつた。それについて

「千宗旦 二疊敷ノ白木造ノ座敷ニ 床ノ落シカケノ上ニ 突上有。此突上ノ棒ヲ木ニシテ、長ク仕テ、床ノ落シカケヘ 乗テ、突上テ 置シコト有。如レ此利休好シコト 有ト云々。」(茶譜)

と云ふやうな傳へがあつた。尺八竹を木にして、床落掛へかけることなどは 後には 見られない形のものもあつた。また少庵が 一つの茶座敷に 二つ突上げを 切つた例も あつたらしく、松屋

日記に

「少庵 小座敷ニ つき《(突)》上窓を 二ッ明る。易見て、沙汰の限なり。燕ノ羽をひろげたるニ似たり。不レ被レ見候。ふさげと御申ニ付、其日ニ ふさぎて見すれバ、好となり。然處ニ 易《(利休)》の小座敷ニ二ッ明て有之。是ハ如何と問バ 易云 數寄ニ親子も不レ入。我等二ッ明べき爲ニ ふさがせたると云り。」

とあつて、利休も親子の爭までして、二つの突上窓を 切つた話が傳へられてゐた。

「モズ野ノ草庵 窓ノ明ヤウ 障子ノグハイナド 面白クヲボヘシマ、アル時 圖ヲ寫スヲ 体見玉ヒテ、ワ僧ノシワザトモ 覺ヘヌ事カナ、ソノ窓 其障子 ミナコノ所ノ方角、露地ノ境ニ應ジテコソヨケレ、コト《(異)》所ニ 此ゴトク シツラハレタラバ物笑ナルベシ。」(南方錄)

と傳へられてゐた利休モズ野二疊は 窓の切樣など 面白く出來てゐたらしいが、その處を離れては その宜ろしさの 成り立たないことを 利休は 說いてゐたのであつた。このやうな小座敷に作り出した面白みを 利休は また書院にも 試みて、殘月亭の如き 小窓の組合せ混み入つた廣間を 作り上げたこともあつた。

窓の戶や 障子の利休好みについては 特に云ひ傳へられたものはないが、有樂好みの圖に 窓

毎に 板戸の付いたものが 書き殘されてゐた。これは 恐らく利休時代に於ける 習であつたかと考へられる。織部聞書にも

「同窓毎ニ外ニ掛戸有之。何レモ ウスク色ヲ付ル。此故ニ 内ニハ戸ヲ立ル事無之也。數奇出シ候時ハ 四季共ニ 掛戸ハッシ取也。若天氣惡節ハ 其儘モ可レ置候。寒天ノ時分 又ハ座明リ過タル時 掛置也。同亦夜會未明數奇屋ニ 火ヲトモシ置候時ハ 障子ヲハッシ取リ、掛戸斗ニテ可レ置也。是ハ障子ニ 人影ナト移リ見ヘ候テハ 惡キトノ心得也。亦月ナト差入、景ニヨリ掛戸ハ 勿論、障子ヲ ハッシ殘候事モ 有之。」（織部聞書）

としてゐた。また

「同窓毎ニ簾ヲ掛ル也。夏ハ窓毎ニ障子ヲハッシ取テ簾斗ヲ掛置也。前カドヨリ簾ヲシメシテ可掛。冬ハ シメサストモ不苦。」（織部聞書）

とも傳へてゐた。これなども 恐らく利休から 始つてゐたのではないかと思はれる。

利休は また 出入口に對しても、躙口《にじりくち》（潜《くゞり》）とか、櫛形口《くしがたぐち》（火頭口《くわとうぐち》）などの新しい試みをして、前々からの習に 見られなかつたものを 作り出してゐた。

躙口が 出來なかつた頃の茶座敷は その緣側が 出入口であつて、その高さは

鴨居内法 五尺六寸五分 （東大寺地藏院 珠光好 松平樂翁藏起繪圖）

鴨居内法 五尺五寸二分 （大德寺高林庵 紹鷗好 同右）

鴨居高サ 五尺六寸七分 （石州大工之書）

などが 四疊半のものとして 傳へられてゐた。利休も 堺に於ける緣側付四疊半は これら古いものと 恐らくあまり變らなかつたであらう。それが躙口ともなつて來ると、全く言葉通りに にじり入らなければならないものになつた。

躙口は 傳へによると

「大坂ひらかた《枚方》ノ舟付ニ くゞりにて出《でる》を 侘て面白とて、小座敷を くゞり《潜》ニ 易《利休》仕始るなり。」

（松屋日記）

と傳へられてゐて、高さも巾も 二尺程の出入口で、正客を 通す口とは 思へない程の ものとなつた。[註八] この呼び名についても 後に

「宗旦曰 クヽリ《潜》ト云能名《よき》ノ有レ之ニ 當代之ヲ 躙《ニジリ》アカリ《上》ト云。賤言葉ト云々。」（茶譜）[註九]

とも云はれてゐたが、利休も 天正八年《一五八〇》の藪内紹知宛の傳書に「にしりあかり」と書いてゐた。

また これにつき 宗啓は
「躙上《にじりあが》り 二疊敷、三疊、四疊半にもあり、休居士 二疊敷の時の作也。」（南方錄）
と傳へてゐた。利休が 初めてこれを作つた二疊敷は 何れを指すのであつたらうか。妙喜庵の二疊敷圍より前か、妙喜庵圍そのものか、いづれにしても 妙喜庵のは 後のものより やゝ大きい。
利休家之圖の中の九間《こゝのま》と 四疊半その他の躙口を 比べて見れば、

九間（十八疊間）潜	高二尺七寸	巾二尺五寸
四疊半（不審庵）躙口	高二尺二寸五分	巾二尺二寸
四疊半（本覺坊傳）躙口	高二尺二寸六分	巾二尺一寸
二疊（大徳寺門前）躙口	高二尺二寸五分	巾一尺九寸五分
妙喜庵圍躙口	高二尺六寸一分	巾二尺三寸六分
床無し一疊半	高二尺二寸四分	巾二尺二寸二分

との様で、凡は座敷の廣さに從つて 廣狹が作られてゐたやうでもあつた。たゞ然し 妙喜庵だけは 埒外のものであつた。恐らく 初めの試み時代のものでなかつたかと思ふ。[註一〇] このやうな出入口は 傳への如く、漁家の出入口の狹いのを見て、利休が 好んだのかも知れない。

櫛形口《くしがたぐち》とか　火頭口《くわとうぐち》と　呼ぶ出入口は　唐様の火頭窓や　火頭口の尖頭迫持形（葱頭栱）から　出たものと　考へられるが、それについて　南方錄の異本には

「草庵には　縁《（ふち）》なし塗廻しよし。火竇《（くわとう）》は　火燈の器なり。其形に似たる故　火とう口といへり。

櫛形、甕形　夫々に　おふ《（應）》する名也。」

としてゐた。これについても

「醫師道三　利休の如此差圖」仕給也。」（松屋茶湯祕抄）

として　後の世に　謂ふ所の宗貞圍《そうていかこひ》　又は道安圍を傳へてゐた。そして圖の書入に「火トウ　中柱ニ袋掛ズ。カッテノカベ　竹釘ニカケ」として　櫛形口を　間仕切壁に切つてゐた。このやうな形の座敷は　慶長十三年《（一六〇八）》ころに　京都の千宗旦が　持つてゐたこと　松屋日記に　見えてゐたが、道庵とか宗貞の名では　傳へられてゐなかつた。[註一一]　この櫛形口について　また後に　堺のある町人が　この形の勝手口を　假に作つて　會をしたのを　利休が見て、その後好んだとも　傳へられてゐた。[註一二]　この形の口は　後には　給仕口　（禿口《かむろくち》）　に作られることが多い。[註一三]

また　細川三齋は　これに關りあつたと思はれることを

「利休か深三疊には　通ひ口有。當世のなりニハ　かわり《（變）》候と　仰られ候。」（細川三齋御傳受書）

と傳へてゐたが、この通口《かよひくち》は 常のと變つた何か 利休らしい思ひ付が あつたのでないかと 思はれる。

利休の櫛形口は 何處のものであつたか わからないが 三井寺本覺坊は「利休相傳之書」に「くしかたの横 二尺七分、くし形の所 敷居の上ハ《（端）》より かもゐ《（鴨居）》の下ハまて 五尺二寸五分、かもゐのあつさ 八分、くし形の上のぬりまハし かもゐより 七分ぬり下る。」とし、また 江岑の傳へた 利休床無し一疊半の櫛形口は「ぬりまわし也」として「勝手口 高サ中ニ而 五尺七分、横はゞ 二尺七分」としてゐた。

また三齋は恐らく 利休好みを 傳へてゐたと考へられるが、「くし形の角《（かど）》ハ 丸くぬるが 好と 被仰候。」「くしかたのわきと上との張樣、常の張やうは 惡敷《（あしき）》と仰られ候。小座敷のを 御見せ候。上二分 一分半程 狹くて、上ハ内へ 見おくり候。わきハ見へす候故也。壁のさかりも 柱の方ハ一寸八九分も 土さがる。捻而《（ねぢれて）》 ゆかミて、ろく《（陸）》に見ゆる事、かた《（片）》ひろ《（廣）》ありて ろくに見ゆる事有ものと被仰候。」(細川三齋御傳受書)とあつたが、これも 窓の歪みの話と 同じく、錯覺を 正すための 細かい試みを 示してゐたのである。

先に引いた 堺の利休茶座敷について 三齋は「松ノ角柱ニモ 色ツケズ。」と 傳へてゐたが、柱や板などに 色付けしない白木造りは 茶座敷だけに限らず、後のわが國住居の建て方に 響く所多い。それ故に こゝに改めて、更に觸れて見よう。

この色付けについて 古田織部の聞書には

「數奇屋惣テ色付ニスル。白木作ト云事無之儀也。障子ノホネハ何レモ色ヲ不付 白クシテ張立候也。」（織部聞書）

「柱之大サ、ツラ《面》付ルトハ ツラハ爰カシコニ付ル。……（中畧）……惣柱地敷居際ニテツラ付ル、スヘテ《總》ツラ《面》付ノ所モ色付也。」（織部聞書）

と傳へてゐた。これによると 昔から數寄屋の木は 障子骨を除いて、總て色付けするのが 習の如くであつた。また常の座敷も さうであつたらしいことを 細川三齋は 次の利休の言葉の中に傳へてゐた。それは

「小座敷、常の座敷共に 色著《いろつけ》の色を 濃し候者ハ いやしきもの也。目きかずの へたのくせ《癖》と

利休か云たと 細々御語候。」（細川三齋御傳受書）

との如くであつた。座敷の色付は 數寄屋でも 常の座敷でも 色濃くしては いやしいと 利休には見えたらしいのであつた。恐らく 利休のころには 住居は 濃く色付けするのが 習であつたこと いま京都の町屋に 見る如くであつたであらう。それは 紅がらと、煤を 混ぜ合はせたものであつたが、數寄屋には そのまゝでなく、煤だけ塗つた 色付けかと思ふ。堺の利休四疊半は そのやうな仕來たりを止めて 白木のまゝであつたために 三齋は 特にそのことについて 傳へたのである。そしてまた

「其後 色付を 利休仕初め候者 不覺とおほせられ候。」（細川三齋御傳受書）

とも 云ひ添へてゐた。

然るに 利休の跡を繼いだ 千宗旦について

「利休流座敷 惣柱幷板色付 濃付ルナリ。右宗旦曰。木ノ色ハ 濃付テ吉。古田織部時代ヨリ薄付ルト云々。當代ハ 愈 薄付ルト見ヘタリ。白木ニ 少色有コトシ（如）。」（茶譜）

と云ふやうなことが 傳はつてゐた。織部が 色付けしたであらうことは その濃い淡いは別として 先の織部聞書の傳へたことから 考へられるが、利休流を 色濃く付けることと 云つてゐたの

は三齋の傳へとは全く裏腹なことであつた。

三齋と宗旦とがこのやうに大きな開きのある傳へをしてゐたのは恐らく同じ利休好みでもそれを受けとる側の立場の異からおのづからに分れて來たのであらうか。それは利休のものに表はれた一つの傾きが各々の好みや立場に從つて、分かれて表はれ出たのであらう。堺の四疊半はじめ多くのものは恐らく三齋の傳へのやうに白木造であつたであらうが、然し後に「殘月亭」として傳へられた利休座敷は特に「色付書院」の名もあつて、色を付けたこと明かであつたし、また三齋は

「架には利休ハ色を不着と被仰候。」（細川三齋御傳受書）

とも傳へてゐて、棚板には特に色付けしなかつたが、柱や天井には色を付けただらうことを言葉裏に示してゐたやうに思へる。

また濃い色付を利休流として傳へた宗旦も時には白木造りを營んだこともあつた。それは同じ茶譜に

「千宗旦二疊敷ノ白木造ノ座敷ニ床ノ落シカケノ上ニ突上有。……」（茶譜）

としるした條があるのである。特に白木造としてゐたのは濃い色付けを利休流として言擧げ

してゐた宗旦の中では常と異つた好みとして取り上げてゐたのであつたらう。このやうな白木造りが例外であつた宗旦は恐らく木の色付を彼の侘茶に應しいものと考へてゐたのでないかと思ふ。そこに三齋と異つた彼の彼らしい立場があつたのである。

利休は紹鷗の袋棚の好みについて、特にその仕上げが木地のまゝであつたのを麁相な仕上げとして、野村宗覺宛に

「袋棚を或は塗り、或は蒔繪し、結構にはすべからず。其儘の板にて、麁相なる所に物數寄はあり。」（利休野村宗覺宛傳書）

と傳へてゐた。これは紹鷗の「名言」として傳へたのであつたが、彼もまたそれを承け繼ぐものであつたらう。棚の白木仕上げが麁相と思はれたのは漆塗りや蒔繪仕上げに對てのことで、建物としての茶座敷の白木造りとは同じでなかつた。建物の白木は彼が特に好んだと云ふ「宗祇の黑木の文」[註一四]に通ふ皮付きの黑木に對つて云はる可きであつた。白木造りは黑木造りに對ひ立つもので麁相なものでも侘びたものでもなく、その上のものであつた。[註一五]利休が建物の白木造りを色付けより心にかなふものとしたのは侘び心にふさふからではなく、その色濃きは「いやしき」と云つた如く、白木より色付けの木はいやしく覺えたからであらうかと

思ふ。そして利休好みの そのやうな傾が 三齋には 特に受け繼がれたのであつたらう。

然し宗旦に於ては 利休の侘茶を ひたすらに押し進めた立場にあつて、その侘び心の側に於て見たのであつた。白木仕上げより 色付けは 劣つた木口でも すませ得ると云ふ所に 先づ 侘人の座敷に 應しいものとして 取り上げた所も あつたかとも思はれる。そして なほ その色が

「利休流蒲天井 荒々ト編テ、色付ナリ。煤《フスベ》色也。」(茶譜)

とあつたやうに、ふすべ色で あつたのである。その煤色《ふすべいろ》の中に 宗旦は 白木の美しさよりも、先づ 古びと寂びを 選び出したのであらうかと思ふ。[註一六] そして宗旦が 利休流として 色付は 色濃くと說いたのは 利休の侘茶の心持を そこに深めようとした心構の表れに 外ならなかつたと 考へるのである。

前々からの仕來たりを破つて、利休は 白木造りを試み、この白木造りの好みは 世を擧げて わが國住居の仕來たりとなつた。そこに 利休好みが 日本らしさの上に 深く根を下ろしてゐたとも 云へるかも知れない。これは 神の社などにも 表はれた古い仕來たりが 世の總並の好みとして 甦つて來たのであらうとも とれるであらう。

註一　利休の茶座敷の柱太さは　あまり他に傳を　見ないが、廣間については「利休家之圖」が傳へるものの中に「柱ふとさ四寸貳分四方、柱高サ板敷よりけた迄一丈二尺六寸」とある。またこゝに引いた茶座敷の柱についての細川三齋の傳へと、藤村正員舊聞錄とは反對の太さであるが、利休の時代は「一疊半にて ハ道具大に、四疊半にては道具の小ぶりめ成か面白と利休か申と被仰候。」(細川三齋御傳受書)にあるやうな考へが、建物にも用ひられて、「一疊半のたる木ハ太く、四疊半のハ細ク」(同書)とも傳へられてゐる。藤村正員が舊聞錄の頃には既に忘れられて了つた事柄であらうか。

註二　南方錄に「珠光四疊半、是四疊半の根本也。眞の座敷と云。鳥の子紙白張付、杉板ノ節無天井小板ぶき、寶形造、一間床也。(中略)紹鷗に成て四疊半座敷所々改、張付を土壁にし、本格子を竹にし、障子の腰板をのけ、床の塗緣薄塗又は白木にし、是を草の座敷といふ。」と傳へて、紹鷗から土壁になつてゐたやうに傳へてゐる。今は山上宗二の傳書、細川三齋御傳受書、正傳集などの傳へに從つて、紹鷗四疊半は貼付壁と考へよう。或は紹鷗の晩年には土壁になつてゐたかも知れないが、かく傳へるのは今の所この南方錄だけである。この點についても　南方錄は　疑しい傳であると　前に述べたことを　裏付ける。

註三　桃山城の古圖は文化四年(一八〇七)に豫州松山の金子仙左衛門が持つてゐた古圖を水戸の藩士が寫したものである。

註四　こゝで利休が反古張を使はないと云ふのは腰張のことで、襖には後にも述べるやうに利休の妙喜庵圍には次の間一疊の出入口太鼓張は反古張であつた。反古張について織部聞書には「色紙窓、風炉先窓ノ下、茶道口ノ戸尻、何レモ紙一枚長ニ張ヘシ。紙ハ美濃ナトノ竪紙、反古ノ書タル方ヲ壁ニ付テ、裏返張也。此裏書ノ書様定無之、何レニテモ可書、數奇ニヨバレヨビ候事音信物、又ハ謡ナトノ名其外何ニテモ不苦、裏返シ可張。……客付ノ分ハ何レモ湊紙ニテ張、高サハ連子窓ノ下切也。大方貳枚長張ナリ。」と傳へてゐて、反古は裏張にすること、客付には反古を張らないことなどは織部好みであらう。利休時代に秀吉の暦張の茶座敷が宗湛日記に出てゐるが、これなどは後に有樂の如庵の腰張に倣ねられるものであるが、恐らく利休の試みでなかつたかと思ふ。後に述べるやうに利休四疊半に歌反古の襖があつたが、それはその上へ薄い紙を貼つて透けて見えるやうになつてゐたことが傳へられてゐるから、織部の場合のやうに裏返しにしたりすることと同じく、反古の文字の露はに讀めることなどは茶の湯に要らざる目を引いて心亂すものと考へられたためであらうかと考へられ、織部の裏返貼の傳へも或は利休から始つてゐるかも知れない。

註五　「美濃紙の一枚張ハ長八寸三分好と仰られ候。」「四疊半の一枚張ハ長一尺一分好ト仰られ候。」などと別に細川三齋御傳受書は傳へてゐる。また「腰張の事、湊紙そつくり其長にて張も吉、…中畧…紙の繼目二分計也。四疊半の座敷は、みの紙一枚丈、又一枚半にもはる也。」（茶傳集）

註六　「大和大納言（豊臣秀長）郡山城中の數寄屋に御成のために被立候。大木の松の木の下にたてたる數寄屋にて、松を下より見る處能として、座敷の内より是を見度よしおほせられ候ニ付、引窓にして戸を引、利休あけられ候。」（三百箇條）又このことにつき「突上げ、堺町屋にて、明り取べき様なく屋根を切抜、明りを取たるを見て、夫より利休廣サ恰好を極て、數寄屋ニ仕候由被仰候。」（茶傳集）とも傳へられてゐる。い

づれが 實であるか知らないが、茶傳集も三齋の話であるらしい。茶傳集は天和元年《一六八一》の後書のある 十八巻からなるもので、かなり多くのものが集め編まれてゐて、他のものが混つた集物である。

註七 「突上げ窓は 北向道陳より始る。障子を掛け外しするは 古風なり。近代は 上へ障子を引く。」(茶道舊聞錄)

註八 躙口について「客を待せ、兩刀を席へ入ず、剩《あまつさへ》塵溜近きあたりに刀掛をしつらひ、客に自身草履を取せ、にじり上りの狹き所より這入《はひいら》せ、扨亭主はふすま《襖》を明て出るなど、皆客をうつけにし、客より亭主をうやまひつるごとくにふるまふ事、一つとして理にあたらず、其無禮云ふに及ばず。」(別觀茶禮抄駄荷袋 帝國圖書館藏)のやうな考へを述べた書物が 江戸時代には 表はれてゐる程である。これに對つて且て私は「茶の湯を藝術として見るとき、其の如く不都合なる不便なる入口も美の觀照には有意義である事を發見する。茶室は多くの場合、廣い室でなくて、一疊大目と云はれる一坪にも足らないやうな室さへも行はれて居り、又天井高さも最小限度の七尺にも足らないのが一般であるのであるから、一見しては獨立した室と見る事が出來ない程の狹い空間である。これを一般に行はれてゐる幅三尺高さ六尺近い出入口を附けるとなると、茶室特有の小空間は露地の規模が小さく出來て調和して居ても、人に比して其の空間的な廣がりは、如何にも「せまくるしい」感じを以て曝露されて了ふであらう。然しそれが躙口の如き入口から室內を腰かゞめて見る時は恰も覗き眼鏡から繪を見るやうに 室內は 一つの獨立した超尺度の世界を現すであらう。これは茶庭の中潜りも同じ計畫からなつてゐる。」(茶室の思想的背景と其構成)と云ふ解釋をして置いた。

註九　茶譜はこれに續けて「右躪上ト云コト古田織部時代ニ大工の云初シヲ其以後之ヲ云觸テ、歴々ノ仁モ躪上ト云。誤也。」としてゐるが、多くの場合路地庭の中の中潜《なかくゞり》を「くゞり」と呼び、茶座敷の入口を「にじり上り」と呼んでゐるやうである。

註一〇　茶道筌蹄に「クヾリ口至て大なるは妙喜庵にあり、枚方の漁人の家の小き戸口より出入するを見て、居士始て好む。」と傳へてゐるが、江戸時代後期のこの書は何によつてゐるか分らない。

註一一　宗貞圍(利休好)道安圍の名は江戸時代になつての茶室圖に出てゐるが、古い書にはこの形は松屋日記や草人木に利休好みとなつてゐる。例へばこの圍圖に「是ハ和泉の堺に空願といふ塗師あり、利休一段入魂にて侍る者也。其座敷のさし圖也。」とし、また「座敷はひら《(平)》三疊敷を持侍るか、通ひ口を利休仕はしめられしより、うら山しく思ひ侍て通口を利休のことくにせんとすれ共、いにしへ堺ハ惣て屋敷のせはき故、れうけんなくかやうにたゝみ造られしか、出來してから殊外面白座敷にて、其頃京の外迄もあまねく此座敷になりぬ。茶を立る手前は一疊たいと同前也。」ともして、松屋が道三としてゐる傳へとやゝ異なるが、共に利休に關りを持たせてゐる。道庵の茶座敷を傳へてゐる道庵の流の「石州大工之書」にも この座敷は入つてゐない。慶長十三年二月廿五日に少庵、宗旦を京都に訪ねた松屋久重はこの座敷の茶の湯に會つてゐたが、宗旦の前には少庵の座敷であつたのであらう。それが道庵に誤つて來たのであらうか。なほ考へよう。

註一二　「境の町人に侘數寄有。俄に利休に茶の湯仕事有て、勝手口の壁を切抜、其口を紙にて張て一會候を、利休面白く存、其後形恰好ヲ好ミ、櫛形ト名を付、數寄屋の勝手口に仕候由仰也。」(茶傳集)とも傳へられてゐるが、何か作り話らしく思はれる。この話は三齋の「細川三齋御傳受書」にもない。

註一三　給仕口について「給仕口を瓦燈口に仕候時は勝手口ハ必四方口を仕候なり。四方口の時は引手を下より七ツ目に切候也。是宗易よりの替り目也。」（喫茶活法畧之奥儀集）と出てゐて、給仕口を櫛形口にしたのも利休からと傳へてゐる。これは宗貞圍といづれが早く作られたか明かでないが、櫛形の出入口を作つたのはとにかく利休であつたらしい。

註一四　「利休祕藏セシ宗祇自筆黑木ノ文ハ後チニ瀨田掃部正忠へ讓リシトナリ。

此黑木　尼崎へ御遣リ、池田へ御遣リ候テト、御仰セ候テ給ハルヘク候。返々又四郞殿御上リ候テ目出度候。八月必ス罷登ルヘク候。

七月七日　　宗祇判

與四郞殿

茶事祕錄にこのやうに出てゐた宗祇の文は後に遠州に傳はり、遠州より酒井家へ贈られた。このやうな手紙が掛物にされたのは恐らくこれが初めであらうか。この手紙の中の黑木は何に使はれたものかよくわからない。

註一五　建物に使ふ木で、黑木、白木と云つてゐたのは皮付と挽立材との違であらうが、京都西本願寺にある黑書院と稱へるものは面皮《めんかは》ものの建物であつた。この事から利休などが好んだ數寄屋造の丸太や面皮柱などは古くはやはり黑木と呼ばれたことがないとは云へないかも知れない。奈良時代の古いものに表はれる黑木は云ふ迄もなく表皮の附いた見た目に黒いものを指してゐたであらうと思ふ。また面皮造りは侘茶に應しいと見られてはゐるが、大工手間が多くかゝつて、建物としては高くかゝる種類のものである。

註一六　宗旦の時代からあつたと思ふが 色付の煤玉を賣る店について「茶湯評林」（元祿十丁丑年（一六九七）正月吉日に刷り出された遠藤元閑の著）に「數寄屋色付すゝ玉　京烏丸通高辻下ル町　すゝ玉屋八兵衞　同所　同　助右衞門」と誌してゐた。茶座敷の色付は今はあまり行はれないが、昔はかうした商賣迄あつて、傳書に書き留められてゐる所を考へると、流行つたのであらう。

一の五　天井、疊、爐

床の天井を土塗りや一枚板の天井にした利休ではあつたが、部屋の天井については今迄に見られなかつた姿で、込み入つた物にしてゐた。例へば四疊半についても利休家之圖のものでは平天井《ひらてんじやう》及び化粧屋根裏《けしやうやねうら》の處を作り出して居たし、妙喜庵圍ではその二つを取り合はせ三つに區切つて、見た目に極めて込み入つた形に纏めてゐた。そして平天井の高さはこれより低く出來ない程の「五尺九寸」（利休家之圖四疊半の本）「五尺九寸二分」（北野大茶會利休四疊半）にしてゐたが、化粧屋根裏の處ではそれを補つて「屋根のうら（裏）の上垂木掛ヶ高サ六尺六寸五分」（利休家之圖四疊半）であつた。屋根裏の斜めに上つた所は聳えた氣持を作り出し、低さを覺えさせない働きをしてゐたやうであつた。「座敷圖從紹鷗宗易へ相傳の通」（松屋茶湯祕抄）の中には「四疊半天井高さ六尺九寸」として、紹鷗この方の寸法を傳へてゐたが、利休は恐らくこの高さも茶座敷にはなほ高過ぎると考へたらしいのであつた。然し茶座敷と對ひ立つ廣間や書院座敷は

また思ひ切つて 高めにしてゐた。例へば 利休家之圖の中の廣間では

「天井ノ高サ　板敷より上ノ板迄　一丈四寸」（廣間之分）

「天井ノ高サ　板敷より上ノ板迄　九尺三寸也」（長五てう（疊）の本）

「うち八てうしきの天井のたかさ　たゝミから天井ノ板迄八尺」（九間之本）

などであつた。このうち九間《こゝのま》は 後にも述べるやうに 鎖の間としての茶座敷で、特にやゝ低めてあつたが、他は五疊敷の如き小間でも 九尺三寸を取つてゐた。これを銀閣寺東求堂同仁齋（四疊半）の天井高さ 八尺九寸七分、妙心寺靈雲院書院五疊半の八尺七分、或は醍醐三寶院表書院十二疊間の十尺一寸九分、園城寺勸學院客殿十二疊半の十尺八寸などの天井高さは 利休のものの前後 及び同じ時代に位する座敷が 示す天井高さであつたが、それらに比べて 利休のものは 高い方のものであつた。そしてこれら 天井高い廣間と 極めて低い茶座敷、その程合ひの鎖の間 と云ふ取り合せに於て、一つの連り合つた空間的立體として表はし、利休の家として 統べられた建築的企てとして、纏められてゐたやうであつた。

天井の仕上げは 先に引いた山上宗二の 紹鷗四疊半の傳へによると、「ノ子板」天井であつた。「ノ子板」は長へき板のことである。それが恐らく 一面の竿縁平天井であつたであらう。そして

利休も 初めは それを習つたであらう。それが 利休の不審庵などになると、軒近く化粧屋根裏《けしやうやねうら》となつて、謂ふ所の驅込天井《かけこみてんじやう》となり、天窓などが 切られたのであつた。そして「利休家之圖」の中では「こも天井」とも書かれたものが 表はれ來てゐた。こも天井は「蒲《がま》天井」とも 呼ばれたもので、草を編んだものを 地にした竿縁《さをぶち》天井である。利休の天井について 後に 茶譜は「天井ノ鏡板ヲ取テ、蒲ヲ編テ張、青竹ノフチヲ打、天井ニ用ユ。又ハ 杉カ 弱檜木《サハラ》ノ長片板《（ながへぎ）》ヲ、幅一寸バカリニシテ 少黒ク色ヲ付、網代ニ組テ、天井ニ張、女竹ノ皮ヲ取、二本宛ナラベテ、フチ《（緣）》ニモ打。又青竹一本宛モ フチニ打。」（茶譜）としてゐた。[註一] これは 主に 妙喜庵圍や不審庵について 述べてゐたやうに思はれる。

次に 疊について述べよう。利休の時代に於ても 今と同じく 京間疊《きやうまたゝみ》と田舍疊《ゐなかたゝみ》との二通が 行はれてゐたことを「南方錄」は 傳へてゐた。これは あまり據れる書物では ないが「休《（利休）》公《（紹鷗）》ト相談アリテ、二疊敷 出來、向爐隅切ニ 臺子ノカネヲ取テ、一尺四寸ノ爐ヲ始ラレ、其後 四疊半ニモ 田舍間四疊半ニハ 一尺三寸、京疊ノニハ 一尺四寸ナリ。勿論 臺目切モ 二疊敷已後ノ作也。……休ノ京間四疊半ニテ、紹鷗ヲ 御茶申サレシ時、棚ナシニ 前後仕廻ラレ

シ。コレ最初ナリト　休ノモノ語也。」（南方錄）

「休云、紹鷗四疊半ハ　田舎間疊ニテ　アリシ也。是本式四疊半ト　心得ベシ。」（南方錄）

と傳へてゐた。すなはち紹鷗四疊半は　田舎間であつたし、利休のは　京間四疊半であつた。そして利休が　この田舎間四疊半を　本式としたのは　紹鷗の傳と云ふこともあらうが、また京都より古い傳へを　持つた奈良の制でも　あつたためであらうか。[註二]　然し後に　述べるやうに　江戸時代に入ると、この利休京間四疊半が　本式四疊半として　承け繼がれたのであつた。

また疊の數が　部屋の大さを示し、部屋を　疊數で呼んだのは　先にも述べたやうに　利休の傳書の中にも　表はれてゐた所であつた。このやうな表はし方は　古い習で、特に　茶座敷は　その傾が早くから表はれ、室町時代中頃から　見えてゐた。[註三]　また茶座敷の中では　疊の目の幾つが　器を置く目安の物指に用ひられて、その一目は　長さの單位として　古くから使はれた。[註四]　利休に於ても

「數寄屋の內には　短檠置くべし。置所は　圍爐裏ふちよりも　疊廿三目、」（野村宗覺宛利休傳書）と

云つた表はし方で　あつたから　特に　器をならべる茶立疊は

「茶たて候疊は　客の方　緣際《へりきは》必丸目也。中柱立て　緣際の目欠候共、半目より　多く見へ候者はかすの中へ　よミ入、半目からは　すてにしてよし。小板置時　壁際の目も　右に同シと被仰候。」

（細川三齋御傳受書）

と傳へられてゐた。これは恐らく利休からか 或は その前からの仕來たりであらう。また利休時代の疊表と縁《(へり)》について 織部聞書に

「數寄屋疊之事 厚サ一寸八分也。是ハ敷居寸法定タル故ニ 如レ斯厚サ定也。表ハ 備後吉。縁ハ 布色紺ニ定ル。替タル縁ナト不レ可レ仕。圍ノ疊モ 同前。鎖ノ間ノ疊同事也。」（織部聞書）

と傳へてゐた。また別に 織部は

「利休ハ タヽミ《(疊)》ノヘリ《(縁)》モ薄キ高宮ハ アシキ《(惡)》ヨシ《(由)》ニテ 平貫ノヌノニテ被レ仕候。」（慶長聞書）

と慶長《(一六一二)》十七年七月廿九日に 道也の數寄屋で 談つてゐた。これと同じく三齋も

「古ハ疊の表 今時の樣にゑらます。縁《(へり)》も高宮縁也。三齋ハ 今も高宮縁也。」（細川三齋御傳受書）

と傳へてゐた。高宮縁とは後の高麗縁と何か關りあることかよくはわからない。またその巾について

「疊の縁の幅 昔は細し、今時は 廣《(ひろく)》、惡敷と被レ仰候。三齋の縁は 七分半に 御させ候。」（細川三齋御傳受書）

とも傳へてゐた。今時は廣くて、惡いと述べてゐたのは 恐らく 九分か一寸幅の縁を 指したの

であらう。

「一疊のへりは 書院廣座敷より 二疊、一疊半の侘小座敷ニ至ル迄 一寸ベリ 定法也。」(茶傳集)

とも 後に 云はれてゐたやうに 江戸時代に入つては 定つてしまつたのであるが、[註五] 細川三齋は昔風の七分半にしたのであつた。

利休の疊縁の色については 紹鷗時代の仕來たりを踏んで、紺色であつたであらうか。池永宗作は 紹鷗ころの疊縁について

「座敷ノ疊ミノヘリ(縁)ハ カチン尤ナルヘシ。」(池永宗作茶書)

と誌してゐた。カチンは褐色《かちいろ》のことで、 昔から深藍、すなはち紺の濃い色を 指してゐた。利休は 紺色について

「藤堂和泉守へ 忠興(三齋)、正宗、内藤右衛門御出候時 正宗問云 小座敷にてハ 何色のきる物を嫌候やと云へり。忠興答云 易(利休)ハこん(紺)色きる物を 嫌候と云給ると也。」(松屋日記)

と云ふ話が 傳へられてゐた。利休は 着物の紺は 疊縁の紺との差し障りで 嫌つたのかも知れない。或は紺色そのものを好まなかつたのか よくは分らない。[註六]

利休の妙喜庵圍の床疊縁《へり》は「遠山切」のやうな古い縁が前に附いてゐたが、近頃になつて在り振れた高麗縁に變へられた。前のものも利休時代のものとは考へられなかつたが、何か異つた布でも使つた昔からの習が傳へられたのでないかとも思はれる。

疊について織部は

「口切ノ數寄出候時分新敷疊ヲ敷替、爐ノ上塗シテスヘキ也。佗ニハ大目疊一疊斗ヲ敷替候也。如何成ル佗人ニテモ疊一疊敷替テ、爐ノ上塗スル事不レ成程ナラハ數寄ヲ出間敷儀ト可ニ心得。」（織部聞書）

としてゐた。口切の茶の湯に爐の上塗と共に茶立疊一帖位取り替へられないならばどんな佗人でも茶の湯はするなと強く云ひ切つてゐた。佗茶を稱へた利休もこの位の考へをその頃には持つてゐたのか、織部だけの心持なのか明かでないが、桃山時代には恐らく廣く行はれた習しであつたであらう。

茶座敷の疊は後には各々に一つ一つ名を付けて呼んでゐたが、利休のころはあまり行はれてゐなかつた如くで、利休の傳書の中には二つ三つそれに觸れた處もあつたが、はたして後の如くに、呼び名として、使つてゐたかわからない。それは例へば「勝手の疊」（荒木攝津守宛）「床の前疊」（茶湯百箇條目錄）「ゐろり《（圍爐裏）》の疊」（同上）などである。南方錄の中には 勝手の疊が「道具疊」ゐろりの疊が「鍵疊《かぎたゝみ》」と 明かに呼び名として 使つてゐた。江戸時代初には 勝手疊は「茶立所」（茶譜）「亭主疊」（茶傳集）「道具疊」（細川三齋御傳受書）などとなり、なほまた床の前は「床前疊」（細川三齋御傳受書）、爐を切る疊を「爐疊」（細川三齋御傳受書）「圍爐裏疊」（茶道奥儀抄）、勝手口の疊は「ふんこみ疊」（茶道奥儀抄）「踏込疊」（茶道望月集）、客の坐る疊を「客疊」（細川三齋御傳受書、茶道奥儀抄）などと 呼ぶやうになつて來た。これらの名のうち「茶立所」などは 松花堂の八疊床脇に 一疊添へた茶座敷を そのために 特に茶立所と呼ばれてゐた例もあつて、或は桃山時代迄も 遡り得る 古い呼び名かも 知れなかつた。[註七]

茶座敷に於ては 秋から冬へかけては 爐を切る習になつてゐて、桃山時代末には

「一　卯月朔日ヨリ 八月晦日迄ハ 風爐ニテ 數寄ヲ出ス也。

一　爐ヲ入ル事 九月朔日ヨリ 三月晦日迄也。但口切ノ數寄ヲ ハヤク出シテ 吉トスル故、八月中旬ヨリ 數寄出候故 其心得有テ 爐ヲ入而用コト可レ有レ之。」（織部聞書）

と織部は 傳へてゐた。これは 江戸時代を通して 世の習しとなつたのであつたが、三齋は

「四季に法度なし。時により 亭主の機てん《(轉)》有へきを、今時は 早クロ切を仕て、九月なとのことくに いたしなす事 おかしきと 被レ仰候。」(細川三齋御傳受書)

と云つてゐた。これは利休の考へを 承け繼いで ゐたのでないかと思はれる。

利休の爐の切り方には 紹鷗時代からの受け繼ぎとして、四疊半構のものを 始め、後に八爐と云はれてゐた源が 總て出て來てゐた。四疊半構については

「紹鷗カ 四疊半ノ座敷ニ 下テ《(さげ)》爐ヲ切。ソレヨリ以來 下テ切タル爐ヲハ 四疊半構ト云。」(細川三齋御傳受書)

と傳へてゐた。爐を上げて切るとか 下げて切ると云ふのは 茶を立てる疊の中心から 平面圖の上で、上に爐を切るか、下に切るかを 云つてゐたのであつたが、上げて切れば 大目構《だいめかまへ》と同じ構になるのである。[註八] そのやうな切り方が 紹鷗の頃には 行はれてゐたらしいのである。また先に疊の所で 引いた如く 南方錄の中には「向爐隅切《むかうろすみきり》」が 紹鷗と利休の話合ひの上で 作られたとされてゐた。これは 後に云ふ角爐《すみろ》であつた。天正元年《(一五七三)》の利休傳書の中には「角切《(すみきり)》のイロリ」と誌してゐた。この角爐について

「尤隅爐《(すみろ)》ト云は 古法ノ言葉になし。」(茶傳集)

と傳へられてゐた如く、江戸時代になつてからの言葉であつたらしい。

また向爐《むかうろ》すなはち向切爐は角爐の後に表はれたもので

「休ノ云　昔隅切ノ爐迄ハ炭ヲ次タル時、客衆見物スルト云事ハナシ。……右切ノ向爐ニ成テ、客ノ眼下ナル故　釜引上タル時、爐中ヲ見入テ火相ニ心ヲ付。」（南方錄）

と炭手前を見る習しを説いてゐた中にその事をおのづからに述べてゐた。こゝに云ふ右切りの向爐と云ふのは「向爐隅切」に對つて云つてゐたのであつて、利休が「向イロリ」（南坊宛利休傳書）と誌してゐたものと同じであつた。後には向爐とたゞ呼んでゐたものであつた。

大目《だいめ》切《きり》或は臺目切爐は紹鷗四疊半の「上テ切」爐のときにも成り立つが、後には大目疊と呼ぶ四分の三大さの疊が出來てから明かにその手前が成り立つて來たやうである。利休に於ては大坂の三疊大目がその一つの例であつた。この疊について利休は「二疊たい」（藪内紹知宛及び宗德宛利休傳書）或は「二疊臺」（藪内紹智宛）などと書いてゐたことはその自筆の傳書に見えてゐる。また彼の傳書の、後寫しのものには「大目」（川崎梅千代宛）「二帖大目」（野村宗覺宛及び萬貫屋新四郎宛）とも書き表はされてゐた。これにつき後には

「利休流ニ座敷ノ疊一間ニ不足ハ半疊ニ不限、何レモ半ト云。……（中省く）右宗旦曰當代中柱ヲ

立テ茶ヲ立ル。疊一間ニ一尺六寸ホト短ヲ 大メ(目)ト云。此大メト云子細 曾テ不二聞屆一、誤ト云云。右當代ハ 何疊大メトナラテハ 不レ云。之モ古田織部時代ニ或ハ四疊半ノ圍ニ 又中柱ヲ立テ、茶ヲ立ル所別ニ一疊ヨリモ短疊ヲ敷時 四疊半半トモ 難レ云ユヘ、大工共ノ心覚ニ云シヲ其以後 人毎ニ聞觸テ、歴々ノ茶湯者モ 大メト云ナリ。……(後略)」(茶譜)

とも云はれてゐた。また中には 臺子と關りをつけて

「……。六尺三寸ノ疊ノ内、臺子ノ巾一尺四寸ト 臺子先ノ屛風ノ厚サ一寸トカキノケ、」「一枚疊ノ内 臺子ノ置目分 切ノケル故、臺目切ノ疊、臺目カキノ疊トイフ也。」(南方錄)

と說くものも出てゐた。然し最も多いのは 大目と書くことであつた。註九 これについての呼び方は利休のころには まだ定つてゐなかつたらしく、山上宗二は 天正十六年(一五八八)に 利休の三疊大目を

「細長い三帖敷 宗易大阪の座敷の寫也。」

として 三疊大目の圖を その傳書に 附けてゐた。また天正十五年(一五八七)に 神屋宗湛は これを

「大坂 利休御會 ふか三疊半」(宗湛日記 天正十五年正月十二日の條)

とし、また別に 慶長三年(一五九八)には

「三疊大目 是ハ利休大坂ノスキヤ 御ウツシ候ト也。」(宗湛日記 慶長三年三月一日の條)

とも書いてゐた。これらの例のやうに　一つの利休茶座敷を　三疊とも、三疊半とも　三疊大目とも書いてゐたのであつた。後に　また細川三齋は

「此座敷ハ　二疊ニ而候得共、客ヨリ見エ候分　一疊半ナル故　一疊半ト云。但昔ノ名也。」（細川三齋御傳受書）

とも　大目疊のことを　説いてゐた。[註一〇]　然し大目疊は　何と呼ばれやうとも、この疊と共に　大目切の爐構は　出來て來たのであつた。

利休の爐は　これらによつて　四疊半切、角切、向切、大目切の四つの構が　あつたことになる。そしてその構方は　左勝手が多かつた。右勝手のものは　後にも述べるが、利休四性坊四疊半がさうで、稀な例であつた。この事につき　山上宗二は

「當時紹鷗の流から　悉左勝手。右勝手は不用也。」

と　天正十六年（一五八八）に　誌してゐたから　利休も　若い頃から　紹鷗に準つて、左勝手であつたので　あらう。彼の堺の茶座敷も「四疊半　左構へ　南向」と松屋會記には　表はれてゐた。

この「左構へ」とは　後に云ふ左勝手のことであつた。勝手の右左は　色々に云ひ歪められて後には　定まらなくなつて了ふが、この頃にも　既に　種々の云ひ方が　あつたやうである。例へば

この「構《かまへ》」と云ふ言葉も その一つであつて
「境《（堺）》 北向道珍《（陳）》 四疊半 右カマヘ 東向」（松屋會記）
とあつた北向道珍の茶座敷は 山上宗二によると また紹鷗四疊半を「京堺ノ衆 悉是ヲ 寫スナリ。」として
「道陳ハ 東向右勝手 何《いづれ》モ道具ニ 子細在リ。」（山上宗二傳書）
と誌してゐた。すなはち 松屋會記が 傳へた北向道陳《（珍）》の四疊半「右カマヘ《（構）》 東向」は 山上宗二の云ふ「東向 右勝手」と 同じ茶座敷を 指してゐたと考へられ、その頃 右構へは 右勝手と 同じ含みで 云はれてゐたらしいのである。また「松屋茶湯祕抄」にも
「四疊半爐 右勝手にてハ 杓直に引、左構ニて すしかいに 釜と茶碗、杓の柄先と 三つ金輪ニ成樣に 杓引好。」（松屋茶湯祕抄）
と誌してゐて、右勝手に對ふものとして左構を出してゐた。卽ちこれにも 左勝手が 左構と同じ含みの言葉として 使はれてゐたのである。またこの勝手と云ふ言葉については
「……圍爐裏の切樣も 水さしを 右の方に置合る座敷をは、右勝手と云也。其外 水指より右の方にある圍爐裏の置合ハ左勝手也。但右勝手は 本勝手にて無之故 右勝手を 左勝手と云た

る好《よし》と道安申され候也。」（本覺坊の利休相傳之書）

とあつたやうに本覺坊は利休の傳へを誌してゐた。すなはち水指が茶を點てる者の左にあり、爐が右に切られた場合を左勝手と明かに定めてゐて、しかもこの左勝手を本勝手とその頃呼んでゐたことを誌してゐたのであつた。それを道安は逆に本勝手なる故に右勝手と呼んだ方がよいと云つたらしいのである。またこれと同じやうに宗旦も

「右勝手とは右に道具を置き點てるをいふ。常の點てやうは左勝手なり。然るを宗旦は常の點て樣を右勝手と云ひ、常に變る故世の右勝手を左勝手と云はれしとなり。」（茶道舊聞錄）

と前から左勝手を常の點てやうとしてゐたが、それを右勝手と世と異つて呼んだらしい。また金森宗和なども そのやうに言つたと傳へられるが、細川三齋は利休に直に付いて習つたためか三井寺本覺坊と同じく左勝手を本勝手としてゐた。註一このことは後になつて

「昔は左勝手右手前、右勝手左手前と云。中比より右手前左手前と云、今用也。石州流など未古名を用。」（不白啐啄齋へ贈書）

と右手前、左手前の呼び名を傳へて、左勝手、右勝手との關りを明かにしてゐた。この勝手と手前との稱へが後には混り合つて、明かな右左の分け方を誤らせたものであつたらしい。

いづれにしても 利休の時に於ては 左勝手が本勝手であり、左に水指、右に爐のあつた構で、左構とも呼ばれた。思ふに左勝手とは 左に勝手ありとの含みで、水指や、葭棚、道庫などが 茶をたてる者の左手の方に あつた構であつた。そして後に 八爐と呼ぶ八つの構も 既にそのころ出來てゐたのであつた。[註一二]

利休は 爐の大さについて、先に引いた南方錄の傳のやうに 紹鷗との話合ひで、田舍間には爐緣の外から外へ一尺三寸、京間には 一尺四寸の大さと 定めたとのことであつた。[註一三] 永祿十二年(一五六九)の 堺の利休四疊半では 津田宗及日記が傳へたやうに 一尺四寸角であつた。また妙喜庵圍では一尺三寸四分五厘角である。利休時代前からの茶會記に「一尺四寸」とか「四寸」などの書込が時折 見られるのは 一尺四寸角が まだ目についたのであつて、多くは一尺六寸が 行はれてゐたらしいのであつた。紹鷗の弟子池永宗作は 紹鷗時代の座敷の爐として

「爐ノ緣ハ 一尺六寸四方也。廣 一寸六分、厚 一寸八分 或ハ二寸。ヲイマワシ(追廻)ニ サス(指)ナリ。栗 尤可也。」(池永宗作傳書 西堀一三氏藏)

と傳へてゐた。また その時代には

「圍爐裏 小ク深クスルハ、掛物所持ノ謂也。無掛物 侘數寄 圍爐裏大ニシテ、淺ク構ルヨシ。」

（數寄道大意）

とあつたやうに、古くは 大きく淺いものが 侘たものとしてゐたらしい。それは恐らく 山里の住居などに見る形に 近いものとして、侘たる姿を そこに感じ覺えたのであらう。所が 侘茶を言擧げした 紹鷗や利休が どうして それらの考へに 逆つて、小さく 一尺四寸とか一尺三寸に定めたのであらうか。それは恐らく そのやうな世の考へ方を超えて、四疊半敷や それより狹い茶座敷の大さと 疊の大さから 最も好ましい形として、一尺四寸が 選ばれたことであらう。この一尺四寸爐は 天正時代に入つても、松屋會記や宗湛日記に 特に 書き留められた所を見ると、今のやうに總並の習しではなかつた。爐は 一尺四寸と 世に定められるやうになつたのは 江戸時代へ入つてからであらう。

爐《ろ》緣《ぶち》については 南方錄に

「冬は塗緣、春は木地緣抔《など》云說あれども、侘には 何《いづれ》も〳〵 木地緣相應也。四疊半に成ては薄塗、又は 眞の座敷ならば 眞の黑塗も 可レ爲二相應一。」（南方錄）

としてゐた。また 細川三齋は

「洗緣、塗緣 時分なし。世間 皆 塗緣の時は 洗緣用るかよしと 利休言由仰られ候。」（細川三

齋傳受書）

とも傳へて、皆が塗緣の時に洗緣を用ひるがよいなどとは利休らしい言ひ表はし方であつた。それはつまる所何時でも定りないことを述べてゐたのであつた。また

「搔合《かきあはせ》黑塗の緣は利休か比も有、利休は不レ好と被仰候。」（細川三齋御傳受書）

とも利休の好みを傳へてゐた。

利休を追つた桃山時代の爐も織部によりそれは一つの型に定められ、次のやうに傳へられた。

「爐緣外ノリ壹尺四寸、同表ノ廣サ一寸一分。此內壹分面ニ成。同下ノ方ヘ面廣サ三分取也。同高サ壹寸八分黑ヌリ也。土段緣ヨリ出ル。廣サ九分。此外爐中廣サ壹尺也。赤土ニテ塗也。新塗テ數寄可出候。釜大ニテ不掛ニハ土段ヲ打欠テ釜ヲ仕込。欠タル所ハ廻リノ如ク良可レ塗。爐緣口切ノ時分ヨリ三月晦日迄黑塗ノ緣ヲ用如《ルコト》ニ右記一。夏ハ風爐ニテ數寄出候得トモ、夏迄爐ニテ數寄出事有之。此時ハ白木ノサワクリノ緣ヲ用也。何レモサノミ新敷斗ヲ非レ用。疵ノ不付程ニスヘシ。」（織部聞書）

と云ふ如くであつた。これは江戸時代を通して今にまであまり變らず行はれてゐる型であつた。

四疊半茶座敷では爐と、風爐の時とでは疊の敷き方を變へる習しが傳へられてゐる。これは

先にも引いた紹鷗時代の松屋久榮の四疊半に於て 既に行はれてゐて、松屋茶湯祕抄に(一の第三圖)その圖が出てゐた。この四疊半は「右勝手四疊半」で、後に逆勝手とも云ふものであつたが、半疊を眞中にした廻敷で、半疊に爐が切られてあり、それが、「風爐ノ時 疊如レ此敷」として、半疊を茶立口のある西南隅に 敷き替へ 疊縁を茶立口の側に 持つて來てゐた。このやうな疊敷替へのことは紹鷗の時から あつたか否か よくは分らないが、少くとも 利休時代に行はれたことだけは これで明かである。この四疊半は 久榮の奈良今小路町の家に 作られ、永祿十年(一五六七) 久政の代に 椿井町に移され、更に慶長二年(一五九七)に 久好によつて手貝町に移されたことが「松屋茶湯祕抄」に見えてゐたものである。慶長二年に移された時には 茶立口の付け處が 變へられてゐたから、疊敷替への圖は それより前のことであつたこと 圖によつて知られる。

註一　天井についての織部の傳へでは

「同天井張事　直薦ニテ黒ク色付ニスル。偏苧モ黒ク色ヲ付ル也。疊横形ニ當テ張也。天井緣ハ唐竹ノ青竹ニテ節ハ引切テ用。本ヲ勝手ノ方ヘシテ三通、兩端ハ臺輪ノ根ヘ寄テ付、中ハ眞中通ニ跡先ハ廻緣無之

故、内ハ切ニシテ打也。」（織部聞書）

註二　京間の基は 平安京の町割から出たものであるらしく、四十丈を 一町とする平安京の單位を 六十分した長さ、卽ち六尺六寸六分……が基であるやうに思はれる。喜田貞吉博士の「齊東史話」によると 德川吉宗の享保年間に 今の曲尺が 採用せられ、今迄のより いくらか延びたものであつたがために、京間六尺五寸なる數が出たとあるが、如何なものであらうか。「蔭涼軒日錄」の長享二年（一四八八）六月八日の條に「凡座具三尺二三寸之物也。然常之六尺五寸間席、不可有子細。」としてゐたのは、一間六尺五寸が常の大さであつたことを述べてゐたもののやうである。この蔭涼軒日錄によれば 室町時代から 京都では 一間が六尺五寸であつたと考へられるから、江戸時代に はじめてさうなつたのではないとすべきであらう。享保尺と 今の曲尺との比は 九寸七分五厘とかであるさうである。京間の疊は 六尺三寸に 三尺一寸五分であるが、これは三間を 單位にし、五寸角の柱建てにすると、凡そ六尺三寸が 疊の大さとなる。三間を 單位とすることは 九間《こゝのま》なる言葉が秀吉の大坂城や利休の家に桃山時代迄も 殘つてゐたことから考へ、鎌倉、室町の諸時代の一つの部屋廣さの單位でなかつたかと思ふ。桃山時代の廣間造の廣さは この二倍の大さ 十八間《ま》であつて、工匠の祕傳の中に あつたし、聚樂第も その廣間は これであつた。然し京間の名が 旣にあつたかは疑はしい。

田舍間は 大寶令の六尺一歩《ぼ》とする法によつて、之を一間《けん》とした長さの單位を そのまゝ柱の眞々《しん〱》の長さに用ひたものである。田舍間は 廣く古く用ひられ、新しく平安京だけは 古の習と離れて 異つた京間が 出來たのでなからうかと思はれる。この事について 利休は 天正元年（一五七三）の南坊宛傳書に「大疊と常の疊」と誌してゐたが、大疊は恐らくこの京間疊であり、常の疊は田舎間を指してゐたのであらうかと思ふ。そしてその頃堺に住つてゐた利休にとつては恐らく田舎間疊が常の疊であつたのであらうかと思ふ。

註三　部屋を疊の數で呼ぶことについては、先に書いた「書院と茶室」の中に委しく述べて置いた。

註四　津田宗達日記に「二ツめい　たけ　たゝみ十二半在。」（弘治四年六月廿二日の條）と竹茶杓の長さを疊の目の數で表はしてゐた。このやうな習しは餘程前からであらう。

註五　長闇堂記に利休二疊敷のことを書き「地敷居も昔は七分なりしを九分にせらるゝなり。疊のへりも同事なり。」と傳へてゐたが、地敷居とは疊寄《たゝみよせ》のことで、疊縁と同じく七分を九分に利休は變へたとしてゐるのである。然し茶譜では「利休流座敷壁際ヨセ敷井（居か）七分宛アリ。」として、後に妙喜庵圍の所で述べるやうに七分か八分の處が多いので、この傳へは近いと思ふ。それ故長闇堂の傳へは疊寄のことと共に疊の縁のことも如何かと思はれる。

註六　江戸時代末に速水宗達は喫茶明月集の中で、「利休云小座敷へハ紺色の服を嫌ふと云。いかなる故かしらす。宗旦ハ八十一に及て、紺の足袋をはきたり。利休ハ淺黄の足袋をはきたり。何分色の足袋ハ不好ものなるにや故知す。紺色の服に勝つて惡き。」としてゐる。これが後の世の人の心持ちである。

註七　松花堂の茶立所は小堀遠州好みと考へられるものであるが、遠州の伏見屋敷にも似た構のものがあつた。その起りは「書院座敷に一疊押入ミ、中柱を立、爐切候事は瀬田掃部か數寄止りて後仕初候よし御語候。」（細川三齋御傳受書）とあるもので、利休の時まで遡り得るものであつた。

註八　この爐のことについては三の利休三疊大目の章で述べるが、上て切り、下て切りのことは三の第一〇圖に示して置いた。

註九　「嬉遊笑覽」に「茶室に臺目と云は、一疊を四ツに分ち一分減たるなり。堺にて藥種一片を四分一減たるをだい目と云。文字可考といへり。按に其大なる方を大目と云ならん。」「不白筆記」に「大目は半には過ぎ一疊には不足なるを大目と云ふ。是は大工の申候異名也。」とも傳へてゐる。江戸時代中期に、山本賓山の下に半雪齋了義が南方錄を調べた中に、宗俊傳の書と比べて「臺目ノ文字モ俊傳ニテハ一枚疊四ツ折ニシテ一ツヲキリノケ三分殘リタレハ大メ殘リタルユヘ大目疊ト云ナト云傳ヘタリ、俊自筆ノ書ニモ大目ト書シナリ。」として、その誤を指してゐたが、路地を露地と書かなければ誤りなどとする考へと同じく、極めて獨り善がりな云ひ方であつて、利休時代から江戸時代中頃迄も用ひられなかつた。

註一〇　江戸時代中期に於ても「茶の湯奧儀抄」には「三疊半とは申せども疊は四疊也。道具疊の內座中より見候時は、半疊ならでは見え候はぬ故也。三疊半と申ならはし候也。」と云ふやうに誌されてゐた。

註一一　利休時代に左勝手と呼んだ構へを、右勝手と金森宗和が述べたことは、茶譜の中に「金森宗和曰　座敷右勝手左勝手ノコト左ノ方ニ壁ヲ付テ火(圍)爐裏ヲ切、客人右ノ方ニ居ル座敷ヲ右勝手ト云。之ヲ本ノ勝手トモ云ト也。」(茶譜)と傳へてゐる。然し細川三齋などは「中柱立候てよりハ右勝手はなく候。」(細川三齊御傳受書)とあるやうに「右勝手大目には之れ無し。」(茶道舊聞錄)と同じく昔からの傳へのやうに右勝手を本勝手としてゐること明かである。また江岑も「常ノいろりハ本勝手ニ而候。これハ左勝手也。右かつてはそのうらニ而御座候。世上とかわり申事。」（江岑夏書）と、宗旦が、世と逆に呼んだと云ふ傳へにも係らず、本勝手を左勝手としてゐる。然しその後には、覺々齋について「世間ニ云右勝手、流芳（覺々齋）左勝手ト云、左勝手ハ何ニテモ打カヘシタルモノ也。」（覺々齋如心聞書）と云はれてゐるのは何れを指してゐるか、最早わからなくなつて、右左勝手の呼び方は全く亂れて了つてゐる。江戸時代中期の傳書「茶湯座敷圖式」や「茶湯闇明書」などには、圖を示して明かに左勝手を本勝手とすることを誌してゐるが、後期の「茶室左右手前大法圖」など云ふ傳書には左勝手を「右手前」と呼び、また別の書物には「右勝手左構」など云ふことなども述べてゐて、ますます言葉の上で混み入つたものにしてゐた。

註一二　八爐とは江戸時代末に作られた「茶道八爐圖式」などに云はれてゐたことで、四疊半の他に「休居士佗の一語を發明して、一疊半向爐を新製し、妙喜庵を隅爐とし、不審地を臺目とし、各左右を分別して、八爐とはなれりけり。又代々の宗匠無量の數寄屋有といへども、此八爐の外に出る事あるべからず。能々分別する時は自在是に過たるはなし。」としてゐたが、相阿彌の茶傳書などにはこの他のものが見えてはゐるが、利休流は八爐で盡きてゐたらしい。この八爐と云ふ呼び名は利休のころにあつたか疑はしい。

註一三　「休公と相談有之二疊敷出來、向爐角切に臺子のかねを取て、一尺四寸の爐を始められ、其後四疊半にも田舍間四疊半は一尺三寸、京間のには一尺四寸也。」と南方錄にあるが、また別の處には「爐ノ定寸左ニ記スゴトク、鷗休相談ノ上、臺子風爐ノ座壹尺四寸ヲ疊ニ移シ候寸法也。勿論田舍間ノ疊ニテ、小臺子風爐ノ座ノ寸ト心得ベシ。」ともあつて田舍間であつても一尺四寸とも傳へてゐた。一尺三寸の爐は後にはあまり聞かないし、田舎間の茶座敷もあまりないので、この例はほとんどないやうに思はれる。妙喜庵は京間疊であるが一尺三寸四分五厘角であつた。一尺四寸角爐についてはなほ別に「面桶ハ紹鷗初而このみ出被レ申候。休直し不レ被レ申候。いろり一尺四寸と面桶と紹鷗作也。休奇妙と被仰候。」(江岑夏書)に見えてゐて、紹鷗が作つたと千家では傳へてゐた。南方錄は別の折にくはしく述べるであらうが、これは桃山時代終りか、江戸時代初めに作られた僞書と考へるものである。それ故に茶會記の年代などは當にならない。このやうな事柄はやゝ據り所もあつたかとも思はれる。たゞそれは利休時代のことではなく、その後の有樣と考へなければならないであらう。

二　利休四畳半

二の目次

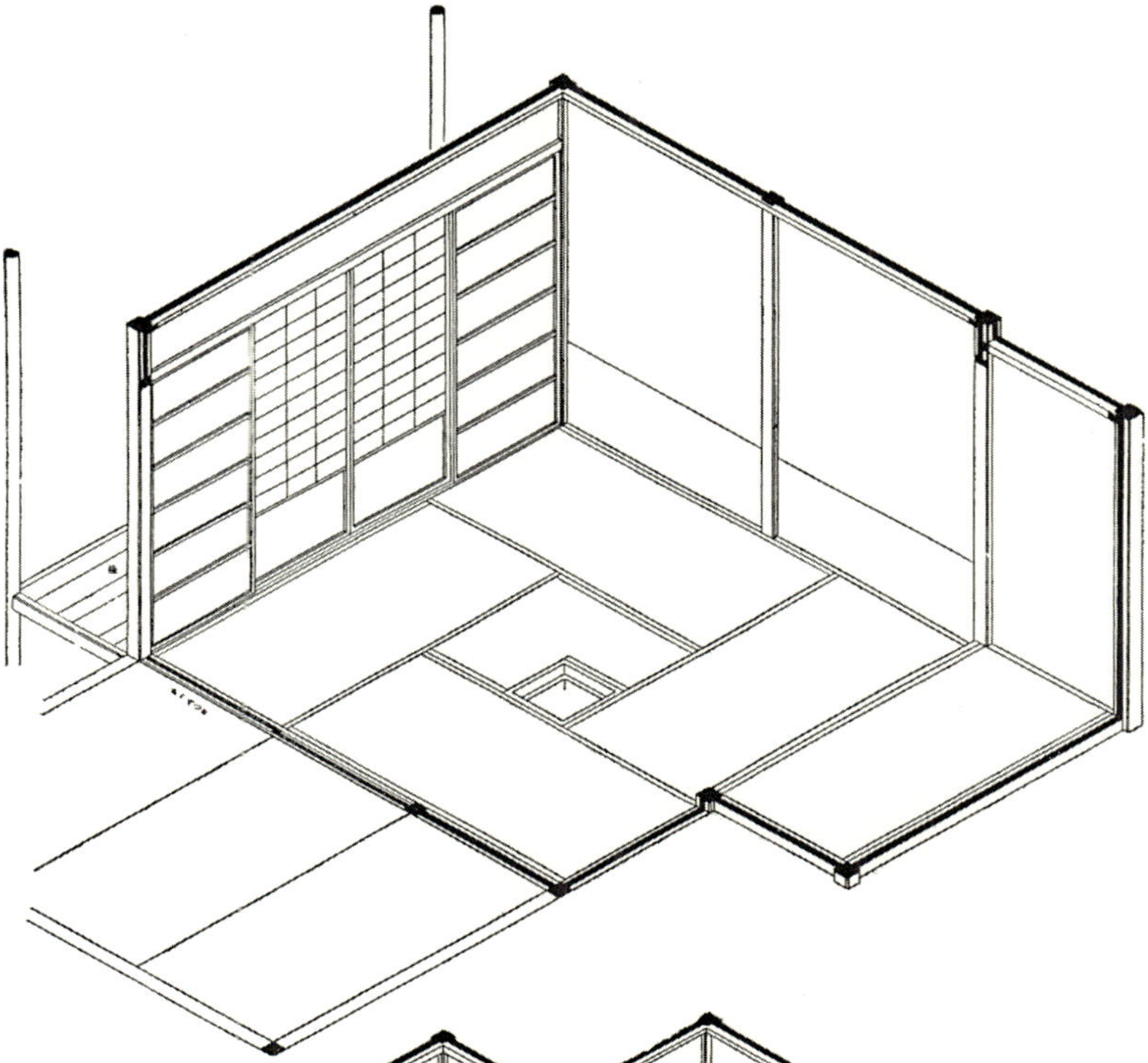

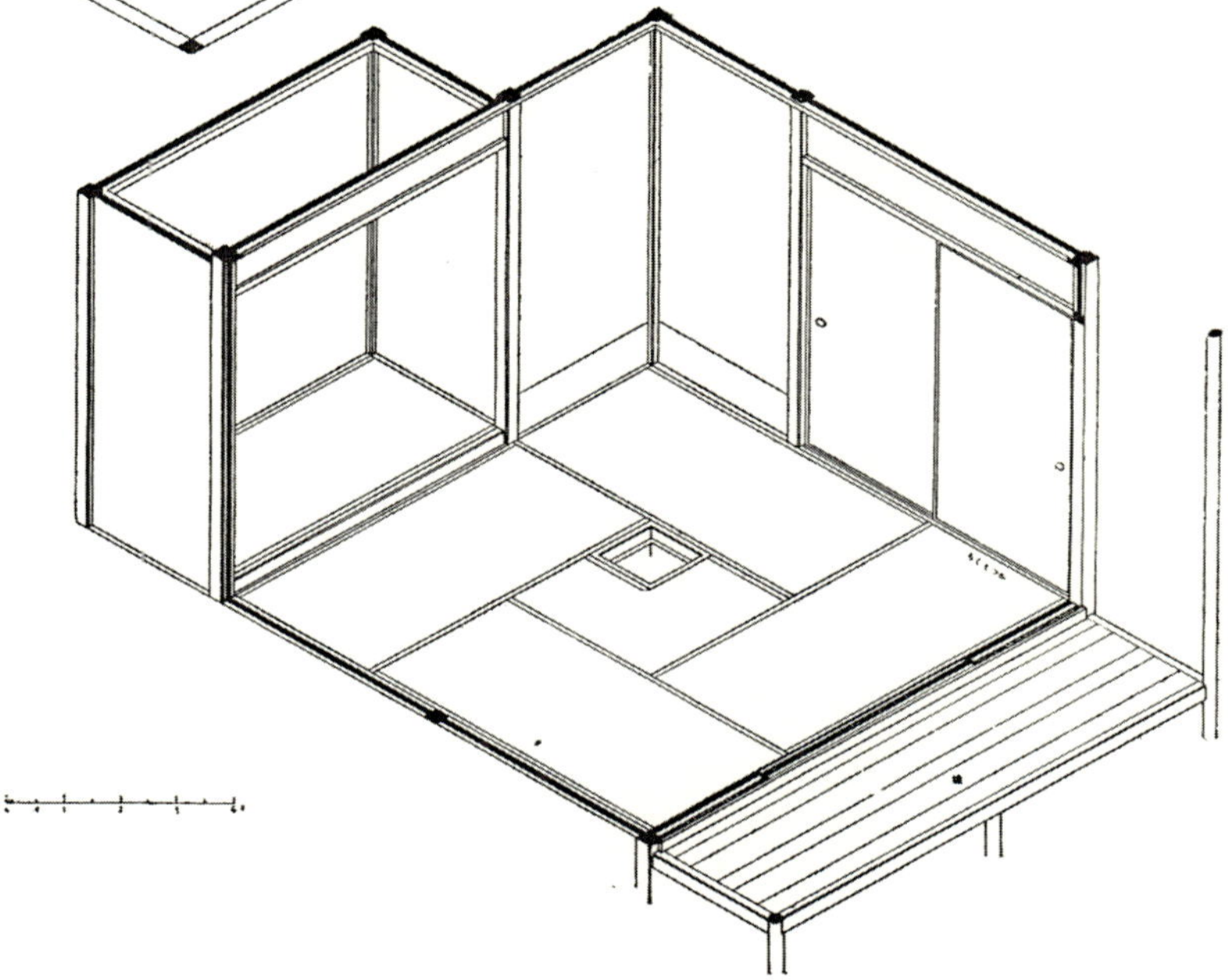

二の第一圖　利休四聖坊四疊半等角圖

二の第二圖　利休四聖坊四疊半等角圖

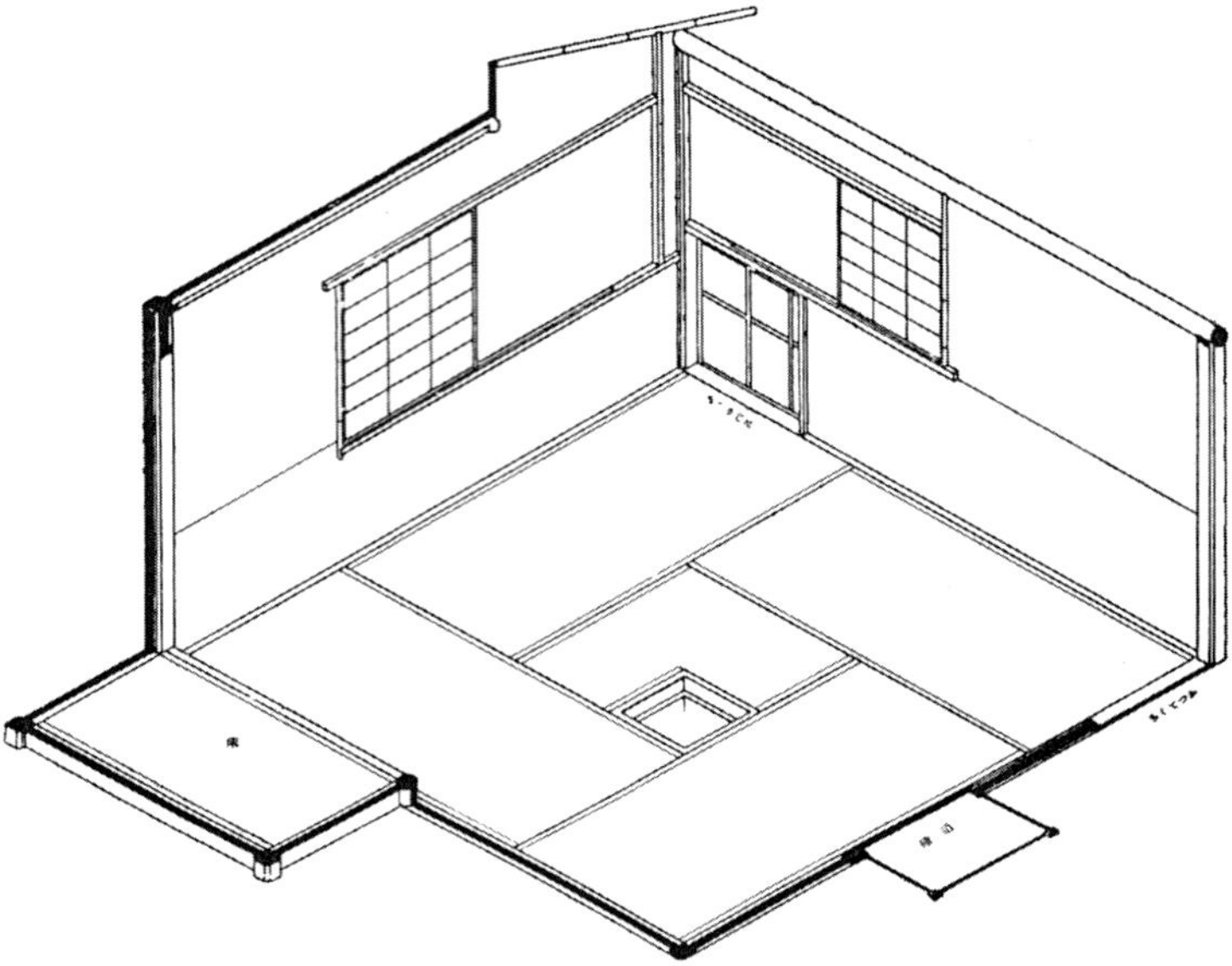

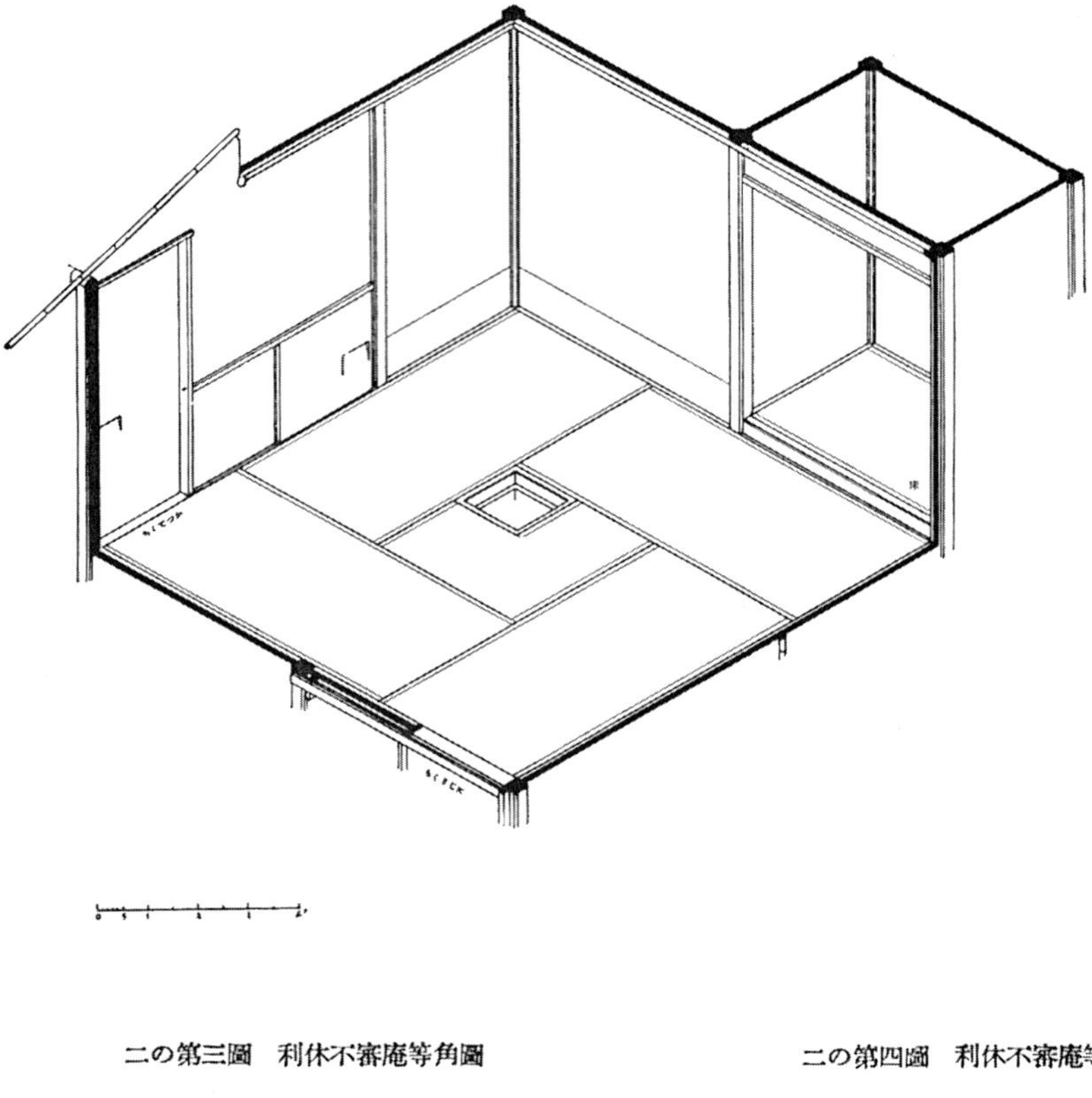

二の第三圖　利休不審庵等角圖

二の第四圖　利休不審庵等角圖

二の第五圖　「又隱」の東側壁と躙口　　二の第六圖　「又隱」の床の間

二の第七圖　「又隱」の西側壁の茶立口と道庫

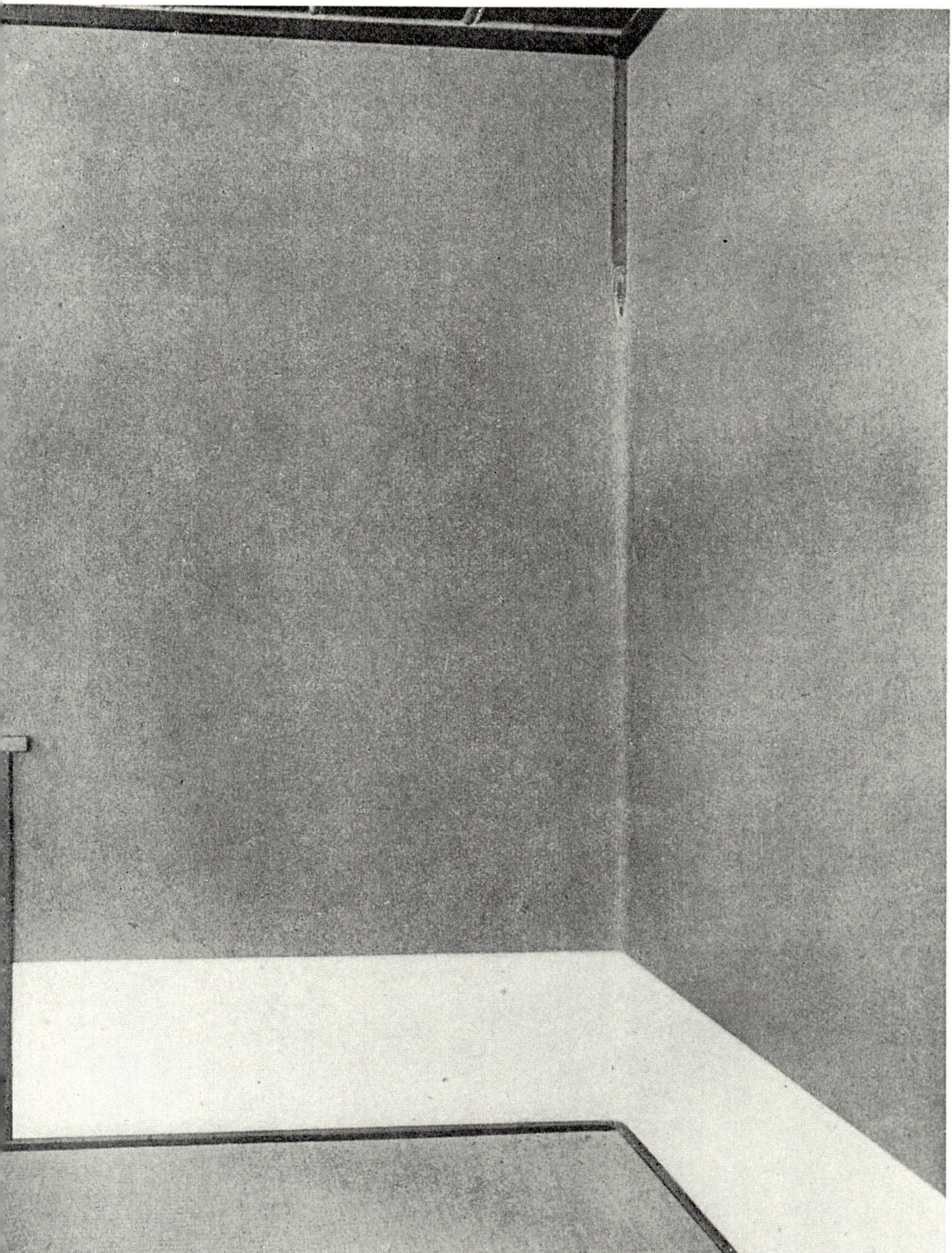

二の第八圖　「又隱」の西北入隅の「柳柱」

二の第九圖　裏千家「又隠」外観

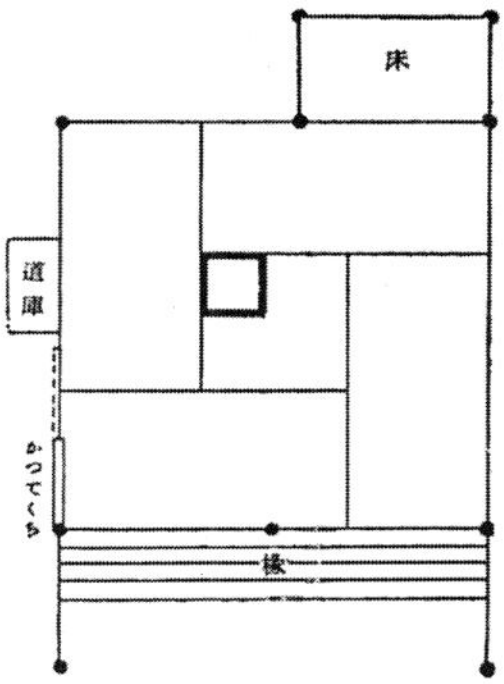

二の第一〇圖　利休堺四疊半

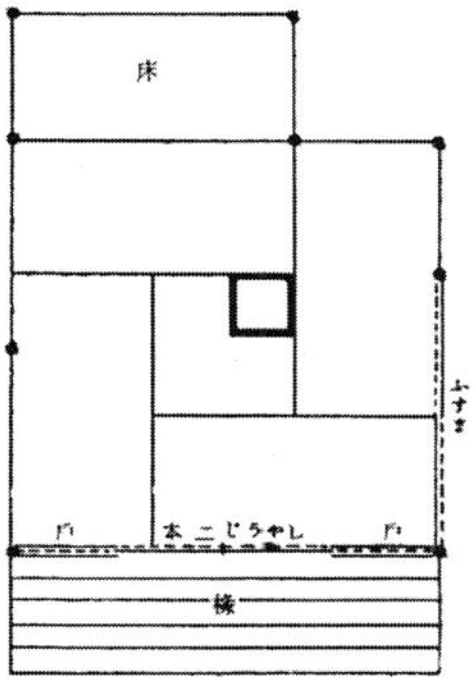

二の第一一圖　利休四聖坊四疊半

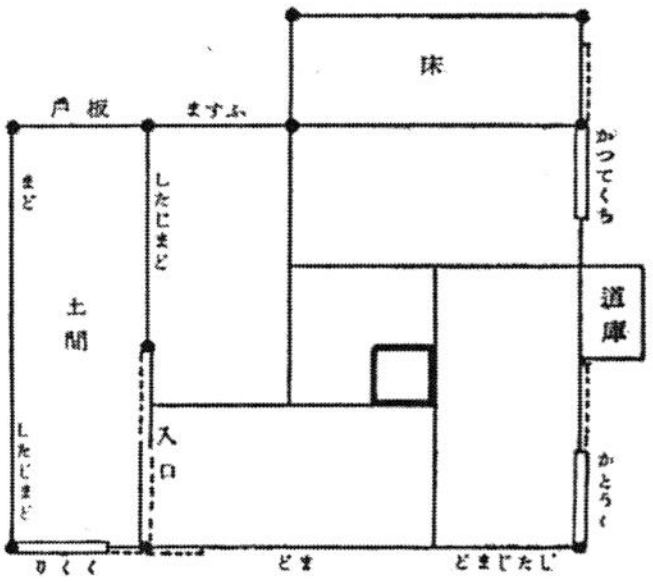

二の第一二圖　利休土間付四疊半

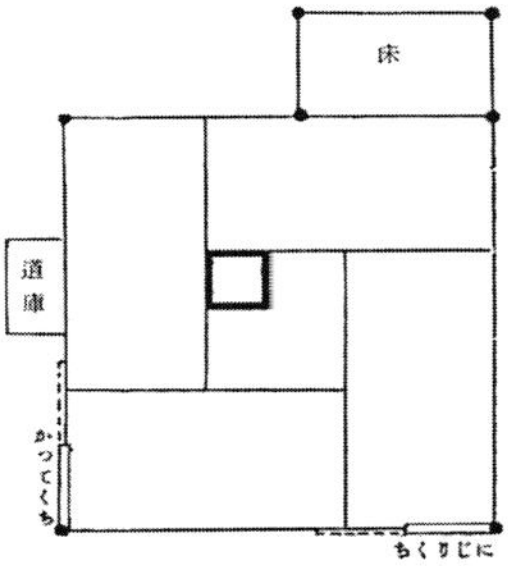

二の第一三圖　利休四疊半

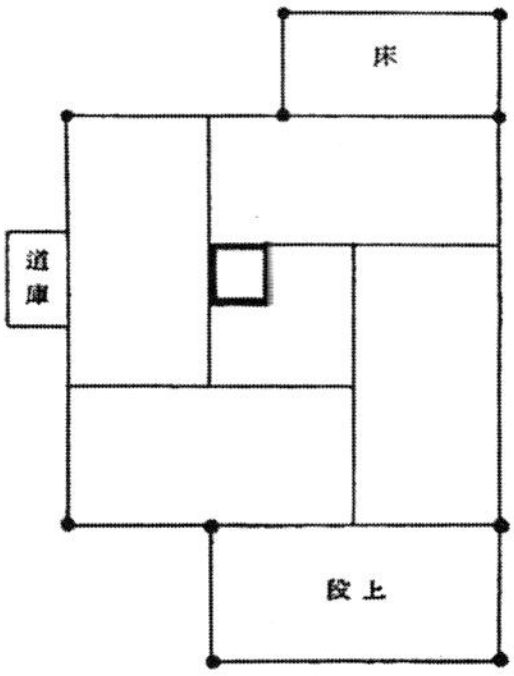

二の第一四圖　利休上壇付四疊半

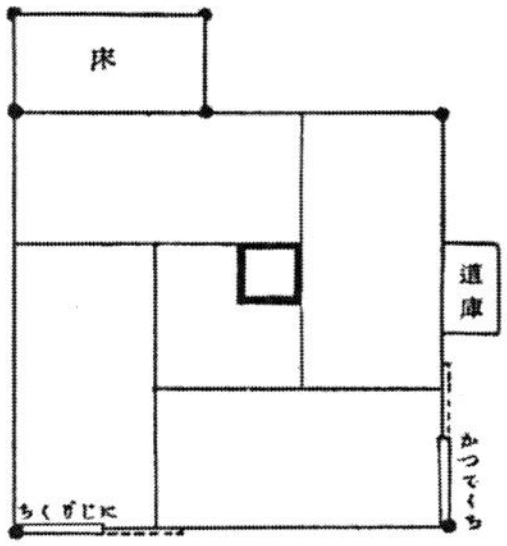

二の第一五圖　利休逆勝手四疊半

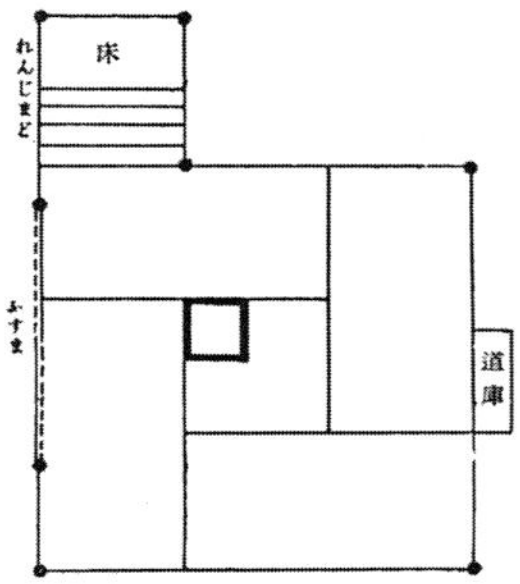

二の第一六圖　「利休聚樂御數寄屋」

二の一　不審庵前の利休四疊半

利休の茶會記のうち　天正はじめから　その前の會は　多く　堺で行はれたやうに思はれる。[註一]　そのうち　天文十三年から　天正五年まで　三十二年の間に　凡そ四十度程が　松屋會記、津田宗達　宗及日記、今井宗久日記に　傳へられてゐたが、これらのうちに「左海《（堺）》　千宗易へ」（松屋會記　天文十（一五四四）三年二月廿七日の條）と明かに　堺と誌したものは　極めて少かつた。然し客組の多くが　堺の町人らしいものであつたから　恐らく堺の彼の住居で　行はれたものとして　よいものが　多いやうに思はれる。これらによると　彼の茶座敷は「四疊半　左構へ　南向」（松屋會記　永祿二（一五五九）己未年卯月廿三日の條）であつて、床（津田宗達會記　松屋日記　今井宗久日記）があり、「爐　一尺四寸」（津田宗及日記　永祿十（一五六九）二己巳年十一月廿三日）が切つてあつた。この爐は　左構へとあつたから　四疊半切り左勝手卽ち本勝手であつた。これは　山上宗二が傳へ　たやうに　その頃の堺の人達と同じく、紹鷗の四疊半を　寫したもののやうであつた。

利休は また天正の初めころに この四疊半の他に なほ別に新しい座敷を 造つたらしい。それについて 津田宗及日記の 天正五年《（一五七七）》七月七日の條に その座敷開きの茶會らしいものが 誌されてあつた。すなはち

「千宗易會　茶屋の開き也。隆仙 道叱 宗及

一　大きなるつり物　五徳　　一　よし棚に　水指　飯胴

一　こがらす《（小烏）》天目　高麗茶碗　二つにて茶立　　一　水下《（みづこぼし）》　めん《（面）》桶　茶入　棗

仕立

一　からざけ　汁　鱠　かま鉾　菓子　ぶどう　若根　あこやあん《（小圜子）》物」

とあつた。また同じ年の十月晦日の會には「爐……」「床に 無紋の桃尻 梅生て 長盆に 始より」（津田宗及日記）とも しるされてゐた。津田宗及は 天正六年《（一五七八）》六月廿七日には「古座敷にて 千宗易會……」と 特にしるしてゐたから 天正五年の二つの會は 明かに 新しい茶座敷のことで あつたらうと考へられ、「茶屋」と書いてはあつたが、後に 謂ふ所の茶屋の謂ひでなく、右の茶會記が 示した如く 本格な茶の湯を 行ひ得た茶座敷であり、 數寄屋であつた。そしてこれは何疊敷であつたか知れないが、床があり、葭棚が作られてゐた。

これら二つの茶座敷の内 いづれであつたか よくわからないが、荒木道薫會記留書（仙茶集）の傳へる所によると

「天正十一（一五八三）年癸未年正月十九日 朝　亭 宗易　客 道薫一人

一 座敷 四疊半 床あり。緣あり。

一 小紫の肩衝 袋に入、方盆に すゑておかる。

一 床に 文字か丶るなり。

一 釜 大きなる霰なり。五德に すわる。いろり 一尺四寸也。

（下略）

……………」

とあつた。天正十一年と云ふ年のこの會を 堺に於けるものと考へるのは この次の日に 道薫は堺の宗及の茶會に 出てゐたからである。

これによれば 利休の座敷は 四疊半で、爐が一尺四寸角であつた。そして緣側付きであつた。

また細川三齋によれば

「利休ヵ堺ニテハ 松ノ角柱ニモ 色ツケズ。上リ口 一間半 四枚ノ障子、勝手二枚障子、道幸（庫）ノ上 葭ヘイナリ。床一間ハ 鳥子紙ノ白張 黑緣ヲ打候。其後 色付ヲ 利休仕初メ候者 不レ覺

ト仰セラレ候。」（細川三齋御傳受書）

とあつた。この中に出る茶座敷は 次の話によつて 四疊半であつたとして よいであらう。すなはち 三齋は

「利休の堺ニて、昔の數寄を可レ致とて、床に下《ソコ》すりたる青磁の香爐 疊の上に置、後に かけ物かけ、壺を二ッ莊る。はしたて《（橋立）》と しは《（柴）》栗也。其中 床の左へ 何れも網かけす。但 昔の四疊半の床は 一間床也。此時の客ハ 氏里《（郷）》 三齋 牧村也と御語候。」（同右）

と語つてゐた。但 昔の四疊半の床は 一間床也と 述べたのは 既に 利休の時代を去つた時に 昔語りとして 云つてゐたのであつたから、利休の その時の茶座敷の様をも込めて、廣く世の様を說いてゐたとしてよく、利休の茶座敷の床も 一間間口であつたとして よいであらう。また この座敷については

「右の座敷 勝手口の障子を 歌書の面《（おもて）》を 面へ張、其上を うすき美濃紙にて 張候由、即 三齋江戸の勝手の障子も 右のことく御張候。」（同右）

とも しるされてゐた。この松の角柱は 床柱と見るべく、他の柱は 檜の角柱であつたと すべきこと、既に前に述べた如くである。また道庫の上の葭へイとは 葭屏とでも書くのか、恐らく 葭

棚と 古くから書かれた 道庫の謂ひであらう。 これらによつて 堺の利休四疊半は 一間床、白鳥子張り、 黒四分一打ち、 松の色付けずの角柱、 葭屏道庫付き、 勝手口 二枚障子、 歌反故《ほご》張付け、客入口 四枚障子、 緣側付きであつたことがわかる。 この三齋の傳へは 前の茶會記が傳へたものと よく合ふ處あり、 また それを補ふ所あつて、 これらによつて およその樣は知れる。 これは後に「和泉草」が 利休堺四疊半として傳へる圖と（二の第一〇圖） また 合ふ處がある。 但し 圖の床が 一間巾でないのと 勝手口が 一本引であることは 傳へと異なる處で、 これは 恐らく後寫しの際に 圖が誤つたかと思ふ。 或は 幾つかあつた內の 他の一つと 强ひて考へることも出來なくはない。

また これと 甚よく似た茶座敷で、 たゞ右勝手（逆勝手）になつてゐた違があるが、 奈良東大寺四聖坊利休好四疊半（二の第一一圖）がある。（數奇屋鑑南部茶室圖） 奈良の四聖坊は 松屋會記に 天文二年（一五三三） 利休が まだ十二歲、 與四郞と 云つた頃から 茶人として 名が出てゐて、 後には 代は 變つてゐたであらうが、 遠州の時迄 茶會記に 表はれてゐた。 この四聖坊には 利休四疊半の外に 珠光好み四疊半や 三齋好み三疊大目の 茶座敷が 傳へられてゐた。註二

この四聖坊利休四疊半は 起繪圖《おこしゑづ》としても 傳へられてゐて、 それによると 緣側境の四本の戶は 明障子二本 舞良戶《まひらど》二本であつた。 そのほか 部屋の細々した寸法や、 內法廻《うちのり》りの ことなども

その起繪圖によつて知ることが出來る。これによつて堺の利休四疊半もほゞ推し量つてその姿を思ひ浮べることが出來る。恐らくこれらは利休の初期で、あまり隔らない頃の好みであらう。これは三齋や有樂が傳へた紹鷗四疊半と殆ど變りないもので、たゞ紹鷗の入口「戶四枚明障子二枚」が「戶二枚明障子二枚」に代り、從つて三本溝の敷居が二本溝となり、勝手口の白張襖が歌ほご張になつた位の違ひのやうである。

右の如き四疊半を使つて、茶の湯を行つてゐた頃の利休はその茶の湯の傳書にもおのづからそれが照り返し表はれ出てゐた。例へば荒木攝津守(道薫)宛の如きものがそれである。これについては既に先にも觸れたが、奧書に「堺南庄千之宗易」とあるもので、その中には例へば茶座敷へ入り樣の事を傳へて、「刀脇差扇まで、緣の邊に置、內を伺ひ座敷へあがる也。」としてゐた。また緣《えん》なしならば敷居のもとに到り、障子半分程あけて、床の畫か花かにまづ心をかけて、打ち感じ、草履をはきそろへ、障子を皆あけて、あがる事を書き添へてゐた。この頃の利休の考へには刀掛や躙口は少しも表はれてゐなかつた。障子のある部屋で、緣側付か、なしかが上り方の習しの中に主に觸れてゐた事柄であつたのである。この事は堺の利休四疊半として考へた座敷と全くよく合ふ處であつた。

この四疊半は 刀掛もなく、 躙口もなく、 縁側付 四本引違障子、 床張付と云ふ古い姿を もつてはゐたが、 然し その頃に於ては 利休らしい新しさや世と違つた所が あつたのである。 松の角柱に 色付けずと、 三齋が 特に 誌してゐたやうなことを始め、 爐の一尺四寸や 勝手口のほご張襖などは その著しいものであつた。

このやうな 茶座敷としては 原型に近い形の 座敷から 後の利休本式四疊半と 考へられる不審庵に 到る迄には 然し 多くの時を經、 多くの試みが なされたことと思はれる。 それらのことは いろいろの書物のなかに 話としても 傳つてゐたが、 また 間取圖としても 殘つてゐた。 いま利休四疊半圖は 七つ程 傳へられてゐる。

これらは いづれが後先であつたか 遽には定め兼ねるが、 そのうち 和泉草が傳へた土間付、一間床の四疊半（二の第二圖）などは 今あげて來た 堺の四疊半よりは、 餘程進められたもので、 土間へ入るに「潜《くゞり》」が作られ、 風呂先窓が 切られたりしてゐた。 たゞ一間の床《とこ》と云ふことで、 恐らく 古い型に入るものと 思はれるのである。

利休が 床の間口を 縮めた話は 少庵のことについて

「徳善院（前田玄以）ノ時、 其二條のやしきニ 二疊半ノ小座敷被致。 床ハ 四尺ニいたし、 ふるい〳〵宗易を座敷之開に呼び被レ申候。易(利休)きげん(機嫌)よく御座候。扨門前(大徳寺)へ易御歸候て、そのまゝ大工呼て、床を四尺三寸しめ被申候事」(江岑夏書)

と傳へられてゐた。この話は徳善院前田玄以が京都奉行をしてゐた時であつたから天正十(一五八三)一年後であらうが、少庵が二條の屋敷に初めて四尺床《とこ》をつけた二疊半の開に利休を呼んだ時のことであつた。利休は狹いその床を見て歸つてからその頃住つてゐた大徳寺門前の恐らく不審庵の床を直に四尺三寸に「しめ」たと云ふのである。[註三]この「しめ」ると云ふことは恐らく六尺か五尺の間口を四尺三寸に縮め狹めたことであらうと考へられる。また

「床はもと五尺なりしを道安四尺に定められたり。」(茶道舊聞錄)

と云ふ話も傳へられてゐた。これは或は先の少庵の話と混り合つた後の傳へかも知れない。[註四]とにかく利休の子の道庵か少庵かが利休より先に四尺間口の床を作つたのを見て利休はそれよりやゝ廣い四尺三寸床を作り初めた傳へである。それより前の利休の床は大阪の三疊大目のやうに五尺か、堺の四疊半の如くに六尺の間口であつたかと考へられる。こんなわけで和泉草が傳へた六尺床の土間付四疊半は京都不審庵四疊半より前のものの如くに考へられるのである。

今述べた少庵二條屋敷から「門前へ 易御歸候て」とあるを 大德寺門前の利休屋敷と 考へたのは 松屋日記の利休居士傳に 彼の堺の屋舗のことを 先づ述べて、次に「京都不審庵紫野大德寺門前」と 書いてゐた[註五]からである。また別に

「大德寺門前ニ 易の庵有之。不審庵といふ。前角ハ 少庵住たり。」（松屋日記）

ともしてゐた。この前角《まへかど》とは 時間の含みで「前に」と云ふことである。このことは また少庵の孫、江岑によつて、

「大德寺門前ニ 利休屋敷取被レ申候。先少庵堺より上り被レ申候。屋敷取て、茶之湯少庵被レ致申候、青竹ふた置など 其時被レ致候へハ、堺より めんよ（名譽）の數奇者 上り申候と 京衆申候て、茶を 皆 望申候。其已後 宗易被ニ上申一候。……（後略）」（江岑夏書[註六]）

と傳へられてゐた。これは 少庵が 既に めんよ（名譽）の數奇者と 云はれ得る頃であつたから さして古い時代ではなく、天正年代に 入つてからであらう。

天正十年（一五八二）一月廿六日に 津田宗及日記によると、少庵は「大德寺門前」の屋敷で、宗及を呼んで 茶會を 開いたが、屋敷のことや 茶座敷のことには 何も 觸れてゐない。利休が こゝに住つたのは 恐らくその後で あつたであらう。先に 床のことで引いた 少庵の二條屋敷の茶座敷開き

は天正十一年(一五八三)後のことで、その時は利休はこの大徳寺門前屋敷に住つてゐて、既に好みの茶座敷を持つてゐたらしいのである。「扨門前へ易(利休)御歸候て、そのまゝ大工呼て、床を四尺三寸しめ被申候事」(江岑夏書)とはこの大徳寺門前の彼の茶座敷を大工を呼んで直させたことを指してゐて、これが彼の「不審庵《ふしんあん》」であつたらしいのである。このことについては次の項で述べよう。

註一　松屋會記のあるものの中には天文六年(一五三七)九月十三日に當る會で、「京都與四郎殿へ　宗易事也　久政」とした會が傳へられてゐた。これは全く他に例が見えないもので、利休の會としてなほ調べの要るものである。これについては「二の二の註一」の中で述ゞよう。

註二　四聖坊珠光四疊半は松平樂翁の集めた四聖坊の圖に書かれてゐたし、その他起繪圖にもなつてゐた。また三齋好み三疊大目は後に珠光好みとして東京の井上侯爵邸に移されたもので、家藏の起繪圖には四性坊細川三齋好みとなつてゐる。これが珠光好みとして井上邸に移されたのは誤つてか、意あつてか知らないが、四性坊に於ては隣り合つてゐた茶座敷であつた。

註三　この處は表千家の卽中齋宗匠によつて、江岑夏書の原本から拔いて、わび誌(五巻二號)に紹介された。その文に

「居士は 拔きに呼ばれて、もてなしを受けて、そのまゝ默つて大德寺門前なる自宅に歸つて、早速大工を呼びに遣して、少庵の二疊半の小間の四尺床を直させたといふ。」のごとくに、少庵の四尺床を 利休が大工を呼んで 四尺三寸に直したとされてゐた。こゝには「しめ」たと書かれてゐたのであるから、四尺のものを 四尺三寸に廣げることでは なささうに思はれる。こゝでは 利休が少庵の四尺床を見て、己の五尺床を四尺三寸に縮めたと取つたのである。また同氏は「少庵は 居士生前に 既に本法寺前町に住し、居士自刄後、許されて 再び以前の住居に住つたといふ事になる樣に思はれるが、色々の事情を考へると、一概にかうきめてしまふのは、早急に過ぎる樣でもある。」と疑を出して居られた。これは 秀吉の京都町劃更の企を思ひ付いたのが天正十八年（一五九〇）で（室町殿追加日記）、實行に移つたのが天正十九年（一五九一）閏一月廿一日前頃からであつたから（勸修寺晴豐日記）利休の死ぬ少し前のことであつた（三の二の註三）。それ故 利休が世にあつた時には少庵は住つてゐなかつたと思はれるのである。

註四 「小座敷の床は 四尺三寸ニちゞめし初ハ 利休息の道安」（茶道望月集追加）、また茶湯古事談なども同じく 道安と してゐた。

註五 利休の大德寺門前の住居については、松屋日記の利休居士傳は「京都不審庵紫野大德寺門前」と書いて、それにつゞけて「大德寺の式目法度ハ 昔より能といへども、古岳和尚ヨリ萬事利口に、別而能成候なり。易是を見て萬事仕出たり。」と誌してゐた。不審庵が大德寺門前にあつたから、大德寺につゞけて利休と大德寺の關りを書き誌してゐたのであつた。易即ち宗易利休が「是を見て 萬事仕出たり」と云ふのは 解き明し難いが、彼が參禪した大德寺の笑嶺和尚の弟子、古溪和尚が大德寺へ入つた天正元年に自ら筆頭の寄進をし、夫人及び弟及び代官などにも、それぞれ寄附させてゐた奉加帳が高桐院に殘つてゐたのを見る時、利休はこの寺のために早くから深い關りを持ち、また骨折をしてゐたに違ひないし、また彼の終りの因を作つたこの寺の山門寄進と云ふ事を考へて見ても、彼が檀徒として、常ならぬ力を盡して居た事が明かで、未だこの山門の出來て居なかつた時であらうが、かうした骨折を寺のために致す事を「萬事仕出たり」と云ふ言葉で述べて居たのであらうと思はれる。然もこれは利休と交りのあつた松屋久政が書いたか、その子の久好が書いたかわからないが、「易是を見て」と云ふやうな書き振りは利休に直に會つた人の表はし方とさへ思へる。利休居士傳は利休の孫、宗旦の話迄をもふくんで、慶安二年(一六四九)迄も降つた處が含まれてゐたから、或は久好の子、久重の書込みであつたとも云へない事はないが、然し利休の住居について堺と京都大德寺門前のみを書いて、後に京都の本住居となつた名高い聚樂屋敷が誌されてゐなかつたのはそれが出來る前と考へた方が自然であらう。特に天文十七年(一五四八)に歿くなつた古岳のことなど古いことだけを書いてゐた處は幾年も過ぎた後の江戸時代になつて、久重が新しく書いたものとは考へられない。

註六 大德寺門前屋敷についてなほ「竹ノ蓋置 休(利休)初而切御出候。京紫野門前へ少(少庵)御上ル。竹ふた置ニ而茶之湯被成候而 京衆肝もつぶし申候由。門前北ノ方ら門前へ行かどやしき(角)也。後休御上 不審庵と申四疊半なされ御住居候。」(江岑夏書)と同じことを別に傳へてゐた。また先年見出された「おちやうへ參る」とした利休の手紙に「むらさきの(紫野)せうあん(少庵)よりきたり候きんす(金子)壹まい(參)らせ候 已上 そうえき(宗易)」としたものは利休が堺にあり、少庵が大徳寺前に往つた頃、金を「おちやう」なる少庵夫人と見られる人に 宗易利休が届けた手紙と考へられてゐる。

二の二　利休四疊半座敷「不審庵」

利休の「不審庵」について

「大徳寺門前ニ利休屋敷取被レ申候。先 少庵堺より上り被レ申候。……(中略)……其已後 宗易被(ニ)レ上申候。不審庵と申額打、 四疊半ノ座敷被レ致候。 其時初而 たゝみ(疊)石被レ致候。 さがの西方寺ニ 在レ之、宗易被レ見申候てノ事也。其四疊半 五尺床也。 うすすみ(薄墨)色のかみ(紙)にて 皆はりつけ(張付)なり。」(江岑夏書)

と傳へてゐた。江岑の傳へた利休「不審庵」は 四疊半で、 薄墨色紙張り付け、 五尺床、 嵯峨の西方寺の 疊石を寫した庭を 持つてゐた。 利休不審庵が 四疊半であつたことは なほ別のものにも

「又紫野大徳寺門前ニ 菴室ヲ造、 堺ヨリ折々來テ 聚光院笑嶺和尚ノ參下ニ成テ、 利休居士ヲ受、 此 菴室ヲ 不審菴ト云四疊半ヲ造テ、 茶ヲ玩フ。」(茶譜 帝國圖書館藏)

として、江岑の傳へと 凡そは 合ふ傳をしるしてゐた。利休の この不審庵は 彼の茶座敷の庵號であつたであらうが、また 時には 家の名でも あつたやうである。松屋の留め書の 利休五回の茶會の内、初の會は 天文六年(一五三七) 彼が 歳十六の頃で、「京都 與四郎殿へ」とした本が あつたが、茶座敷は 何もかいてなく、恐らく 不審庵では なかつたかと思ふ。[註一] 次に「京都にて」の茶會は天正十八年(一五九〇)八月九日の一回で、二疊敷で 行はれてゐた。この年は 秀吉に仕へた 時代で、利休は 聚樂第近くに 住つて居たと思はれる時で あつたから、この二疊敷は 彼の聚樂屋敷の茶座敷で あつたであらう。宗湛日記に この翌月の九月十日、廿日とも 利休の茶會は 聚樂になつて居り 然も その一つは 松屋日記と同じく 二疊敷であつた。これで見ると、松屋は 一度も 大德寺前の不審庵の茶會は 會記には誌してない事になり、或は「不審庵」の茶の湯には 會はなかつたかも知れない。それにもかゝはらず この不審庵を 特に 書きあげて居たのは その頃から他の茶座敷を超えて 名が 出てゐたのであらう。利休の堺や 大坂の屋敷にも 山崎や 京都の屋敷にも多くの茶座敷があつたであらうが、その中から この不審庵だけが 出されてゐたのは 利休の代表的なものであり、また 利休も 自らを「不審庵」と號して居た所を 考へると、自らも その意を得た 茶座敷で あつたのであらう。大德寺の春屋は この茶座敷について

「不審主翁 袖レ紙來 求二庵內事一書二 一偈一以塞二其責一云
扁二庵 不 審一接二來 賓一 大 坐二當 軒一稱二主 人一
日 々 斯 中 樂 多 少 茶 烟 輕 颺 建 溪 春」

と云ふ偈を書き、その額も書いたと云ふ事であるが、大ニ坐シ二當軒ニ一稱ス二主人ト一と云ふ所などは この不審庵と利休の心持ちとを よく云ひ表はしてゐたのであらう。この額は「昔の額 一亂の節 紛失」(雪間草)とあつた如く なくなつたらしいが、偈は 今も 掛物になつて、表千家に傳つてゐる。

この不審庵四疊半について なほ 茶譜は

「利休不審庵ノ座敷ノ圖、五德爪ノ置樣如レ此。」(茶譜)

として、「少庵寫置」利休四疊半(二の第一三圖)と 同じ圖を入れてゐた。また別の處に「利休不審庵四疊半ノ座敷モ左ノ方ニ床有。五德ノ一ツ爪ヲ 左ノ方、則《すなはち》床ノ有方ニ 居《すゑ》シ也。」(茶譜)とも誌してゐた。この話は「千宗旦曰 四疊半ノ五德 一ツ爪ヲ 我右ノ方へ居ルハ 誤ト云々。」とか「金森宗和云 昔ノ四疊半ノ 火爐《ゐろり》裏ノ切樣ヲ見テ、世ニ 五德ノ爪入ヤウ 仕誤シト云々。」など 宗旦や 宗和の話を 書き留めた 續の中であつたから、この不審庵の傳へも 恐らく 宗旦や 宗和の在つた 江戸時代初の 傳へで あらうかと 思はれる。この同じ書に

「利休不審庵ノ座敷 天井□檜木《サハラ》ヲ長片板《ナカヘキ》ニシテ、幅一寸ホト宛ニシテ網代ニ組、色付ニシテ張、シノベ竹二本ツヽ、一ツニナラベテ 竿縁ニ打。」（茶譜）

と傳へてゐた所を 見ると、椹の長へき板の 網代天井が しの竹二本づゝの 吹寄竿縁《ふきよせさをぶち》となつて、宗旦の「又隠」の天井などに見る通りに 作られてあつた。そしてそれは 色付けであつた。また

「利休不審庵ノ座敷 腰張紙 常ノ湊紙ナリ。 勝手口并湯匣《タウコ》ノ太鼓張障子 白奉書ナリ。」（茶譜）

とも傳へてゐた。これで道庫《だうこ》（湯匣）が 作られてあつたことがわかり、その戸は 勝手口と同じく 太鼓張の 白奉書張りで あつた。また 腰張は 湊紙を使つてゐた。また この四疊半のことであると 思ふが、 勝手口について

「四疊半の勝手口 内の鴨居 外へ見せ、 道幸の柱まて通し候事、 利休か所へ 蒲生飛州と御出御見出し、 其より右の通に 御させ候由御語候。 一枚障子の鴨居も 桁の下端へ へたと付候間御通させ候。」（細川三齋御傳受書）

とも 傳へられてゐて、 それが 引戸であつたことを 明にしてゐる。[註二] また 腰張について

「反故《（ほご）》の一枚張 利休いたし候ハ 終に見ぬと被レ仰候。 四疊半は 奉書紙、 一疊半ハ 美濃紙にて張候と 被レ仰候。」（細川三齋御傳受書）

とも傳へてゐた。この腰の一枚張につき四疊半は奉書紙と、三齋が語つてゐたのは先の湊紙の傳へとは異つてゐた。この湊紙について

「湊紙にてくす《（屑）》の有にてこし《（腰）》張はさひ《（寂）》て聞へて、見て惡し。知りそうにて人かしら《（知）》ぬと利休か云と仰られ候。」（細川三齋御傳受書）

と云ふ利休の話は湊紙そのものを惡しと述べたのでなくて、「くす《（屑）》」の入つた湊紙を嫌つたのであらう。これは利休が「ほご」の腰張をしなかつたことと同じ傾であらうかと思はれる。

次に蛭釘《ひるくぎ》のことであるが、不審庵は

「利休流不審庵四疊半ノ座敷、自在ノ時、天井ニ打蛭鎰ノ打樣、曲リノ方ヲ茶ヲ立ル方ヨリ我身ノ右ノ方へ仕打也。……」（茶譜）

ともあつて爐が切つてあつた。そしてそれには竹自《たけじ》在《さい》が掛けられた。後に「自在の蛭釘の先きは利休は勝手の方へして打たれたり。竹が自然外れても客へ當らぬやうにとなり。織部は蛭釘の先きを向ふへ打つなり。妙喜庵の蛭釘は客の方に向ふ。」（茶道舊聞錄）と傳へられてゐたやうに妙喜庵などは異つた例で、常は客の方へ蛭鎰《ひるかぎ》（蛭釘《ひるくぎ》）の曲り先を向けず、竹自在のはづれた場合に客に當らないやうにと心を遣つて、打つたことを誌してゐた。この不審

庵の場合には 客の坐る方を 避け また茶を立てる方をも 避けてゐたが、然し茶譜では「之ハ自在竹ノ掛緒ヲ 見テ可レ知。掛緒ヲ付ヤウト 下ノ小猿ノ繩ノ付ヤウト、入違テ付ル。依レ之蛭鎰ヲ脇へ向ハシテ打也。」と說いてゐて、形の上から おのづからに定つて來るものとしてゐた。[註三] いづれにしても 利休に取つては 蛭釘の向は 後のやうに 定まつたものではなく、その座敷に 卽いて時に 變へて打つたもので あつたらしい。

利休の不審庵は これらによつて 四疊半敷で、淡墨色紙張り付けの五尺床、自在竹の蛭釘を打ち、爐が切られ、白奉書の太鼓張襖をもつた道庫と、勝手口があつたもので、天井は 長へき板の 色付網代が 張られ、吹き寄せ竹の 竿縁であつた。

利休不審庵の間取は 後に 本式四疊半とか 利休四疊半と 傳へられる 幾種かの起繪圖や 寸法書と同じものであるが、それらの寸法は 比べ合せて見ると、少しづゝの違が 見出され、その何れが 眞のものであつたか 調べるべき一つの問題である。その內で 宗旦の弟子 杉木普齋が傳へた「利休家之圖」と稱へるものの中に「四疊半ノ本 但 不審庵の圖」とした寸法書がある。[註四] これは 同じく普齋が傳へた「千少庵寫置所 普翁自書之」とした 圖入の傳書の中に 利休の四疊半圖及び寸法書があつたが、これと 極めてよく似たものである。然しその中に 茶座敷の見所である躙口の寸法や、床の落掛などが 異つてゐる。例へば 躙口に付ては、少庵寫置は 二尺三寸高、二尺一寸巾。利休家之圖では 二尺二寸五分高、二尺二寸巾であり、落掛に付ては、少庵寫置では 一寸一分に二寸二分巾、利休家之圖では 一寸一分五厘に二寸二分（或は三寸）であつて、これだけ見れば 明かに別のものとすべきである。然し 他の部分が 殆ど等しいので 或は書き誤りがあるのでないかとも 考へられる。いま 試みに 利休家之圖の 異本を 見るに 不審庵の 書込はないが、元祿五年（一六九二）九月附 瓶子金右衞門宛（自筆書 龍村平三氏藏）、矢野了安宛（寶永七年（一七一〇） 了安爾傳帝國圖書館藏）及び不審庵書込ある 濱田點齋傳來書（三井文庫藏）のもの 三つの四疊半落掛について 比べて見れば

「一　同厚サ 但 木くらま 二さん寸也。一寸一分半」（瓶子宛）

「一　同厚サ 但 木くらま 二三寸也。　一寸一歩半」（矢野宛）

然るに 濱田點齋傳來書では

「一　同おとしかけノはゝ　二寸二分

一　床のウシロニ 打申折クキ カケモノ、タメ也。

一　同オトシカケ厚サ 但 木くらま 二三寸也。一寸一歩半」

として他にない二條が前にあり、尙その書込に「同ヲトシカケノ厚サ一寸壹分半、但木ハ此但書木ハ何ト申哉難ニ相分ニ候故、御加筆可レ被レ下候。くらますぎ也。」としてある。これは普齋自筆のものが分らないので、點齋が普齋に尋ねたら「くらますぎ也」と答が書かれたらしいのである。この濱田點齋の傳がなければ自筆書に於ても落掛の巾は拔け、また讀み難く分らない處でもある。「くらますぎ」とは鞍馬杉であらう。このやうに分り難い所ある傳書のことでもあり、また普齋自らの書落しや書誤りもあつたことを考へると、これらの傳へはいくらかの違ひはあるにしても、同じものと見てよくはないかと思はれるのである。そしてまた濱田點齋傳が誌すやうに利休不審庵であつたとすると、この二つの寸法書と圖とは先の傳へを補ふ處多く、利休不審庵の全き姿を明かに再び現はすことが出來るのである。これらに依ると、まず天井の一部に化粧屋根裏の掛こみ天井があつたことである。それについて

「一 屋根のうらの上たるきかけの高さ六尺六寸五分、

一 同けたハ竹なり。」(瓶子宛自筆書)

となつて、棰掛を兼ねた軒桁が竹であつたらしい。また平天井の處は

「一 同こも天井ノ高サ疊よりコモ迄五尺九寸。

一　同天井のふちの數　一間ノ中ニ　七本有。

但　ふとさまわり一寸六分竹也。」（瓶子宛自筆書）

とあつて、菰天井、竹竿緣で、一間六ッ割であつたらしい。これは先に茶譜が傳へた長へき板の網代天井とは異つた傳へであつたが、宗旦が模ねた「又隱」などは網代天井であり、また起圖も（後のものではあるが）網代となつてゐたから、網代の方が正しいかも知れない。

また床の間の大さは間口四尺三寸、奥行二尺四寸で、先に江岑の傳へた五尺間口とは異なるが、これこそ先に述べた如く利休が少庵の四尺床を見て、四尺三寸に作り直したと云ふ傳へをそのまゝに表はしてゐたと考へられるであらう。これによつて利休不審庵は床を直した天正十一年頃より前に既に建てられたがこの直したことによつて完く成つたとして、その成り立ちは天正十一年（一五八三）頃に置くことが出來るであらう。

なほ庭まわりについては

「一　四帖半前の中へいノ高サ　五尺七寸

一　同大ク、リ戶　ロノ高サ　土ヨリ敷居マテ　七寸

一　くちノ高サ　三尺

一　同ハヾ　二尺六寸五分」（利休家之圖）

とあつて、塀が圍らされて坪庭になつてゐたらしい。この塀に切られた「潜口《くゞりくち》」は三尺高さ、二尺六寸五分巾であつて、既に中潜《なかくゞり》の形を整へてゐた。またこの書には一間四方の雪隱が作られ、茅葺、五寸勾配であり、「常のせつちん」と分けて細かい寸法を傳へてゐた。また半蔀《はじとみ》とも後に云ふ庭の小門を「しほりつきあけ」として、委しく傳へてゐた。「しほりノ口ノ高サ五尺五寸」「同はゞ三尺」で、五尺に三尺三寸の四つ桟の戸が框も同じ大さで、六尺五寸の竹で突き上げられるやうになつてゐた。

またこの庭の手水鉢について「茶譜」や「雍州府志」に、梟の手水鉢を傳へてゐた。[註五] 梟《ふくろふ》の手水鉢は今でも二三傳へられてゐるが、四方佛《よはうぶつ》の手水鉢などと共に、後に持て囃されたものの一つで、そのやうな見立は恐らく利休の不審庵などが早い方の一つであつたであらう。

先に引いた「利休家之圖」の傳へは茶座敷の外に、なほ門廣間書院などをはじめ、「ふたん（不斷）いま（居間）」の小棚、「常のせつちん」「井筒」までも含んでゐて、家の構の全ての姿を明かにし、この四疊半茶座敷がどのやうな比例をもつて、作られてゐたかを示すものであるが、この事は別に後に述べるであらう。

また利休の四疊半は 宗湛日記や利休百會記によつて 彼の京都聚樂屋敷にも あつたことが 傳へられてゐる。これについての細かい寸法は 三井寺の本覺坊によつて 傳へてられてゐた。なほまた 京都北野の大茶會の折に 作られた利休茶室も 四疊半であつた。この細かい寸法は 細川三齋茶書が 傳へてゐたし、また「利休手鑑寫」(家藏)にも 間取圖と共に 出てゐる。また 秀吉の聚樂第の一つかとも 考へられる「紫野、紹里傳書」(家藏)が傳へた「聚樂御數寄屋」(二の第一六圖) 四疊半があつた。これらは 有り場所に據つて ほゞ天正十四(一五八六 七)五年頃に作られたであらうことが 推し量られ、不審庵の後に 好まれたものであらう。

なほこの他に 何處にあつたか解らないが、和泉草が傳へる二つの四疊半(二の第一二圖、二の第一五圖)があり、遠州拾遺の傳へる上段附四疊半(二の第一四圖)などがあつて、利休四疊半茶座敷として 異なる間取のもの 七種を數へることが出來る。これら場所の明かでないものの内 いづれかは 恐らく 大坂とか、山崎とかの 利休屋敷にあつたものであらうと思ふ。云ふ迄もなく 他の人のために好んだ茶座敷も あつたであらう。

江戸時代の後期に 起繪圖に作られて、世に廣く行はれた「利休四疊半」の圖は 今も見られるが、裏千家「又隱」の原型と 考へられるものである。これは 少庵寫置圖の利休四疊半と 同じ形のものではあつたが　その木割が　總てに亙つて　それよりも細い。また　他の利休好みと傳へる茶座敷よりも　木割が細かく、桃山時代の氣持の　甚だ薄いものである。北野大茶會の時の利休四疊半も　これと同じ形のもので、これより木割は　太くたくましい。木割の細くなるのは　年代を降る程　著しいやうに思はれるが、いまこれを床の間の落掛《おとしかけ》と云ふ人目を引くものの厚さ（せい）を　一つの例として示せば

「昔の四疊半」　床落掛　厚（片桐貞昌大工方之書）　一寸五分

「奈良地藏院　珠光好四疊半」（起繪圖　帝室博物館藏）　一寸四分

「奈良士門久榮四疊半」（永祿十年（一五六七）前・松屋茶湯祕抄）　一寸四分

「紹鷗好　四疊半大黑庵」（同右）　一寸三分

「奈良東大寺四聖坊　利休好四疊半」（起繪圖　家藏）　一寸三分

「北野大茶會　利休好四疊半」（細川三齋茶書）　一寸二分半

「利休四疊半」（三井寺本覺坊傳）　一寸一分半

「少庵寫置」　利休四疊半（不審庵か　松平子爵藏）　一寸一分

これら利休と　關り深い人達の四疊半及び利休の四疊半の床落掛は　見掛《みえかゝり》厚さ一寸一分より大き

いものばかりであつた。これらは總て圖や寸法書だけで殘つてゐるものであつたが、建物として今も殘つてゐる利休好み妙喜庵圍の床落掛厚さも一寸一分である。また「圍之圖」(家藏)は江戸時代後期の寫本ではあつたが、その中に利休と織部とを比べて「おとし懸《かけ》厚さ一寸一分、利休一寸二分、おりべ《織部》。」とも述べてゐた。

床廻りは茶座敷指圖の場合最も心を入れる處である事は昔も今も變らないと考へられるから、この落掛の見え掛り厚さはその人の好みや、また時代の表れを見取ることが出來ると思ふのである。松屋筆記によれば「床をとしかけ《落掛》昔ハ無レ之を、易《利休》ノ云フ何とぞ仕度ト也。此時易ノ妻木をのせ、如レ此能ク候半《さふらはん》とて、マグサ《椙》ヲ仕ソムル。」と書き留めてゐて、利休もこれに付いては大に心を遣つたことが傳へられてゐる。云ふ迄もなく床落掛は利休が初めて創り出したものでなく、室町時代の書院京都妙心寺靈雲院四疊半床の間、その他に既に古くあつたが、利休とその妻の話は恐らく茶座敷としての木割や高さを定めたことに係はつてゐたであらう。いづれにしても掛物や花や、その他の床飾は茶座敷へ入ると、眞先に見るものであり、その床廻りの寸法は茶座敷の眺めを最も多く支へるものであるから、利休をはじめ、その頃の人達も、等しく心を掛けて見たものであらうし、その大さをも考へたものであらう。

さきに擧げた如く 利休四疊半は その床の落掛厚さ 一寸一分より一寸三分迄の ものばかりであつた。然るに 江戸時代中頃から後に 世に廣く行はれた利休四疊半とか、本式四疊半などと名付けた寸法書や 起繪圖は 皆いづれも これより小さいものであつた。文政七年（一八二四）の覃齋起繪圖（帝國圖書館藏）の利休四疊半は 九分、明治より後に 刷り出された二つの起繪圖のものも、これは 覃齋の復製かとも見られるが、同じく九分。これよりや丶古く、享保年代の茂呂得能作の利休四疊半起繪圖（家藏）は 一寸一分半であつて、古さを傳へて、類を異にした例であつたが、それよりや丶古いと思はれる家藏の二つの起繪圖は 二つ共に 九分半と書入をしてゐた。また裏千家の「又隱」四疊半は 後にも 利休四疊半との關りについては 述べるが、その床落掛は 一寸にや丶足らない厚さである。

これらによつて 利休四疊半は 江戸時代の中頃後から 凡そ一寸より少い 寸法が 行はれ始めて、今に迄續いてゐる。そしてその如き 木割の小ささは 江戸時代の時代的性格であつたやうである。例へば 江戸始め 元和四年（一六一八）頃に 建てられた有樂の茶座敷「如庵《じよあん》」（大磯三井男爵家內）が 江戸時代中頃に 模ねられた時には 總ての材の木割が 凡そ一割ほど 細くなつて、その見え掛りは 元のものに比べて、弱々しいものになつてゐるのを 京都仁和寺の遼廓亭に 見ることが出來る。

これと同じ傾が利休四疊半圖にも表はれてゐると考へられるのである。慶安二年（一六四九）に寫された「大工方」（家藏）の中に部屋の大きさを定めずにたゞ床間落掛の寸法を集め誌してゐたが、それは「八分又一寸一分、又一寸二分半又一寸五分にも」としてゐた。八分など云ふ厚さの例も江戸時代初めにはあつたかも知れないが、また部屋の大きさにも據るであらうが、利休は先にも擧げた如く妙喜庵圍二疊に於ても一寸一分を使つてゐたから、桃山時代には殆ど見られなかつたものである。註六

終りに利休四疊半の寸法の中、主なる處を拔き出して、他と比べるために付け加へて置かう。この中に「北野」と記したのは北野大茶會の利休四疊半、「少庵」と記したのは「千少庵寫置所普翁自書之」とした圖入の四疊半傳書、「普齋」と記したものは「利休家之圖」とした書と全く異つた内容をもつ書で、圖なしの書、「宗偏」としたのは利休道具圖繪、「聚樂」としたのは天正十六年（一五八八）九月四日の茶會記に本覺坊が書いたと考へられる利休聚樂屋敷の四疊半の寸法、「江戸」としたのは江戸時代中期以後に出て來た利休四疊半の寸法の含みである。これらの文獻のうち次に示すやうに少庵普齋宗偏のものは大體同じであるし、異なるものも二分、三分、稀に五分の差で、恐らく同じ茶座敷であらうと思ふ。測る時の誤りか、書寫の誤りが表は

れて來たのであらう。それ故 それを一つとすれば 利休の三つの四疊半の寸法が 比べられることになるのである。江戸時代のものは 少庵寫しが 時代的に 移り變つて來たものの如くである。

軒高さ（基礎の石上端より 軒桁の上端迄）

六尺九寸三分（北野）、六尺八寸（聚樂、少庵、普齋）、六尺九寸（宗徧）六尺八寸八分（江戸）

床高さ（石上端より 敷居迄の高さ）

一尺五寸（聚樂）、一尺五寸八分（北野）、一尺六寸（少庵、普齋）、一尺六寸五分（江戸）

天井高さ（疊より 天井板迄、平天井の所）

五尺九寸二分（北野）、五尺九寸（少庵、普齋、宗徧）、五尺八寸七分（江戸）

聚樂屋敷四疊半には「上七尺一寸下五尺三寸シキイノ上ヨリ但三寸コウバヰ」と記して、化粧屋根裏の所だけしか 見えない。全體が 化粧屋根裏天井（かけこみ）と 考へる事も 出來るが、勾配が合はないから やはり他のものと同じく、一部分は 平天井であつたであらうかと思ふ。

床の間 間口（疊の大きさで）

四尺（聚樂）、四尺三寸（少庵、普齋、宗徧）、四尺二寸（江戸）

床の間 奥行（疊の大きさで）

二尺二寸五分（聚樂）、二尺六寸（北野）、二尺四寸（少庵、普齋、宗徧、江戸）

落掛の高さ（疊上端より）

四尺八寸五分（聚樂）、五尺一寸（北野、少庵、普齋）、五尺一寸五分（宗徧）、四尺八寸二分（江戸）

落掛（脊、巾）

一寸二分五厘×二寸三分（北野）、一寸一分×二寸二分（少庵、宗徧）、一寸一分五厘×二寸二分（普齋）、九分×二寸二分（江戸）

床框（高さ、見込み）

二寸七分×一寸五分（北野、江戸）、二寸六分×一寸四分（少庵、普齋、宗徧）

床天井高さ（疊上端より　板迄）

七尺五寸四分半（北野）、六尺四寸（少庵、普齋）、六尺四寸五分（宗徧）、六尺一寸（江戸）

勝手口（高さ、巾）

五尺三寸×二尺（聚樂）、五尺二寸×二尺（少庵、普齋、宗徧、江戸）

にじり口（高さ、巾）

二尺五寸×一尺九寸五分（聚樂）、二尺二寸六分五厘×二尺七分五厘（北野）、二尺三寸×二尺一寸（少庵）、二尺二寸五分×二尺二寸（普齋）、二尺二寸五分×二尺一寸（宗徧）、二尺二寸三分×二尺一寸（江戸）

横の窓の大きさ（障子の大きさ　高さ、巾）

一尺三寸五分×一尺二寸（聚樂）、一尺九寸×一尺五寸（北野）、二尺七寸×二尺五寸（少庵、普齋、宗徧）、二尺六寸五分×二尺四寸（江戸）

にじり口上の窓の大きさ（高さ、巾）

二尺七寸×二尺（聚樂）、二尺六寸八分×二尺一寸（北野）、二尺一寸七分×一尺九寸七分（少庵、普齋、宗徧、江戸）

（このほか省く）

（昭和十五年二月）

註一　土門久重が家の記を編んだ松屋日記の天文丁酉（一五三七）九月十三日朝「千與四郎殿へ　久政」の茶會には　京都としてゐなかつた。然し松屋會記には「丁酉九月十二日朝　一　京都十四屋宗伍へ　久政老人」につゞいて「十

三日朝　一　京都與四郎殿へ　宗易事也　久政」の會があり、その翌日「十四日　一　京針屋淨貞へ　久政」の會があつた。これらから考へると　松屋日記の中に　京都の書入はないが、松屋會記には　京都とあり、また前後の會が京都の茶會であつたから、利休の會も恐らく京都の會とすべきであらう。この年　利休は十六歳で、まだ利休と云ふ名もない時であつたが、京都にも家を持つてゐたのであらう。然しその住居は　何處にあつたかは全くわからない。南方錄によると「宗易は與四郎とて　十七歳の時より　專茶を好み、かの道陳に稽古せらる。道陳の引合にて　紹鷗の弟子になられしなり。臺子書院などは　大方道陳に聞れしなり。小座敷の事どもは　專　宗易紹鷗相談の仔細なる由語り申され候也。」としてゐた。これによればこの十六歳の利休は　まだ北向道陳にも習はなかつた時であつたが、誰について習つたかわからない。堺の納屋衆の一人であつた物持の家に生れた利休であつたから　恐らく幼い頃から　家でも茶の湯は嗜んでゐたであらうし、住居も或は商用の關りから　京都にも早くからあつたのであらうか。この天文六年(一五三七)は　紹鷗が三十歳のとき一閑居士となり、髮を剃つたと傳へられる享祿四年(一五三一)から七年目で、天文六年は　和歌の師三條實隆の亡くなつた年でもあつた。若い利休は　京都に於て　紹鷗に茶を習つたのも　この頃であつたであらうか。久政も　雪間草書入には　慶長三年(一五九八)四月四日七十八歿とあつたから　利休より一つ歳上で、天文六年の會は　共に十六歳、十七歳の若者の茶會であつたのである。

註二　勝手口引戸の鴨居の納りを　道幸の柱迄延し、上端は桁に付けたことなどは　別に誌す程の事でもないやうに思へるが、その頃は　利休をおいて他の茶人達には思ひ付けなかつたことであつたらしい。

註三　細川三齋は「自在の小猿ハ　左にすると被仰候。」（細川三齋御傳受書）ともあつて、その頃は　思ひ〳〵に附けられたらしい。
註四　この傳書については　後に（四の二）で悉しく述べるであらう。
註五　この梟の手水鉢については　後の「利休の茶庭」にて悉しく誌す。
註六　「少庵寫し置」の中に　落掛高さ八分が出てゐたが、　これと同じ寸法書で「利休手鑑寫」には一寸一分とあつて、恐らく誤であらうと考へられる。

二の三　利休四疊半と裏千家の「又隱」

利休の四疊半と裏千家の「又隱《いういん》」四疊半とは同じ間取りをもち、窓や入口なども同じ處に同じやうな形で付けられた茶座敷である。これは利休四疊半圖を見たものの先づ氣付く處で、たゞ細かに見て來ると、窓やその他の寸法が少しづゝ異つてゐる事に氣が付く。

利休四疊半も「又隱」も、左勝手（順勝手）四疊半、面皮柱、土壁、道庫付きで、幅約四尺三寸奥行二尺四寸の上座床がつきまたにじり口がついてゐた。天井はにじり口がは三尺程軒桁に沿うて化粧屋根裏になつて、天窓（突上《つきあげ》）が切つてあり、他は拚目《へぎめ》板の網代組、竹の竿縁、疊上端から五尺九寸程のものであつた。江戸時代末に建ち替つた今の「又隱」もこれと大きな違ひはない。

なほ「又隱」について氣付く事は江戸時代の中頃か後に行はれた「又隱」起繪圖が殆ど總て今の「又隱」と窓が違つてゐた事である。窓が違ふと云ふのはにじり口上の窓が今のは下地窓であるが、昔の起し繪圖は 連子窓であつたことである。「又隱」の にじり口上の窓變りの事は 昔から問題になつたものらしく、寶暦二年（一七五二）に 大橋遲松が書いた弊箒記追加にも この事が出てゐた。それには 利休四疊半に續けて、「古圖に 利休四疊半ト云アリ、（中略）古圖ノ四疊半ニハ ク、リノ上ハ 下地窓也。今 又隱ノク、リノ上ハ 竹連子也。是モ昔ハ 下地窓テ有タヲ 仙叟ノ直サレタル由 波老（町田秋波）申サレキ。」と誌してゐた。これは 松尾宗吾と天滿屋曲全の談を 誌したものであつたが、これによると 仙叟より前は 卽ち宗旦時代は 利休四疊半と同じであつたが、その子仙叟が 下地窓を連子窓に 直したと談つてゐたのである。この話を信ずれば この連子窓の四疊半は 仙叟好み「又隱」と呼んでも良いであらう。

これより前 享保十二年（一七二七）末の日附あつた中井主水の「今日庵指圖寸間帳」[註一]（中井忠重氏藏） 及び同じく 享保年代の茂呂得能の「又隱亭仕樣帳」（家藏）にも 連子と出てゐた。また文政七年（一八二四）の洗解庵茶室圖（帝國圖書館藏）に「今日庵圍繪圖 千宗左隱居 宗乾宅有レ之」としてゐた圖が やはりこの四疊半で、連子窓になつてゐた。宗乾は 竺叟宗左であつたから、その歿年享保十八年（一七三三）より 前の又隱の形であつた。これは 天明八年（一七八八）京都の大火の時 表千家と共に 裏千家も燒けたらしく、藤井維石の「喫茶敲門瓦子」に 仙叟好み利休堂が 燒け失せた事があつたので、それに續いた又隱も恐らく燒けたのであらう。その翌年卽ち寛政元年《（一七八九）》三月十六日川上宗貫の誌した「又隱亭指圖寸法」には仙叟好み又隱四疊半が書かれてあつた。これはその時再び興された又隱であつたか燒けた前の圖を寫したのか明かでないが、その後文政七年《（一八二四）》覃齋起し繪圖も天保十二年《（一八四一）》の名利庵起し繪圖も仙叟好みであつた。然し「茶式建築第三」に「文政年間ノ木津松齋宗詮ガ又隱ヲ模レタルモノニク、リ上ハ下地マドナリ。」と誌して居たし、また江戸時代本所橫網の田安邸に嘉永の年千家より獻上したと云ふ又隱四疊半[註二]（今の天祐庵）も下地窓であり、今の裏千家のも下地窓である。これは連子窓の仙叟好み「又隱」の圖が餘程晩く迄圖として傳へられたとしても、少くとも木津氏の話にあつた如く、文政の年には宗旦時代の「又隱」卽ち下地窓の四疊半にかへされて居たであらう。それがいま見る「又隱」であらう。然も文政五年《（一八二二）》には今見る位置と異なる場所に又隱が向きも異つて建つてゐた裏千家と考へられる平面圖が殘つてゐるので、今の又隱はそれより後の變更であらうと考へられる。そして今のは多少の異はあるが、江戸時代中頃より後に傳へた利休四疊半圖と凡そ同じ寸法で出來てゐた。

先に江戸時代中頃より利休四疊半と云つて傳へ來た茶座敷圖は他の記錄により總ての點で木割が細く、江戸時代的であつた事を述べたが、その細い木割の四疊半圖の元は宗旦が利休形四疊半圖によつて作つた 不審庵では なかつたかと思ふ。宗旦としては 利休形四疊半を 再び與すのに、 何も殊に木割を 小さくして好んだのでなくて、既に工匠術として 世の總並の傾きが桃山時代に比べ、遙かに 木割が細かくなり、總ての感じが 弱く細かになつて來た 響を受けて、この建物にも 自らに表はれて來たものであらう。これを後の人が 利休四疊半として 實側して作つた圖が 今殘つてゐるのではなからうか。また後に 仙叟好みの「又隱」が作られて、前のと別に「又隱四疊半圖」が表はれ來たものであらうかと考へる。

宗旦が 四疊半を始めて 作つたのは 寛永廿一年（一六四四）（正保元年）頃で あつたやうである。それは金閣寺の鳳林の日記に

「三月廿八日 午時 於宗旦 有茶之湯、 相客 本法寺之智存也。 四疊半之座敷 初見レ之。」（隔蓂記 寛永廿一年）

とあつたからである。宗旦と親しく交り、時折 宗旦を訪ねてゐた鳳林が、初めて見たと 誌してゐたのであつたから、恐らく あまり隔らない時に 作られたので あらうと思はれる。なほ この四疊半が 利休本式四疊半を 模ねたものであつたことは 次の二つのものによつて 明かになるであらう。卽ち 先づ宗旦の子 江岑の「江岑夏書」に 利休の竹引切の蓋置について、

「ね《根》竹のふた《蓋》置 ふし《節》なしとふし在と二つ 易《利休》切候て、少庵 道安前へ 出し候へハ、少《少庵》ハふしなしを取、道安はふしありを取被レ申候。易被レ申候は ふしなし能候由 被レ仰候。其ふた置 少より旦《宗旦》へ參候を、古 肥前守殿へ 旦より被レ進候。事の外 肥前殿祕藏被レ成候由に而候。」と傳へられ、この少庵が 宗旦へ傳へた 竹引切の蓋置は 前田利常（肥前守）の手に 入つたのであつたが、その事については なほ

「利休作の 竹の引切ふた置を 宗旦所持して 祕藏せしを、加賀の肥前守殿 所望有て、代りに金子被レ下、其金子にて 古法宗易好みの通りに 本式の四疊半座敷を 立しと也。」（茶道望月集追加 帝國圖書館藏）

と傳へられてゐた。この話は 前の節無しの引切としたのを 節あるやうに 書いてゐる誤はあつたが 前の話と 合ふ所がある。恐らく これにあるやうに 宗旦は 前田利常から 竹蓋置の代りに貰つた金で 四疊半茶座敷を 建てたのであらう。そして特にこゝで 利休好み 本式四疊半座敷と呼んで、古法と 誌してゐたのは 復原の含みが あつたのであらう。このことを また茶譜には「宗旦 老後ニ 利休不審庵ノ座敷ノ以レ圖造ルヲ 則 不審庵ト額ヲ打。其座敷ヘ通ル路地入口左右藪也。其藪中 二間餘ホトニ 道ヲ付、其道ノ左右 輕キ藪垣ニシテ、其垣ノ止ニ 皮付柱ヲ

兩ニ二本立、空《あき》ニ皮付丸木ヲ 横ニ通シテ、竹ノシヲリ戸ヲ 空ノ横木ニ ツナイテ、又竹ヲ下ニツナキ、突上テ、其竹ヲ杖ニ立置……」（茶譜）

ともしるしてゐた。利休不審庵を 四疊半と傳へたこの書は それを模ねた 宗旦不審庵は 云ふ迄もなく 四疊半の含みであつたに違ひない。この事のあつたのを 宗旦の老後としてゐたのを、寛永廿一年（一六四四）（正保元年）頃、歳六十七の時のこととしても、少しも早過ぎはしないであらうが、まだ隱居する前のことで あつたから 今の表千家の處に 作られたのであらう。そしてまた 今傳へてゐるやうな 三疊大目を 宗旦及び江岑の時 正保四年（一六四七）より後に 不審庵と云つたこと、また 一疊半を 元和四年（一六一八）に 不審庵として 建てたことは 後に述べるが、その間に この四疊半が作られ、また不審庵と 呼ばれたのであつたらしい。それは前田利常が 筑前守から肥前守と變つた 寛永（一六二六）三年よりのち 同廿一年近くに 建てられたやうに思はれる。また慶安元年（一六四八）（正保五年）には 鳳林は「宗旦隱居之家 初之見也。一疊半也。」（隔冥記）として 既に 隱居が作られたことを 誌してゐたが、その五年後の承應二年（一六五三）十二月十八日の條には

「午時 千宗旦被ㇾ招ㇾ予。四疊半之新築之座敷 開也。」（隔冥記）

ともしてゐて、「又隱」の開きらしい茶會を催してゐた。この時の四疊半が「又隱」と呼ばれた

ことは 宗旦の譲狀（茶器名物圖彙）の中に

「われは七十六歳にして 又隱 今日あん《（庵）》と成

不審庵旦　何ものぞ

源齋へゆづる　　元　伯（書判）」

とあり、宗旦歳七十六は この茶會の承應二年（一六五三）に 正しく當つてゐたし、また「不審庵を 逢源齋宗左に譲り、別に 二疊敷を營み、退去し、清巖和尙に 菴號を乞。今日庵と書し、又 懈怠比丘不期明日の八字を 書して與へらる。元伯も其意に答て、邂逅比丘不期明日と 書れしと云。關東よりも 召れけれども 辭して出ず。又 四疊半の茶室を作り、又隱軒と云。」（千家世代覺書）

とも後に 傳へられてゐたからである。そして宗旦は このやうに 隱居したのであつたから この時の四疊半は「一疊半」と共に 裏千家の位置に 建てられたのであらう。

このときの四疊半「又隱」は 利休不審庵を 寫した先の四疊半とは 異つて、他の利休四疊半を元としてゐたのではないかと 思はれる。例へば 利休四疊半として 傳つたものの中には 貴人口付き下座床で、貴人口の前に 土間があり、その周りは 壁に圍まれ、潛口が 付いてゐたもの（二の第一三圖）がある。これと同じ形の四疊半圖を 安永九年《(一七八〇)》 天明の大火の前年に 狩屋保古が 寫したものがあつたが、その中に「今日庵又隱」として

「今日庵ハ 東向ニ ハフ《(破風)》付、此圍は 南向。」

と書き入れてゐた。この四疊半は 今日庵に近く 南向いて、建つてゐたことを 指してゐたのである。この圖は また後に「宗旦四疊半」として、利休四疊半や「又隱」などと共に 起繪圖にもなつて 世にありふれたものとなつた。但し 利休のもののやうに 土間が 付いてゐたか 否かは圖だけではわからない。

この宗旦四疊半の 床間落掛は 厚さ九分で、後の又隱や 宗旦不審庵四疊半のものより なほ細いものであつた。

このやうな貴人口付四疊半が いつ迄「又隱」としてあつたかわからないが、狩屋保古が この圖を寫した前 享保十二年《(一七二七)》には 前にも述べたやうに、利休不審庵寫し四疊半が「今日庵夕《(又)》隱」として、[註三] 既に傳へられてゐたのである。それ故に 承應二年《(一六五三)》から享保十二年まで、七十四年の間に建て替へられたか、額が取りかへられたかと思はれるのである。宗旦は 寛永二十一年《(一六四四)》に 利休不審庵を 寫した四疊半を持つてゐて、それを表千家に殘し、その裏に また四疊半を作る事であつ

たから 他の利休四疊半を 寫して建てることは 有りさうなことに思はれる。それが 後に 利休不審庵寫しになつたのは 恐らく表千家の三疊大目が 不審庵として 宗旦、江岑時代から傳はり、表千家では 四疊半は あまり重きを 置かれなくなつたため、宗旦時代か その亡き後 あまり時を 經ない頃に 裏千家に 移されるやうな事が あつたかも知れない。先に引いた如く「今日庵ハ東向ニ ハフ付、此圍は 南向。」としてゐた「今日庵」は その四疊半であつたとも 思へないことはない。破風のない 片流れ屋根であつた 一疊半を 東向に 破風《はふ》としてゐたことは 少し表はし方が 不自然であつたし、また中井主水の「今日庵指圖寸間帳」に「今日庵 四疊半」としてゐたことなどから考へて、今日庵は 四疊半を指した場合があり、或る年代には 四疊半が 南向と東向に 二つあつたと 取つてもよいかも知れない。後の裏千家には 文政五年（一八二二）仲夏日附の圖の如く「又隱四疊半」の外に「利休形眞ノ四疊半」として 貴人口付きの茶座敷が「宗旦好今日庵」の外に 建てられた例も あつたので、二つの四疊半が あつた場合も、考へられないことでは ないのである。

これらが 年經て朽ちたので 仙叟は 貴人口四疊半の方は止め、利休不審庵寫し四疊半を殘し、「又隱四疊半」として建て直したか、或は繕はれたか、その際に 先に誌したやうに 下地窓が連子窓に替へられるやうなことがあつたかも知れない。これは今の所も少し據る可き資料を他に俟つて後に定める可きで、今はこれだけで考へてみたに過ぎない。

なほこゝに附け加へて置きたい事は「又隱四疊半」の一つの特徴ともなつてゐた「柳柱《やなぎはしら》」の事である。柳柱は「塗立柱《ぬりたてはしら》」とか、「揚子柱」とも呼ばれてゐた四疊半入隅の變つた柱の名である。

これは北野大茶會の時の利休四疊半に作られたものが初めのやうで、他の四疊半即ち少庵書置の圖、聚樂の四疊半等には見られない柱であつた。北野の大茶會の時のものは「四疊半のすみの柱を二尺五六寸かい取て、下を丸く塗りまわしにして、皮付の丸太柱よく曲りたる柱のごとくにして、そぎくちに皮を付て、ゆかみ木にして、ぬりまわす。」（細川三齋茶書）と誌してゐた。また何處にあつたものか他の利休四疊半には

「風爐脇の角の柱ハ赤松のかハ《(皮)》付自然に下方ほそ《(細)》なるを、天井より三尺五六寸立、扨夫より下はぬり廻し壁也。但其柱に地敷居の上ハ《(端)》より三尺七寸に折釘を打也。」（玄端茶書）

とも傳へてゐた。利休のものは後のやうに定つた寸法ではなかつたやうである。

利休がこのやうな柱を好んだのは玄端が傳へたやうに柱の下の方が曲つてゐたため、お

のづからに壁の中へ入り込んで、見えなくなつた姿である。それが北野のものもその心持を持つて、切り取り口には皮を張り付けたのであつた。然し今の「又隱」のは眞直な柱を切り取り、細めたまゝで、切口がそのまゝ表はれてゐる。これは建築的に見て、わざとらしく、利休の初めの心持がよく汲まれてゐない姿である。またその長さは

「四疊半角の釘　世俗柳釘　又顔同柱ト云ものあり。地舖より折釘下は迄　四尺六寸六歩半、但四疊半角のぬりまはし柱　花入釘也。」（點茶法式　原叟口授隱岐與右ヱ門書記）

としてゐた。これは宗旦「又隱」の寸法であらう。今の「又隱」のものは天井板から一尺五寸三分、疊より四尺三寸の柱として表はれてゐる。この長さは利休のものの半分の大きさである。このやうな柱は四疊半に限つたことでなく、「採摭集記」に據ると高木主水正の三疊大目にも、このやうな柱があつて、「角ノ柱　半分ぬりこめて有、四尺柱上ニ　折釘有。」とも傳へられてゐた。

藤村正員が宗旦の話として、利休四疊半について

「同（利休）四疊半　角の柱の上の方を少し塗り出し、釘をうち、花入を掛くるなり。柳を入るゝためなりと、宗旦說。柱の下はぬりまはしなり。」（茶道舊聞錄）

と傳へてゐる。これによると宗旦は初めから柳釘《やなぎくぎ》として、これを見てゐたやうである。然し北

野大茶會は 十月一日であつたから 柳は 云ふ迄もなく 入れられなかつたであらう。 柳のためと初めから考へて 打つのと、 十月の何か別の花のために その釘を 打つのとでは、 その高さは 云ふ迄もなく 違つて來るであらう。 それが 利休と宗旦との塗立て柱に 關る心持ちの違となり、高さが 異つて來たのであらう。

なほ一つ 北野大茶會の利休四疊半で、 心引く事は 躙口の敷居と 鴨居の見掛《みえかゝり》に 釿目《てうなめ》 (なぐり) が 入れられてあつた事である。 これについて 「はさみ敷居 鴨居にて、 てうのめを 下に五所に、 上に六所 いかにも亂にあり。」 (細川三齋茶書) と傳へられてゐた。 これは後には あまり見られない事であるが、 桃山城に 建てられた有樂好み茶座敷とも 傳へられた春草盧 (横濱三溪園) に見られ、 また 有樂好み如庵 (大磯城山莊) にも 見られる事で、 桃山時代には 躙口の敷居 鴨居の釿目は 廣く行はれたことで なかつたかと思はれる。 今の 「又隱」 には 見られないが、 中井主水控の 「今日庵指圖寸間帳」 の中に 潛り戸の處を誌して 「引通木 杉少ナグリ有……」 としてゐたのが それでなかつたかと思はれる。 それ故に 宗旦の四疊半も それに恐らく 釿目が付けられたことと思はれる。

今迄述べ來つたことは つゞまるところ 今傳はる 「又隱」 は 千宗旦好み四疊半として 傳へら

れてゐたが、これは宗旦時代に 建てられた利休四疊半の再現と 考へられる事、これを宗旦好みと呼ぶ事は 好みと云ふ言葉に 獨創の含みを 持つとは限らないから それで 少しも差支へないことであるが、これを 利休四疊半の復原として 見ようとするものには 總ての木割を 一割近く太いものとして、總ての見え掛りが もつと强い感じを 表はして居た事を 考へに入れれば 利休座敷の面影の誠を 忍ぶことが出來るであらう。

註一　中井主水の「今日庵指圖寸間帳」については 澤島英太郎氏が 茶道月報に發表されてゐた。

註二　松本文太郎氏著「茶室と茶庭圖解」によると「今其外露地に存する欅の老大樹邊には往時白藤庵といへる茶室のありし置位なるを以て、爾後この地一員田安家の邸と成り、從うて同家には、彼の白藤庵を再興せられんとする由ありけるに 嘉永年中、千家より 爲めに又隱を獻上せしを、明治十一年(一八七八) 田安氏 其扁額並に棗と共に 讓受けらる……」。

註三　先に擧げた中井主水の史料の中に「今日庵圍建地割」とした四疊半起繪圖中に「今日庵夕(又)隱トモ 申候。千宗左隱居 宗乾宅ニ有之」と書き入れてある。

三　利休三疊大目

三の目次

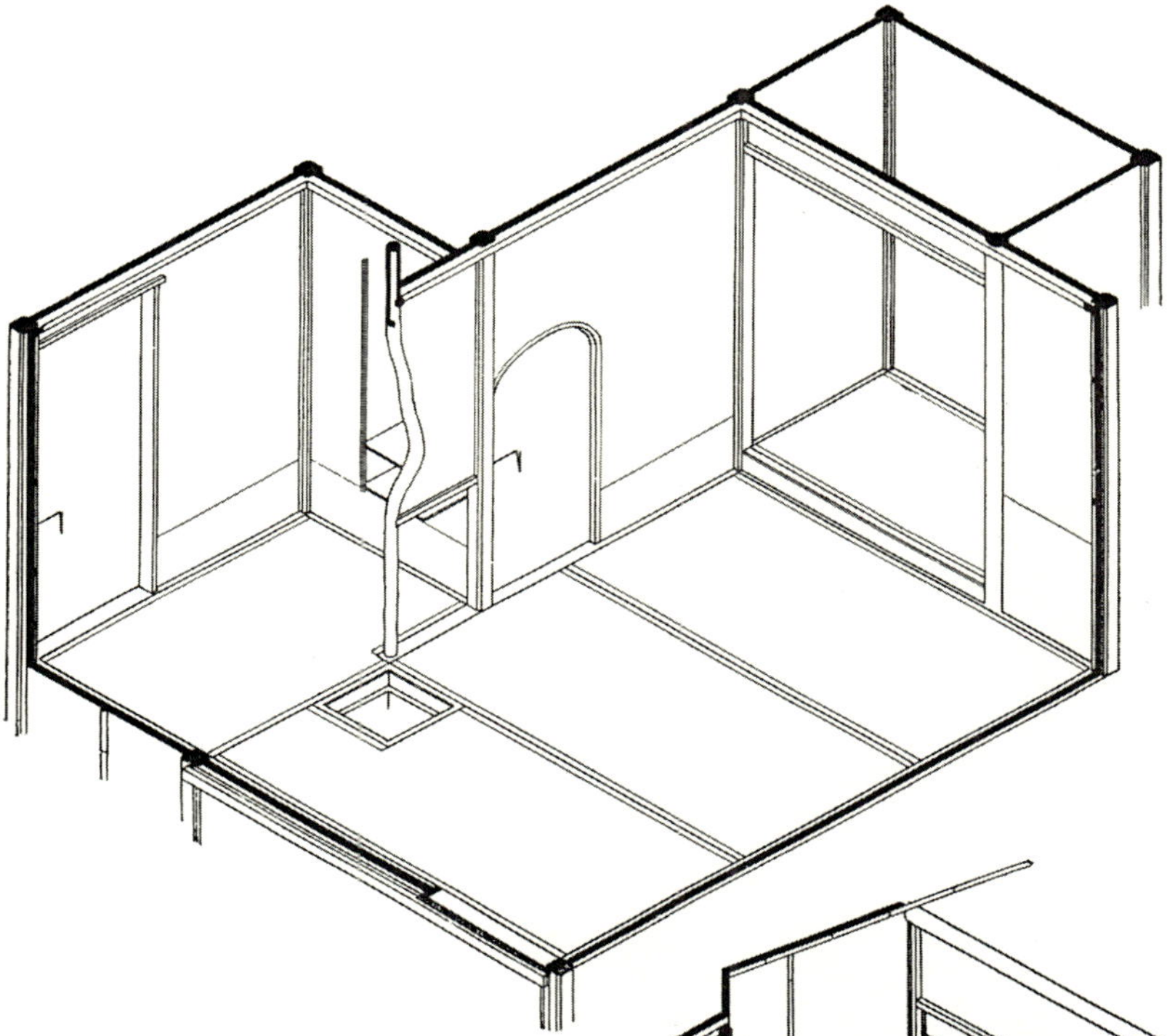

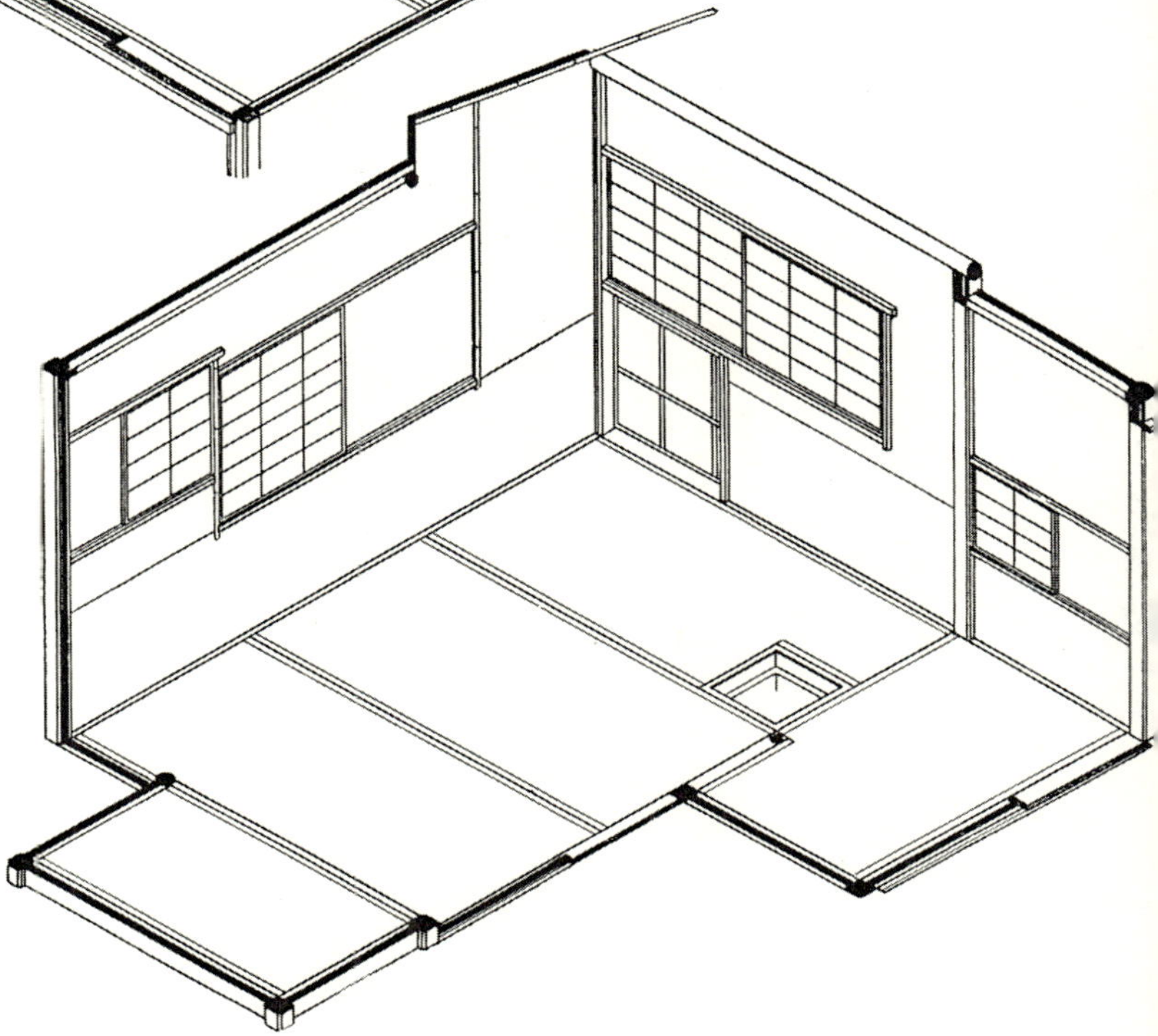

三の第一圖　利休三疊大目等角圖

三の第二圖　利休三疊大目等角圖

三の第三圖　表千家「不審庵」外觀

三の第四圖 「不審庵」東壁と躙口、突上窓、床、通口

三の第五圖　「不審庵」西壁と中柱、爐、釣棚

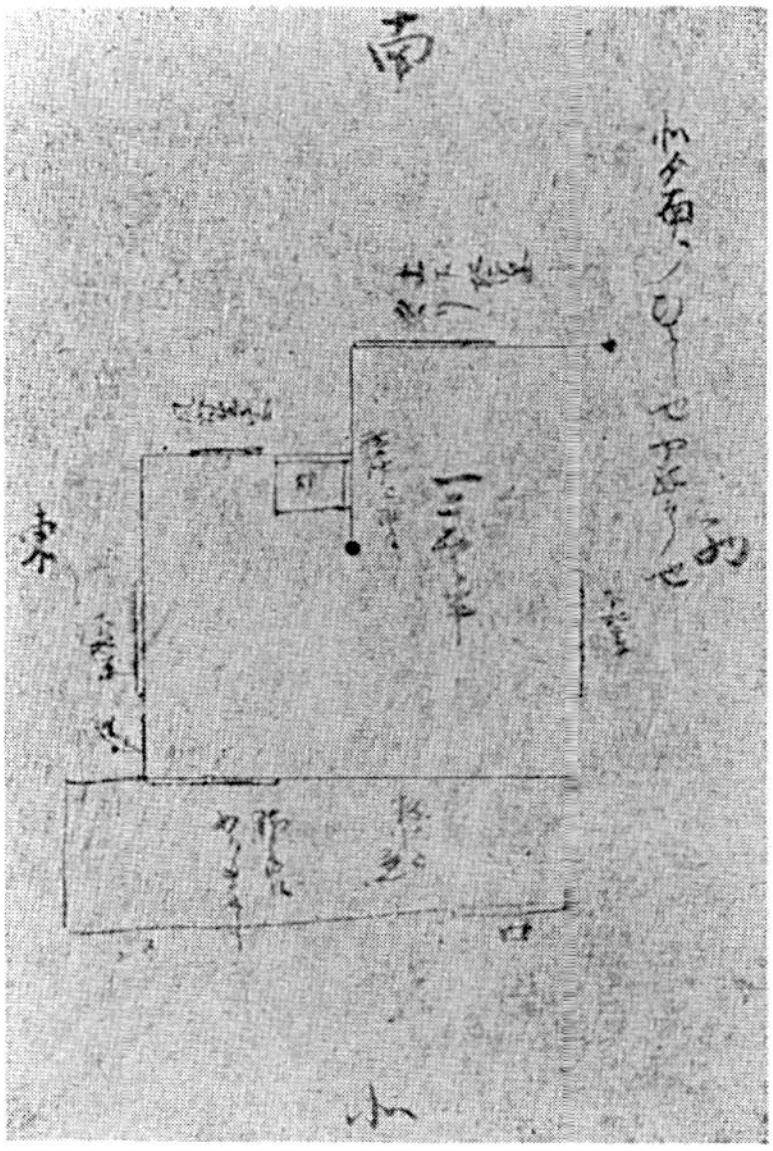

三の第六圖　「不審庵」一疊半圖

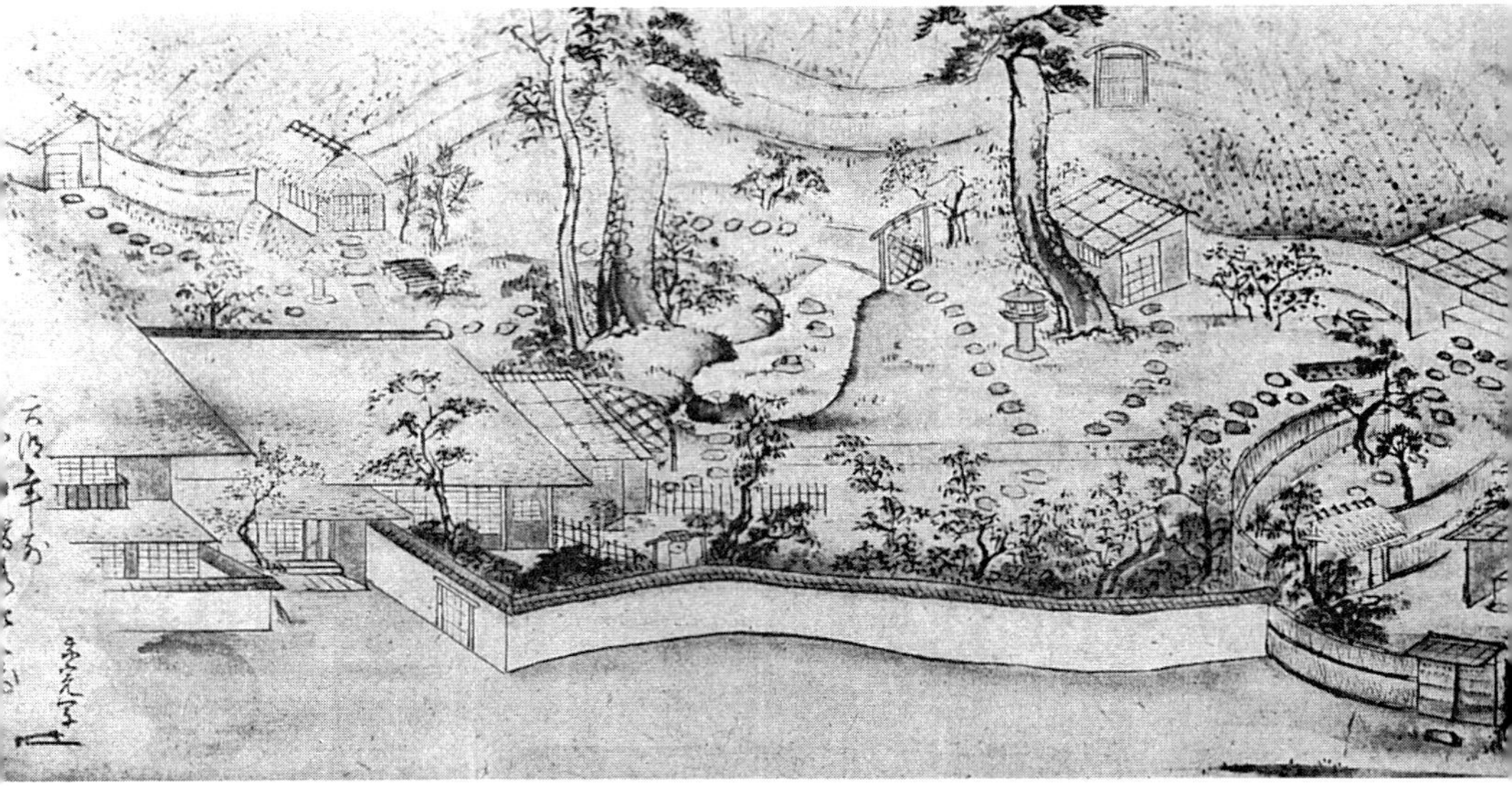

三の第七圖　「天明年前不審庵」圖

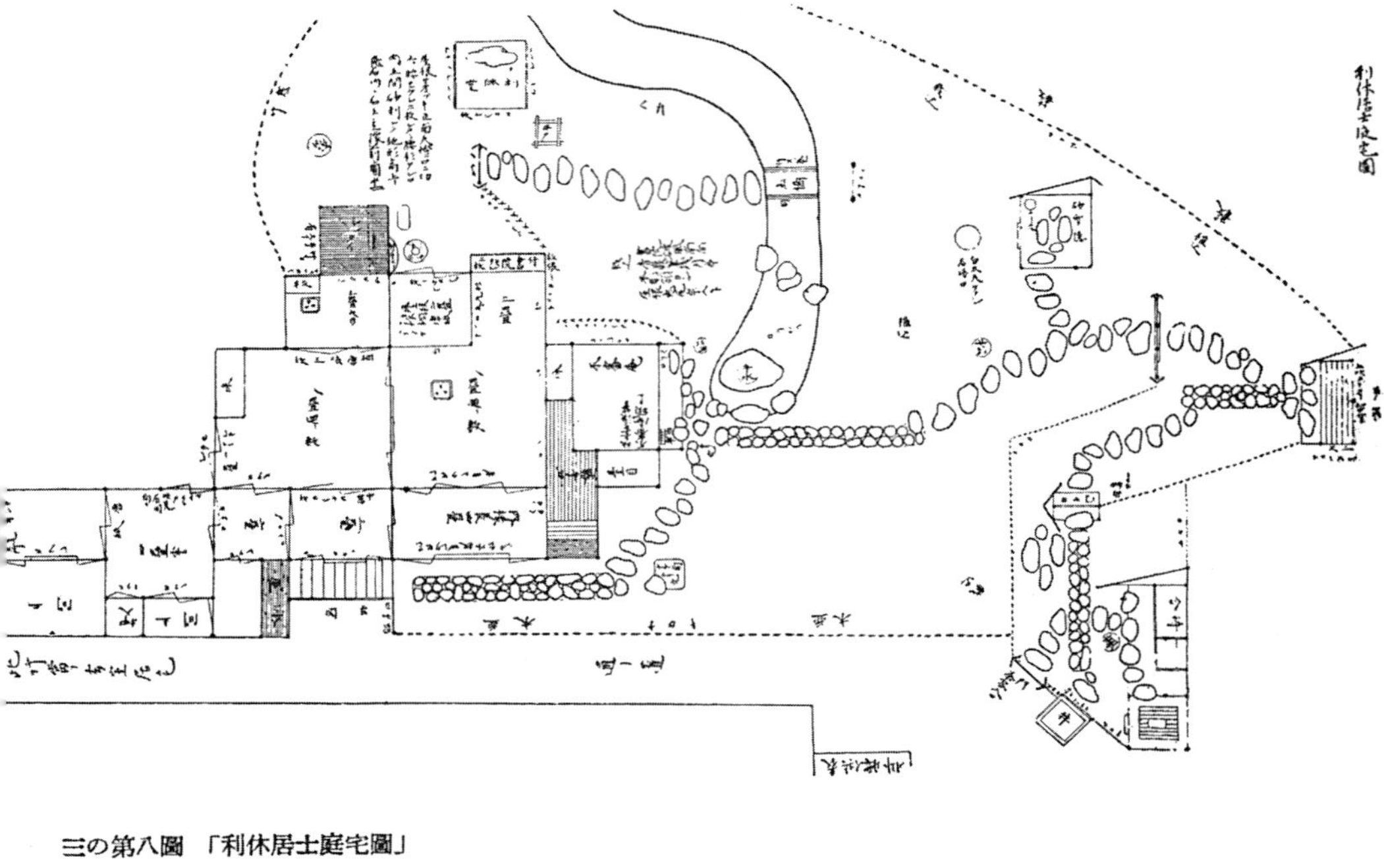

三の第八圖　「利休居士庭宅圖」

三の一　利休三疊大目

三疊大目の茶座敷が 大阪の利休屋敷に あつたことは 既に前に 述べた所であつたが、山上宗二傳書が 傳へた圖は(三の第九圖) 插圖の如くで、

「細長ィ三疊敷 宗易大坂之座敷ノ移(寫)也。但シ道具物(持ノ誤カ)、茶湯ノ後者(巧)ハ仕也。侘數奇 初心ナル茶湯ニハ 無用歟。」

と書き入れてゐた。細長い三疊敷と 書いてはゐたが、利休大坂の茶會に「フカ三疊半 四寸のキロリ」(宗湛日記 天正十五年(一五八七)一月十三日の條) ともあり、また別に 大谷刑部少輔の會に「三疊大目是ハ 利休大坂ノスキヤ 御ウツシ候ト也。」(同上 慶長四年(一五九九)三月一日の條) ともあつて、これは 三疊大目で あつたことが知れる。圖について見ても 荒い書き振りで、見難い處もあるが、三疊大目であつたこと 疊の大きさが 明かに表はしてゐる所である。この頃はまだ 半疊より大きく 一疊よりも小さい「大目」「臺目」などの疊の呼び稱へが 行き渡つて ゐなかつたため、この圖では

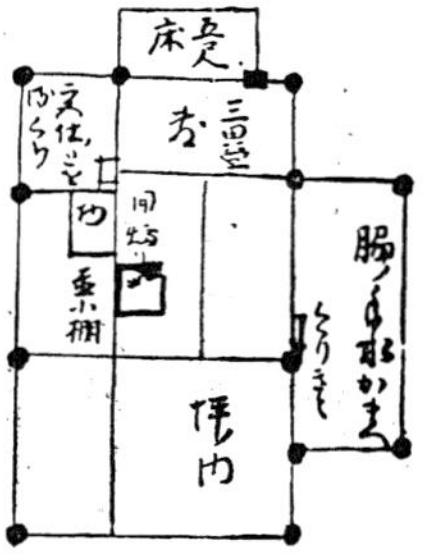

三の第九圖

「利休大坂三疊大目」

(山上宗二茶書より)

床の前の「三疊敷」だけを書いて、大目疊は 大きさだけを表はし、數に 入れなかつたらしいのであつた。この圖によると、床は 五尺間口で、右の柱が 角柱に表はされてゐる。「圍爐り(裡)」は大目切であつて、爐の角には柱は見えてゐないが、中柱は 建つてゐたであらう。それにつゞいた大目疊にはその右隅に 細長い四角な 棚らしい物が 表はされ、「物」と書かれ、その下に「置小棚」とあるが、これは續けて「物置小棚」と讀ませるつもりらしく、中柱陰の釣棚のことであらう。この棚につゞいた壁に 四角な形を 誌し「宮(給)仕ノとを(通)るくち(口)」即ち「給仕口」がある。これに對ひ合ふ右の方の壁には、「くゝりきと」と書かれて 入口らしいものが 見えてゐる。「くゝりきと」とは潛木戸で、恐らく躙口《にじりくち》であつたであらう。そして、その前に「脇ノ手水かまへ」として、土間らしい處が表はれ、手水かまへとあるから 手水鉢(蹲居《つくばひ》)でも 据ゑられてゐたであらう。これにつゞいて 正面には「坪ノ内」となつてゐる。小さい塀で 圍まれた坪庭《つぼには》を なしてゐたらしい。

これらによつて 知られる大坂の利休三疊大目は 中柱や 躙口の作られたもので、後の侘茶座

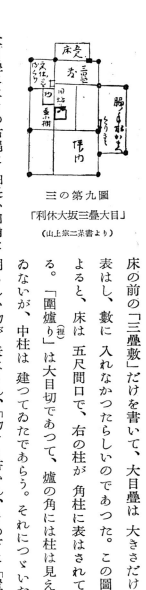

敷に極めて通ふものであつたが、山上宗二が侘數寄には用無しかと書き添へてゐた所を考へると、何かなほ堅い處があつたのであらう。いまそれらしいものとして氣付く處は先づ床柱に四角な柱を使つたことである。宗二の荒い描方にも係はらずこの柱だけ角柱に特に書き表はしたのは他の柱と異つて目に付いたために他ならない。少庵がこれを模ねた三疊大目も床柱は同じく角柱であつた。それについては後に述べるが、松屋會記にはその少庵三疊大目の床柱に「杉ケタ柱也」とも書き込んでゐた。このケタ柱とは桁柱の含みと考へられ、使ひ慣れない言葉である。また「松屋茶湯祕抄」には久好椿井町（奈良）の平三疊茶座敷圖にも「タテ（棚）ノホウタテ（方立）杉ケタ（桁）」の書込みが見えてゐて、これと同じ含みの方立のことを指してゐたと考へられる。桁は思ふに常に角物を用ひ、特に丸物を用ひる時には「丸桁《まるけた》」と呼び慣はしたらしく、和漢三才圖會に「堂檐桁、圓者名二丸桁一。」とも述べてゐた。[註一] これによつて考へられることは古く桁は角物を使つたらしく、桁の文字はそれみづからに角物の含みを持つてゐたと思はれる。それ故「杉ケタ柱」は杉の角柱と考へるのである。

またこれより前の時代は先にも述べたやうに床柱と云ふことさらな使ひ方はなくて、他の柱と同じやうな物が使はれてゐた。それが後に丸太の柱となり、床の兩脇の柱は對《つゐ》として見立てられるやうになつた。この利休三疊大目は 床柱だけ角か、他の柱もさうであつたか、よくは分らないが、宗二の圖では 床柱だけ 特に四角に 表はれてゐた。

山上宗二が これを書いた天正十六年（一五八八）頃には 既に床柱は 丸太柱が 見立てられ、二本柱などの名が出て、世の習しと なつた時代であつたから、この三疊大目の角床柱は 侘數寄に 應はしからぬものとして、その頃の目に 映つたのでなからうかと思ふ。

また この茶座敷の庭についても これと同じやうな見方が されるであらう。このやうに 脇の手水構と、表の坪の內庭の路地構は 宗二の茶書や 紹鷗の弟子 池永宗作の茶書が 傳へた紹鷗四疊半と 全く等しい形であつた。そして この坪庭を 圍む垣について 宗作は

「庭ノ垣ハ 色々ニスルト云トモ、土カベ尤ヨシ。ヨイコロノ小石ヲ ソヱテスル也。水ヲ打テハ速ニ石アラワレ（現）テ コヒル（媚）也。ヲ、イ（覆）ヲバ內へ出サスシテ、外へ斗 水ノシタヽル樣ニスヘシ。」

と書き添へたゐた所を見ると、紹鷗のも 土壁の築地垣であつたと思はれ、利休の大坂のものも恐らく これと似たものであつたであらう。この坪の廣さは 他との釣合から推すと、一間四方程に當るが、宗作の茶書には、「庭廣四尺五寸」と書き入れある圖もあつたから、そんなものであらう。これらによつて 桃山時代及び その前の茶庭は この程の狹い坪を 表や脇に持つてゐたの

であつたことがわかる。このやうな形は秀吉の茶座敷も、聚樂のものはさうであつたし、吉川元春の書いた茶座敷圖も多くこのやうな坪路地であつた。[註二]これは古い茶庭の傳統であつたらしく、山上宗二は珠光の茶庭もこれであつたやうに傳へてゐた。この時代築地などで限つた狹い坪庭は戰國時代近い世に於て刀を取る習しを持つた茶の湯には勢ひこのやうな構がおのづからに求められたかとも考へられる。然し山上宗二がこれを書いた天正十六年(一五八八)にもなると、既に侘茶の考へが世に廣まり、茶庭は路地から露地と書き表はすことさへ言ひ出されて來た時代であつた。利休も「石の次第 腰掛 雪隱 木の植ゑやう 塀の塗りやう 窓の竹柱……」(川崎梅千代宛 天正十五年(一五八七)五月吉日附 利休傳書)などに心を付けて見ることを特に茶の湯の心得として誌してゐた時であつて、茶庭は既に移り變り、進んで來てゐたのであつた。それ故に垣にとり圍まれた一坪の坪の内路地庭はその頃の目には既に古い習しに捕はれた堅苦しさを覺えさせたでもあらう。それが宗二をして侘數寄には用無きかと書かせるに到つた源であらう。

この茶座敷は天正十六年頃既にこのやうに古い型のものと見られたから利休のものとしては恐らく早い方のものであつたと考へられる。そしてこの考へを裏付けるかのやうに次のやうな事が傳へられてゐた。それはこの三疊大目と極めて似た間取り圖で、たゞ床がやゝ右

寄りに書かれ、躙口が少しずれた圖が細川三齋御傳受書に載せられて

「宗易三疊大目圖 此座敷ヨリ始而 大目構出來ル。」

と傳へてゐたことである。

利休の二百度餘り知られてゐた茶會に於て、三疊大目が出るのは大坂のものと、一つはどこにあつたか分らないが、「古田左助始て宗易へ被參し時の會」とした會に、「三疊大」（青雪應宜集）とあつたものが、今知られてゐるだけである。これも古田織部が始めて利休に會つたと傳へられたので、あつたから、恐らく大坂のものであつたと思はれる。また細川三齋御傳受書が傳へた宗易三疊大目も平面圖に幾らかの違ひはあるが、或はこの大坂のものが誤つて書かれたのでなかつたかとも考へられる。

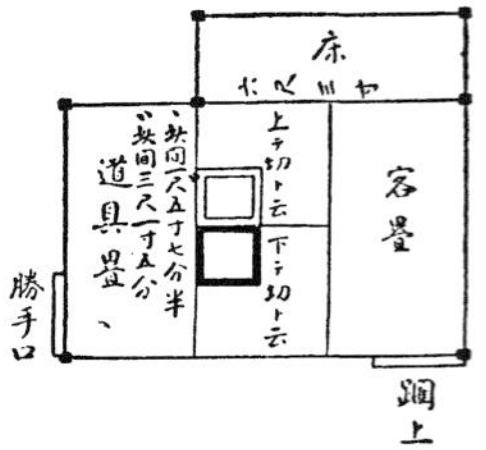

第一〇圖の三

「平三疊昔座敷之圖」

（細川三齋御傳受書による）

この三齋が傳へた大目構《だいめかまへ》と云ふのは先にも述べたやうに四疊半構、大目構と二色ある茶點て構の一つを指すのであつたが、それは茶立疊と爐との在り方關り合ひで定つて來るのであつた。

この茶座敷が出來た前迄は大目構のやうな形のものを、爐に

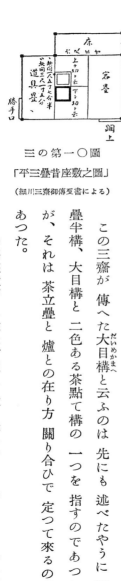

付て「上《あげ》て切《き》り」と呼んだらしい。それは「平三疊昔座敷之圖」（三の第一〇圖）について茶立疊 爐疊 客疊の三疊が並んでゐた場合、茶立疊の横中心線より上か下かに爐が切られた時、上げて切り、下げて切りと呼ばれたことを

「此座敷迄ハ爐ヲ上テ切、下テ切ト云。」

「紹鷗カ四疊半ノ座敷ニ下テ《サゲ》爐ヲ切、ソレヨリ以來、下テ切タル爐ヲハ四疊半構ト云。宗易（利休）カ三疊大目ノ座敷ヲ作リ、爐ヲ上テ《アゲ》切、ソレヨリ以來大目構ノ爐ト云。」（細川三齋御傳受書）

としてゐた。「下げて切」とか「上げて切」と云ふ表はし方は江岑夏書や和泉草などにも出てゐて、江戸時代初め迄使はれてゐたらしいが、その後は殆ど表はれない言葉で、同じ江岑夏書に「四疊半切ノいろり」とあつたやうに、後には四疊半切、大目切と呼ばれて來てゐる。註三

この大坂利休三疊大目が大目構の始めであつたとすると、かなり前に作られたものとなさざるを得ない。何となれば天正元年（一五七三）付の南坊宛利休傳書に大目切とか大目構の名はなかつたが、上の（三の第一一圖）插圖のやうに中柱の書入があり、その柱より右外へ爐が切ら

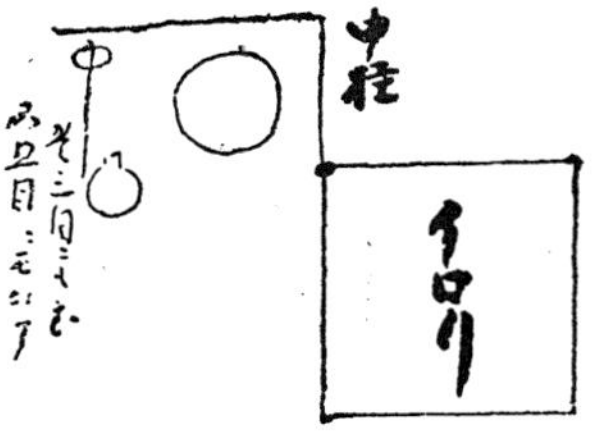

三の第一一圖
利休南坊宛傳書の中柱圖

れた正しく 大目切爐の圖が書かれ、それに「此手前ハ 常人のしる事なれバ 書付申におよばず……」と誌してゐて、大目構は これより餘程前に あつたらしいからである。

また 天正九年(一五八一)附 野村宗覺宛利休傳書の中に

「紹鷗老の數寄出し給ふに、四條の辨殿を 請じ給ひしに、二帖大目に 人六人有つて 少しせ(狹)はく侍りければ 辨殿 床へあがらせ給へと 申されし。」

とも傳へられてゐた如く、二帖大目が出てゐたから、大目疊の出來たのは 紹鷗が歿くなる 弘治元年(一五五五)よりも 前に當ることになる。これについて なほ 思ひ合はせる事は 山上宗二が 天正十六年(一五八八)付の傳書に 紹鷗好みの茶座敷につき

「此二疊半の事、紹鷗の時は 天下に一つ。山本助五郎と云ふ人 紹鷗一の弟子也。其人に好みて、茶の湯をさせられし侘數奇也。……」

と傳へてゐたことである。すなはち 山本助五郎は 紹鷗好み二帖半の茶座敷を 持つてゐた。この附圖は 三疊敷の圖になつてゐたが、中の書入に「イルリノ時ハ 半帖三ツシクナリ。」としてゐたから 三疊敷圖は 誤りで、三つの半帖の中 その一つは大目疊で、後に 二疊大目と云ふ形であつたらしい。桃山時代では 先にも述べた如く 大目疊のことを 半疊とも 呼んでゐたからであ

り、また 二分の一の半疊では 茶立疊として 手前が 出來難いからである。二疊大目と云ふ形は これら 二つの傳により 早くも 紹鷗によつて 作られたことを 知るのである。南方錄には「鷗休ノ鍛錬 臺目切ヲ ワリ出サレタルハ 大方ナラヌ事也。」とも 後に誌してゐたから この切り方や、その手前の 成り立ちには 紹鷗、利休の二人の考へが 入つてゐたらしいのである。

また大目疊に 中柱が立つた構は 最も込み入つた 建て方であつて、茶座敷としては 最も終りに 到り着き得る姿であつた。それ故 そのやうな形が 紹鷗時代に 既に作られたとは 考へられないから、紹鷗二疊大目は 平三疊昔座敷の茶立疊が 大目疊に 縮められただけのもので なかつたかと思ふ。そしてそのやうな形を 基として 後に 利休の大目構が 考へ出され、中柱が建てられ、釣棚が設けられて、大坂の三疊大目の如きものが 創り出されて來たのであらう。それを 細川三齋は「大目構」の初と 傳へたのであらうかと 思はれる。

また この時の中柱は 眞直なものでなかつたかと思ふ。それは 江戸時代初めに

「中柱は 男松の直なる木也。是皆 利休の作分也。」（草人木）

「小座シキ三疊ノ小サシキニ 中柱ハ無物也。三疊半ニハ 中柱ある物也。直ク柱也」（島崎宗乙

傳書 西堀一三氏藏）

と云つたやうに ある時代に 三疊大目は 直ぐな中柱と 定められた事が あつたらしいし、恐らくその傳統のために 今の不審庵三疊大目も 直ぐな中柱を 承け繼いで 來てゐたと考へられ、そして またこのやうな傳統の源は 利休から起つてゐたと 思はれるからである。そしてまた

「ゆがミ柱を 一疊半に 利休か 立初候と被仰候。」（細川三齋御傳受書）

と誌してゐた事も、これを 傍から證すと 考へられる。中柱は 後には 殆ど總てのものが 歪柱《ゆがみばしら》になつたため「宗旦曰 中柱ト云能名ノ有ニ 當代之ヲ 曲《マガリ》柱ト云。賤言葉ナリト云々。」（茶譜）とあるやうに、江戸時代に入る頃 中柱と 歪柱、曲柱とは 同じ含みの言葉として、世に行はれるやうになつた。然し 利休時代に於ては まださうなつてはゐなかつた。利休は 天正元年（一五七三）の南坊宛を始め、宗覺宛及び宗德宛傳書には「中柱」、天正十五年（一五八七） 梅千代宛傳書には「大目柱」と誌し、天正十七年（一五八九）頃と推し定められる常陸宛傳書に、始めて「ゆかみ柱」と書いてゐた。ゆがみ柱の建て初めと 傳へられた 利休一疊半は 後に述べるやうに、天正十五六年頃に 出來たとせざるを得ないので、[註四] 天正十七年の傳書に 初めて「ゆがみ柱」が 表れたのは 正に表はれ可くして、表はれてゐたのである。そして利休に於ては 歪める柱の故に ゆかみ柱と 誌してゐたのであつ

て、歪柱を使はなかつた時は 中柱とか 大目柱として 分けて 使つてゐたのでないかと 思はれる。細川三齋御傳受書に「中柱」と「ゆがみ柱」と 二様に 出てゐて、三齋が 中柱付の利休三疊大目を 大目構の起りと傳へ、利休一疊半を ゆがみ柱建て始めと 云つたのも この含みに於て はじめて 成り立つ話であつた。そしてまた 中柱や 大目柱の名の中には 歪む含みは 少しもないし、また これらは 必ずしも歪んだ形でなく、寧ろ直なものが 前には多かつたらしく

「臺目ノ中柱ノ寸法ハ 二寸ノ大サ也。姫松ノ皮付カ、又□木ノ皮付、又ハ 日向丸太ヲ メントリタルモヨシ。曲リクネリテ異形ナルハ アシ。」（三齋流 祕藏傳心 帝國圖書館藏）

と傳へられて、曲りくねつた柱を 定りの如く 思ひ誤つた時代に それを惡しとして 排けたのは 恐らく 利休から三齋へ傳つた 考と 思はれるのである。後に 利休三疊大目が「不審庵」として 興されたときに 眞直な中柱が 建てられ、また この他にも 遠州や石州の好みに その例があつた。[註五]

このやうな直な 中柱があるのを 思ひ合はせる時 利休が「ゆかみ柱」と 特に 述べてゐた時の外は 直な柱の場合が 多かつたかと 考へられるのである。

中柱と壁との間は 多くの場合 小壁がつけられ、また下の方は透けて 吹き抜きになつてゐる。

そして壁留には 竹が用ひられ、横竹と云はれてゐた。この横竹について

「宗旦曰 右横竹に 利休流ハ 木ハ不レ入。竹ニスルナリ。當代 不レ知レ之シテ 木ニスルハ 誤トナリ。」（茶譜）

としてゐた。また その竹の元は 中柱の方に するのが習しであつたらしく、宗旦の話に

「柳生但馬守殿 小座敷中柱の横ハ 竹なり。竹ノ末の方を 中柱の方へなして 多田宗源造候なり。散々惡候由なり。尤其通りたるべきぞ。三齋のも 中柱の方竹の本と也。勿論 宗旦のも 中柱の（方）もと竹なり。」（松屋日記）

とある。恐らく これは 利休もさうであつたであらう。茶譜にも このことを傳へてゐた。

この中柱には 茶入の袋を 掛けることがあり、その釘について 利休は

「中柱の折釘ハ 利休は嫌ひ、釘のおれ《（折）》の先を かゝめて、うち《（打）》候由、但 高ハ 不レ定と被仰候。」（細川三齋御傳受書）

と傳へられてゐた。利休は 釘の折れたのを 先をかゞめて用ひ、その打ち處は 定めてゐなかつたらしい。また これを傳へた 三齋は

「中柱折釘に 野がん《（雁）》の羽帚かけ、」（細川三齋御傳受書）

とも 傳へて、羽箒を 掛けたりしたことも あつた[註六]らしいのである。

また前に 引いた大坂利休三疊大目には 中柱脇に「物置小棚」があつた。これは 恐らく 釣棚であつたかと思ふ。一重であつたか、二重であつたか 明かでないが、利休の天正元年（一五七三）南坊宛傳書には「釣棚」として、その飾りを 傳へてゐた。すなはち

「名物抔ハ 棚ヲ二重釣也。其二重の上の棚ニ 名物茶入 或ハ臺天目ナド 嚴（かざり）テ、羽ナドハ 下ノ重ニ置也。是ハ只一重の棚ノ嚴ナレバ 左様ニハナラズ。……」（南坊宛利休傳書）

とあつた。これによれば 二重のも 一重のも その頃からあつて、二重釣棚は 名物の器を 飾るためとしてゐた。妙喜庵圍のは 桐の一重釣棚で、大きさ 一尺一寸七分に 九寸九分、厚さ 三分半で、徑五分の丸竹で 釣つてゐる。先にも引いたが

「架には 利休ハ 色を 不レ着と被レ仰候。」（細川三齋御傳受書）

とあつたやうに、利休の棚板は 白木であつた。また宗啓は 南方錄に

「休公の臺目切の釣棚、大臺子五ツ曲尺の二ツにて、九寸八分也。ハシバミ四分、横木のもたれ四分、都合壹尺六分也。幅九寸又は 八分にも 釣らるゝ。」

と 他にないことを傳へ、また臺子に 闘りをつけた 矩割《かねわり》によつて 大きさを 示してゐたが、利

休のそのやうな例は 他には傳つてゐない。[註七]

本覺坊の利休相傳之書には

「釣棚の寸法ハ 廣さ八寸六分四方、棚二つの間、六寸九分、板の厚さ 四分半也。」（利休相傳之書）

と傳へてゐた。また棚の釣處も 中柱側のみではなく

「一疊半に 架横竹の方に有を 利休好ミて 左の隅に 釣せ候由 被仰候。」（細川三齋御傳受書）

と云つた一疊半の例も 利休には あつた。

三齋が傳へた 宗易（利休）三疊大目も 宗二が傳へた大坂利休三疊大目も 共に「躙口」を持つてゐた。躙口は 前にも述べたやうに 利休が 牧方の漁家の出入口を 模ねて作つたものとされ、低く狭い客出入口であるが、これは 利休の傳書では 天正八年（一五八〇）の藪内紹知宛傳書に「にしり（躙）あかり（上）」とあつたのが 初めての表はれであつた。この躙上《にじりあがり》 又は 躙口或は潜《くゞり》とも呼ばれるが、これはいつ作り出されたか 明かではない。永祿六年（一五六三）の分類草人木や それよりやゝ早いかとも 思はれる數寄道大意などには 出て來ない。

また 利休の荒木攝津宛の傳書では「座敷へ入りやうの事は」とした中に、「緣《えん》なしならば、金

[註八]剛を はきながら 敷居のもとに至り、障子半分程あけて、畫か花かあらば 先づ心をつけて感じ、金剛を はきそろへ、障子 皆あけてあがりて、……」としてゐて、躙口の作法が 少しも述べてなかつた。これが 川崎梅千代宛になると

「躙り上りの内へ 入りざまに 兩脇 次に 上を見て、扨て床を見やりて、入る事よき也。(中を省く)……惣じて 躙上りと云うて、頭と手と入れて、やがて片膝を折り、横にうつぶしに 躙り入る事也。只うつぶして 這入に入れば 膝を入るゝ時に 腰上がるに依つて、潛りにて 脊中を打つ物也。殊にうつぶしては 前さき 左右見えずして、必ず仕そこなひ 致す事也。」

と委しく傳へてゐた。このやうな 習しをもつ 出入口の作法が 少しも誌されてゐなかつた傳へは 躙口が まだなかつた時代と 見るべきであらう。この荒木攝津宛傳書は 躙口がないばかりでなく、中柱も 出てゐなくて、前にも述べたやうに 利休の傳書としては 最も早いものの一つのやうに考へられる。然し これには年月が付いてない。思ふに「御茶の湯覺條々」として、攝津守荒木道薫などへ傳へるのは 利休としても さう若い時では なかつたであらう。それを 五十近い頃と考へると、「躙口」も 天正元年(一五七三)、彼の齢 五十を過ぎた頃より さして前に遡ることは 出來ないであらうと思ふ。

そのやうなことから　躙口や　中柱のついた　大坂利休三疊大目は　三齋が傳へた「宗易三疊大目」であつたとしても、　躙口のあつたが故に　天正元年（一五七三）から　あまり先のものでなかつたと　考へられるのである。　たとひ紹鷗時代に　既に　大目疊が　あつたとしても、　それは　大目構の謂ひだけで、　中柱や　躙口は　考へ得られないのである。

　この三疊大目は　侘數寄に　用は無きかと　山上宗二には　言はれても、　世には　大いに目を付けられ、　名の出た茶座敷であつた。　それは　大谷刑部が　この寫しを　作つたり、　少庵が　京都屋敷にこれを模ねて、　後の不審庵の源を　開いたことなどが　よく　それを　語つてゐた。　また少庵が　これを　寫したと云ふことは　細川三齋が　大目構の初めと　これを特に　傳へたやうに　利休茶座敷の記念的　含みがあつたからと　思ふ。　これは　大目構、　中柱、　釣棚付きと云ふ　凡そ茶座敷が　到り得た　最も　込み入つた　組立として、　またその含みに於て　利休の茶の　完き仕上げとして、　利休の茶を　繼ぐものに取つては　正に　記念される可き　古典と　見られたのであらうかと思ふ。

　利休の茶を繼いだ　少庵は　今も　京都西芳寺の湘南亭に　その好みが見られるが、　それは　唐樣の火頭窓崩しの　ついた附書院《つけしよゐん》、　後床《うしろどこ》、　土天井の吹き抜き濡縁と云つた　混み入つた　三疊大目であつた。　このやうな好みの傾が　利休を記念する場合に於ても　不審庵四疊半をとらないで、　この

大坂三疊大目を 選ばせたのであらうかと思ふ。
利休三疊大目として なほ後に 書き殘されたものに、平三疊大目（三の第二圖）がある。これは「利休座敷不審庵」（茶道舊聞錄）と云はれて、多く傳へられた。然し既に 先に述べたやうに 利休不審庵は四疊半であつて、三疊大目ではなかつた。これを 利休不審庵として 傳へたのは 表千家にある不審庵が 利休の圖によつて 作られたと云ふ 言ひ傳へによつて、それを因としてゐたものと 考へられる。藤村正員手記の茶道舊聞錄も その一つのやうであつた。然し 茶譜に（三の第一二圖） この圖を 示して

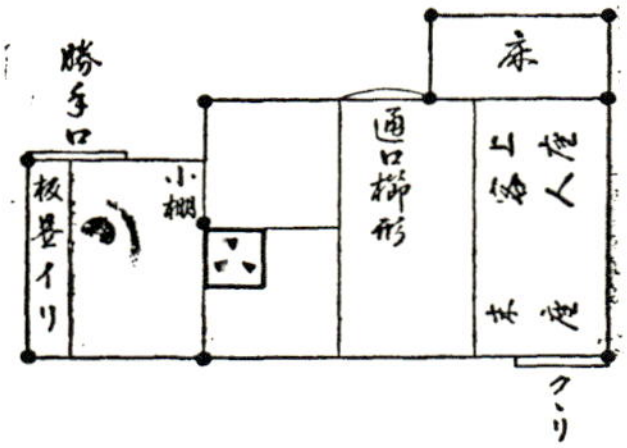

三の第一二圖

利休「三疊半の座敷の圖」

「利休好ノ三疊半ノ座敷ノ圖 如右。幷五德一ッ爪ノ居樣《すゑ》ワカ左ノ方 則床ノ有ㇾ之方ニ、一ッ爪ヲ居《すゑ》シ也。之モ當代世ニ 三疊大目ト云座敷ナリ。利休流ニ 大目ト云コトハ 無ㇾ之。何疊半トナラテハ不云。此座敷ノ圖 當代珍キ圖也。勝手口ヲ 茶立所ノ向ニ付シ、如ㇾ此一ッ爪ヲ 左ニ居シニト、之モ左ノ方ニ床有ㇾ之ユヘカ。」（茶譜）
と誌してゐた。この説明も 圖も、「利休不審庵四疊半ノ座敷モ

左方ニ床有、五德ノ一ツ爪ヲ　左ノ方　則　床ノ有方ニ　居《すゑ》ル也。」と書いた後に　續けて誌してゐたのであつたから、　四疊半の不審庵とは　全く別のものの傳であつたこと　明かである。然しこの書物には　同じ圖を

「如レ此ノ座敷　利休圖ヲ以　千少庵　造レ之。」（茶譜）

とした處と、　また別に　同じ圖を出して、

「千少庵座敷ハ　妙喜庵ノザシキノ圖ヲ　寫シテ　造レ之。然モ一疊廣メテ　通口有レ之。」（茶譜）

とした所と、　二色に　書かれてゐた。少庵が　利休の圖によつて、　彼の三疊大目を　建てたとした前の傳へは　利休が　このやうな茶座敷を　何處かに作つたか、　或は　その試み案として　手控の中にでも　殘してゐたかである。また少庵が　妙喜庵の茶座敷から　思ひ付いて、　これを作つたと云ふ後の傳へを採れば、　この三疊大目は　利休好みと云ふよりも　少庵好みとすべきであつた。

江戸時代初頃には　このやうな二色の傳へが　この平面圖を　めぐつて　行はれたやうであつたが、茶譜には　なほ他の所にも　同じ圖を書いて

「右座敷ノ圖　千少庵座敷ナリ。勝手口ヲ　茶立ル向フニ付テ、　立歸テ　茶ヲ立ル座敷也。客ノ居樣、　床前ヲ上座ニシテ　始終不ニ居替一シテ　吉ト利休云ト　宗旦語玉フ。」（茶譜）

とも誌してゐた。宗旦は これによると この座敷の使ひ振りを 利休の言葉として 語つたのであつたから、利休の好みであつたと 考へてゐたらしい。

然し 茶譜の中には 妙喜庵を模ねた 少庵好みであつたと 三所にも 述べてゐて、この傳への見過しならぬ 根深いことを 示してゐたのである。 また江戸時代末には

「不審庵ハ 利休居士よりの菴號にて 額字 古溪和尚之筆、記ハ 春屋和尚書せらるゝ所也。其比 一疊半、四疊半と二席ありしとそ。後 居士 三疊臺目の席畫圖を認置れしを 役後に 少庵此圖に寄て、三條臺目之席を 立らる。是天明の大火に 燒失せし小座敷也。」(不白啐啄齋へ贈書)

と傳へて居て、茶譜の誌す他の說の方を 採つてゐた。今では いづれとも定め難く、他のもつと力有る資料を 見出すまで 俟たなければならない。

註一　今日では 庇の軒桁を 丸桁と呼び、丸物でも 角物でもさう呼ぶ場合がある。これは 和漢三才圖會の傳へとは あべこべの習しに成つて來てゐる。

註二　秀吉のものは「三の九」の項で 委しく述べるが、元春のものは 吉川家文書に出てゐるもので、その幾つかの圖は 自らの茶座敷の書付か、他で見た心覺かよくわからない。その大部分は 坪の内をもつたもので

あつて、恐らく桃山時代の圖であらう。

註三　四疊半切と 大目切とを 四疊半勝手、一疊半勝手とも、江戸時代初めに云はれたらしい。例へば茶譜に「座敷ノ火爐裏切ヤウニテ、四疊半勝手、一疊半勝手有之。茶ヲ立ル居疊、火爐裏ノ緣ヨリ先へ、間半有時ハ 四疊半ノ切ヤウト云。マタ一疊半ノ火爐裏ヲ中ハシラ(柱)ノ内小棚ノ下ニ切テモ 或ハ左ノ角へ寄テ切トモ 又中柱ノ外へ出シテ切テモ 之ヲ一疊半ノ切樣ト云。然ハ中柱ヲ入テモ、不入シテモ 火爐裏ノ緣ヨリ 先へ間半ノ半分疊殘時ハ 一疊半ノ切ヤウト云也。」(右火爐裏ノ切ヤウ疊敷ヤウニテ四疊半ノ切ヤウ又一疊半ノ切ヤウト知ヘシ。此外ニ名ハ無レ之。當代不レ知レ之シテ、中柱ヲ立テ火爐リヲ中柱ヨリ外へ出テ切ヲ 大目切ト云。又中柱ヨリ 内へ入テ 火爐裏切ナラテハ 一疊半ト云コトヲ不知……)」としてゐた。これは利休の天正元年(一五七三)の傳書にある「向イロリ」(向爐《むかひろ》又は向切《むかうきり》とも後に云ふ)、また「角切のイロリ」(角爐《すみろ》、角切《すみきり》)などの名を 全く認めない言ひ方で 當を得てゐなかつたが、千宗旦や金森宗和の話を聞書したと云ふ茶譜であつたから、大いに目を注ぐ可き事柄であつた。すなはち その頃は まだ後のやうに 呼び名が 全く定つてゐなかつたことを明かに示してゐるのであつた。

註四　五の一の中で述べるが、山上宗二傳書及び茶道筌蹄などによつて、天正十五年頃に當てられさうである。

註五　小堀遠州の大德寺龍光院の四疊半大目圍の中柱や、片桐石州の京都綾小路柳馬場の三疊大目圍の中柱も直ぐ柱であつた。

註六　羽箒を作ることは 竹茶杓の削り方と共に 宗匠の嗜みの一つで、許し物であつたが、利休もみづから作

つたことも　あつたらしい。三齋が中柱釘にかけた羽箒は　利休の結んだものでなかつたかと思ふ。それについて「利休は羽帚の上羽一枚好候得共下羽は悪敷羽にても結候由被仰候。利休は紙こよりにて結候由、即三齋御細工にゆわせられ候羽を結候。其羽帚御物語の通の結様也。」(細川三齋御傳受書)とあつた。また「利休に結セ候羽箒を高山右近か吉利支丹國へ渡候まて所持いたし、其羽帚は上羽はかりよくて、中ノ羽なとハ悪敷とおふせられ候。」として、名ある羽箒は大切にされたらしいし、このやうなものが、また飾としても中柱に掛けられたのであらう。

註七　これは南方錄墨引の巻のもので、これにつゞけて、「はしばみ四分、もたれ四分、合せて曲尺ニして八分と云、祕事口傳、休は此棚をくゝり棚とも云へり。臺子にて盆のくゝりの心也。此棚の上は一圓に陽なり。又壹尺三寸七分はゞ壹尺にしても釣らるゝなり。」また「二重棚は古織好にて休の時代になし。」ともしてゐたが、利休は南坊宛の天正元年(一五七三)附の傳書に　既に二重棚のことを述べてゐたので、利休時代にあつたのである。天正元年の南坊宛は　これによつても　高山南坊宛であつたこと明かである。和泉草に「上の棚ヲ大ニシテ、下ノ棚如レ常小ニシタルハ古織部之作也。」としてゐた。三百箇條に「棚之事むかしは同様なる棚を三重釣候、夫を利休二重になし、古織より上を違へられ候なり。」ともしてゐた。

註八　金剛は松山吟松庵氏は四祖傳書の註の中で、「草履　弱いもの故に　特に強い名を付て呼ぶ。」としてゐた。何かに出てゐたのであらうか。草履や鞋は　金剛力士の前に獻げる古い習しがあるが、こんな處に何か連りがありはしないだらうか。

三の二　利休三疊大目と表千家の「不審庵」

元文から寛保年代に掛けて　書かれた「雪間草」（閑事庵　坂本周齋著）は　表千家について

「今有レ之三疊半茶亭　少庵好て、則　利休居士指圖座敷　寫。其已後　江岑今の茶亭の床　北向に直す。昔は東方床なり。今は　東大平窓になる。古溪和尚　内に木にて額、後人の業なり。昔の不審庵の額　一亂　何方へか行方不レ知と云ふ。」

としてゐた。これによれば　表千家の不審庵は　利休の茶座敷を　少庵が寫したもので、後に　その孫　江岑が　模樣變をしたし、また不審庵の額も　利休時代のものは　見えなくなつて、後の人が古溪和尚の木額を　掛けたとしてゐるのであつた。これは先に述べた茶譜の傳へよりや丶後で、江岑の時を　餘り隔らぬ頃に、ものされた留め書きである。

　この表千家不審庵と　深い連りを持つと思はれる　少庵の深三疊大目について、慶長十三年（一六〇八）二月廿五日　同じく十四年（一六〇九）五月十三日に　奈良の土門久重が　京都に來て、その茶會記「松屋日記」に書き留めてゐた。
少庵は 前にも述べたやうに これより前 天正十年《(一五八二)》に 利休四疊半不審庵があつた 大徳寺門前屋敷で 茶會を開いたことがあつたが、 慶長十三年に 久重が來た時は その屋敷は 既に秀吉のため 取り毀たれた後のことであつたと考へられる。[註一] それ故に この茶會は 大徳寺門前屋敷とは 別の處で 催されたとしなければならない。 少庵は この茶會の五年後に 歳六十九で、「本法寺の前、今の屋舗にて終るなり。」(雪間草) と傳へられてゐたから、 恐らく この茶會は 今の表千家の場所であつたかと思ふ。
この本法寺前の屋敷については 少庵の孫 江岑が
「少庵二條やしき在之候。 大甲《(太閤)》樣ノ時 京ニ 釜座のつきぬけ衣ノ棚へ つき《(突)》つけ《(抜)》被レ成候時、 かまの座ノつきぬけ、 少庵屋敷ノ中を つきぬき申候。 其替やしき《(屋敷)》ニ 唯今ノやしき《(屋敷)》替地ニ 取申候。」(江岑夏書)
と誌してゐた。 これについては 他にも 別の傳へがあるが、 この方が正しいであらうと思ふ。[註二]
秀吉の京都町割かへは 天正十九年《(一五九一)》初の頃で あつたから、[註三] 利休が まだ世にあつたかも知れない時に 今の屋敷は 少庵のものであつた。

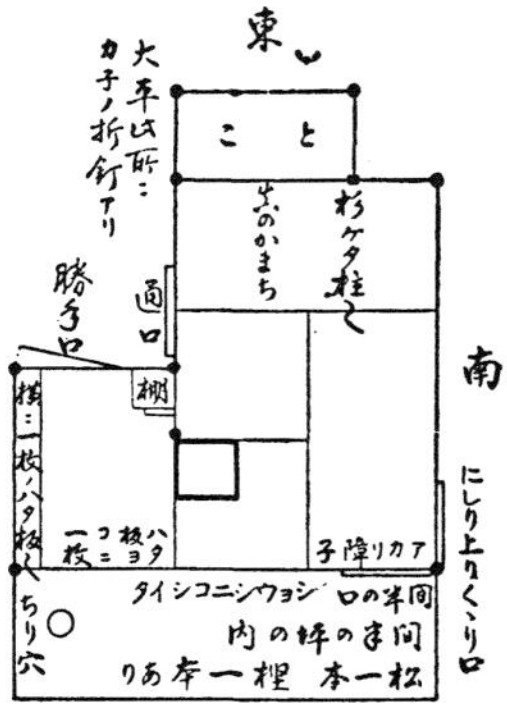

圖三一第の三
少庵深三疊大目

慶長十三年（一六〇八）二月廿五日は 松屋の茶會記によると、その朝 少庵の子の宗旦の會があり、そののち 少庵の會となつてゐた。宗旦の會は 道庵座敷とか 宗貞圍と云はれてゐた茶座敷で 行はれた。これは 京都とのみで、詳しい場所は 書いて居なかつたが、恐らく 同じ屋敷の中での事と思ふ。さう考へるのは「書院へ出候、上段二疊敷也。」としてゐて、後に傳へる書院「殘月亭」のことらしく 思へるし、また 少庵の茶の時は、書院について「大閤樣御成の時の座敷の圖と 御談候也。」としてゐたから、これも殘月亭の傳へと合ふからである。殘月亭は「今の地に 利休色付書院を引く。秀吉公御成の間なり。今に千家に有レ之。」（雪間草）と傳へられたもので、表千家不審庵と 離す事の出來ない 上段付き書院である。これらによつて 久重の傳へた少庵、宗旦の茶會は 共に 今の千家の地で 行はれたと考へるのである。

少庵のこの時の茶座敷は 久重の茶會記に 素描の圖があり、松屋會記 萬津屋隨筆 松屋茶湯祕抄等に 出てゐたものである。それは 三疊大目 卽ち深三疊に 大目付きの形で、床の間があり、

大目切爐 眞の緣、中柱に釣棚、「にじり(躙)上りくゝり(潜)口」を南に持ち、西に 一枚の障子を たてた貴人口《きにんくち》があつた。また そこに 間半の「坪ノ内」庭が作られ、松一本、樫一本 生えて、塵穴《ちりあな》も作られてゐた。 この茶座敷は 翌年の五月十三日の會には 季節的に 爐がなく、風呂に變つてゐた。この二つの圖は 茶湯祕抄には 兩方とも同じ形に なつてゐたが、他のものには 五月の會の圖が 別の座敷の如く 横長く書かれてゐた。 然し 床の間、にじり口、 勝手口、 通口、 坪ノ内など同じ位置であつたから、 同じ茶座敷であつた事がわかる。註四

この圖について 松屋茶湯祕抄には 「京少庵 利休ノ圖ト也。」と 書入れしてゐて、 雪間草と同じ傳へをしてゐた。

この少庵三疊大目は 先に掲げた 利休大坂の深三疊大目(三の第九圖)と、 形 床 給仕口 躙口 西側の坪の内など 全く同じであつた。 それ故に 利休の圖によつて 少庵が作つたと傳へられるのは 大坂の利休三疊大目を 寫したとすべきであらう。 この二つが 異なる所は 利休のものが 脇の手水構とした坪庭を 少庵では たゞの庭になつてゐたことである。 また少庵の西坪の内に向つて 明障子一本引の入口が 利休のものには 見えてゐない。 これは書落しか 否か よく分らないが、 このやうな一本障子の入口も 利休時代の三疊大目には常にあつたと見え、 天正八年(一五八〇)の傳書に 「二疊たい(大)

三疊たい（大）に にしり（躙）あかり（上）なくて、一枚障子などあらば」（藪内紹知宛利休傳書）などとしるしてゐた。

また 山上宗二が傳へたやうに 兩脇が 坪の内庭の茶座敷構は 珠光このかたの仕來たりで、紹鷗四疊半のは「面《おもて》坪ノ内」「脇ノ坪ノ内」になつてゐたこと、利休の大阪深三疊大目のやうであつた。それが少庵の寫しになると、表だけの坪の内となつてゐた。これが後には 江岑の不審庵になつて來ると、兩方とも坪の内はなくなつて、廣い露地庭になつた。覺々齋時代になると、その露地に 流れが掘られ、土橋がかけられた。かうした時の移りと共に 茶庭の遷り變りを この不審庵は 受けたのであつたが、少庵時代は 桃山時代から江戸時代に 移り行く 過渡期を示すのであつた。

少庵の深三疊大目、西の坪の内には 松一本と樫一本があつたが、この松と考へられるものが江戸時代中頃迄も 殘つてゐて、覺々齋時代の不審庵圖に 書かれてゐた。雪間草に「大松は 少庵此方の松共也。下京邊より 此大松は見ゆる。」としてゐたし、また汲江齋贊、宗寛筆の「天明年前 不審庵路地之圖」（三の第七圖）（堀内宗觀氏藏）にも、この松が 出てゐた。

また少庵の深三疊大目の部屋についてであるが、雪間草に

「利休居士指圖寫、其已後 江岑 今の茶亭の床 北向に直す。昔は 東方床なり。」としてゐた。この少庵深三疊大目が 東の方に床を 附けて居た傳へと、松屋久重の素描間取圖とは よく合ふ所であつた。また先にも 既に觸れたことであるが、久重の圖によると この床柱は杉桁柱であつた。これは 恐らく 宗二が傳へた利休の角床柱の 寫しであつたであらう。また少庵の床框は「眞のかまち」で 黑漆塗であつた。利休のも 恐らく さうなつてゐたであらう。

また この少庵の床の間には 久重の圖によると、壁の眞中を はずして 左寄り三分の一に 三尺六寸九分の高さで、花掛の釘が 打つてあつた。このやうに片寄りに 打たれたことは 他ではあまり見られない仕方であつたが、それは 宗旦にも 受け繼がれたらしく、彼の大德寺 芳春院の一疊半に

「床ノ三ケ一脇へ寄セテ 釘ヲ打ツ。是モ兼テ 御噂アリシ事ナリシガ、此度ノ床ニハ 三ケ一脇ニ 打テアリ。」（槐記 享保十二年(一七二七)三月十三日の條）

と傳へられてゐた。このやうに 片寄りに打つことは 少庵、宗旦と繼がれた所を見ると、或は利休に 始つてゐたかも知れない。然し 今では このやうな打方は 見ない。江岑より後の床柱は赤松丸太、床框は 栗の木（普齋 元祿十年(一六九七)傳書）、または杉丸太「但入ふしちらし」（不審庵指圖仕様

帳享保年代茂呂得能)、即ち 所々節の入つた框であつた。今も これと似てゐるが、これを 少庵の角床柱、黒塗框の床と比べて 全く異つた感じである。少庵時代は 恐らく 强い嚴しい銳い感じがあつたのではないかと思ふ。そこに また利休好みが 潜んでゐたのでもあつた。

また少庵深三疊大目で 目を付ける可きものに 勝手口脇の板疊があつた。久重の日記には「横ニ一枚ノハタイタ也」と 圖に 書き入れてゐた。このハタイタは 鰭板《はたいた》で、古く奈良時代から使ひ慣はした 板と同じ含みの言葉であつた。

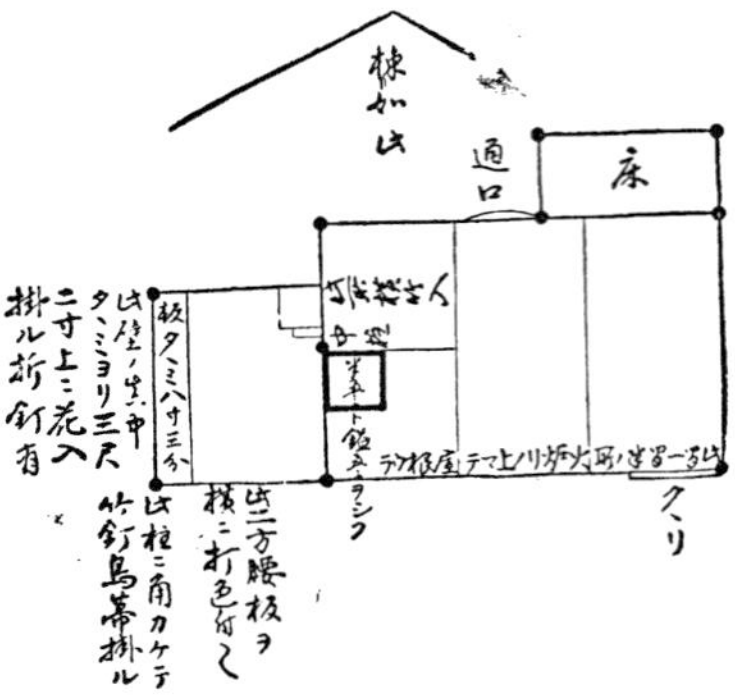

三の第一四圖　少庵平三疊大目

先にも述べたやうに 少庵は この深三疊大目の他に なほ 平三疊大目(三の第一四圖)を持つてゐた。それは「茶譜」によると 利休の圖に依つたとも、妙喜庵から思ひ付いたとも 誌されてゐたもので、後の不審庵の基となつたものであつた。茶譜には 先に引いた外に なほ「右ノ茶湯 十月朔日晝 口切ナリ。」とした 宗旦の茶會を誌して、

「座敷ハ三疊半、風爐先ノ方ニ 茶堂(道)ヲ付ル圍ナリ。之ハ 利休好ニテ 山崎ニ妙喜庵ト云寺に立シヲ、宗旦親父

少庵 其圖ヲ以 作ル サシキ《（座敷）》ナリ。珍敷指圖ナリ。」（茶譜）

と傳へ、これと 妙喜庵との關りを 更に說いてゐた。

また 別に この書は 少庵の茶會に 金森宗和と杓卯宗言[註五]が 行つたことを 誌し、この平三疊大目の圖を載せ、なほ他に 四疊半大目の圖をも 出してゐた。その四疊半大目は 床、躙口（ク、リ）、「黑キ杉戶 有」とした通口を 持つ圖であつて「右座敷ノ圖ハ 千少庵隱居ノ小座敷ナリ。」と傳へてゐた。これによれば 少庵のこの時の會は 家を宗旦に讓つて、隱居してからであつた。そして 先の宗旦の會は このうちの平三疊大目の方であつた。恐らく この二つの茶座敷は 共に少庵から宗旦へ 讓られ、今の千家の所に 建てられてあつたものであらう。

この平三疊大目は 先の深三疊大目を 變へて、作り直したか、それとも 別に 新しく 建てたか よくは わからないが、同じ家に 三疊大目が 二つ有る事は 好まれさうにないから 建て變へられたものであらう。然し それは 何のため 建て變へられたであらうか。これは 一つの問題である。これについては 別に 何の據る所もないが、若し 大膽に想ひ見る事が 許されるならば少庵は老い、桃山時代も 時を經て 江戶時代に近づくと、貴人口と躙口との 二通りの口を持ち、四角な床柱、黑塗框の床の間と云つた 茶座敷は もはや 好ましいもので なくなつたのであらうか。織田有樂や金森宗和と親しく　また　その引もあつたであらうが、公家なども　交つた少庵の壯んな頃には　このやうな貴人口の茶座敷も　使へたが、特に　侘茶を言擧げして　止まなかつた宗旦に　家を讓つての後は　もはや　應はしいものに　見えなくなつたに違ひない。この深三疊大目の源をなした　利休大坂の茶座敷も　既に　天正時代　山上宗二の言葉に　よれば、「道具持《もち》、茶湯ノ功者ハ仕也。」の座敷であつたし、「侘數奇　初心ナル茶湯ニハ」用無きもので　あつたのである。それを模ねた　少庵のこの茶座敷も　同じく侘數寄や　初心の茶の湯には　用無いものであつたらうと思ふ。こんなわけで　少庵の歿くなる　少し前ころには　模樣變へせざるを　得なくなつたかと考へるのである。

少庵の平三疊大目の圖は　後に　杉木普齋が茶書（元祿十年（一六九七）初夏奥附　御巫清白氏藏）に　傳へた宗旦平三疊大目と　殆ど變りないものであつた。その圖に　普齋は

「宗旦小座敷　今宗左之亭、此小座敷　宗旦丈物數奇、珍重なる座敷也。」

と書いてゐた。これは　覺々齋（宗左）頃であつたから、後にも　述べるやうに　少庵平三疊大目は建て直された後であつた。然し　それは　よく形が守られて、前と變らなかつた。その間取、床、通口、茶立口、躙口の位置も　變りがなく、また天井は　躙口の側だけ「此間　一間半ノ所　火爐《ゐろり》リ

ノ上マテ 屋根ウラ《（裏）》」（茶譜）「此疊 オロシヤネ《（落屋根）》ノウラ《（裏）》也」（普齋傳書）と傳へて、全く同じであつた。たゞ異なる所は 少庵のは 床前疊の敷き方が 床指しに なつてゐて、爐疊が「半疊ト鎰《（かぎ）》疊敷」とあつたやうに 二つに 切れてゐたが、宗旦のは 床前疊も 爐疊も 丸一疊が 敷かれてあつた。

天井の葺おろしに なつてゐた所に 普齋傳へには「ツキアケマト《（突上窓）》」があつた。少庵のものは別に誌してないが、恐らく同じであつたであらう。

また次に 大目疊脇の板疊について、少庵のは「板タヽミ八寸三分」（茶譜） とあつたが、宗旦のは「板疊八寸入」（普齋茶書） となつてゐた。この三分の違ひは、恐らく量り方の差であらう。

「千少庵座敷ノ勝手口ヲ 茶ヲ立ル向フニ付也。之ハ 利休好 妙喜庵ノ圍 如レ此付シユヘナリ。此口常ノコトク仕テハ、小棚ヘツカヘ、又出入ニモ ツカヘテ悪シ。依レ之茶ヲ立ル後ニ 巾八寸三分ノ板疊ヲ入ル。幷茶ヲ立ル後ノ壁 二方ヘ押マワシテ 腰板ヲ入ル。此板 杉ノ色付板一枚巾ニシテ 横ニ入ル。」（茶譜）

とあるやうに 茶を點てる動きのため 板を入れて、廣めざるを得なくなつたことは 妙喜庵圍 待庵の場合と 同じであつた。

勝手口と釣棚と、この板疊との釣合ひ、鬪り合ひが　この構の　面白さの命であると思はれ、この板の巾も　色々と　試みられたやうであつた。その古いものは　紹鷗山里の茶座敷に　始まつたかとも考へられる。「茶傳集」(帝國圖書館藏)の傳へでは　紹鷗のこの板疊は　五寸巾であつたと云ふことである。また江戸時代からの不審庵の板疊巾について　こゝに誌せば、中期のは　巾六寸(元祿末頃　宗旦屋敷手洗惣圖)、　また四寸九分(享保年代　茂呂得能傳及び天明五年《一七八五》川上不白傳)、　五寸五分(寛政元《一七八九》年　川上宗貫傳)、　今のは　凡そ五寸二分である。少庵、宗旦時代より　追々に　狹くなつたもので、少庵のは　妙喜庵圍のを　模ねたと云はれてゐた如く、　八寸三分(或は八寸)で、　今も殘つてゐる妙喜庵の八寸五厘に　甚だ近いものであつた。　この板に向つて　茶立口が　切られてゐたのであるが、他に　あまり例のない開戸が　使はれた。それにつき

「千宗旦曰　圍座敷ノ勝手口ニ　敷井《居》鴨居ヲ入ルコト　不レ成所ハ、　大皷張ノ障子ヲ　肘壺《ひぢつぼ》ニテ、釣障子ニシテモ、佗テ面白ト云々。古モ釣障子ニシテ　用コト有レ之。釣障子ニシテハ　引手ヲ不レ切、　内外トモニ　閙《カケカネ》ヲ打テ吉。　座敷ノ方ハ　障子ノ小間下ヨリ、　ヨコホネ《横骨》七本メ勝手ノ方ハ八本メニ打ト云々。」(茶譜)

と說いてゐた。この戸は　少庵の深三疊大目の時から　開戸であつた。[註六]

また この茶座敷の 中柱について 少庵の圖には 中柱とだけであつたが、宗旦のものには「中柱赤松」とあつた。恐らく 少庵のも 赤松であつたであらう。今のも 赤松で、眞直な柱である。そして これには 二重の釣棚が 釣られた。またこの中柱の下は 今の不審庵と同じく 透けてゐて、壁止りに 竹が使はれた。これについて

「右少庵座敷 中柱横竹入ヤウ 中柱ヨリ角《かど》ノ柱マデ、間手《(マヽ)》ノ所ヲ通シテ、其間ニ 竹節四ツ有。此竹ノ太サ 八寸マワリホト有。大竹ノ末ナリ。大竹ノ末は 節延テ 三尺ノ間ニ 四節マテハ 無レ之モノナリ。……(中省く)……然トモ 此所ヲ 竹ニスルコト 利休流ノ本意ナリ。」(茶譜)

としてゐた。この横竹について なほ宗旦は

「宗旦曰 右横竹ニ 利休流ハ 木ハ不レ入。竹ニスルナリ。當代不レ知レ之シテ 木ニスルハ 誤トナリ。幷竹ノ節ヲ 三尺ノ間ニ 四節入ルモ 必利休ノ法ト云々。」(茶譜)[註七]

とも云つてゐた。この三尺ばかりの所に 四つ節ある竹は 茶譜が誌すやうに 至つて稀であつたから 後のものは 多くの例があるやうに 何時しか 三節になつて了つた。[註八] このことにつき また細川三齋は

「一疊半 横竹の節は 四つ見候か好と 被仰候。」(細川三齋御傳受書)

とも述べてゐて、何事によらず 利休を尊び、その好みを 踏み襲つた 彼のことであつたから 利休の一疊半にも このやうな四節の竹が 用ひられて あつたために かく云つてゐたやうに 思はれる。宗旦に於ても 利休の跡を 尊む心は このやうな節にまで 心を掛けてゐたらしいが、このやうな 細かい心入の故に この利休座敷も 形が よく傳へられて 來たのである。なほ 宗旦は竹の元を 中柱の方にして、一の節を 中柱から二寸五六分、竹の樋を 客の方へ見せ、少しうつむきに せよと 述べてゐた。そしてこれを 宗旦は「古田織部時代ニ 之ヲ木ニシテ、其以來ハ必木ニ限ルヤウニ スルハ 誤ト云々。」とし、木の場合でも「必 横竹ト云ト也」とも述べてゐた。またこの「通口《かよひくち》」が、「通口クシカタ」（茶譜）と少庵のものにあり、「通口クワトウ」（普齋茶書）と宗旦のものに 見えてゐたが、共に 頂の丸い迫持《せりもち》形のものであつた。利休の大坂深三疊の通口は 山上宗二の傳では わからないが、細川三齋御傳受書の圖には 櫛形が表はれてゐた。

櫛形は 唐様《からやう》の火頭窓《くわとうまど》から 出て來たと 思はれるが、茶座敷のものには 先にも述べた 少庵の湘南亭の窓に 形を崩して 表はれて ゐた。然し 茶座敷の給仕口は なほ 進んだもので、もとの形は 全く 變へられた。尖つた頂は 丸められ、木の額縁は 紙張りの塗り廻し となつた迫持形が、恐らく 利休から 始まつたものであらう。彼の大坂深三疊大目の「宮仕《（給）》ノとをるくち」と誌

されたものも これで あつたであらう。この櫛形出入口は 茶座敷の組立の上に 形の變つた一つの見所を 作るもので、この平三疊大目などでは 床から續いた 廣い壁の單調を 破つて 極めて趣ある姿を 示したものであつた。

先にも述べた如く 唐様の火頭窓型が 崩されて、湘南亭の茶座敷に 表はれてゐたが、これが全くの櫛形となり、木の額縁代りに、土で塗り廻はされ 紙張りにされたのは、恐らく 利休の好みからであらう。彼のいづれの茶座敷に 用ひられ始めたか わからないが、大坂深三疊大目の「宮(給)仕ノとをるくち」は これであつたかも知れないと思ふ。この形は 茶座敷の組立の上に 見る可き働きをしてゐた場合が多く、この平三疊大目座敷などでは 床の壁から 連つてゐた廣い壁の單調を 破つて、一つの見所ある趣を 作つてゐるものであつた。

なほ 少庵の平三疊大目では 板疊の眞中の上に 花入を掛けたらしく、

「此壁ノ眞中 タ、ミヨリ三尺六寸上ニ 花入掛ル折釘有。」(茶譜)

と傳へてゐた。またその壁の左端の柱に「此柱ニ 角カケテ 竹釘、鳥箒掛ル。」とも書いてゐた。

少庵のこの平三疊大目が 宗旦に 傳へられたことは「卯(杓卯宗言か)曰 右ノ茶湯一世ニ 未レ見仕様ト云々。」(茶譜) と云つてゐた宗旦の茶會記の中に 前にも引くやうに「宗旦親父少庵」の好みとし

てゐた事によつて 明かである。[註九] 少くとも 宗旦のある年代迄は この平三疊大目茶座敷は 少庵好みとして、傳へられてゐたのである。ところが これも後に 朽ちて來たのであらうか、宗旦の終り頃には

「今の不審庵は 宗旦老の物數寄にて、普請なかばの頃 卒去いたされ、江岑宗左 父の志を繼で、其跡成就いたされたり。」（露選集）

と傳へられてゐた。これによれば 普齋が「宗旦小座敷 今 宗左之亭、此小座敷 宗旦丈 物數奇。珍重なる座敷也。」（元祿十年《一六九七》初夏奥書 普齋茶書 御巫淸白氏藏）と傳へた平三疊大目は 宗旦の仕掛けをその子 江岑が 仕遂げたものであつた。この時のことであらうか、雪間草が

「今有元三疊半茶亭 少庵好て、則利休居士指圖座敷寫。其已後 江岑今の茶亭の床 北向に直す。昔は東方床なり。」

と云つてゐたのであつた。また

「スキヤノ勝手 ハシメハ引候ヨシ。江岑 宗旦ヲマ子キ被レ申候已後 旦アレハヒラキ《開》ヨシト被レ迎候ヨシ。ノチニ 江岑ヒラキ《開》ニスル。今ニミソ《溝》有。」（如心從覺々齋聞書）

とある傳へは 同じく 江岑が宗旦と 談り合つて作つた平三疊大目茶座敷のことに 掛つてゐたら

しい。茶立口の開戸を　江岑は　引戸に直して　見たが、宗旦の言葉によつて　また開戸に變へた話で、その引戸の溝が　覺々齋の時までも　殘つてゐたのを　傳へてゐたのである。

少庵　宗旦　江岑と三代に亙つて　この平三疊大目茶座敷は　建て直されて、承け繼がれて來たが、これを「不審庵」と呼んだのは　何時頃からであらうか。それは正保四年《(一六四七)》から慶安二年《(一六四九)》頃であらうかと思はれる。これについて先づ考へられることは、江岑筆「一疊半指圖」《(三の第六圖)》（表千家藏）の中に

「右一疊半小座敷指圖　三十年已前ニ　不審庵作ニ而候所、宗左十年餘　所持候へば　右之座敷ヲタヽミ置。今三疊半ノ座敷作ル故。宗易座敷寸法以　不審□《(庵か)》作ノ時　委右ノ通書付置。杜　章子已下タヽミ置。就中章子　クヾリノ戸　利休所持ニテ在之候。祕藏致置也。已上

正保四年《(一六四七)》　未ノ三月　　逢源齋千宗左（書判）

とあつた奥書がある。これによると　正保四年《(一六四七)》から三十年前　卽ち元和四年《(一六一八)》の年に　不審庵を作つたらしいのである。それは　これを誌してゐた　宗左の生れた歳に[註一〇]　當つてゐたが、その時のは　一疊半であつた。それを　十年餘り　宗左は　持つたのち、いま正保四年に　三疊半を作らんだため壞し　疊み置いた。その障子や潛戸は　利休が持つてゐたものであつた。いま　三疊半を作る故としてゐたのは　こゝに述べて來た　平三疊大目であらう。また別に

「江岑殊外肥滿、宗旦へ談し、今の三疊半ニ替る。宗旦隱居前ハ利休一疊半也。ふしん庵其故茶立口など少しつゝひろし。」（不白啐啄齋へ贈書）

「不審庵一疊半ノ時、勝手板ノ上ニ花ヲ生候事有ヨシ。亦路次手水鉢三疊敷ノ前（ニ脱か）アルトキ右ノ方花入置候事在由。」（覺々齋如心聞書）

とも後に傳へられてゐる。これらによると不審庵が一疊半であつた場合があり、それは元和四年（一六一八）頃に作られた。それは宗旦四十歲頃に當つてゐた。それが正保四年（一六四七）に三疊半に建て變へられた。それは宗旦の亡くなる十年前であつたから宗旦と江岑とが恐らく後の傳への如く力を合せて作つたものであらう。

利休不審庵を四疊半として傳へた「茶譜」は先にも述べたやうに、「宗旦老後ニ利休不審庵ノ座敷ノ以レ圖造ルヲ、則不審庵ト額ヲ打。」としてゐた。この宗旦の不審庵は恐らく先に述べた正保元年（一六四四）に「隔冥記」に表はれた四疊半を指してゐたのであらう。また「隔冥記」に「不審庵宗旦翁」と誌された始めは慶安三年（一六五〇）五月廿九月の條であつたが、その頃から不審庵の號が鳳林の頭に置かれ出したと見える。正保元年に作られた四疊半から不審庵の額は正保四年より後に恐らくその翌年慶安元年（一六四八）頃に出來上つた平三疊大目（半）にと移し掛けられたであらうかと思へる。江岑時代に この平三疊大目を 不審庵と云つたらしいことは 藤村庸軒 久須美疎安 江岑などの話を傳へた「茶道舊聞錄」に この圖を出して「利休座敷 不審庵」としるしてゐたことからも考へられる。また雪間草が 少庵の三疊大目を 江岑が模様變へしたことや 額のことにつき、

「今は 東大平 窓になる。古溪和尚 内に 木にて額、後人の業なり。昔の不審庵の額 一亂何方へか 行方不レ知と云ふ。」（雪間草）

として ゐたのも 正保四年の三疊大目についてのことと 考へてよいであらう。

次に この不審庵があつた屋敷の圖で 恐らく 覺々齋頃の樣を 表はしたものに「利休庭宅圖」（三の第八圖）（家藏）及び「宗旦屋敷手洗物圖」（福山敏男博士藏）がある。宗旦屋敷手洗物圖に附いた 寸法書の中に 板疊「巾六寸ノ板疊入テ有」とあつて、宗旦 江岑頃の 八寸の板疊が 六寸に狹められた頃のものである。この年代については 殘月亭の項で 述べるが、また天井について

「大目ノ上ト床前 間半ニ 東西一間半□《まこも》天井也。昔ハノ子ニテ有之候由。」

ともある。これは 享保年代の茂呂得能が「圍之内 北之方ニ而 間半ニ 壹間半まこも天井」として ゐたのと同じことを 述べてゐたのであらう。これによると、宗旦時代のものは「のね板」卽

「へぎ板」天井であつたものが この頃では「まこも天井」になつて來たのである。

表千家の不審庵は 天明の京都の大火の折に 燒けて、その後も 次々に建て直され 承け繼がれ、傳へられて、今にまで及んでゐる。その間には 色々變へられた。いま表千家に傳へられてゐる了々齋（文政八年（一八二五）歿）の書入ある圖によると 不審庵だけは 今のものと 形は變つてゐなかつたが、その書院や祠堂との連り方が 全く異つて居り、この茶座敷には「一尺五寸出シ」と 了々齋筆の貼紙があつて、文政の頃にも 手を入れられたらしい。これも 明治三十九年（一九〇六）に燒け、今のものは大正二年（一九一三）に 建て直された。今のも 前々からの形が よく守られてはゐたが、利休のものの復原として見るには 總てに亙つて 木口は 細くなつてゐて、建物として迫る力が 餘程弱められてゐたであらうこと 先の利休不審庵四疊半と、又隱四疊半との間にある 同じ鬪り合ひであつたであらう。

この不審庵の庭は また 建物と同じく 後に よほど變へられたらしい。少庵時代の坪庭は 何時迄殘されたか 明かでないが、宗旦時代 恐らく元和四年（一六一八）に 一疊半が不審庵となつた折には もはや變へられてゐたであらう。坪庭にあつた松だけは 先にも引くやうに 少庵このかたのものとして 天明年代燒ける迄 殘つてゐた。江戸時代中頃末には

「不審庵ノ庭幷鉢前ハ 仙叟、雪陰 腰カケハ 江岑、殘リハ 原叟ノセラレタル也。右ノ事 家ノ衆モ 普クハ不レ知。不レ殘利休作ニ覺テ居ル。右ハ慥ナル事也ト云々。宗五（松尾宗吾）。」（弊箒記補）と云はれてゐたやぅに 代々の人によつて 作られたことが語られてゐる。それより後の了々齋時代の圖は 祖堂の位置も 異つて來てゐたので、その折には 庭も餘程變つて來たであらう。

この不審庵は 常に「殘月亭」と 取り合つて 考へられ、また 作られてゐた。そのために ここでも 殘月亭との連りで これを見なければならないが、殘月亭については 誌す可きこと多いので 後に 章を改めて 誌さう。

註一 大德寺門前利休屋敷が 毀たれたことの明かな記錄は見えないが、後に江戸時代中期刷り出された「茶道要錄」には「居士カ聚樂ノ屋敷トハ 葭屋町通元誓願寺下ル町也。後ハ長岡休夢ノ家ト成ヌ。是モ一同ニ上リ屋敷トナレリ。少庵再ヒ出京ノ時、分拂ヒ屋敷ト成ル。……（後省く）」とあり、後に 少庵が 京都に出て來た時にも その屋敷の事が出ないし、聚樂屋敷もこのやうに毀たれた所から考へると、恐らく大德寺門前屋敷もなくなつたであらう。

註二　千家の今の屋敷については「雪間草」に少庵のことについて「文祿年中御舍免にて　大君より今の本法寺前の地を被下。元（異本にあり）所司代板倉伊賀守殿拜領屋舗す。地ナリ（異本）」と傳へてゐた。

註三　秀吉の京都の町割改は「室町殿追加日記」に「天正十八年（一五九〇）秀吉海内靜謐に歸するを以て玄以法印、法橋紹巴を召して、潛かに洛中の堺を見るに、東は高倉より彼方は鴨河原にして東山につゞき、西は　大宮より彼方嵯峨太秦に通じ、凡て田圃たり、四境皆田舍の在郷の如し。卽ち幽齋を召して洛中洛外の堺を　末代まで定むべし。都の舊記を聞かんと仰せらる。」として　その思付が述べられ、翌天正十九年になつてからは「勸修寺晴豐の日記」に「天正十九年（一五九一）閏一月廿一日　京中方々屋敷かへ、ちようぢや（長者）町其外　六丁　町かわり、

烏丸町高岡出雲今日道具共預申候。

廿九日　京中屋敷かへ　町人われさきと立家こほち、又立引申事共也。

二月二日　京中惣ほり口六十間之由申候。屋敷かへ中々亂の行ことく也。

同　三日　夕方京中屋敷かへ共見物に出候。

中々町人あさましき樣體也。只らんの行（亂）、やけたる跡の體也。」などとあつて、その工事が進められてゐた。

これは天正十八年末位から始つてゐたかも知れなかつたが、いづれにしても利休の歿くなる少し前であつた。

註四　若しこれを松屋會記の圖の如く　横長の部屋とすれば　平三疊大目とならざるを得ない。然し一疊と大目疊との食ひ違ひの壁に通口が付けられてゐたから　通口を開き得る壁をそこに考へるとき　平三疊大目ではあり得ないことが知れる。すなはち一疊と大目疊との違ひ、約一尺五寸程の所から柱の太さ凡そ三寸程を差し

引けば一尺二寸程の壁が殘り、そこには人の通り得る通口は出來ないから、横長圖は誤りであつたのである。たゞ横長圖の平三疊大目とすると後の不審庵と同じになつて來るので、この事を理論的に明かにして置かなければならないのである。

註五　杓卯宗言の名は「茶譜」の中には處々に表はれてゐたが、中には「宗卯曰」とか「卯曰」ともある。この人はその頃のかなりな茶人であつたらうが、よく分らない。寛文元年（一六六一）の「正導」に柄杓作者として「宗言京の侘人當代の上手」とあり、同人かとも思はれる。

註六　不審庵の開戸について後に「不審庵三帖臺目平生の風爐先に勝手口有。尤八寸之板横ニ入有。此板と疊の巾と合すれハ三尺九寸五分ニなる。此處ニ引襖を入れハ二割一尺九寸七分五リント成、少狭ゆへに後披《ひらき》にせられしか。披幅二尺五分有。」と「不白啐啄齋へ贈書」に見えてゐる。

註七　茶譜はこれにつゞけて「右ノ横竹元ヲ中柱ノ方ヘシて一ノ節ヨリ中柱マテ二寸五六分有吉、然トモ末ノ節止リト同ホトニナラヌヤウニシテヨシ。竹ノ樋ヲ客人ノ方ヘ見セテ少此樋ウツムクホトニ入テ吉。眞ムキニ入テハ　其竹アヲノクヤウニ見ヘテ悪シ。宗旦曰　此竹ヲ必横竹ト云ト也。然ハ木ニシテモ之ヲ横竹ト云ヘシ。古田織部時代ニ　之ヲ木ニシテ其以來ハ　必木ニ限ルヤウニ云シ誤ト云々。」と誌してゐた。

註八　茶道舊聞録に「横竹の節三つよき由、反古庵。又千家には節四つを用ふるよし。」として庸軒などには利休好みであつたことが　忘れられてゐたやうであつた。

註九　「十月朔日晝口切」として「茶譜」が傳へた宗旦の茶會は　一疊半で行はれたらしいが、それにつゞけて三疊半の床飾のことを誌してゐた。それ故にこのとき二つの座敷が同時に使はれたらしく、懷石の事がその次に誌されてゐたから、それは三疊半（大目）で行はれたかも知れない。「卯曰右ノ茶湯一世ニ未見仕様」と述べてゐた。そしてこの一疊半は「千宗旦一疊半ノ中柱ヨリ外ヘ出シテ　火爐裏ザシニシテ、小棚下ノ重ニ　茶碗ヘ茶入ヲ入子ニシテ置テ、　客人手水ニ出タ間ニ　水指塗蓋ノ上ニ　茶巾シホリ、タ、ミテ……」と誌して、中柱臺目切爐、二重棚釣の茶座敷であつた。後にも引くやうに覺々齋が「不審庵一疊半ノ時……」（覺々齋聞書）と云つてゐた不審庵はこれであつたであらう。

註一〇　逢源齋江岑宗左は「寛文十二年（一六七二）一月二十七日歿ス。年六十」（茶人系譜大全）と「寛文十二年十月二十七日歿ス　五十四」（茶人系譜　末宗廣編）の二通りに傳へられてゐたが、こゝでは後のものに依る。

四　利休書院「残月亭」と「九間」

四の目次

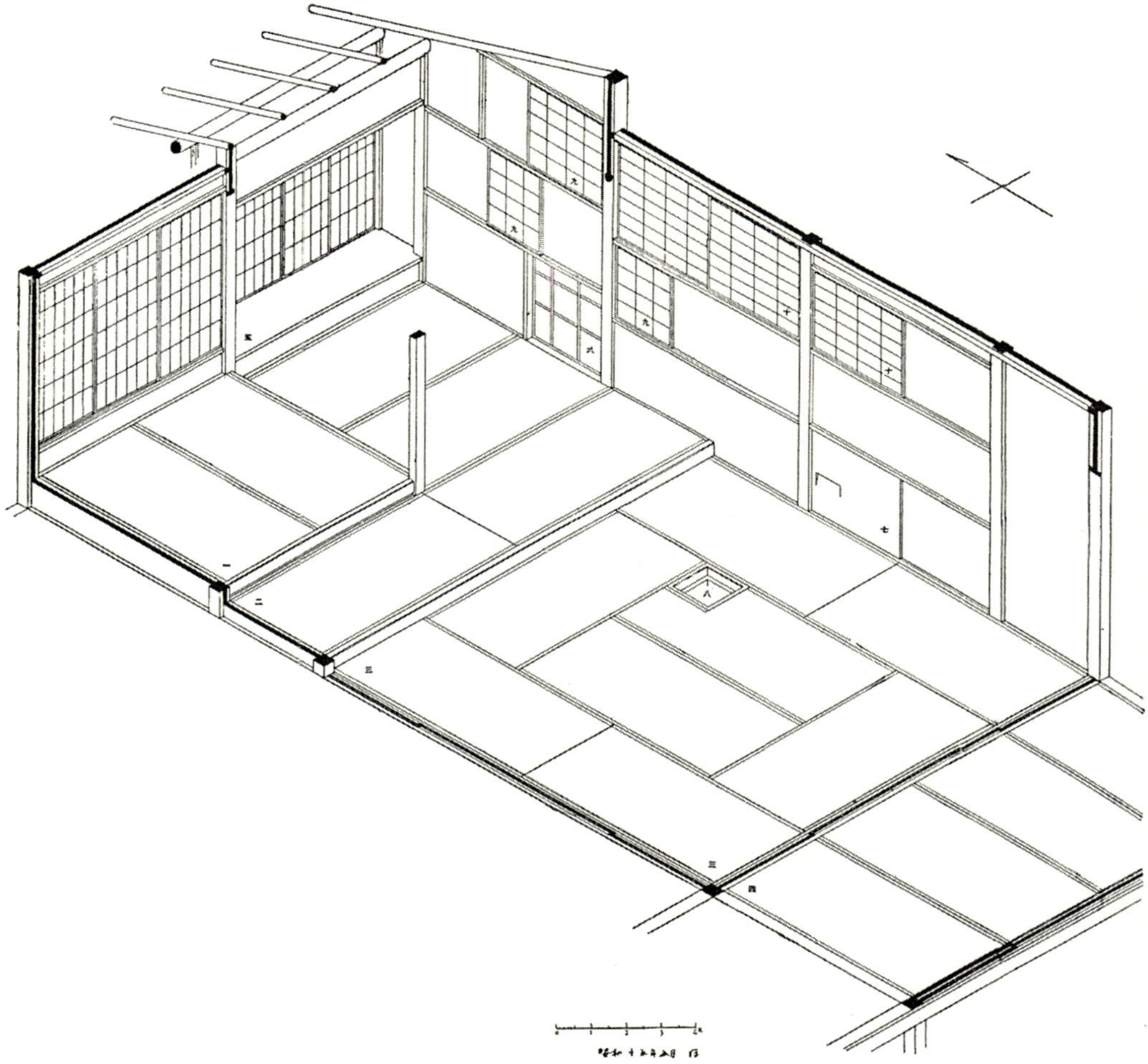

一 上段二疊　五 付書院　九 下地窓
二 中段四疊　六 潜口　　十 竹連子窓
三 下段八疊　七 道庫
四 入側四疊　八 爐

四の第一圖　利休「九の間」書院の復原等角圖

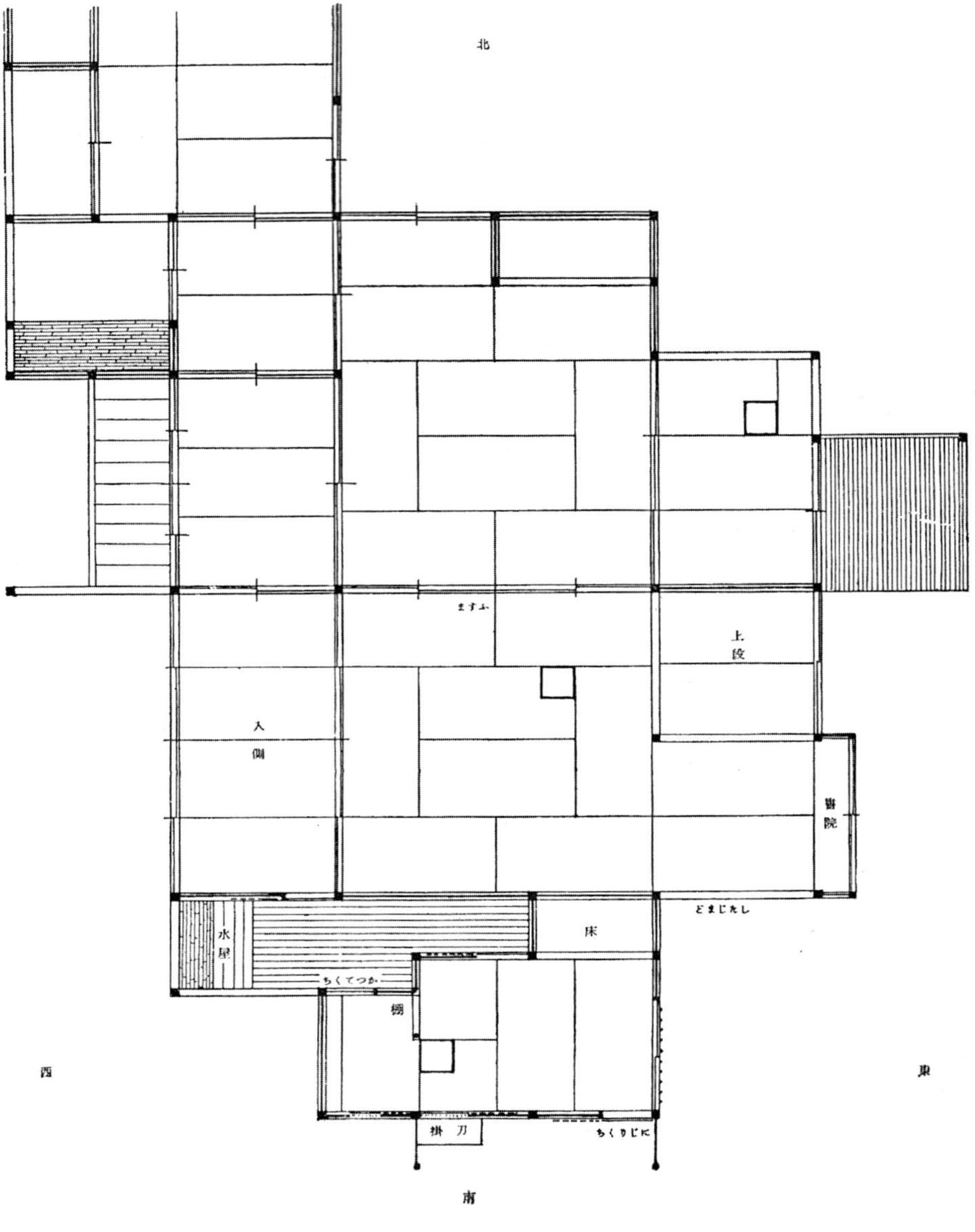

四の第二圖　殘月亭と不審庵の江戸時代中期間取圖（下の方の三疊大目が不審庵、その上の座敷が殘月亭）

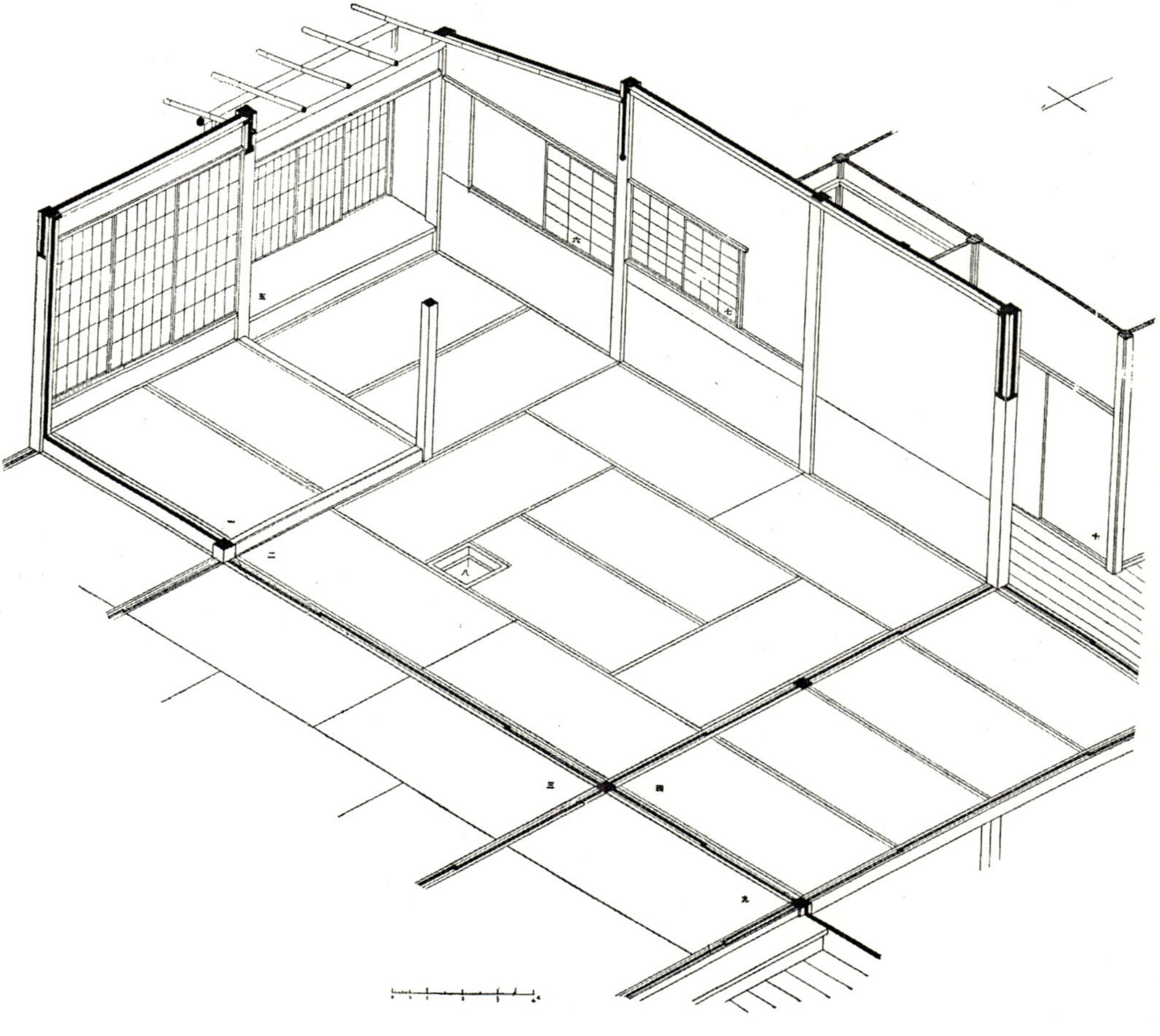

一 上段二疊　五 付書院　九 玄關三疊
二 下段十疊　六 下地窓　十 不審庵入口
三 次間九疊　七 連地窓
四 入側四疊　八 爐

四の第三圖　「殘月亭」江戸時代中期の復原等角圖

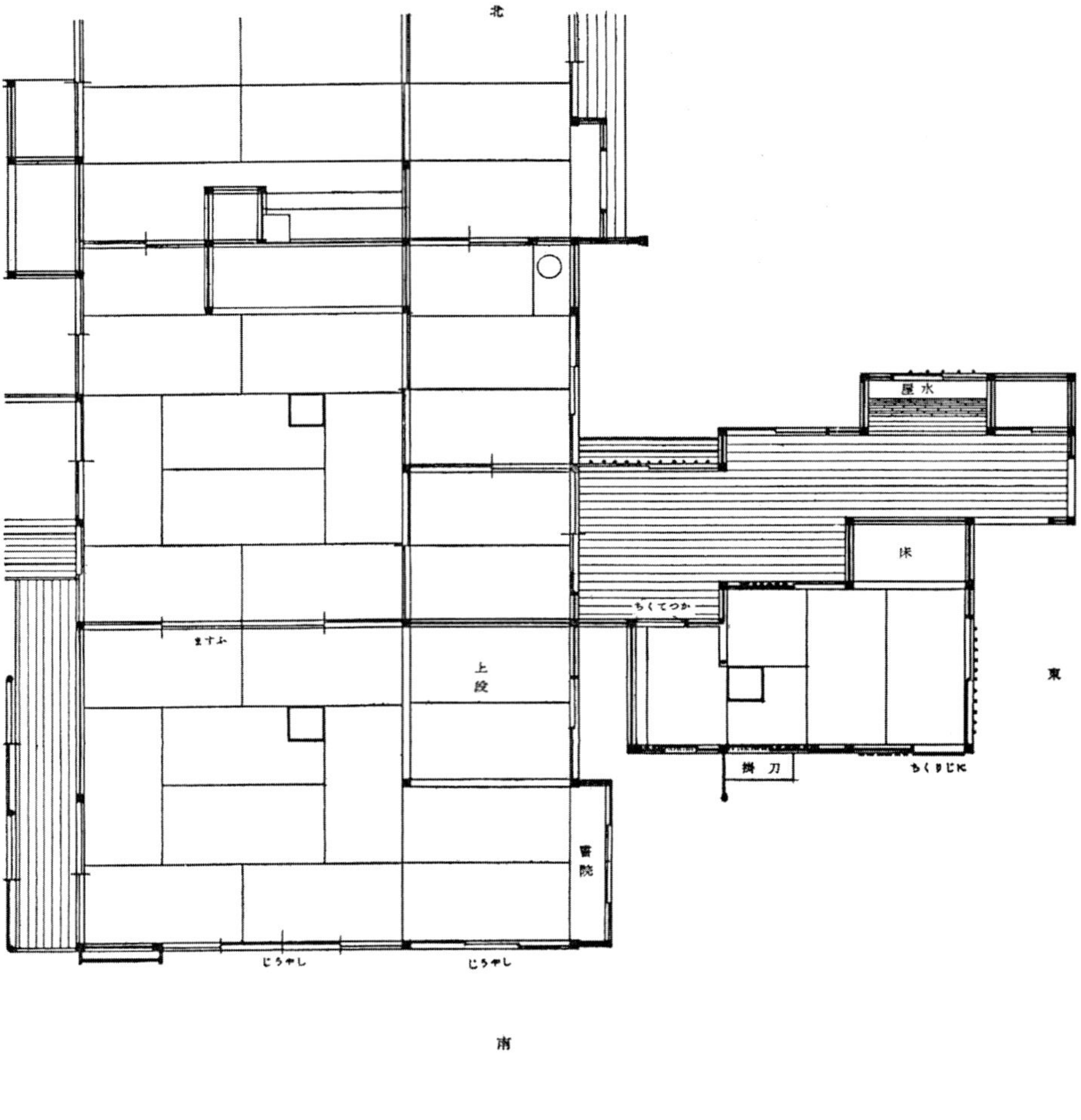

四の第四圖　殘月亭と不審庵の間取今の圖（下の方上段付座敷が殘月亭、右の方出張りの所が不審庵）

四の第五圖　表千家「殘月亭」書院

四の第六圖　「殘月亭」襖きらゝ刷桐文と引手

四の一　殘月亭

「殘月亭」は 前に述べた「不審庵」と一續きに 建つてゐた 表千家の 書院座敷の名であつて、古くから この二つが 取り合はされ 使はれてゐたやうである。今でも 表千家に於ては これらが 復原的に 建て繼がれ、家の 最も要な 中心をなし、屋敷の中程に 位して 建つてゐる。この建物は 幾度も火に會つて、今のものは 明治四十二年に 建て直されたものであつた。この座敷の元のものは 利休好み書院座敷として 秀吉が臨んだことがあつたと云ひ傳へられ、「御成書院」とも 呼ばれたものであつた。また その庇上の妻に 掲げられた木額「殘月亭」は 大徳寺の清巖宗渭の筆と傳へられてゐる。

この座敷は 昔から名高いもので

「千利休宅　在二本法寺前一。豊臣秀吉賜レ之。利休所レ設鎖間于今存。」（雍州府志）

と江戸時代中頃に 地誌に誌された「鎖間《くさりのま》」は この「殘月亭」のことを 指してゐたと考へられ

る。「京羽二重」などにも 同じ様に傳へ、利休が この屋敷に 住つたことはないのであるが、利休好み書院や 茶座敷があり、その子孫が 住つてゐたと 云ふことで、利休屋敷と 云はれたらしい。鎖の間とは 雍州府志も 誌してゐたが、爐に 釜を釣る 鐵の鎖から その名が 出てゐて、桃山時代からの名である。[註一]

この屋敷は 前にも述べたやうに、江岑夏書によれば 天正十八九年（一五九〇—一）頃、秀吉の京都の町變へによつて、少庵二條屋敷が取り拂はれ、その替地として 貰つたとのことである。利休は 天正十五年頃から 秀吉の聚樂第の中の屋敷に 終り近くまで居たから、こゝに屋敷を構へたことは なささうである。

江戸時代の地誌に 先に引いたやうに 書かれ、特に 鎖の間をあげてゐた事で、この殘月亭は前々から 世の目を 引いたものであつた事がわかる。これは 何時頃から殘月亭と云つたか よくわからないが、秀吉が 利休の家に臨んで、殘んの月を惜んだが故に この名があるとも云ひ傳へられてゐた。然し額が 清巖の筆と云はれるので、この額は 恐らく利休の孫 宗旦の時に 作られたものと見るべきであらう。若しこの名が 利休の頃からあつたならば 後に述べるやうに、附書院うへ化粧屋敷裏に、古くは 突上げ窓が切られてあつたから その窓からの月に因んで その名が起つたやうに思はれる。
この座敷は 二疊敷の上壇が附いた 十疊敷であつて、この上壇に隣り 附書院があり、その前二疊の上の天井が 化粧屋根裏、掛込天井になつてゐるのが著しい見處である。
この殘月亭は 前にも云つたやうに、幾度も火に會つて その度毎に 建て直されたが、その建て直しの時に、少しづゝの違ひが出來、長い間にそれが集つて、今のものは 利休時代とは 餘程變つて來てゐるやうに思はれる。
この建物の初めころは 書き留められたものが極めて乏しいのであるが、江戸時代中頃からはその間取圖が殘され、また後には 起繪圖ともなつて 廣く世に行はれ、人の目を引いてゐたものである。
先に 利休三疊大目と表千家不審庵の中で 慶長十三年（一六〇八）二月二十五日と 同十四年五月十三日との二度に 奈良の松屋が 少庵と宗旦を 京都に 訪ねたことを 述べたが、その折の 茶會記によると、使はれた書院座敷は 殘月亭であつたらしく 思はれる。その朝の 宗旦の會に「書院へ出候。上段二疊敷也。」と誌してゐた書院座敷は 殘月亭の特徴を 備へてゐたし、また 少庵の晝の會の時は 後に 書院座敷へ出て 話をするのであつたが、「大閤（太）樣御成の時の 座敷の圖と 御談候也。」

として添へ、これも殘月亭の傳へと合ふ所であつたからである。宗旦の會も少庵の會も茶座敷は茶會記の添へ圖が示してゐたやうに各〻異つてゐたが、書院座敷は等しくこの殘月亭を使つたのではなかつたかと考へられる。

この茶會記によつて知る所は桃山時代に千家には殘月亭らしい二疊敷上壇をもつた書院座敷が既にあり、また秀吉が來たことのあつた書院座敷があつたと云ふことである。

江戸時代中頃に藤村庸軒及び久須美疎安などの話を集めた「茶道舊聞錄」に

「利休座敷大閤御成、聚樂にありしを少庵そのまゝ移されしなり。則ち不審庵にあり。」

として、附書院及び上壇二疊附十疊間の間取圖を傳へてゐた。この書物よりやゝ後れた雪間草にはまた

「今の地に利休色付書院を引く秀吉公御成の間なり。今に千家に有レ之。三疊半茶亭少庵好利休へ御成の節の茶亭寫。色付書院は今の殘月亭なりといふ。」

としてゐた。これら江戸時代中頃の傳へは秀吉が來たことのあつた利休の書院座敷を今の千家に引き移したと傳へてゐた。然しこの雪間草が書かれた時代は「殘月亭書院次間、覺々齋代少々座敷改違す。」と同じ書が誌したやうに既に少しばかり手が入れられ、形が變つてから

のことであつた。
こゝに特に「色付書院《いろつけしよゐん》」と呼んでゐたのは柱やその他木の見え掛りに色付けしたためにこの名があつたのであらう。その色付は恐らく京都の多くのものに見る丹殼《べにがら》と煤とを混せて塗つたものかと思ふ。茶座敷などに古びを帶ばせるため煤などで色付けしたことは古くからの習しであつたことは既に述べたが、また利休も行つて來た。然しそのやうな場合には特に色付書院などとは呼ばないやうにも思はれる。

この色付書院殘月亭が慶長年代の少庵の二疊敷上壇の書院座敷と同じものであらう事はその間取からまたその傳へから考へて云ふ迄もない。然しこの書院座敷は慶長十三年（一六〇八）に既に誌した如く「此座敷も大閤樣御成の時の座敷の圖と御談候也。」と傳へてゐた。これは不審庵も太閤秀吉が來た茶座敷で、利休指圖の圖によつて少庵が寫した事があるので、この座敷も同じく秀吉の來た座敷で圖に依つて再び興したと述べてゐた如くである。松屋會記の異本に「右ノ座敷モ利休へ大閤樣御成之時ノ座敷ノ圍ト御語候也。」としてゐたのもある。座敷ノ圍とは殘月亭の如き廣間の事でなくなり、書院座敷の話として見なければならぬこの條では如何かと思はれる。この圍の字は圖の寫し誤りと考へて、今は圖の方をとらう。また天滿屋曲全の話に「今ノ宅地ハ少庵ニ東照宮ガ賜ル所也。上段ノアル座敷ハ太閤ノ入御ナリシ舊宅ヲ寫シテ立タル由。」（弊箒記書込）、また雪間草の異本（松山吟松庵氏藏）もこの傳への如く「利休色付の秀吉公御成の時の書院の寫が今の殘月亭なり。」としてゐた。またこの如き寫しとか、建直しの傳へが百年ほども過ぎると、何時しか利休の座敷その物と云ふ傳へに變り勝ちな傾は他のものに於ても見られる所である。そして初から色付けで建てられたのであつたから、出來た頃も利休時代のものとあまり異ひを感じなかつたかも知れないし、まして百五六十年後では全く見わけが付かなかつたであらう。この殘月亭も不審庵が宗旦時代に建て變へられた時にいくらか變つたかも知れない。前にも誌した如く覺々齋の時には變へた記錄がある。そしてこの時代の廻りの有樣がわかる間取圖も殘つてゐる。

その一つは「利休居士庭宅圖」（三の第八圖）（家藏）である。それは「表千家」圖である事北の方「裏千家」の所に道があり、そこに「此行當り玄室居宅」と誌してゐた事から明かである。普齋流の探齋聞書にも同樣な圖があり「千宗左家ノ圖」として、その中に「門有。宗旦の隱居也。」と書きこんでゐた。今は「表千家」と「裏千家」には直の門は開かれてゐないが、宗旦の時代からあまり遠ざからない時代は通ひ路が作られ、或は門が開かれてゐたのである。この利休居士庭宅圖この中には「書院破風南向　清巖筆殘月亭、木彫額かゝル。屋根鬼瓦　宗入作。」としてゐた。この鬼瓦は　今も　表千家に　傳はつてゐて、「元祿十六年(一七〇三)三月廿八日　長次郎ヨリ五代　吉左衛門」と彫銘がしてあると「本朝陶器攷證」(金森得水著)　には　誌してゐた。この五代吉左衛門とは　宗入のことであつた。この瓦によつて　この圖が　元祿より後のものである事　明かである。また　この瓦は　前には　初代長次郎燒であつたと　傳へた圖もある。「宗旦屋敷小座敷手洗惣圖」(天保十二年(一八四一)書寫本中の圖　福山敏男博士藏)[註二]の中に「ムナ瓦　初長次郎ノ由　後□(宗)入燒カヘ　損候由ニテ」と誌してゐた。長次郎は　利休の歿くなつた翌年　文祿元年(一五九二)九月に　歿くなつたので、棟瓦が　燒かれたのは利休の時に迄　さかのぼる事になりさうである。若しさうであれば　利休の屋敷から　そのまゝ移したと云ふ傳へが　生きて來るであらう。然し　他の傳へでは　殘月亭の初めの鬼瓦は　道入のんこうとされてゐた。それについて「千家殘月亭　鬼瓦之事　旦入之尋問之返書」には

「殘月亭鬼瓦は　元來ノンコウ作に　御座候得ども　燒失仕候。鬼瓦之端書は　聚樂之御殿に　被二仰付一候なり。二代目常慶作。其節天下一之號　被レ下置候。當時　千家所持は　宗入作にて　御座候。此節上り有レ之候は　拙作にて御座候。宗入作は　入藏に相成　無レ之候。右之通御承知可レ被レ下候。」(本朝陶器攷證)

となつてゐたのである。「のんこう」作ならば　宗旦時代にあたつて、年代から考へても　ありさうである。それ故　この長次郎作の傳へは　なほ他に　據るべきものがなければ　信じられない。然し「天正二（一五七四）春　依臺命　長次郎」と云ふ彫名ある　獅子棟瓦と稱へるものが　樂家に傳へられて居て、長次郎が　この種のものを　作つた傳へ話は　他にないでもないから　利休のために　彼が棟瓦を、燒く事は　云ふ迄もなく　あり得ることであつた。

この利休庭宅圖は　宗入の棟瓦が　上つてゐたとあるので、　恐らく天明八年（一七八八）の大火前の表千家を表はしてゐるであらう。またこれは　汲江齋贊　堀内宗寛筆の　天明年前の「不審庵路地之圖」（三の第七圖）（堀内宗晋氏藏）　とも　よく合ふものである。　また天明八年の後の　表千家は　了々齋（文政八年歿）の書入ある圖が　今も表千家に　傳はつてゐるが、　この圖とは　不審庵の位置も　殘月亭の向きも變つてゐるし、　祖堂が　不審庵の南に續いて　建てられてゐたりして、　全く異つた　建物となつてゐる。また　これより後の表千家は　「圍後雛形」（文政年代末と推し定められる寫本　佐分雄二氏藏）　に　啐啄齋時代の有樣と　考へられる圖が　出てゐる。　その平面圖と　利休庭宅之圖は　不審庵の水屋の位置をはじめ　十所上の異ひが擧げられる。註三　此等の事柄で、　この利休庭宅之圖は　天明の火の前の表千家を　表はしてゐると　云ふ事が出來る。　なほまた　前にも誌した如く　圖の　裏千家境の門に　玄室宅と書き入れてゐたが この玄室は 宗旦の子で、元祿十年（一六九七）に 歿くなつてゐた仙叟玄室を 指してゐるであらう。元祿十六年（一七〇三）銘の棟瓦が あつたから 仙叟歿き後 常叟宗室の代で あつたにかゝはらず 玄室と書いたのは 仙叟玄室の歿き後 あまり時たたないか 或は仙叟が 世に在つた時の圖を後から寫す時に 瓦の事を 書き入れたものと考へられる。つゞまるところ 此の圖は 江戸時代中頃の 宗旦 江岑時代を あまり隔たらない 表千家を 表はすと見て 差しつかへないであらう。

この圖によつて 殘月亭は 昔からの傳へと同じく、二疊上壇附き十疊間で、附書院がつき 四疊の入側が ついてゐた。南側 附書院に續いた一間の所に 下地窓があるだけで 他は 壁であり、北は 四枚の襖となり、西と東から 主に光を 採つてゐた。西は 入側と四枚の腰障子で、東は上壇の所と附書院の所 共に 二枚障子が建つてゐた。これは 後に三枚障子 四枚障子に 變る所である。

この時代につゞいた時代の 殘月亭を 表はす圖と考へられるのは 先にも引いた 長次郎棟瓦の書込ある「宗旦屋敷小座敷手洗惣圖」である。これと同じ圖が 庸元圖（家藏）にも 出てゐる。この圖が 天明より前であつた事は 先に上げた 了々齋書入圖とは 不審庵の位置も 殘月亭の向きも變つてゐたし、また 次の座敷や 奥の方も 異つてゐた。また啐啄齋時代の表千家圖と比べて

も　殘月亭北隣　八疊間の床の間が　二間通しになつてゐた事、その東が　四疊間であつた事など七所ほど異ひ[註四]があるために　天明火災前と　考へられる。そしてなほ　前の圖とやゝ降ると考へられるのは　不審庵の水屋が「如心齋自書　寫　不羨齋宗雪所持」と傳へた「利休流普請書　數寄屋圖鑑」の圖と　同じであつて、然も前の利休庭宅圖と　水屋及び　隣の部屋廻りに　根本的な異ひがあるので、[註五]　凡そ如心齋時代　卽ち享保から寶曆　或は　も少し後の　天明火災前位の　表千家を　表はすであらう。この圖によつて知る殘月亭は　前の圖と大きな異ひはないが、南の方に　窓が一つ增した事、上壇東窓が　三枚の障子、書院東窓が　四枚の障子、西の方　緣側境眞中に　柱が入り、四枚障子となつた。前の圖にも　四枚障子になつてゐたが、これは後に襖となる所で、眞中の柱も　遲く迄殘つてゐた。この眞中の柱は　利休庭宅圖には　見えないが、古い仕樣かとも　思はれ、或は前の圖には　書き落されてゐたのかも知れない。宗旦屋敷小座敷手洗物圖も　圖は　素描で　明かでないが、席元圖には「西ノ方セウシ四枚　眞中柱アリ」と明かに　誌して居た。上にあげた　二つの圖は　また　緣側が　疊敷の入側でなくて、クレヱンと書き込んである。後に恐らく　榑板緣に　變へられたのであらう。今のものも　椽になつてゐる。然しこれは　天明火災後に　また　入側四疊敷に再びされる所である。天明八年二月朔日の大火は　表千家も　裏千家も　燒け失せたらしい事は後の書物であるが、喫茶敲門瓦子や茶事年鑑が 傳へる所であつた。その後 興された殘月亭及び 不審庵は あまり大きな變更を 受けて居ない事は 前に誌した「圍後雛形」にある 啐啄齋時代の圖で 知る事が出來る。また その頃の殘月亭は 篁齋起繪圖（家藏）の「利休書院 號殘月亭在千宗左」によつて 立面圖を 詳しく知る事が 出來る。[註六] この殘月亭は 間取の變り方から考へて、天明火災前にも その後の建て直した 殘月亭とも とれるものである。殘月亭の南に 不審庵、西に 四疊の入側があり、その境 眞中に 柱があつて 襖となつてゐるもので、利休庭宅圖の示す殘月亭とは 南側壁の窓の多い事、上壇及び書院の障子の數が 異なるもので その時代まで 上せる事は 出來ないだらう。

この篁齋の起繪圖によつて、その内側を 等角圖法で 表はすと 第三圖《（四の第三圖）》の如くに なる。これによつて その内側を も少し詳しく逑べて見よう。

東側は 三本引の窓をもち、一方 床の間としても使ふ 張付壁の二疊上壇、それに並んで 掛込み天井 化粧屋根裏の下に 二疊間があり、附書院がある。その前に 八疊間が作られ、四疊半切順勝手の爐が切られてゐる。北側 勝手の方は 四本の襖、西側には 四疊敷の入側、その境は眞中に柱があり、四本の襖となり、南側は 大部分壁で、そこに 下地窓と連子窓が 切られてゐる。

天井は上壇が鏡天井、六尺六寸高さ、附書院前は化粧屋根裏で竹棰木であり、八疊上は竿椽檜板天井、高さ八尺三分である。土壁の處は腰張があり、上壇だけ「利休好桐紋」雲母置きの張付けで、襖も同じ桐紋の唐紙張であつた。これで見ると光は東と東南の窓だけで、他の日本座敷のやうに開け放たれたものではなく、大きい壁と襖とで閉ざされ纏められた部屋である。これは十二疊敷の廣さではあるが、茶の湯小座敷と少しも變らない造りである。然し今のは南も東も西も明障子で、この氣持とはすつかり變つてゐる。またこの部屋の上段獨立柱は「太閤柱《たいかふばしら》」と呼んでゐる。太閤秀吉の御成間として傳へられるので、それに連つてこの名が出たのであらう。

この起繪圖の形で殘月亭が何時まで建つてゐたか。この事は今は資料がないので明かでないが、恐らく江戸時代末には全く變つて了つたのではないかと思はれる。それは明治三十九年（一九〇六）に燒けた前の圖で、平内家に傳はつた圖「京都表千家總地繪圖」（大熊喜邦氏藏）によると既に變つてゐた。先づ不審庵が殘月亭の南から東に移り、殘月亭は南側が戸袋だけ除いて、總て明障子に、西側の入側が三尺程の緣側に代つて了つてゐた。また上壇東側三本引障子が二本引に變つてゐた。これは江戸時代中頃の利休庭宅圖の二本引の場合を思ひ出させる。然

し この場合は 南や西が 明るくなつたため 床の間が 明る過ぎ、 それを 避けるため 壁を廣げたかとも思はれる。 また 北側 襖上に 欄間が切られ 透彫の板が 嵌め込まれた。

殘月亭の文政頃迄の變り方は 大した異ひでないが、 これは 極めて大きな異ひである。 この大きな變り方をした 殘月亭が 明治三十九年に燒けて、 同四十二年(一九〇九)に 同じ形で 建て直された。 透彫の欄間は 火をまぬがれて 同じ位置に つけられて居る。 東西南の三方が 障子で、 開け放たれた感じの 今の殘月亭は 明るいよい座敷ではあるが、 古くから 利休の色付書院として傳へた 茶座敷、 鎖の間としての感じは 全く失つたと 云つていいであらう。 たゞ 上壇及び書院、 化粧屋根裏の邊が 昔の形で 殘つてゐるのみである。 また 昔から色付書院と 呼ばれてゐた色付も、 何時のときにか 白木に變へられて 了つてゐる。

この變へられた 殘月亭は 川上不白の「上段付書院」として傳へる 起繪圖(覃齋)の圖に 誠によく似てゐた。 この書院座敷の間取圖は ほとんど殘月亭と變りがなく、 上壇の床柱には 太閤柱の名さへも 書き込まれてゐた。 これに 不白好み殘月亭寫しとでも 呼ぶべきものである。 障子の建て方などに いくらか 異つた所があるが、 南と西を開けた座敷に 變つてゐることは 全く等しい。 表千家の變へられた 殘月亭が この不白の殘月亭寫しに 響を與へてゐたかどうかは 疑はしいのであるが、昔からの茶座敷めいた趣の閉された部屋構を 厭うて 變へられた事だけは疑へない。明るい部屋構の求めは 住居としてのためで あつたであらうが、茶座敷 鎖の間としての殘月亭にも その考が 影を投げ 響を與へたのであらう。

このやうに 變つて行つた 殘月亭も その初めのものは 前にも誌したやうに 江戸時代中頃 利休屋敷から その儘 移し建てたとも 傳へられてゐる。然も それは 利休 聚樂屋敷からであるとしてゐた書物もあつた。この利休聚樂屋敷については 天正十八年(一五九〇)に 博多の神屋宗湛が 茶會に出て、その日記に書いてゐる。宗湛日記の天正十八年の所に

「九月十日晝 聚樂ニテ　一 利休老 御會 球首座 宗湛 書院ニテ　上壇ノヲシ(押)板ニ 天神名號懸テ……(中略)一 手水鉢 大ナル丸キ石堂也。ヒシャクアホノケテ也。」

などと誌してゐた。

この「上段の押板」は 殘月亭で見た 二疊 上壇の北側壁が 掛物をかける處に なつてゐて 上壇床とも 後の書物には 誌されてゐたものと 同じであると 考へられない事はない。この時代は床間《とこのま》のことを 押板《おしいた》と 呼びなれてゐた 室町時代に 引き續いた時で、なほ その稱へは 行はれてゐたか、津田宗及日記や 南方錄に 表はれてゐる。然し「上段の押板」と云ふ 書き表はし方は

上壇の間があつて、其處に 床間（押板）が 別に 附け加へられた 場合を 指してゐると 思はれる。殘月亭の如く 上壇の間そのものが 床の間となり、別に 床の間を 設けない場合を 指すことは ないであらう。また 同じ日記の中で 同じ月の廿日晝の「一 利休老御會 宗湛一人」の會に於ても茶の湯過ぎて「御雜談の事」とした處に「書院ニ タシツクヱニ」として そこに飾られた文具の素描をしてゐた。この書院もまた 前の會と同じ 書院座敷であつたやうに思へる。そして「タシツクヱニ」は 出机《だしつくゑ》にであつて 座敷に出してあつた机と云ふよりも 出書院《でしよゐん》とか 附書院《つけしよゐん》と 今呼んでゐるものであらう。書院は 鎌倉時代 出文机《だしふつくゑ》とも 出机とも云つてゐたことは 法然上人行狀繪や 門葉記が傳へる所で、後に「附書院 一名出府机《だしふつくゑ》」（紙上蜃氣）とも誌されてゐた。そしてこれも 殘月亭で見た 出書院であつたと 考へられない事もない。また 利休百會記の中にも 聚樂屋敷の會と 明かに 考へられるものがあり、その中に「廣間にて はしたての御茶、同はしたて出ル」などとした 廣間も この殘月亭であつたと 考へられない事も ない。然し述べ方があまりあらくて 部屋の大きさや形を 考へ得る手掛が ないので なほ 別の資料でもなければ これだけでは 殘月亭のことであるとする事は 出來ない。

註一　クサリの間は　南方錄に「備前宰相殿淺野殿宗及へ相談の由にて　クサリの間とて別段に座敷を作る事あり。」これは平内の「匠明」の圖にも「クサリノ間」とあつて、桃山時代に茶座敷と隣つて造られるのが習しとなつてゐた。

註二　この圖は　わび誌　昭和十五年一月號に　澤島英太郎氏に依り紹介されてゐる。

註三　殘月亭と不審庵の續き具合、不審庵土庇、殘月亭の上段及び書院の障子が兩方とも二枚のが啐啄齋時代のものは三枚と四枚になり、又上段裏の三疊の濡緣が　なくなる等々。

註四　また覺々齋流芳時代に　次の八疊間の床間が　二間通しになつてゐたことは、「如心從覺々齋聞書」の中に「江岑宗佐五十回ノ時、大德寺之衆齋ニ招、トキスミ、五ツ半コロヨリ門弟子中十人ツヽ八疊敷ニテ菓子ノ茶湯流芳スル也。二間床ニ　利休ノ像、三疊敷ニハ流芳作百花ト云二重……。此二間床ノ前西ノ方貫敷ニテ圍也。長四疊見付ニ臺子仕掛也。」としてゐるので明かで、その東に三疊敷があつた。それが宗旦屋敷圖及び席元圖には「次ノ間床二間」とし、また上壇裏が長四疊であつた。殘月亭の西の緣が榑緣になつてゐたことも共通の點があつて、然もそれ等が第一圖と異なる處である。席元圖は他の資料により安永九年（一七八〇）以前の圖が原本と考へられる後寫本。宗旦屋敷圖は家元圖と同じく上壇裏が長四疊であることで、覺々齋時代、江岑五十年忌までは擧げられない。

註五　次の間の床間が一間（前圖）の所これは二間及び上壇裏の茶室第一圖は三疊であるがこれは長四疊であ

る。

註六　帝國圖書館藏の亶齋儀鄉圖文政七年(一八二四)圖おこし圖と同樣のもので　筆者藏のものは北總古河　亶齋信立圖となつてゐる。名が異なるが同系のものであらう。これは組にして流布された圖で、大體同一の原本から出た圖で年代も大差ないであらう。

四の二　殘月亭の元型「九間《こゝのま》」

利休の殘月亭を考へるに なほ一つの資料となるものは 先に不審庵を述べる折に 引いた 杉木普齋の「利休家之圖」がある。

こゝでは 元祿五年（一六九二）九月瓶子金右衛門宛の五卷の傳書（自筆本 龍村平三氏藏）の一卷の「利休家之圖」を主として、他に 後寫しの異本をも合せ見て 述べよう。註一

この書物は 利休家之圖と書いてはあつても 圖はない。恐らく 昔は 圖が附いて居た 寸法書きであつたであらうが、今は 元の圖がなくなつて、たゞ寸法書きだけに なつたものである。元祿五年書は 奥書に「右 利休家之圖也、千宗守老 所持之本 寫也。」としてゐた。後寫しのあるものには「右利休家 普請方寸法 千元伯宗旦より 杉木普齋へ傳來」と文化九年（一八一二）に 書き込んでゐたが、普齋が 宗旦の弟子と 云ふ事から かく思ひ誤つて、誌したのではないかと思ふ。普齋は 彼の自筆の傳書の他の卷奥に「利休居士末孫 千宗旦老 其子息宗守老 宗左老 此三人衆より」云

云と誌してゐたので、巻によつては 宗旦の傳へもあらうが、家の圖だけは 特に 宗旦の子 宗守からの傳へと 誌してゐたのである。然し これも恐らく 少庵から宗旦へ 次に 宗守へと 傳へられたものであらう。そしてこれは「川西よしや町元誓願寺 利休本宅普請の次第、今に 千家に少庵筆にて有之なり。」と享保頃に 雪見草が 誌して居たものが原本かと思ふ。また先にも引いた「少庵寫置」(帝國圖書館藏)として 普齋が 別に傳へた四疊半、二疊の茶座敷圖及び寸法書があるが、これも この「利休家之圖」と 少しばかりの異ひもあるが、凡そ同じ源から 出たものと 考へられる。これは誰から 傳はつたとも誌して居ないが、或は 同じものを 普齋は 利休家之圖とか 少庵寫し置きとか云ふ 表題を付けて 別々に傳へたかも知れない。いづれにしても その傳へ來りの 筋から云つて、據るに 足るものと思ふ。

「利休家之圖」は大門、中門、平地門、廣間、長五疊、九間、二疊、四疊半などの寸法を 細かく誌したもので、門の數の多い事により 利休の住居としても その主なものであつたであらう。但し何處の住居であつたかは 何も書いてない。これについては なほ後に 觸れるであらう。

この中で 九間《こゝのま》の書院座敷は 今述べて來た 江戸時代の 殘月亭の元型でないかと 考へるものである。そのところを 引いて見れば[註二]

「九間之本

一　うち八てうしき《帖敷》の天井のたかさ《高》たゝみ《疊》から天井の板迄八尺　一　天井のふち《縁》下は一寸
但同あつさ《厚》七分

一　同ふちの數ハ　七本　一　上たん《壇》天井の高サ下ノ疊より天井ノ板まで六尺五寸五分

一　同長縁は一寸九分

一　天井ノまわりノ大わ《輪》のたけ《丈》一寸七分　一　なかふち《中縁》あつさ　一寸　一　同めん《面》　一分

一　北の障子ノ長サ　四尺七寸　一　同はゝ　二尺五歩　一　くミ子數立五本

一　同　横も五本

一　同くミ子ノはゝ　五分　一　同厚サ　二歩ニ少しつよし　一　同かまち《框》ノはゝ《巾》　五分半

一　上下ノよこかまち《横框》たけ《丈》　五分半　障子の數一間ニ三枚也　一　同鴨居しきい《敷居》厚さ　一寸三分　一　同はゝ　二寸三歩つゝ　一　同上たん《壇》おとしかけ《落掛》はゝ《巾》　二寸六歩

一　同あつさ　一寸七歩

一　同上たん《段》かまち《框》ノ高サ　二寸八歩　一　同厚さ　一寸六歩　一　同下ノ小壁但板也

一寸四分　一　上たん《(壇)》中柱は　三寸　一　同厚サ二寸三歩　右二疊敷上たん《(壇)》ノ分

一　四疊敷ノかまち《(框)》は丶《(巾)》　二寸八分[註三]　一　同あつさ　二寸　一　同上たん《(壇)》ノ脇屋根の内一
間

一　同軒ノ高さハ上たん《(壇)》の天井の高サ也つきあけ《(突上)》有　一　同屋根ノこうはい《(勾配)》三寸かうはい《(勾配)》也

一　書院のうちの板は丶　一尺六寸七歩　一　同厚サ　一寸一分　一　同めんミせおもて《(面見面)》
二分　一　同疊より板の上迄高さ　七寸七歩　一　同かもいのうちのり《(鴨居内法)》　三尺三寸五歩

一　うへ《(上)》の小壁あい《(間)》　一尺二寸五分
(同筆の張付書入)「うへの小かべあひ《(壁間)》かもい《(鴨居)》下ばより天井ノ板までの寸尺はおとしかけ《(落掛)》五
尺二寸七分にてあい《(合)》申候。」

一　同かもい《(鴨居)》のあつさ《(厚)》　一寸四歩　一　同上の大輪ノあつさ　一寸七分　一　同大輪内の
ミセおもて《(見面)》　一寸　一　同はしら《(柱)》　一寸八歩四方　一　同おとしかけ《(落掛)》高サ疊より五尺
二寸七歩　一　同障子くミこ《(組子)》數立四本　一　同くミ子《(組)》よこ　三本　一　同くミ子は
は　四歩半　一　同あつさ　二分少つよし　一　同かまちのは丶五分

以上障子四枚之分

一　書院わきのおりくぎ《折釘》した《下》の板より高サ　三尺二寸五分　一　同上ノ大わ《輪》より五歩さかり
て一つ有　一　同書院前の柱おもて折釘書院板より高さ　三尺四寸也
右以上四疊敷中たん《壇》の分
一　天井の高さ疊より板迄　九尺　一　くゝり《潜》のたかさ《高》　二尺七寸　一　同かまち　一
寸四方　一　同はゝ　二尺五寸　一　同さんみせおもて《桟見面》　一寸　あつさ　八歩
一　同ほうたて《方立》のはゝ《巾》　一寸九歩　一　厚サ　一寸三分　一　かもい《鴨居》はゝ　二寸六歩
一　同かもい《鴨居》厚さ　一寸三歩　一　同なかさ一間とをりてしたち《下地》窓の敷居にもちい《用》障子ノ高
サ　二尺三寸
一　同はゝ　一尺八寸三分　一　同立　三本　一　同横　二本　一　くミこ《組子》ノはゝ《巾》　五
歩　一　同あつさ　二分ニ少つよし　一　此窓一間ノ眞中ニ有
一　又此窓のかもい《鴨居》を敷居ニもちい　一　障子高さ　二尺五寸　一　同はゝ　二尺五寸五
分　一　同立　三本[註四]　一　まと《窓》のわきぬりこめ《塗込》　六歩　一間ノ北の分也[註五]
一　ひかし《東》の一間ノ所まと《窓》のしきい《敷居》たかさ《高》疊より　一尺九寸三歩　一　同下地窓障子高さ　二
尺二寸四歩

一　障子はゝ　一尺八寸五歩　一　同くみこ《組子》のかすたつ《數立》　三本　一　同くミこ《組子》の數よこ三本但し貳本か[註六]　此うへ《上》ニ一間の竹こうし《格子》あり　一　高さ　二尺九寸　一　一間ノあひに竹ノ數拾四本中にぬき《貫》一とをり《通》有　一　ぬき《貫》ノはゝ《巾》　九分　一　同あつさ　六分

一　此かもいと天井へひつ付て有

一　同此障子くミこ《組子》の數たつ《立》　三本　一　同横　六本　都合貳枚之分

一　つぎミなみ《次南?》

一　堂庫たかさ　二尺五寸　一　同はゝ　二尺九寸五分　一　同深サ　一尺七寸

一　棚の高さ下より　一尺八寸　一　同棚ノはゞ《巾》　一尺一寸二分　一　同あつさ　四分

一　同棚ノもたせ厚さ三分　一　同堂庫ノ穴前ノ疊より四寸八歩のけて[註七]　一　同わきの板より一寸六分のけて　一　同穴の廣さ　九寸　一　同障子くミこ《組子》の數たつ《立》　二本

一　同　よこ　五本[註八]　此堂庫の上ノ間中の竹こうし高サ　二尺五分[註九]

一　同竹ノ數　六本　一　敷居の高サハ北と一めん[註一〇]　一　しやうしくミこ《障子組子》の數たつ《立》　三本

一　よこ　五本　一同障子ハ一まい　一　此まノかもいうちのり《鴨居内法》　五尺七寸

一　同うちそへはゝ　三歩　一　厚サ　三分　一　書院前の柱ノふとさ　二寸八分

一　同かハ(側)のはしら(柱)ふとさ　三寸四分
　以上右色付九間ノ分」

これが　利休家之圖の「九間之本」の總てである。この九間《こゝのま》之本と云ふのは　九の間座敷の本歌と云ふ　含みであらう。註一　九の間座敷と云ふのは　貞丈雜記に「座鋪の事を　舊記に　六間の座敷、九間の座敷などと云　事あり。六間とは　十二疊敷也。九間とは　十八疊也。北上記に　見しなり。然れば一間と云は　疊二帖敷にて　六尺五寸四方也。卽一坪の事也。」としてゐた如く　十八疊間の事であらう。例へば　大乘院雜事記に「九間御前御茶湯ハ公方。並　良家殿上人分計　用意之。本阿ミニ仰付之。北面六間御茶湯、女中御所　法花寺殿……」と古く　九間、六間を　使つた例がある。註二この利休の家の場合は「廣間之本、九間之本、二帖敷之本」など云ふ書き方で、總ての部屋を間《ま》で　表はすのでなくて、茶座敷などは　二帖敷で表はし、また　最も廣くあつたらしい　部屋は廣間とよんで　その中の一部屋をのみ　九間《こゝのま》と呼んでゐた。これは　室町時代からの呼び習はしがなほ殘つてゐたもののやうである。この外にも　利休について　細川三齋が傳へる所によると「松の嶋にて　九間の廣座敷に　眞中に　利休か　風爐を　置候と御咄」（細川三齋御傳受書）、また　秀吉の大坂城の中には「御寢所の樣躰……(中略す)九間にて候。」（大友文書）とも傳へられて、その頃　九間《こゝのま》に限

つて　この呼び稱へが　殘つてゐたやうである。利休の家で　なほ「廣間之本」の終りにも「已上右九間之分」としてゐたので　この廣間も　十八疊敷であつたらしい。この廣間は　床の間廻りだけを　見ても「床ノ落しかけの高サ　七尺四寸五分」「同おとしかけはゝ　三寸五分」「同あつさ　二寸五歩」などとあつて、これを「九間之本」のものに比べて　遙かに大きいので、同じ九間と呼んでも　特に廣間と呼ぶだけの含みが　あつたやうである。それにまた「九間之本」の中に表はれてゐた疊敷は「うち八帖しき」「二疊敷上たん」「四疊敷中たん」の三つに　分れて居て、合せて十四疊で、十八疊ではなかつた。然も　九間と云つてゐたのは　別に　四疊の入側が　あつたためかと思ふ。これは　殘月亭の古圖に　入側《いりかは》四疊がついてゐたのを　思ひ合せて　考へるのであるが、また　これは初め「うち八帖しき」と誌してゐて、外に　何帖敷かが　あつた事を「うち」の言葉の中に　表はして居たと　思へないことはない。卽ち二疊の上壇、四疊の中壇、八疊の下壇、それにこの入側四疊を加へると　十八疊となる。このために　內だけで　十八疊敷の座敷を　特に　廣間と呼び、入側付きで　十八疊の座敷を　九間《こゝのま》と　呼んだかと思ふのである。然も「色付九間」と終りの但書で　廣間の九間と別けて　誌してゐる。この色付は　前に殘月亭の所で　述べたやうに　色付の木を使つたから　その名が出てゐたと思はれる。また後に於ても　殘月亭を　色付書院と　呼び習

はす事も　既に　この書院からの傳統であつたやうに　考へられる。

先に引いた部屋の寸法書きも　圖があれば　直に　分るのであるが、圖が失はれた今では　逆に、この寸法から　圖を導き出し、元に還して見るより　外に仕方がない。それで　試みに　四の第一圖の如く　圖にして見たのである。この上中下壇の疊敷も　平面だけから　導き出せる形は　もつと變へて考へる事も　出來るが、天井と　窓の高さとの關り合ひで　この圖の如く　決つて來たのである。この寸法書きで　最も考へ迷ふ事は　窓の大きさを誌した處である。そして　部屋廻り總てに亙つて　誌してゐないために　搖ぎなき迄の形には　纏らない。例へば「一間ノ北の分也」「ひかしの一間の所」「つきみなみ」などと　一間づつに切つて　窓の形を　誌してゐた。この北の分一間を上壇の北の窓と　並べて　配り、書院を　南側化粧屋根裏の所に　つける事も、これだけの寸法書きからは　出來得るのである。然し　こゝでは　この上壇北の窓　及び書院板の巾、高さ、同障子などが後の殘月亭と殆ど違はないし、そこの掛込み化粧屋根裏と　上壇二疊との組合せが　また　殘月亭と　同じ組合せであり、その意匠の見處が　殘月亭の主題を　なしてゐたのであるから、いま　殘月亭の關りに於て　復原して居るので　圖の如き在り方を　選んだのである。そして　この「一間の北の分」を　東の壁の　北一間と　考へた。「つきみなみ」は　恐らく「次南」で、東の壁の次ぎ　南としたのである。そして「ひかしの一間の所」は 窓と天井高さの關りで、中壇の東壁で なければならないので、はつきりと この所に定る。それから これらの壁につく 窓や潛口や 道庫なども、その一間の壁の 左寄りか 右寄りか 明かでないもの多く、第一圖(四の第一圖)に示した外に 少しずらした所に 置く事も出來る。爐は 書いてはないが、道庫の在方によつて 逆勝手(右勝手)に 切つて見た。これは 殘月亭に 切られてゐる逆であるが、恐らく この道庫を使ふためには この樣になつてゐたであらうと 考へるからである。利休は 既に 天正元年(一五七三)の南坊宛傳書(堀越角次郎氏藏)に 書院立の事として イロリの圖を書き、明かに 爐を切つた手前を 示してゐた處を 考へると、上中下壇に分れた書院座敷に於ても、自らの家の この如き座敷には 恐らく 季には 爐を切つたであらうと思ふのである。註一三 また 南側や西側は どうなつてゐたか この寸法書では 知るを得ないが、後の殘月亭の如く 恐らく 襖となつてゐたかと思ふ。入側の所に 襖をたて、眞中に 柱があると云ふ如き 後には あまり行はない仕方の 殘月亭起繪圖を 見るとき 何か 古い傳統の名殘りを 止めて居る如くであるので、この利休時代の九間の書院も 恐らく それに近かつたと 假りに定めて 圖を作つて見たのである。

この圖の如き 九間書院座敷と 江戸時代の殘月亭を 比べて見ると、前にも記した如く 殘月亭の見處であつた二疊上壇と化粧屋根裏下の附書院と云ふ點では全く等しいので、恐らく殘月亭の原型をなすものであらうと思ふのである。江戸時代の第三圖（四の第三圖）の如き殘月亭がその形そのまゝで利休屋敷にあつたとしても或は少庵が利休座敷を寫した折に出來たとしても、恐らくいづれの場合でも、九間の本として傳へられたこの書院が基となつて、それが單純化されたであらう事は二つの圖を見比べるとき直に誰にでも肯へる所であらうと思ふ。

次にこの九間書院と殘月亭の異なる點に觸れよう。第一の大きな事は中壇が殘月亭にはなくなつてゐた事である。これは秀吉が來り臨むと云ふやうな事のためその必要によつて上壇、中壇、下壇と云ふやうな此上ない格式の座敷を作つたのであらうが、少庵がこれを興す折には最早そんな必要はなくなつてゐたから、省かれたのかも知れない。なほこれには潛口があつた。これは茶の湯の「にじりくち」としてか、秀吉が臨んだ折の「給仕口」としてか明かでないが、竪二尺七寸に横二尺五寸の口は妙喜庵の二尺六寸一分に二尺三寸六分、或は聚樂四疊半の二尺五寸に一尺九寸五分と云ふ茶座敷としては特に大きいものよりも、なほ大きい口に切られてゐた。この潛口は殘月亭にはない。次に道庫であるが、これも殘月亭にはない。この道庫も常の茶座敷のものより大きく、二尺五寸に二尺九寸五分もある。そしてそ

の中に 丸爐か銅壺かが 落しこんであつたらしく、穴九寸と書き込んでゐた。これは松花堂の如くで あつたであらう。この堂庫の戶は 障子が はめてあつた如く 組子の數迄 誌されてゐたが、太鼓張障子の含みでは ないかと考へられる。次に 上壇の獨立柱であるが、これには「上たん中柱」として 三寸に 二寸三分と云ふ 長方形切口の柱を 使つてゐた。これは 疊の納りから おのづから 平な柱が 求められたのであらう。殘月亭では 太閤柱と稱へて 正方形であるが、江戶時代中頃には 四方柾目の 反對の「四方板目」と云ふ 書入れをして ゐたのもある。これは或は柾目の誤かとも 思ふが、事によつたら そのやうな變つた柱も 使つたのかも知れない。今の柱は長方形切口の柱となつてゐる。

次に 最も心を 引くのは 附書院前の化粧屋根裏に 開けられた 突上げ窓 卽ち天窓であつた。これは 江戶時代の殘月亭には ないが、この突上げ窓によつて 殘月の名も 出たやうに思へる。後の殘月亭の如く 化粧屋根裏が たゞ形ばかりの見掛けに終る 意匠の遊びとして 大屋根の下に天井の變り型として 造られたものとに 建築の含みは 全く異なる。單に 勾配をつけただけの掛込天井には 突上げ窓は 開けたくとも 開ける事が 出來ないが、この九間書院座敷では その掛込化粧屋根裏は 構造的にも 一軒の葺きおろしに 作られてゐて、突上げ窓が 正に 有る可き

姿で 切られてゐたのである。これは 構造と表現との 一元的意匠と云ふ點で、江戸時代の健かならざる虚僞構造と比べて、誠に 好ましく心引かれる 所である。

この屋根は 上壇の處も 一續きに葺かれたらしく 上壇天井が 他に比べて低く、六尺五寸五分であつた。そして 書院の處の軒高さは「上段の天井の高さ也」と誌してゐた。江戸時代の殘月亭も 上壇天井高さは 殆ど同じく、六尺六寸と傳へてゐた。

次に窓の多い事で、これは數寄屋造の窓の如く 廣間の壁に 込み入つた形で、組合はされてゐた。これは如何に 利休が 獨創的な意匠家であつたかを 示すよい 例であらう。

次に 利休家之圖の住居の 有り所に ついてであるが、この家の九間の書院が 殘月亭の原型であつたと考へ、また 殘月亭が 聚樂屋敷から 來たと云ふ 江戸時代の傳へも あつたから この屋敷を 利休聚樂屋敷と 一通りは 考へて見る事が 出來よう。それは 葭屋町元誓願寺前 利休宅と傳へた屋敷の事である。そして 宗湛日記や 利休百會記に表はれた 聚樂屋敷の如く 四疊半や二疊がこの家にもあつた事によつて この考を 裏づけさうである。然しまた一方に この考を 否むやうな 事柄が ないではない。それは この家の四疊半が、天正十六年(一五八八)九月四日の 利休聚樂屋敷の茶會記に添つた「利休於聚樂四疊半座敷圖」と 寸法が 異なるからである。たとへば 聚樂のは「クヽリノ横二尺五寸 タツ壹尺九寸五分」となつてゐたのが これには「くゝりの高さ 二尺二寸五分」「はゞ 二尺二寸(別本二尺一寸)」となつて居た。また「床ノ立 貳尺貳寸五分」「はゞ四尺」とあつたものが、これには「床のはゞ 疊四尺三寸」「同深さ 疊二尺四寸」となつて居て、寸法の異ひが大きく、測り違ひや 書き誤りでなく、同じ一つのものの 寸法とは 見られない。利休聚樂四疊半が 天正十六年(一五八八)より後に 建て直されたと云ふ記録でもない限りは この事に依つて、聚樂屋敷の寸法書きで あるとする考へは 否む方に傾く。

この利休家の圖の 寸法書きの寫しで「右は 利休普請方圖 任懇望書付畢 安永六丁酉年(一七七七)九月 山田逸齋」としたものには「四疊半ノ本 但不審庵の圖」として、普齋自筆と同じ寸法を 書いてゐた。この但書 不審庵の圖と云ふことは 元祿五年(一六九二)の自筆本には ないし、また寶永七年(一七一〇)の寫本にもなくて、この安永六年本だけに 見られるものである。安永寫の原本が 元祿五年の 瓶子金右衞門宛傳書だつたら 後からの書入れであつた事 明かであるが、普齋は 似たやうな内容で 所所少しづゝ言葉を 變へたり、また 別の細かい事を 書きこんだりした 傳書を 年代の異つた時に 幾種も作つたらしく、いま目に 觸れたものだけでも 三種は 殘つてゐるのである。例へばこの外に貞享四年五月（一六八七）清水甚左衛門宛のもの（柿谷勘藏氏藏）や元祿十年（一六九七）の十卷になつたもの（御巫清白氏藏）がある。この三種の外に　なほ　異つた傳書が　恐らくあつたであらうから、「利休家之圖」の傳へにも　異つた傳が　有り得ると思ふ。寶永及び安永の二つの寫本も　宛名や原本の年代が　明かでないが、また寸法書の內容も　同じものであるが、順序や文字は　變つた所　少なくないので、後寫しのための　變りとばかりは　見られず、普齋の別の傳と　見る可きで　あるからである。それ故に山田逸齋に傳はつた本に　他にない　文字があつたからと云つて、直に　後からの書入れとのみは　定め難いものを　覺えるのである。いま　この「不審庵の圖」と云ふ書入れを　普齋として　見るとき、これは　少庵この方　宗旦、宗守に　傳へられた口傳で　なかつたかと云ふ　考へを　全く　否む事は出來ない。その結果は　利休不審庵は　四疊半であつたと　云ふことになつて、先にも　述べたやうに　江岑夏書や　茶譜の傳へと　よく合つて來るのである。

また　これは　前に述べたやうに　表千家で　殘月亭と不審庵とは　伴つたものとして、常に　傳へられ來つた事を　考へる時、今この　利休家之圖の書院が　殘月亭の原型であり、同じくその中の一つの茶座敷が　不審庵であつたと云ふ事は、利休時代から　殘月亭と不審庵との　組み合せがあつて、それが　受け繼がれて　來て居たと云ふことにも　なつて來るのである。このことは　含みの深い事であつて、このためにも「不審庵四疊半」の書入れは 見るべき一つの資料と 云へるであらうと思ふ。

この寸法書きは 不審庵をもつ 利休屋敷のものとすれば「大徳寺門前ニ 易の庵有レ之。不審庵といふ。前角ハ 少庵住たり。」と云ふ 松屋日記や、これと似た江岑夏書によつて 大徳寺前の利休屋敷のものと 云ふ事になる。「前角ハ 少庵住たり」とは、前に 少庵が住んだと 云ふ含みで、天正十年（一五八二）正月廿六日の この家での 少庵の茶會を 宗及日記に見る時 この傳への正しさは裏づけられる。少庵は 利休が 罪を得て 果てた後 文祿の年に 今の本法寺前の千家の所に 許されて、家を 再び興すに當つて 前に住つた 大徳寺門前屋敷の 書院座敷を 圖によつて 建てることも、正に 有りさうな事であつた。そしてまた 宗旦に 傳へるに その利休の家、前に 自らも住つた大徳寺前の家の寸法を 以てした事も極めて 有りさうな事であつた。そして また 利休の書院を再び興すに當つても、上中下の三壇になつた 大名が 持ち得る 高い格式を そのまゝ 作る事をはゞかつて、上壇床として その面影を殘し、中壇を全く はぶいて了ふ事も また 有りさうな事と思はれる。

こんなわけで こゝでは 別の史料の出るまで これを 大徳寺門前の 利休の家と 考へて置かう。

次に 利休家之圖が傳へる 九間書院の年代に ついてであるが、江戸時代中頃に 利休色付書院殘月亭は「秀吉公御成間」として 世に 傳へられてゐたし、それより先 慶長十三年（一六〇八）に 松屋久重も日記に 少庵の書院が「太閤樣 御成の時の 座敷の圖」と誌してゐた。これらのものは 殘月亭の事を さして居たが、その原型と考へられる この利休「九間」の書院座敷こそ 秀吉を 迎へるために 作られた 利休の書院であつたと思ふ。何となれば それは 上中下の三壇にもなつた格式ある造り方で あつたからである。然らば 利休の屋敷へ何時 秀吉は 來たことがあらうか。秀吉が利休の屋敷に 臨んだことは 天正十八年（一五九〇）八月から 十九年（一五九一）閏正月まで 半年餘り 百會程の 利休茶會記に 五度、南方錄の 年代の明かでない茶會記に 五度出てゐた。南方錄の茶會記は 前にも述べたやうに 疑はしい處多いので いまは別としても とにかく 利休の家へは 秀吉は 度々 來てゐたのである。然も 天正十八年の茶會記には 明かに 聚樂屋敷の茶會であつたので 他の會も恐らく聚樂屋敷に 於てであらう。この屋敷は 秀吉の聚樂第に 近い所でもあつたから 度々來ることもあり得たのである。南方錄の會は 年もわからず また據り得るものか 否かも にはかには確め難いので 今は 觸れるのを 止めるが、次に 秀吉の聚樂第は 天正十二年（一五八四）に始まり、同十四（一五八六）

年二月に　工を終つてゐたから　利休の聚樂屋敷も　凡そ　この頃に出來たであらう。　それ故に天正十四年より後の茶會には　秀吉を客にした會も　考へられないことでは　ないのである。
然し　利休の九間を　大德寺門前屋敷と　推し定める時は　この如く　秀吉が　度々そこに來た事は有り得なかつたから　もつと特別な時　例へば　大德寺に詣でた時とか、北野へでも　遊んだ歸りと云ふ折に　行はれた事であらう。　例へば「十二月十六日朝　飯後不時　二疊敷　御成、但御寺參歸御相伴　和尚　宗久。」（南方錄）と云つたやうな　利休の茶會は　この寺が　大德寺ならば　或は大德寺門前　利休屋敷の會と　云ひ得る場合が　出て來るのである。　或は　天正十三年（一五八五）三月八日の大德寺に於ける　秀吉の茶會には　利休は　宗及と共に　茶を點ててゐたのであるが、その前後などにもその門前の　利休屋敷に　立ち寄る事も　有り得たであらう。　後に書かれたもので、どれ程に　據り得られるか　分らないが、秀吉が　利休の家に　來たことについて
「其前　利休が　不審庵へ御成。　御茶を被召上候時　宗旦は　利休孫にて八歲也。　喝食の體にて御茶の湯の御給仕仕るを　能く御覺被成……」（千利休由緒書）
とあつた。　宗旦が給仕に出た　八歲の時を、萬治元年（一六五八）　八十一歲に　亡くなつた宗旦の傳へを　とれば　天正十三年に　當る[註一四]ので　或は　先の大德寺の　茶會の頃だつたかも　知れないのである。

或は また 天正十五年(一五八七)の 北野の大茶會の時の 見分などにも 立ち寄るやうな折も あり得たであらうかと思ふ。

利休が 秀吉に 重く用ひられる樣に なつたのは 天正十三年(一五八五)十月七日の 宮中の御茶會に 秀吉の補佐役として 利休居士の號を 許された前後からであつたと 傳へられるので、それより前には 宗及などが 認められて 茶の事で 侍つてゐたので、利休の家へ 秀吉の來り臨むと 云ふやうな事は 恐らく なかつたであらうと思ふ。利休の九間書院が 秀吉の御成と云ふ事のために 備へられたとしたらば 早くとも 天正十三年前後と 見るべきであらう。上中下の三壇になつた 座敷などは さうした折でもなければ 恐らく 公家や大名でもなかつた世の常の住居などに 作り得る形では ないやうに思はれる。

終りに結びとして これまで述べて來たことを つゞめて云へば 江戸時代古くから 利休家之圖と稱へて傳へられ來た 寸法書きは 據る可き確からしさを かなりに持つたもので、こゝではその中の一つ「九間」の寸法を たどつて、一つの圖に 組み立てて見た。そのやうに 元に還された圖によれば 江戸時代中頃から 傳へられた 殘月亭圖と 意匠の上に 通ふ所多くて、殘月亭の源と考へられるものであつた。

江戸時代の殘月亭の圖は利休九間の中段をなくし、窓を少くし、大きさを變へて纏めて見たもので、そのやうに變へたのは利休が自ら行つたのか、少庵の手になつたかは今の所わからない。然し數多い利休好みの住居のうち大名達に頼まれて、好んだ書院も多かつたらうからその中の一つにはこの如き姿の座敷も有り得るかも知れないのである。この含みで江戸時代中頃の殘月亭の形そのものも、利休書院座敷と見ることを一向きに否む事は出來ないであらう。

次にこの如き書院がもつ建築的含みを考へて見よう。殘月亭にしても利休九間の座敷にしてもその示す所は利休の獨創的な建築意匠であつた。この如き試みがなされた例が他にもあつたかどうか知らない。世の寢殿造や初期書院造などに見られた蔀戸や遣戸の形式、後の書院造の明り障子、雨戸の形式など、また窓にしても連子窓を柱の間に一列に切るとか、唐《から》樣《やう》建築の一部を取り入れて、火頭窓を壁の中程にとる位の意匠の傳統の世界には、この如き造り方は全くの驚きであつたであらう。この如き廣座敷に妙喜庵やその他の小座敷で試みた形の異つた窓や入口の組み合せによる純粹に建築的な纏まり、一向きな比例の世界を作り

上げるやり方は 正しく 一つの劃期であつた。秀吉の聚樂第の營みに 利休は どれ程に關つたか分らないが、然し その一つと云ふ「飛雲閣」の如き 建物の組立には 茶室を初め この如き 書院の意匠的理念なしには 考へられない類のものであつた。さもなければ 一流れの歴史的表れとして 金閣や銀閣の如き 同じ類の 建物でありながら、飛雲閣に移り行く 造形的意匠理念の飛躍は 全く 解く事が 出來ないであらう。云ひ換へれば 昔から傳はつて來た所の 相稱的取扱ひにその基を置いた 工匠的意匠理念を 超えたものであつて、一向きな 非相稱の傾に 礎を置く 茶の湯の造形理念の 建築への 擴がりを含み、意匠の上に於ける 日本らしさを築く 導きを なしたものに 他ならない。然し この書院に表はれた 感じは 妙喜庵に 示されたものには 遠く及ばないやうに思はれる。これは やり過ぎであつて、後の殘月亭の如く 好み直される定めに あつた。この好み直しが 利休の手になつたか、少庵の手に よつたかは 解らないが、いづれにしても 餘程 穩かにもなり、整つても來て、建築的によい纏りのものに なつて來た。

次に なほ考へるべきは 利休九間は 書院座敷と云はれてゐたが、世の書院造とは 全くその性を 異にしたもので 寧ろ 構の大きな茶座敷 卽ち數寄屋造であつた。潛口《くゞりくち》、突上《つきあげ》窓、下地窓、連子窓、道庫などと云ふ 茶座敷にのみ 行はれて居た 建築的要素の總てを 持つてゐた。この他に別に利休の家では九間の廣間があつたのであるから、これは鎖の間《くさりま》として作られたであらう。この座敷の下地窓や連子窓、潜口などの組み合せは前にも述べた如く茶座敷と同じものであつたが、彼の他の四疊半や三疊大目などに示した窓の組み合せはこれ程に込み入つた例はなかつた。これはこのやうな廣座敷への應用として一つの試みであつたかと思ふ。後にこれが織田有樂や小堀遠州などの好みに大いにその力を及ぼしたやうに思はれる。例へば桃山遺構と傳へられる有樂の九窓亭や、遠州の十三窓茶座敷など窓多い好みはこれを源としたやうに考へられる。この如き茶座敷の歴史の含みに於ても、またこの利休九間が示した書院造は見るべき在り方のものであつた。卽ち利休九間書院は茶の湯の上に於ても重く要なものであつたと共に日本の建築意匠史の上に於ても見のがす事の出來ない一つのものであつた。

利休の「くさりの間」についての考を宗啓は

「備前宰相殿、淺野殿、宗及へ相談の由にて、クサリの間とて、別段に座敷を作る事あり。毎々小座敷すみて、又此座にて會あり。此事を宗易傳へ聞給ひ、是後世に侘茶湯のすたるべき基なりとて、わざと御兩所へ參り、御異見申されしなり。」(南方錄)

と傳へ、宗及がこれを始めて作つたときは侘茶の湯のすたる基として排けたと誌してゐた。

また 彼が亡くなつた二年前 天正十七年《一五八九》二月廿八日には 同じく 宗啓に對つて、十年を過ぎずして 茶の本道は すたるであらう、「スタル時 世間ニハ 却テ 茶湯繁昌ト 思ヘキ也。」「二疊敷モ頓テ 二十疊敷ノ茶堂ニ ナルヘシ。」と嘆いたと また 書き留めてゐた。また 別の所で 利休は「申ても申ても 小座敷ならてハ 茶之湯の本心ハ 難レ到事」(南方錄)とも述べて居た。かう云ふ考への 利休が 秀吉を迎へるために 自らの住居に この書院座敷の如き 十八疊の 鎖の間を作つた事も「末世 相應セス」「世俗ノ遊事ニ成テ 淺マシキ成果」(南方錄)として、みづからを 眺めてゐたかも 知れない。然し それは 茶の湯の理念の 世界に於て かくも有り度き、かく有る可きとして 述べてゐたのであつて、「何事によらす せぬ事しやなと云事、かた《肩》つまる事也とて、極て 利休は いミ《忌》嫌ひ候。兎角何事によらす、見て能《よき》やうにするか 利休のりう《流》と 毎度被仰候。」(細川三齋御傳受書)と傳へられたやうに 恐らく 一度 彼が造形の世界の人となつた時には 全く意匠的に可能の界を 碍まれることもなく 思ふ儘に かけめぐり、見てよきやうに 作る 技術の人でもあつた。茶の湯の家本では 利休の後 年經ない昔から今に 殘月亭を茶の湯の道場として重んじ、今ここに 建築史の立場から 彼の茶座敷の建築文化的意義を 說く事も 南方錄が傳へる所の 利休の心には 恐らく 悖る事であらうが、別の含みで 利休は 一人の數寄人の位から 彼も思はなかつたであらう　日本文化史の上の　一先驅と　見なされるやうに　なつたのである。

註一　後寫のものは　元祿五年（一六九二）の自筆本の後寫とは思へないで、他の　同じ　普齋の傳書の後寫であらうと　思はれる。それは　內容は　同じであるが、文字が　かなり異つてゐた事や、前後の順序の異つた所など　普齋自筆の　他の茶傳書に　見るやうな差が　あると思ふ。

註二　この假名書の脇に記した　文字は筆者の譯註である。

註三　四疊敷框巾二寸八分は他の異本、寶永七年（一七一〇）矢野了安の傳へたもの、安永六年（一七七七）山田逸齋の傳へたもの共に三寸八分となつて居り、この三寸八分を框の高さとするとき窓の高さの割付けと合つて來るように思ふ。それは窓割の所「ひかしの一間」と云ふ所に　敷居高疊より一尺九寸三分、下地窓高さ二尺二寸四分、その上の竹格子窓高さ二尺九寸とあつて「此鴨居と天井へひつ付て有」としてゐるので、竹格子窓の鴨居と　天井廻緣とが、ひつ付いて居ると述べて居たのである。上の數を寄せ合せて見ると七尺七分となる。天井が二重臺輪になつてゐたとも思へないので、廻緣を書院の場所にあつた臺輪高さ一寸七分と同じとし、中壇四疊の框高さ三寸八分、それに二本の鴨居兼敷居一寸四分　即ち二寸八分と　廻緣下の鴨居一寸を見ると、八尺になつて　天井高さが合つて來る。鴨居は　場所により一寸三分のを使つてゐる所もあつたので、その寸法にすると天井廻緣下がひつ付いてゐた鴨居は一寸二分となる。これも有り得る寸法であつた。若し框が二寸八分が正しいとすれば二重臺輪の廻緣と考へられるが、後の殘月亭にないのでない方を圖には選んだ。

註四　同立三本と記して橫が拔けて居るが、これは立二本で次に「一同橫三本」とした行が拔けて居る樣に思ふ。これは三書とも同じになつてゐるから恐らく宗守の原本に拔けて居たか、普齋が初に寫した手控に誤り脫かして居たからと思ふ。

註五　「一間の北の分也」は圖では東の壁の北の分一間とした。北の方は旣に上段の此一間の窓と次に一間の書院を配置したからである。

註六　障子の組子立三本、橫三本となつて居たのを普齋は「但し貳本か」と書き入れてゐた。これは他の障子の組子の割付けと合はないから普齋も誤と考へて書き入れたのであらう。こゝでは「竪二本橫三本」の誤と考へて圖にした。

註七　堂庫ノ穴とは松花堂の丸爐の如きものを入れたのかも知れないと考へるが、後の考に俟たう。

註八　此組子の數は太皷張りの戶の組子と考へられる。

註九　竹格子の高二尺五分は二尺五寸の誤でないかと思ふ。此障子の組子竪三本に橫五本であつて、此隣の一間の竹格子の障子と橫組子一本少いので、障子の一こま少い障子と考へた方が自然であるからである。さうでないと此障子だけ橫が他と合はない程に細かくなつて來る。

註一〇　敷居の高さは北と一めんと云ふ事は敷居の高さが北と同じ高さになつてゐると云ふ事であらうと

考へられる。一めんとは 全體とか 全くと 云ふ含みに 使はれる言葉であるから。

註一一　九間之本と云ふのは恐らく九間の座敷の本歌と云ふ含みであらう。本歌とは 歌人や茶人の間などで使ひなれてゐた言葉であつて、古い歌の句やその趣をとる歌の作り方を 本歌取と云ふのに對つて、茶道具の場合に於ても 模作品や 似たものに對つて、その元のものを 本歌と云ひ習はしてゐた。

註一二　間（ま）については拙著「書院と茶室」の中で 委しく述べて置いた。

註一三　この利休傳書（堀越角次郎氏藏）は 天正元年（一五七三）九月十六日附で「南坊參」としたもので、南坊宗啓宛とする傳であるが、恐らく南坊高山右近にあてたものでないかと思ふ。利休傳書の最も古いものの一つで、この書院立の事とした中の圖は六つあるが皆大目切のやうに見える。

註一四　千利休由緒書には「宗旦は天正八年（一五八〇）に出生、萬治元年（一六五八）極月廿九日に死去、八十三歲也。或は八十一歲と云ふ說も有之候。」としてゐた。宗旦の死は萬治元年十二月十九日八十一歲とするのが、廣く行はれてゐる傳へで、天正六年（一五七八）生れとなる。天正八年生れで、萬治元年八十三歲は數の上で合はない。萬治元年戊戌十二月十九日、八十一歲の死は、宗旦に就いた普齋の傳へでもあり、その他茶人系譜などにも誌してゐたことで、動かない所であらう。

五　利休二疊と一疊半

五の目次

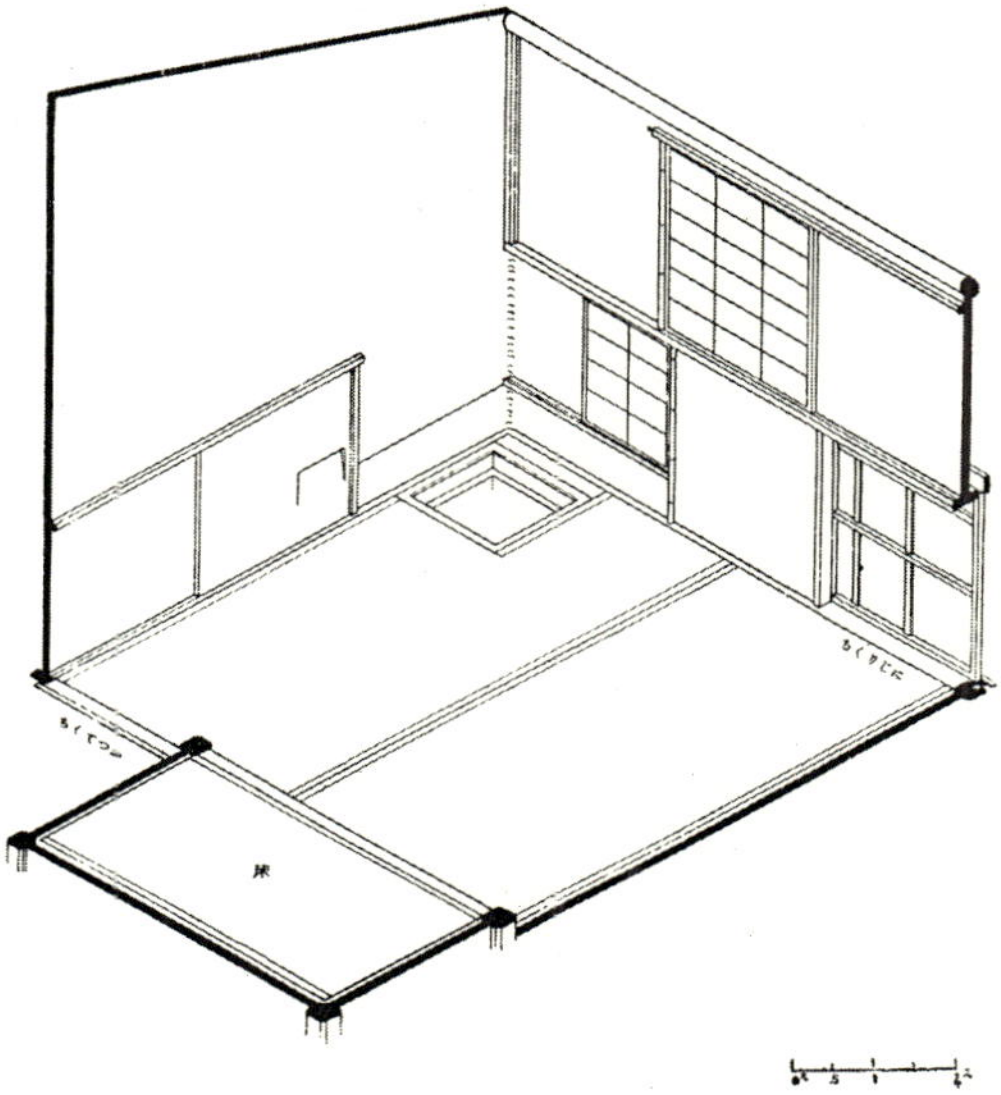

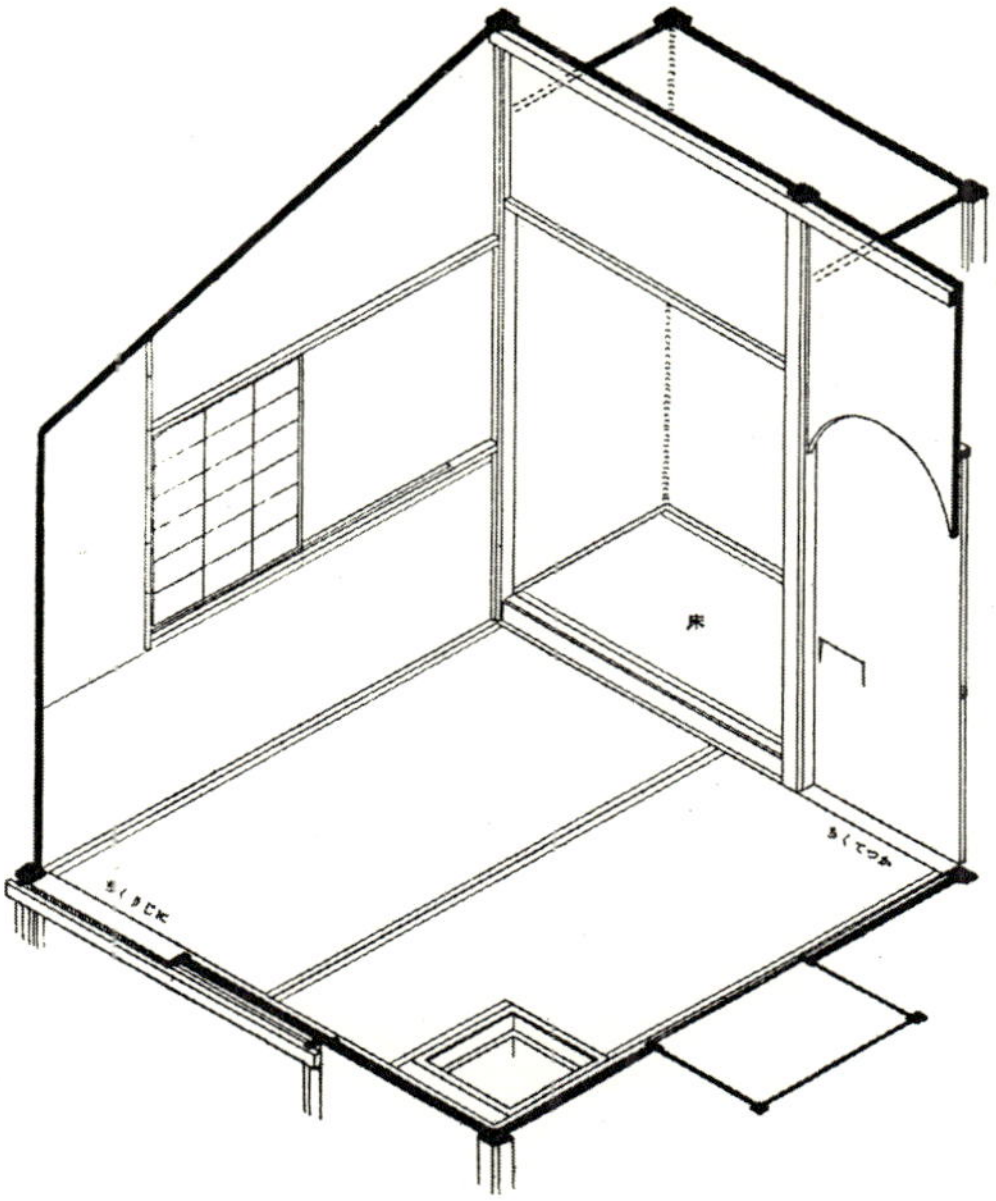

五の第一圖　利休二疊の等角圖

五の第二圖　利休二疊の等角圖

五の第三圖　裏千家「今日庵」南側壁、躙口と風爐先窓

五の第四圖　「今日庵」東側壁、道庫と茶立口

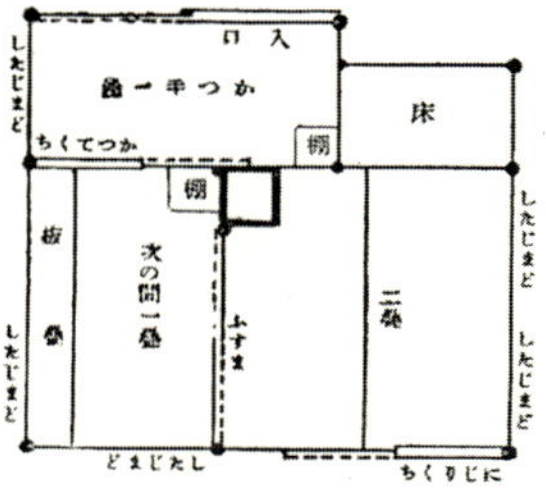

五の第五圖
利休妙喜庵圖

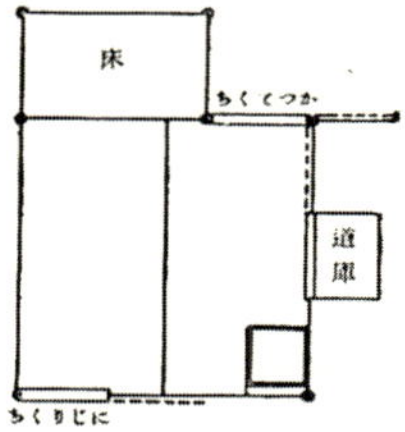

五の第六圖
利休大德寺門前屋敷二疊

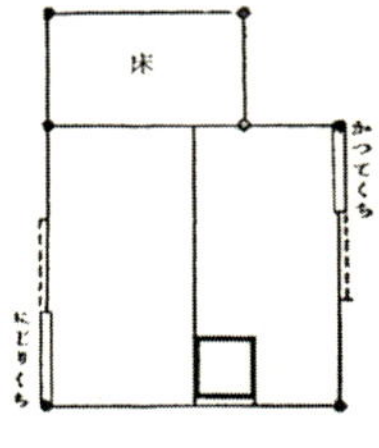

五の第七圖
利休向爐二疊

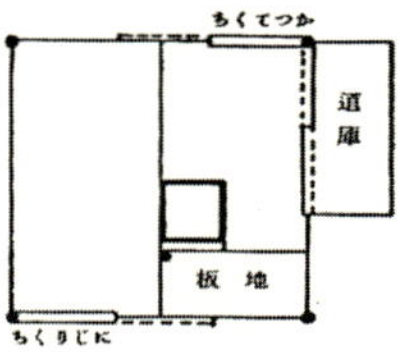

五の第八圖
利休床無し向板二疊

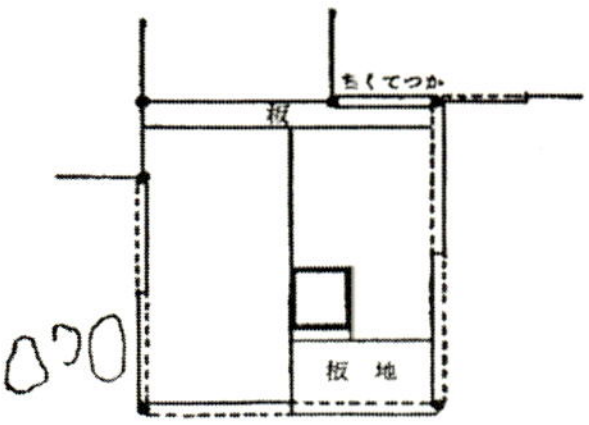

五の第九圖
利休「獨樂庵」

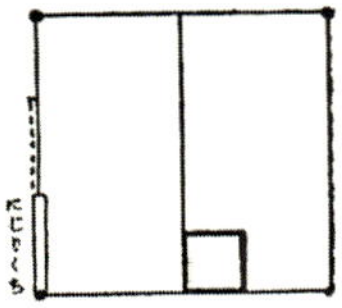

五の第一〇圖
利休床無し向爐二疊

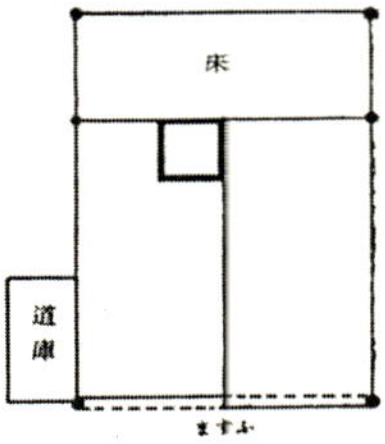

五の第一一圖
利休「もづ野二帖」

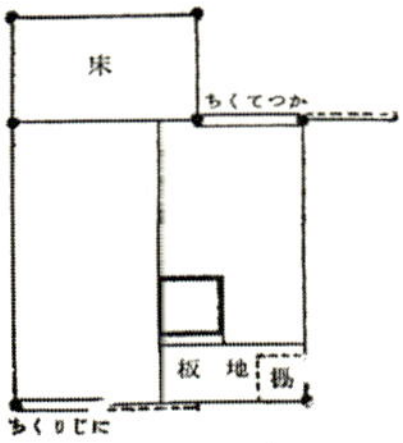

五の第一二圖
利休向板二疊

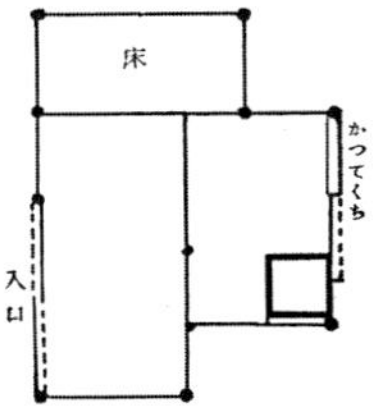

五の第一三圖
利休角爐一疊大目

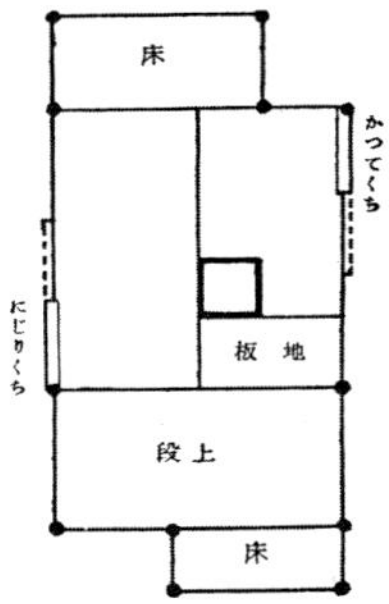

五の第一四圖
利休上壇付一疊大目

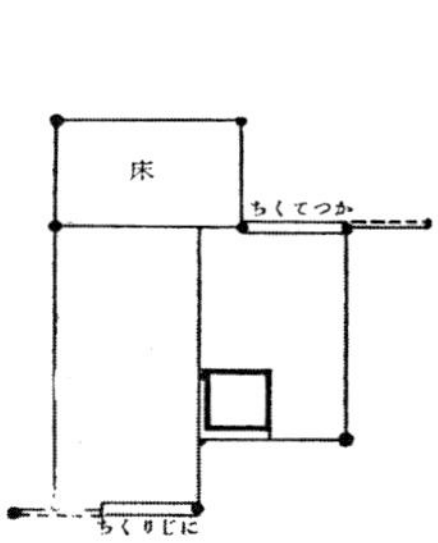

五の第一五圖
利休向爐一疊大目

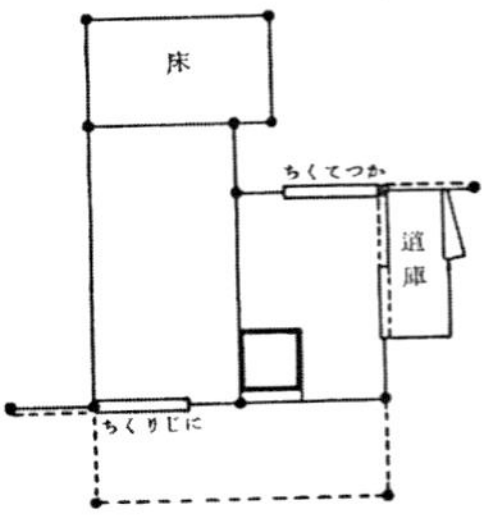

五の第一六圖
利休洞床一疊大目

五の一　利休二疊

利休晩年の茶會記の中に 四疊半につゞいて 度々表はれたものは 二疊敷の茶座敷であつた。小ささの限りに近いこの茶座敷は 利休のものとして 最も要なものの一つであるばかりでなしに、茶室の歴史に於ても また 大いに目を注がなければ ならないものである。 何となれば この茶座敷が 利休好みの茶の完成を 示して居たと 考へられるし、 また 江戸時代には その傳統が 受け繼がれて、 宗旦によつて「今日庵」となり、 恰も 侘茶の象徴のやうに 在つたからである。

この二疊敷が 表はれた事について 山上宗二は 傳書に 紹鷗時代からの 四疊半の傳統が 利休の「異見」によつて 卽ち 世の流と 異つた考へによつて 秀吉時代 十ヶ年の間に 變つて來て、「上下、悉、三帖敷、二帖半敷、二帖敷用《フ》レ之《チ》」と書いてゐた。「二帖ノ座敷、關白樣ニ有。是ハ貴人カ名人歟 扨ハ一物モ持ヌ侘數奇歟。此外平人ニハ無用也。」と天正十六年（一五八八）二月廿七日附の傳へ書に考へを 述べてゐた。 二疊の茶座敷は 貴人か 名人か 侘數奇かのもので 世の並の茶座

敷でないと 述べて居たのを見ると この如き 茶座敷が 作られた事は その初から 常ならぬ 驚きであつたらしく 既に その時から 世の常の習しを超えた 侘の茶座敷と 見られたのであつた。

ここに 山上宗二が 二疊の座敷と 云つたのは 二疊の角爐《すみろ》で、一疊の勝手らしきものの ついた 妙喜庵圍と同じ 間取であつた。(五の第一七圖) それが 秀吉の大坂城山里丸にあつた 二疊茶座敷であつた。

然し 利休の二疊座敷とは 世には この如き 次の間がない 第六圖(五の第六圖)の如きを 指す事が多い。(少庵寫置圖及び利休道具圖繪)。それは 床の間と 入口が變り、次の間境の障子が 壁となつたものである。或は 向切爐の第七圖(五の第七圖)の如きを 指した場合もある。これは「遠州拾遺」に出てゐたが、江戸時代末には 起繪圖として 世に行はれてゐた。その起繪圖のうち 年代の知れたものには 文政七(一八二四)年の聿齋筆がある。今迄に見た 多くの起繪圖は 皆この文政時代か、それより後の ものばかりで、古いものは 知られてゐない。また この茶座敷の床間を 取り去り 中柱を 建てた 利休二疊も 傳へられてゐた。(五の第八圖) これは 宗旦の「今日庵」の元の型であらう。これには 爐先に板が入つてゐたが、それにつき

「一　二疊ノ小サシキ(座敷)ニハ　八寸ノ板ヲ　中ヘ入たるハ　少

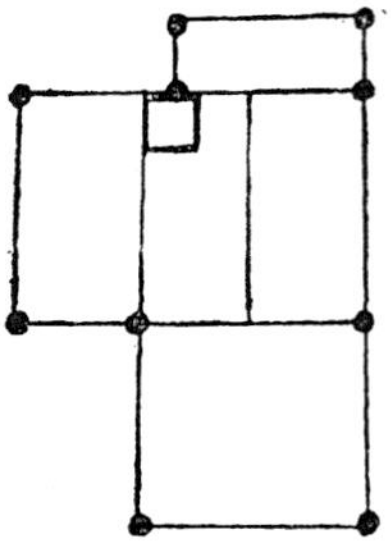

五の第一七圖

秀吉の「二疊敷の座敷」

(山上宗二茶書)

庵ノ作也。

一　爐先一尺六寸ノ板ヲ　入ラレタルハ　利休也。一尺四寸ニ成タルハ　宗旦作也。」（島崎宗乙傳古流茶湯之祕書）

と傳へられてゐたやうに　板の巾は　利休と宗旦とでは　二寸の差が　あつたらしい。また江戸時代末まで　殘つてゐた　長柄の橋杭を　柱としたとも　傳へられた　獨樂庵（五の第九圖）も　よく似たもので、たゞ中柱なく　二方に腰障子が　はまり、他の一方に　古戸の建つてゐた處と　板疊の入つてゐた　事は異つてゐた。これは　宇治の田原に　利休が　作つたのであるが、千秦叟の「太柱獨樂庵覺書」によると、後　大坂幸町阿波屋に、また　京都尾形光琳に、その後に　松平不昧の手に　入り、松平不昧傳によると　江戸に移された後　また　移されて、砂村で　津波に流されたと云ふ。[註一]　なほ他に「和泉草」の傳へた　二疊の圖（五の第一〇圖）は　よくわからないが、向板のなかつた事が　これと　少し異つてゐた。然し　この程の畧圖では　或は　これと同じ茶座敷の含みかも　知れなかつたのである。

この如きものと　全く異なり、然も　利休としては　重い要なものに「もず野二疊」があつたが、これは「茶傳集」（五の第一一圖）に圖が傳へられてゐる。

これらの茶座敷のうち　第六、第七、第八圖の各の一部分を　とり混ぜたやうな　第一二圖（五の第一二圖）の如き二疊もあつた。これにつき 和泉草に「利休ノ圖、但 二疊敷 一疊臺トモ云。」と誌して 古くから二様に 呼んで居たことを 述べてゐた。この茶座敷は 二疊敷の廣さで、それに 一疊大目の疊と向板を 入れたもので、一疊大目とも 或は 一疊半とも 云へない事は なからう。然し別に眞に 一疊大目(五の第一三圖)の 利休好み 茶座敷は これとは 異つて、傳へられてゐたのである。

　これが 利休時代から 一疊半と 呼ばれてゐたのは 大目とか 臺目の名が 世に まだ廣く行はれなかつたためであらう。後に述べるやうに これは 二疊の茶座敷に 直されたものらしい。これについて 山上宗二は「宗易 京ニ 一疊半ヲ 始テ作ラレ候。當時珍事也。是モ 宗易一人ノ外ハ如何。」と云つてゐた如く、京都の屋敷に 作られたものであらう。然も それは 珍しいもので、「山ヲ谷 西ヲ東シト 茶湯ノ法度ヲ破リ 物ヲ自由ニ」したと 山上宗二は 云つた程であつた。「平人 宗易ヲ 其盡《まゝ》似《まね》タラハ 邪道ト云々。茶湯ニテハ 有間敷者也。」とも はげしい言葉で 云ひ切つた ものであつた。これは 宗二の傳書の出來た 天正十五六年頃より あまり隔らない時に出來たのであらうが、このやうな 評にもかゝはらず 流行つたものらしい。

　徐熙の鷺の畫を 持つてゐた事で 知られた 奈良の松屋久好も これより 五六年後の ことであらうと思ふが

「久好 織部殿ニ問答云。今 世上ニ 壹疊半座敷 ハヤリ候得とも 我等一軸の爲には 詰りて不《しか》可然《るべからず》候哉。織部殿答云、一段能《よく》候。大軸之者ニ候間 壹帖半取合能可然《よくしかるべし》とて 手貝の屋敷ニ 壹疊半を 新造する。」（松屋茶湯祕抄）

と傳へてゐた。ここで 我等一軸と云つてゐた 鷺の掛物は 長さ六尺一寸一分、横二尺一寸九分と云ふ 茶掛けとは 云へぬ程の 大幅であつたから、久好も 世に 流行つてゐた 一疊半は この掛物に うつらないだらうかと 古田織部に 聞いたのであつた。織部は 大軸だから 返つて 壹疊半に よくうつると 奈良手貝町に 作らせたのである。こんな話から考へても この一疊半茶座敷は 大いに流行つたものらしいのである。

利休の壹疊半は 京都のどの屋敷に あつたか 明かでないが、後に 千宗旦によつて、大德寺芳春院に 作られ、その圖が「槐記」に 出てゐた。窓など 幾らか變つてゐた 處もあつたが、全く同じ間取であつた。また 第十五圖（五の第一五圖）の如き 一疊半も 起繪圖となつて 世に多く出てゐた。この一疊半の外に、「紫野紹里傳書」には なほ 五の第一六圖の如き 間取圖を 傳へてゐた。木津宗泉氏の茶道研究（武者小路）にも これの姿圖が 載つてゐた。細川三齋が

「洞床《ほらどこ》は 利休か一疊半より 仕出し候。但 利休の一疊半には 床なしと 仰られ候。」（細川三齋

御傳受書）

と傳へた　洞床の一疊半は　恐らく　これに當るであらうが、何處に　作られたもので　あらうか。

これによると　利休の家には　床なしの一疊半も　作られたらしい　のであつたが、第一六圖のもの

であらうか。

これらの　十二の茶座敷で　場所の知れてゐたものは　京都の利休屋敷に　あつたものと、宇治田原にあつたもの、「もず野」の二疊の　三つだけで、そのうち　京都のものは　利休の　どの屋敷にあつたかは　明かでない。

この中には　恐らく　利休好みの茶座敷を　いくらか變へて　模ねたもので　利休流の茶座敷と　呼ぶべきものであつたのが　年月經るうち　知らぬまに　利休好みと　傳へるやうに　なつたものが　混つてゐたであらう。

もず野の二疊茶座敷は　利休の茶座敷の中で　紹鷗の山里の茶屋と共に　よく引合ひに　出されたもので　これは　堺の大仙陵近くの「もず野」の利休別荘にでも　作られたのでないかと思はれる。註二

これについて

「休ノモズ野ノ二疊敷ニハ 向爐客付ニ切、左ニ道古棚アリ。三尺ニテ 前一枚障子、內ノ棚一段云フニ不レ及、下段ヲ竹スノコニシテ、水桶ノチイサキヲ置。コホシナシニ 手前ハタラキ玉ヘリ。サヒテ 面白キ シツラヰ也。雲龍ヲ 自在ニ カケラレタリキ。」（南方錄）

と傳へてゐた。卽ち二疊敷の向爐、三尺の道庫棚付で、利休は 竹自在に 雲龍釜を掛けて 水こぼしなしの 手前を したのであつた。また

「休ノ網代屛風ハ 公家方ナトニアル ヌリ骨ニテハナク、木地骨ノ サビタル ニテ 勝手口ニ立テアリシ。モス野ノ亭ノ 道具ナリシ。」

とも傳へてゐた。この庭は 飛石は 一つもなく 芝生ばかりで あつたらしく、草履を 踏み拔ぎにして 緣に 上つたらしい。南方錄に「モス野ハ 露地 スヘテ芝生也。」と傳へて、飛石ない路地庭の 使ひ方を 說き明かしてゐた。

これらの留書によつて もず野二疊茶座敷は 利休のいはゆる「わび」の茶座敷の內に 於ても最もわびたものの 代表的なもので あつたやうである。

江戶時代中頃に 三齋流の徹齋は「茶傳集」中に 前に擧げた如き もず野二疊の圖（五の第二圖）を 載せて居た。それは ほゞ 南坊の傳へと 合ふものであつた。また その圖には 床の間が 椽甲板張になつ

てゐたらしく横線が入つてゐた。これも田舍家などの心持ちの表し方として大いに考へられたものらしく思はれるし、また利休は手水鉢の据ゑ所も故らに他の庭とは變へて据ゑたらしく

「此モズ野ノ露地ノ手水鉢石ハ數奇屋ヨリヤヽ行越テ、勝手ノ方ニ在リ。然ル故手水ツカヒテ、又立歸ヤウ也。」（南方錄）

とあつた。この手水鉢の使ひ勝手が惡い事について利休に或人が質ねた事があつたらしく、この事について利休は南方錄によると

「根本ヲ會得セヌ人ノ云事也。手水鉢其外客ノ爲ニスルト主ノ爲ニスルト別アリ。山居閑中ノ草庵躰ハ問人ヲモ厭ヒ、離レタル本意ナルニ客ヲ待催タル心ニスル事有ヘカラス。只獨居ノ用水ナルヲ稀ニモ人來ラハカリ用ユルニテコソ有ヘケレ。山居常住ノ境外也。人ユカシク儲タルハ大ニ心得ノ違ナルヘシ。」

と語つたとかで、此もずの二疊は彼の「一碗の茶に眞味ある事」を悟り、「一宇草庵二疊敷にわびすます」と語つた茶の心を最も大膽に表はした茶座敷であつたやうに考へられる。道庫棚も全く例の少ない作り方であつたが、また手水鉢の据ゑ様も、飛石のない芝生の路地庭も

全く獨創的な作り方であつた。南坊宗啓も面白く思つたと見えて、これを寫して居たら、利休がそれを見て

「和僧ノシワザトモ覺ヌ事哉。其窓其障子皆此所ノ方角露地ノ境ニ應シテコソヨケレド、ヨ所ニコノ如クシツラハレタルハ物笑ナルヘシ。」

と云つたと傳へてゐた。茶座敷と云はず總て建物の宜しさはその廻りの樣と離れ難い關りのもので、建つ處を異にしてはその宜しさが成り立ち難いものも出來て來よう。利休のこの二疊のやうに里を離れた山住には他と異つたその場限りの自然と結び付いた面白さが多かつたであらう。そのやうな面白さ、宜しさはそれと界を異にした所に移したならばその宜しさが失はれるばかりでなく、寧ろ笑ふ可きものに成り果てるであらうと利休は說いたのであつた。

この茶座敷の窓や天井などがどんなになつてゐたかはこれだけの圖や、留め書きでは分らないが、次に述べる大德寺門前屋敷の二疊座敷と考へ合せて、ほゞ思ひ浮べることが出來るやうに思ふ。

先にも述べたやうにもず野二疊の如き向爐は角爐の後に利休によつて考へ出された構

であつた。そして 角爐は 古く 紹鷗の時代に 出來たと 傳へられてゐたが、この向爐は 紹鷗亡き弘治元年(一五五五)より 後のことであつた。然し 天正元年(一五七三)の南坊宛 利休傳書に「向イロリ」と出てゐたので、その間 十八年のうちに 表はれ來たもののらしい。然し もず野向爐二疊は 今のところ茶會記に 表はれて來ず、たゞ南方錄 滅後の卷にのみ 見えてゐたに 過ぎないから なほこの後に 調べ直さなければ ならないものである。

利休大德寺門前の二疊のあつた屋敷については 不審庵や 殘月亭に 觸れた時 既に 述べたので、こゝでは その中にあつた 二疊茶座敷についてのみ 誌さう。

この二疊は 不審庵四疊半や 色付書院九間座敷の寸法書と 共に 利休家の圖の中に 入つてゐた。また 先に引いた 少庵寫置圖として 杉木普齋によつて 傳へられたものにも 圖と寸法書が入つてゐたし、またこれらと 全く傳への筋を 異にした「利休手鑑寫」(松平確堂舊藏)にも 四疊半と並べ誌されてあつた。これは 先に 利休不審庵と推し定めた 四疊半と共に 表門から 雪隱に到るまで 一つの住居の 凡そのものが 揃つて 並べ誌されてゐたので、恐らく それらは 一構の屋敷の中に あつたものと 見てよいであらう。そして また 利休家の圖として 傳はつた 一構

の屋敷は 先にも 述べた如く 大徳寺門前の 住居と 考へられるもので あつたから、この二疊は 大徳寺門前のものと したのである。

利休の二疊は 彼の茶會記には 聚樂屋敷のもの 他には 今の所 知られてゐない。大徳寺門前に 作られたと 考へられる この二疊は 恐らく それより前で、不審庵と 共に 天正十一(一五八三)年頃から後 天正十四五年までに 建てられたものであらう。

この二疊は 第六圖(五の第六圖)のやうな形で、秀吉の大坂城の二疊や 妙喜庵圍と 極めて 似通ふもの、ただ 躙口と床との所を 取り替へたものに 過ぎない。然し 異る所は 次の一疊間を 常に豫め 考へに入れてゐた構に 比べて、これは 全く 二疊間だけが 獨り立ちし、次に どんな控の間が あらうとも、それは 妙喜庵圍のやうに 茶座敷としての 一つの連りでは 使へないやうに 四方が 土壁で 取りかこまれた ものであつた。

爐は 妙喜庵圍と同じ 角切で、もず野二疊の向切とは 異つてゐた。天井は 圖によると 床のあつた側から 一軒《ひとのき》で 葺きおろした 化粧屋根裏で、突上窓が 切られてあつた。妙喜庵圍の天井が 三つにも 分れて 込み入つた形を してゐたのに 比べて、これは 全く一流れの 葺おろし屋根裏であつた。このやうな 思ひ切つた 天井仕上げの 二つの型は 「見て能(よき)やうにするか 利休のりゅ《（流）》」（細川三齋御傳受書）とした 心の行く儘に 碍まれる所なき試みが 持ち來したもので、建築意匠の上の獲物であつた。

この床の間は また妙喜庵と同じく 室床《むろどこ》であつたらしく、その天井について「ぬり天井ノ高サ落しかけノ下ハ《（端）》より 一尺ノほら」（利休家之圖）と傳へてゐた。

この床の落掛について「おとしかけ 厚サ八分」、「同はゝ 二寸二分」とした寸法が 普齋が 傳へた 四つの異本を通して 出てゐたが、この落掛厚さは 先に 利休四疊半の折に 述べたやうに利休好みは 何れも 一寸一分より 大きいものばかりであつた。そして それより小さくなるのは江戸時代に 入つてからであつた。この利休二疊の 寸法書きで、普齋の手を通らない「利休手鑑寫」には 妙喜庵と同じく 高さ一寸一分、巾二寸二分になつてゐたので、恐らく この方が 正しいものと思ふ[註三]。また 床框は 一寸五分幅、三寸四分高さで あつた。

また これには 道庫が 附いてゐた。これは 妙喜庵には 見なかつたもので 奉書紙貼の太鼓張戸が 二本建てられてあつた。この二本引違戸は 恐らく 有樂好み 如庵などに 見るやうに 一本溝の敷居を戸の框の大きさだけで 引き違ひに すべる古い形を 持つてゐたであらうと思ふ。

この茶座敷の躙口は「くゝりノ高さ 二尺二寸五分」、「同はゝ 一尺九寸五分」であつた。妙喜庵の高さ二尺六寸一分、巾二尺三寸六分のものより小振りで、また不審庵四疊半の高さ二尺二寸五分、巾二尺二寸のものよりもやゝ巾が狹い。後に傳へる如く

「一疊大のくゞり口は常より大きなり。横二尺二寸、竪二尺四寸。」（茶道舊聞錄）

と云ふやうな考へが利休から源を出てゐたにしても、利休に於ては定つては居らず、種々に試みてゐたやうであつた。

この二疊の茶立口（勝手口）は謂ふ所の花頭口になつてゐた。そしてその土壁の塗廻しには丸みまで一寸三分巾に紙を貼つてゐた。

東の壁には下地窓が切られ、葭は横十五本、竪十四本、その中に「立横竹有」と傳へてゐて、後には妙喜庵の圍の他には見られない葭と竹とを混ぜ合せた下地窓を見せてゐた。そしてまた力竹《ちからだけ》が建てられて、「かいつる」があつた。

爐脇すみの壁入隅《いりすみ》は妙喜庵圍のやうに塗廻しになつてゐたが、窓の敷居までで、その上は桁まで柱が見えると云ふ細かな好みを見せてゐた。

これらを見て來るとこの茶座敷はその間取が妙喜庵に似てゐただけでなしに室床などと云ふ他と異つた床をはじめ、爐脇の壁入隅の塗廻し、窓の葭竹下地など細かい利休好みが所

所に全く同じ傾を持つて表はれてゐた。これらによつて建てられた年代もさして隔りあるものでないらしく思はれ、またこれらによつて妙喜庵圍が利休好みの遺構として、今にまでよく保たれてゐることをも裏付けるやうに考へられる。

終りに普齋筆「利休家之圖」が傳へた二疊の寸法を拔書きし、二三異本を添へて置かう。

「一　軒ノ高サ　疊よりけた《(桁)》ノ上迄　五尺三寸　一　石より敷居ノ高さ　一尺五寸」

「一　たるき《(棰)》ふとさ　軒のけた《(桁)》の上にて　四寸三分也（四寸三歩四歩竹也）《(山田逸齋傳)》　一　こまい《(小舞)》十四とをりうらの分そとに五とほり」

「一　上ニつきあけ壹つ有　ふちは、六分　同厚サ　五歩半　一　上ニひとこま有」

「一　とこ《(床)》のは《(巾)》ゝハ一間ノ内　勝手ノ口ニ取殘也　一　とこ《(床)》ノふか《(深)》さ　貳尺二寸」

「一　とこ《(床)》のおとし《(落)》かけ《(掛)》の高サ　五尺一寸五分　一　おとしかけ厚サ　八分《(一寸一分)註四》　一　同はゝ　貳寸二分　一　ぬり《(塗)》天井ノ高サ　落しかけノ下ハより　一尺ノほら《(洞)》　（但シ外の卷ニ《(山田逸齋傳書入)》　貳尺とあり、是ハ壹尺の方よろしく候、又外卷ニ一尺のほうとあり）一　床かまちのはゝ　二寸五分　一　同厚サ　一寸四分　一　とこノ中柱ふとさ　二寸三分　一　同折釘ノ高サ疊より　三尺六寸」

「一　くゝりノ高さ　二尺二寸五分　一同はゝ　一尺九寸五分　敷居ノはゝ　二寸」

「一　勝手口はゝ　二尺五分（二尺五寸）（矢野了安傳）（二尺五分　但し外の巻ニ貳尺五寸と有、又外の巻ニも二尺五分とあり）（山田逸齋傳書入）一同高さ　五尺一寸五分」

「一　堂庫ノ高さ　一尺九寸　一同はゝ　二尺五分（二尺五寸）（矢野了安傳）（二尺五分）（山田逸齋傳）一同深さ疊より先ノ板迄　一尺五寸五分　一同棚ノはゝ　九寸七分か（九寸五歩）（矢野了安傳）（九寸五分（山田逸齋傳）　但シ外の巻ニも九寸七分とあり）一同棚ノ高サ　天井ノかふはい　七寸　一厚サ　四分　一同もたせ《持迄》はゝ四分　但　板より　三分うちへ入て　さんうつ也　一厚サ　三分　一同堂庫ノ障子組立　二本よこ三本　たいこ張紙奉書也。ひきてハ　下より二間めなり」

「一　東ノ下地窓　よしよこ十五　たつ十四　此内ニ　立横竹有。此うちニ　しきいより　八寸五分をきてかいつるのほそきにク(?)竹有。そのかいつりより　上のかいつり迄の間　一尺。此まとの土のへり下ニ　一寸貳分　上ニなし　一　此ノ窓　つちのへり下に　壹寸六分、たてつめニ　一寸七分、へリのふちの外ニ　下地ノかす拾四本、たつ十一本、横のかいつりの竹　しきいより　九寸六分、又このかいつりより上まて　九寸五分置て有　一　小窓上ニ　土ノへリ一寸五分、たてつ《立詰》めニ又下ニ　下ノへリなし、五寸三分置　かいつり竹有。したちノ数　よこ九ツ、たつ八ツ、こ

れも かいつりかけての事也。横一尺貳寸(山田逸齋傳書入)（外ノ巻ニ 一尺二寸九分トあり 又他巻ニモ 一尺二寸 分トあり）立一尺六寸、くミこ(組子) 立壹本 横三本有、あつさ同前。」

註一　獨樂庵についてはなほ異つた傳へがある。「どうらく庵は 本は獨樂庵なり。是は大坂に有。紹鷗の座敷也。二疊にして二方は壁又二方は障子也。角一ツ塗り廻し内柱三本は見せ一本の柱特別大木也。此柱は長柄の橋柱の由。屋根四方へおろし 棟に 摺鉢を 臥せたり。」（不白筆記）

註二　「もず野」を「もづや」と讀んで、利休の女婿萬代屋《もづや》宗安の二疊茶座敷と考へて見ることも出來なくはないが、宗啓の誌した所では「山居閑中ノ草庵」と云ひ、その手水鉢も「獨居ノ用水」として特に他の常の在り方と變へて据ゑることを說いたところから考へると、山中の別屋敷に設けられた庵らしい。そしてここに引いた屛風の書き振りから見て、利休の茶座敷らしく表はれてゐる。それで堺近くの百舌野と云ふやうな所を考へて見たのである。仁德天皇の御陵は百舌鳥耳中原陵とも云ひ、その邊を百舌野と云つたやうにも聞き及んでゐたからであるが、なほ後の考へに俟たう。

註三　利休二疊床 落掛高さ 八分は 利休手鑑寫によつて恐らく一寸一分の誤りと 思はれる。

註四　山田宗徧の利休道具圖會にも八分と出てゐるのであるが、これは宗旦から傳はつた時から既に誤つてゐたかも知れないと思ふ。

五の二　利休一疊半と「今日庵」

利休一疊大目の 茶座敷は 先の二疊の爐先を 疊四分の一ほど 切り取ると 出來る間取のもので、それは（五の第一三圖）圖に 示すやうな 一疊大目（一疊半）座敷なのである。

一疊大目は 利休が 京都に初めて建てて、當時珍らしき事と 天正十六年（一五八八）に 宗二が 誌してゐたが、彼の聚樂屋敷の 茶會と思はれる 百會記にも その他のものにも 一度も 表はれてゐない。然し 江戸時代末の 傳へではあるが、茶道筌蹄に「一疊半　少庵好の 二疊臺目を見て あまり自由過ぎるとて、利休居士 一疊半をこのむ。居士其頃 一條通葭屋町に 住居の節は 四疊半と一疊半との小座敷なり。」としてゐた。何に據つたか 分らないが、利休の一條通葭屋町の 住居は 聚樂屋敷に 外ならないので、利休一疊半は これに從へば 聚樂屋敷に あつたことになる。そして その屋敷が 營まれた 天正十四五年頃には 作られたと すべきであらう。これは 宗二の傳への年代と 凡そ合つて來る。然も この一疊半は 後に 二疊敷に 直されたらしく、古田織部は

「利休一帖半の座敷にて茶入を袋なしに盆にすえ、とうこ《(道庫)》に置合、大棗に茶を入、袋あり、勝手より持出られ、茶を立。後茶入を取出し、年頭の祝儀之由被申見せられ候由。但前一帖半の座敷を二帖敷になをり、この座敷いろり左の方角《(すみ)》にあり。」（慶長聞書）

と慶長十六年《(一六一一)》十一月十三日の會で宗箇に語つてゐた。座敷の圍爐裏左の方角《すみ》にありとしてゐたが、これを二疊に直らない前の姿とすれば插圖《(五の第一三圖)》と全く同じものとなる。そしてこの圖を傳へた野村宗覺宛利休傳書の書き添へにはこの織部の話を裏付けるが如く、この一疊半が二疊敷に直されたことを誌してゐた。それは第一四圖《(五の第一四圖)》の如き形のもので

「右利休壹疊半ノ數寄屋へ大閤《(太)》御成之時上ニ壹疊ノ上段ヲツケ、又床ヲ付タル也。上段ノ床ニハ懸物モ無シテ、御腰物掛斗ヲ置タル也。ヨツテ天井モヒク《(低)》、シタルヨシ。」

と傳へてゐた。卽ち秀吉が臨むために一疊半を二疊に直し、上壇と床を附け加へ、更に隅爐を向切の爐に切り變へたのである。そしてまた躙口を上壇の下の横に直した。このやうな二疊は「利休家之圖」とは全く異るので、後の傳への如く聚樂屋敷にあつたかも知れないと思ふのである。そして山上宗二が天正十六年《(一五八八)》に「宗易《(利休)》京ニ一疊半を始テ作ラレ候。」と云ふのは恐らくこの作り變へ前のを指して居り、天正十八年《(一五九〇)》に宗湛が聚樂二疊と誌してゐた

のは既に二疊に作り變へられた後のことであらう。そしてまた利休晩年の茶會記に一疊半が表はれなかつたのも、この短かい間に二疊に作り替へられたためかも知れない。[註一]

この作り替へられた二疊は向ひ合つた二つの床の間を持ち上壇を持つてゐて、室町時代の細川高國屋形に於ける「兵庫の間」を思ひ出させるものがあつた。[註二]またこの二疊で目を引くものは道具疊の下地窓戸當の竹に、「立付ノ竹へ柄杓掛ノ釘打也。」としてゐたことである。

この一疊半と云ふ極りの狹さのものを思ひ切つて試みた利休も山上宗二が「利休一人ノ外ハ如何。」と云つた如くみづからも何か心滿たなかつたであらうか、秀吉の來り臨むに當つて二疊に直したのであつた。この一疊半が利休自ら大いに氣に入つてゐたならば秀吉のためにその面白さを說く位のことはしたであらうし、あまり狹過ぎる恐れのためならその時四疊半や廣間を使つたであらうからである。利休は晩年に一宇草庵二疊敷に侘びすますことを茶の湯の正に行き著く可き彼邊《かなた》の姿として南坊宗啓に語つたとも傳へられてゐたが、一疊半より二疊を上げてゐた處に彼の心持が出てゐたのではなからうかと思はれる。[註三]

利休はこのやうな狹さの極りにまで押し詰めた座敷を思ひ付いたのは前々から次第に狹められ行く傾きの勢に乘つたためもあつたが、それはまた狹さそのものを樂しまんとした試

みでも あつたであらう。そのことについて

「牧村兵太 口切に 横竹節の見事成 霜かかりたる竹を入、一疊半を 一尺程ひろげ候を 利休申候ハ 一疊半ハ 狹か面白候。又 横竹節色なとに かまひ候事にては なく候と申候を、氏郷牧村に 御申候ハんと 被レ申候はゞ、つよくとめ候。」（細川三齋御傳受書）

と云ふやうな話の中に 利休の試みたものより 恐らく一尺廣げた 牧村平太の一疊半には 狹さの極りに於て「狹が面白」を活かさんとした 利休の心持が 先づ分つてゐなかつたのを歎き、特に中柱脇の 横竹の節などに 心捕はれてゐた 弟子に對ふ 苦々しさが 言葉の裏に 見えてゐた。

利休は この一疊半に「狹が面白」を言擧げしたが、然し 狹苦しさを 覺えさせないためには細かい心入を してゐたやうであつた。このやうな部屋では 物の數や大きさが 比例的な 物指の關りに於て 最も氣遣はなければならないのであつたが、その利休の心遣ひを 傳へて

「一疊半にてハ 道具大に、四疊半にては 道具の小ぶりめ成か 面白と 利休か申と被仰候。[註四]」（細川三齋御傳受書）

「利休曰 四疊半ノ座敷前ニ置 手水鉢ハ 小吉。一疊半ノ座敷前ニ置 手水鉢ハ 大鉢吉ト云云。」（茶譜）

と云ふような話が　傳へられてゐた。
また　一疊半の疊の大きさについて　後に
「一疊半ノタ、ミ六尺五寸ト流芳云。」（覺々齋如心聞書）
「利休形一疊半　壁床小座敷　疊六尺五寸、右臺目も準して　四尺八寸七分五厘在。小板二寸二分五リント　爐大サ　一尺四寸と合して、一尺六寸五リンニ成。此則六尺五寸ノ小間中なり。巾も準して　三尺二寸五分也。」（不白碎啄齋へ贈書）
と傳へてゐた。この疊は　四疊半などに用ひた　六尺三寸に　三尺一寸五分の京間疊よりやゝ大振りであつた。利休の一疊半も　この大きさであつたか　よくわからないが、江戸時代後には　利休形として　この大きさが　傳へられたのである。
利休は　先にも引いたやうに「ゆかミ柱を一疊半に　利休か立初候と被仰候。」（細川三齋御傳受書）とあつたやうに　歪んだ中柱を　この茶座敷に　試みたらしかつた。野村宗覺宛利休傳書の書込みにも　利休一疊半の圖を入れて、それに「ユカミ柱」と　書入れてゐた。また常陸宛傳書の中にもゆかミ柱と入つてゐた所がある。
この歪み柱を　利休が　好み出した起りは　錯覺を　防ぐためかと　思はれる。中柱はその横竹上に小壁が附けられ、その下が吹拔きになつてゐるため吹拔きより上は壁のため張つて見え、柱が歪んでゐる如く覺えるもので、その錯覺を矯め直すために下の方で少し外に曲り出た柱を用ひたのであらうかと思ふ。これはまた侘茶の素朴な感じともふさふために好ましい效果として受け入れられたのであらう。このやうな歪んだ柱は後には四疊半になつても「塗立柱」の入隅柱に用ひられ侘び住らしさを畫き出す試みをさせたのであつた。然し後には世の人達にその含む所も顧ることなく、心なくも濫りに屢〻用ひられた。そして遂に床柱に迄南天柱などの如く極めて怪しげに曲りくねつた柱が使はれるやうにさへなつたのである。[註五]

利休はそのやうな仕樣に對つて次の如くたしなめた。

「亭主ハ目くらにて候。かやうにゆかみたる細き柱床に建申候よし。床の柱いかみ(歪)候得は掛物いかみて見へ候。」(慶長聞書[註六])。

歪んだ柱を使ふと云ふやうな事もそれを初めて用ひる者にとつては見えない蔭の心遣ひは極めて大きかつたと思ふ。この一疊大目と云ふ座敷は客を入れる部屋としては云ふ迄もなく、一人の部屋としても極りの狹さで、また歪柱など云ふ風變りな物數寄は利休としても恐らく思ひ切つた試みであつたであらう。それは彼の二百回餘り知られてゐた茶會記にも一度も表はれない處から考へて、彼としても特殊な在り方のもので、彼の弟子の宗二が云つたやうに世の常の人にとつては一つの「邪道」と見られたであらう。然しその極りの狹さや、歪める柱などがはからずも「世上ニ壹疊半座敷ハヤリ候……」（松屋茶湯祕抄）と云はれ、「中柱ト云能名《よき》ノ有ニ當代之ヲ曲柱《まがり》ト云。」（茶譜）と宗旦の言葉にあつた如く中柱は殆ど總て歪柱になつて了つた程に世に受けて廣く行はれたのである。

「利休か一疊半の座敷ニて客來り重り、七人有しを狹《せまき》に客多く來とて、利休面白かり候。」（細川三齋御傳受書）

と云ふやうな話も傳はつてゐて、恐らく床の間なども客座として紹鷗が二疊大目の時の如くに使つたでもあらうが、それらのことは時たまの一つの座興であつて、一つの道としての茶の湯には

「四疊半ニハ客二人、壹疊半客三人と休《利休》御申候。四疊半客二人尤成事ニ候。」（江岑夏書）

と利休の言葉が傳へられてゐた。

床無し一疊半は先にも引くやうに「但利休の一疊半には床なしと仰られ候。」（細川三齋御傳受

書書）と傳へられた　ものであつた。それについて　考へられることは　先に掲げた　江岑筆「一疊半指圖」(三の第六圖)である。即ちその奥に

「右一疊半小座敷指圖　三十年已前ニ　不審庵作ニ而候(候か)所、宗左十年餘　所持致候へは　右之座敷ヲタヽミ置。今三疊半ノ座敷作ル故　宗易座敷寸法以　不審□(庵か)作ノ時　委右ノ通書付置。杜　章子已下タヽミ置。就中章子クヾリノ戸　利休所持ニテ　有之候。祕藏致置也。已上

正保四年　未ノ三月

逢源齋　千宗左（書判）」

と述べてゐた。解き難い所もあるが、正保四年(一六四七)から　三十年前　元和四年(一六一八)に　圖のやうな一疊半が作られたらしい。これは　宗旦四十歳の時で、利休の寸法を　以て作つたものであつた。また　障子や潛の戸(躙口)は　利休が　持つてゐた　ものであつたと　してゐるやうである。そして　宗旦は　前にも引いた如く　この一疊半を　不審庵と　呼んだことが　あつたらしい。右の「不審庵作候而候所」と云ふ言葉は　この事を　指してゐたと　見てよいであらう。また後にも「不審庵一疊半ノ時」(覺々齋如心聞書)など云ふことも　云はれてゐて、この事を　跡付けてゐた。

この圖に(三の第六圖)　表はれた一疊半座敷が　利休の寸法によつて營まれ、その躙口戸や　障子が　利休の使つてゐた　その物であり、しかも　利休の後　あまり年を經つてゐない時の　ことであつて見れば

利休のものに 極めて近いものと 考へてもよいであらう。そして恐らく これは 三齋が傳へた利休床無し一疊半の建直しであつたであらう。

この圖を見るに 一疊大目、中柱が建ち、一重棚附き、向切爐であつた。そして床《とこ》の間《ま》はなく、後の「今日庵」と同じく 壁に 掛物を掛けたらしい。これには「床無。勝手ノ上へらニ打。墨蹟も同前。」と 花釘と掛物釘に ついて書いてゐた。また柱については「柱のふとさ面之つらなし 二寸九分半」とか「柱ふとさ 二寸五分」と出てゐる。前の二疊のも 柱は こんなであつたかも知れない。また中柱は「女松ノゆかみ申候。」としたもので、その廻りの太さ 元口で 五寸八分 卽ち差渡し一寸八分五厘程であつた。また躙口は 二疊のものよりやゝ大きく、高さ二尺二寸四分、巾二尺二寸二分であつた。また壁は「小座敷壁一へんぬりうわぬり(表塗)なし」としてゐて、荒壁仕上であつた。また天井は 片流化粧《かたながれけしやう》屋根裏であつて、棰は「たる木竹ふとさ まわり本口ニテ 五寸三分」と云ふものであつた。

この一疊半は 江岑の留め書きのやうに 正保四年、三疊大目を たてるため 取り壞し、疊んで置いたのである。しかし 彼の父 宗旦は これを間もなく 隠居の方に 建て直したらしく 思はれる。

それについて 鳳林は その翌年 正保五年(慶安元年、一六四八)五月廿八日附で

「今朝於二宗旦一而有二茶之湯一也。彦藏主同道也。宗旦隱居之家初之見也。一疊半也。」(隔冥記)

と日記に 書いてゐた。卽ち 鳳林は 彦藏主と共に 宗旦の茶の湯に 招かれたのであつて、そこで 宗旦の隱居の家を 始めて見、その時の茶座敷は 一疊半であつたと 傳へてゐたのであつた。[註七]

また その翌年 慶安二年(一六四九)卯月五日には 松屋久重が

「京都 千宗旦へ 久重一人

隱居ノ二疊敷 但 一疊半敷テ、殘リハ板疊也。中柱有之。但ヌキハ無之候。」(松屋會記)

と誌してゐた。鳳林が 一疊半と 誌したものは 二疊敷の大きさに 一疊半(大目)敷いて 殘りは 板にした今の裏千家「今日庵」と 全く同じものであつた。また 中柱が建ち、橫竹がなかつたことも今日庵と 同じであつた。宗旦は 恐らく 江岑が一年前に 取り壞し 疊んで置いたと 留め書きした一疊半を 隱居しようと考へてゐた 今の裏千家の地に 建直したらしく 思へるのである。それは 壞し疊んだ時と 新しく建つた時の 時の關りが かく思はせると共に 一疊半床なしと云ふ常のものと 異つたものであり、また 躙口の戸や 勝手の障子が 共に 同じ大きさで あつたからである。これは 恐らく 利休のものだつたが故に 惜しんで、使つたのであつたらう。然し 爐先に

向板を入れたり、窓の大きさなども 少しづゝ 變へて、利休の二疊(五の第八圖)に殆ど近いものにしてゐた。[註八]
恐らく この向板に 付いてであらうと思ふが、後に
「爐先一尺六寸ノ板ヲ入《いれ》ラレタルハ 利休也。一尺四寸ニ成タルハ 宗旦作也。」(古流茶湯之祕書)
と傳へられてゐた。この庵の「今日庵」の名は 恐らく 建直しの折に 名付けられた ものであらう。この名は 世に高く、大徳寺の清巖と 宗旦との この名に因む書き物は いま住友家に傳はつてゐて、二つの横長な掛物となつてゐる。それは

「懈怠比丘不期明日 清巖」

「邂逅比丘不期明日 元伯」

と書かれてゐるもので、この中の 明日を期せず とした事により 今日庵と 名付けられたのであらう。[註九] 宗旦の四疊半「又隱」は 先に述べたやうに 利休の不審庵を 再び興したものであつたし、この「今日庵」もまた 利休のものに ならつたものであつた。宗旦は 茶の湯に於て さうだつたが、茶座敷に於ても 全く 利休を繼ぎ、利休を 再び表はすことに 終りまで 心を盡した もののやうであつた。いま裏千家に 殘つてゐる「今日庵」は 後に 建て直つてはゐたが、この含みで利休二疊の 再び表はされたものとして 見らる可きであつた。

利休は なほ 傳へられる所に よると

「利休一疊半ノ座敷、其外 木地丸太ノ輕普請ノ小座敷、或ハ圍座敷ナト 加樣ノ所 腰張ハ 常ノ以二反古一張也。利休ハ 侘テ面白ト云テ、常ノ反古ヲ 張シナリ。織部ハ 美濃紙ノ色繼ニテ、吟味シテ 文ヲ好ミ、樣子マテ好テ、其反古ヲ張。當代何レモ織部流ノコトシ。」（茶譜）

とも云はれて、侘茶らしい 好みの總てを この一疊半や二疊に込めて、表はさうとしたらしいが この腰張については 別に これと變つて

「反故の一枚張 利休いたし候ハ 終に見ぬと 被仰候。四疊半ハ 奉書紙、一疊半ハ 美濃紙にて張候と 被仰候。」（細川三齋御傳受書）

とも傳へられてゐた。[註一〇] 或は この方の傳が 正しいかも知れない。利休は 妙喜庵圍では 勝手の太鼓張に 反古を 使つたことや、堺の四疊半には 歌書が 薄美濃を 透けて見えるやうに 張つたらしいことなど それぞれ傳へられてゐて、反古を 張ることについて 思ひを 凝らしたこともあつたが、それは決して 反古張は 侘と云ふやうな 觀念的な仕方の ものではなかつた。例へば

「湊紙にて くす《(屑)》の有にて、こし《(腰)》張は さひて聞へて、見て悪し。知りそうにて 人のしらぬと

利休か云と 仰られ候。又同時に云は 竹柱は 聞と見るとハ 違ひ候。聞はさひ、立たるを見れは 一向さひぬものちやと 云たと被仰候。」（同書）

とも傳へられて ゐたやうにである。 また同じく 一疊半の腰張について

「一疊半、二疊半 中柱向の ぬりまハし《塗廻》のこわき《小脇》 一枚紙を 張まハし候得は 屏風を たてたる様にて 悪敷とて 利休嫌ひ、ぬりまハしより向 横竹の下ハ 張ず候よし 被仰候。」（細川三齋御傳受書）

とも傳へられてゐて、後の世の多くが「數奇屋の横竹の下 又 窓下の張付は 少しも壁を殘さず、皆張りたるよし。」（茶道舊聞錄）の習しと 全く異つた 仕方をしてゐた。これらは 總て みづから試みた上か、他の所で よくないことを 身を以て 覺えた裏付けある 言葉であつて、一つとして觀念的に 云はれてゐた場合は なかつたやうに 思はれる。 また一疊半に限つて 異つたやり方の例は 釣棚にもあつて

「一疊半に 架横竹の方に 有を 利休好ミて 左の隅に 釣セ候由被仰候。」（同右）

とも傳へられてゐた。

また 細川三齋は 利休一疊半の勝手について

「一疊半の勝手ハ 必 六帖敷にするそ。易(利休)の一疊半、 勿論 六疊敷也。」(松屋日記)
とも傳へてゐた。

利休水屋について 大徳寺門前屋敷二疊の寸法書に「水屋の棚」として出てゐる。
「一 勝手ノ棚のかまちは丶 八分。一 厚サ 六分。一 棚ノ間 一尺一寸三分。一 同上ちう(重)の間 一尺。一 釣木ふとさおもて 九分。一 同 はり(つカ)木厚さ 八分。一 同中ノたつの釣木ノおもて 一寸。一 同厚サ 六分。」(利休家之圖)
と誌されてゐた。これで見ると 棚は 二つの釣棚からなつてゐて、その釣木は 九分に八分、一寸に六分と 云ふやうな 太さの感じが 異なるものが 使はれてゐた。また後に 多く見るやうに 板は切り離し一枚板でなくて、八分に六分の框附の ものであつた。この幅は 不幸にも傳はつてゐない。また「物を かくる竹釘の間 五寸五分つ丶 おきてうつ。その竹釘の長さ 一寸二分宛。」(利休家之圖) ともしてゐた。

水屋の釣棚は 利休好みとして、後に見るやうに 長い二枚の棚と、角な隅釣の棚に なつてゐたやうには 思はれない。また 下の棚も 竹を挾んだ 三枚板と 云ふやうな 技巧の細かな もの

でも なかつた。そのやうな水遣は 何時出來たか、なほ後の考へに 俟たなければならない。

註一 この推定は 多くの文獻の示す所を よく合はせるものではあるが、上壇附二疊と云ふやうな變つた姿のものを 宗湛日記にたゞ二疊とのみ誌して、他の道具などの細かい書き傳への如く何も誌さなかつたのが、何かしら 心滿たない感をさせる。これは なほ 他の據るべき史料を 後に俟たう。

註二 拙著「書院と茶室」の「洛中洛外屛風の建築的研究」の中で、その復原圖を 掲げて置いた。

註三 利休が 二疊敷と云ふのは 一疊半を含んでゐたかも知れないことは「石州流祕事五ヶ條」の中の「一疊半の事 妙法院御門跡より石州公へ御尋の節御受」として「一疊半の數寄屋二疊敷也。客三人に不可過歟。」と云ふやうな條があつて、このやうな 考へ方が もし利休よりの 傳へとすると、こゝに述べた 事柄などは思ひ過ごしの 誤りとなる。後の考に 俟たう。

註四 利休のこの說は 後にも「千家の書」(茶道舊聞錄)の中に「一疊半は座敷小き故、膳の木具なども四疊半の座敷より大きくするなり。……」とあつて、三齋の他にも 似た傳へがあるのである。

註五 金閣寺夕佳亭は 明治になつて燒け、その後に建變へられたものである。金森宗和好みの時には、床柱は「高野サン」となつてゐた。それは松平樂翁蒐集の起繪圖「北山鹿苑寺ニ在之 金森宗和好 茶屋建地割」

としたものに出てゐて、「たかやさん」と讀ませるのであらう。片方の柱は「アテヒ」卽ち「あすならう」で、落掛は「楪打込目有一寸五分」でちような目が擴けられてゐた。框は「サレ丸太二寸六分」で、今のものとは全く異つてゐた。また富士型の手水鉢も そのころには なかつた。南天の床柱は この圖より後のものと考へられる「京都茶園亭室圖」（家藏卷子本）の中の金閣寺夕佳亭の床に「南天柱」とあつて、江戸時代末に既に建て替へられてゐた。明治になつても それを襲うたもので、この如き太い南天は 珍らしいものではあるが、この如く歪んだ形は 末期的な病的な 表はれで あつて、金森宗和などの好みとは 全く異つたものであつた。

註六　織部の「慶長聞書」に「慶長十四年（一六〇九）正月上洛之時、我等直にも又使者を以ても尋申候覺」として「芝山監物大坂の座敷、床の柱無之相尋、大工藤五郎と談合にて 炭のになひほうを立られ、利休によく候やと 監物被申候得は、一段數寄あかり候見事成と ほめられ、芝山勝手之被入候時 古織利休之能御座候やと 被尋候得は、亭主は目くらにて候。かように ゆかみたる細き柱 床に建申候よし。床の柱いかみ候得は 掛物いかみて見へ候由。」と傳へてゐた。

註七　この時の茶會は「掛物者利休居士之影、大德寺春屋之讚」と誌され、「茶入　利休之小棗入袋也。」としてゐたから、恐らく宗旦としては 隱居茶座敷の開きの含みであつたであらう。

註八　江岑が一疊半の寸法書は 千卽中齋氏が「わび誌」に發表されたものによると 窓の大きさや其他が、入り亂れてゐて、復原し難い所もあるが、窓の形は「今日庵」の古い圖と比べて見るとき、少し異つて居り、今日庵は向板が入り、釣棚がない所なども これと違つてゐた所であつた。然し躙口、勝手口は全く等しく、利休のものであつたと云ふ傳へから、それ等だけは よく尊んで、そのまゝ使ひ、窓などは 少しばかりづゝ變へたのでなかつたかと思はれる。この躙口は利休二疊のものとは少し巾が廣くなつてゐたものであつた。江岑の書き留めたものは その窓は 世に利休一疊半と傳へた床付きのものに 似た所がある。これは江戸時代末の起繪圖になつて殘つてゐる。江岑が傳へた一疊半と少しばかり異なる所はあつたが、その一疊半を壞し疊んだ時は 宗旦の隱居を建てようとしてゐた時であつて、時が合つてゐたので、これらは同じ小座敷であつたとすることが おのづからな見方である。然しなほ後の史料に 俟たう。

註九　今日庵の名の起りについては 今では 昔の傳へと異つて、面白く語られてはゐるが、先にも引いた千家世代覺書の傳へは 古くからの千家に於ける正しい傳へであつたと思ふ。それは卽ち「不審庵を逢源齋《(江岑)》宗左に讓り、別に二疊敷を營み退去し、淸巖和尙に 菴號を 乞。今日庵と書し、又 懈怠比丘不期明日の八字を書して與へらる。元伯も其意に答て、邂逅比丘不期明日と書れしと云。」と云ふのであつた。今では今日庵の名は元伯宗旦が他所から歸つて來て、淸巖が留守の中に腰張り紙に書いて行つた八字から思ひ付いたことになつてゐる。因みに この時の 今日庵は 天明八年《(一七八八)》に燒けた。

註一〇　この三齋の傳へを裏づけるかも知れぬものに 三井寺本覺坊所持の「利休相傳之書」に「數寄屋一枚はりの白紙の高さ 昔は八寸、今ハ九寸にも 所によりて一尺ニもする也。一疊半のハ 美濃紙其外ハ奉書也。四疊半は猶以奉書也。四疊半のハ 昔ハ九寸也。今ハ 一尺にも、一尺一分にもする也。其外の座敷ハ 昔は七寸八寸也。今ハ 八寸九寸にもする也。」と、利休の弟子は傳へてゐた。また高さについて「美濃紙の一枚張ハ 長八寸好と仰られ候。」「四疊半の一枚張ハ 長一尺一分好と仰られ候。」(細川三齋御傳受書)。また「美濃紙の一枚張ハ 高さをして不定と被仰候。」(同上書)

六　利休の妙喜庵圍

六の目次

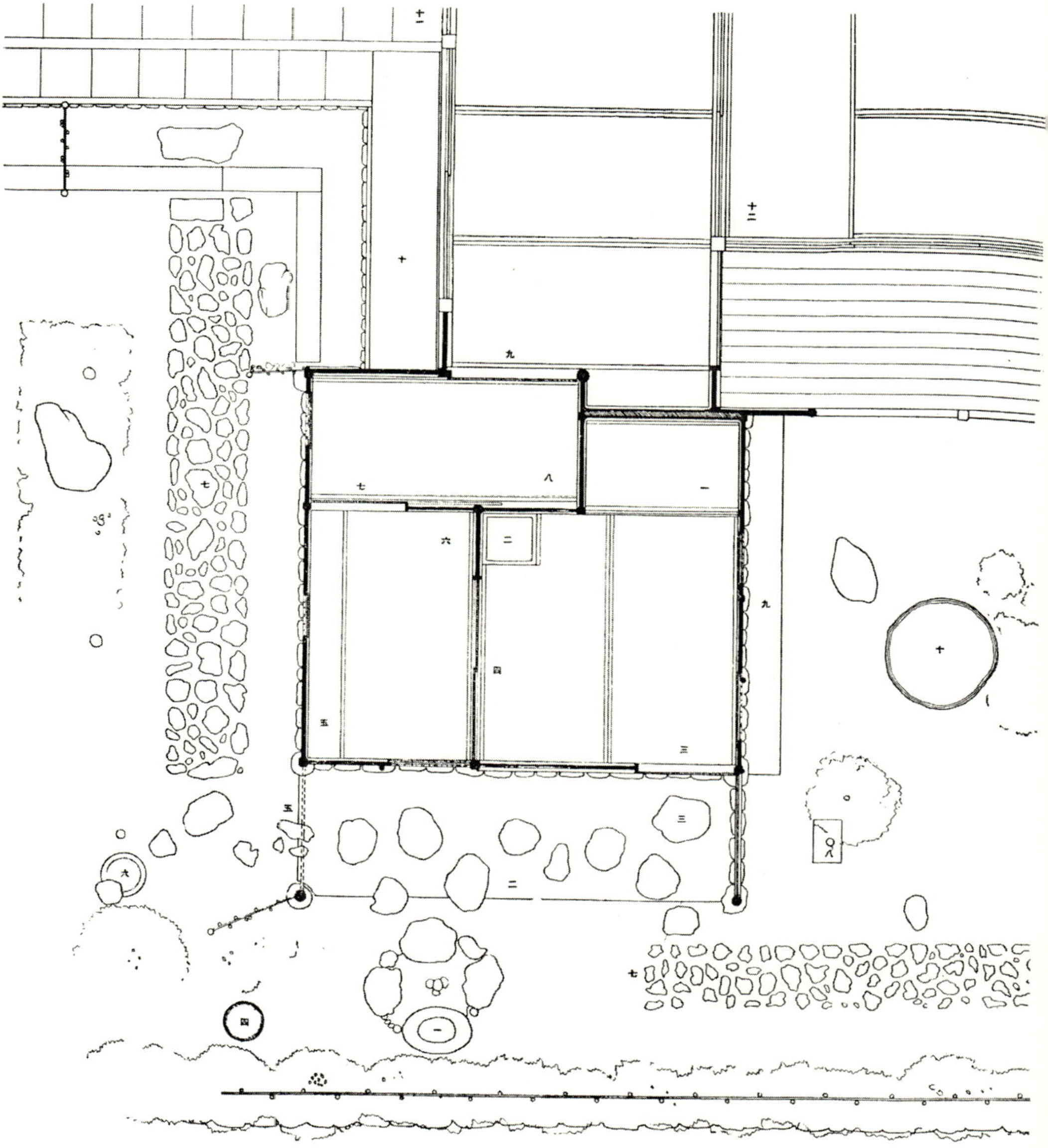

一 床の間	五 板	九 入口
二 爐	六 一重釣棚	十 落緣
三 にじりくち	七 勝手入口	十一 佛間前廣緣
四 太鼓張引違戸	八 三重釣棚	十二 明月堂八疊

一 蹲踞	五 木戸	九 軒下たゝき土
二 土庇たゝき	六 塵穴	十 袖摺松
三 沓脱石	七 延段疊石	
四 石燈籠	八 竪樋及受瓦	

六の第一圖　妙喜庵圍の間取圖

六の第二圖　妙喜庵書院前利休の手水鉢

六の第三圖　妙喜庵書院

六の第四圖　妙喜庵圍の東側袖摺松

六の第五圖　妙喜庵書院の落緣と袖竹垣

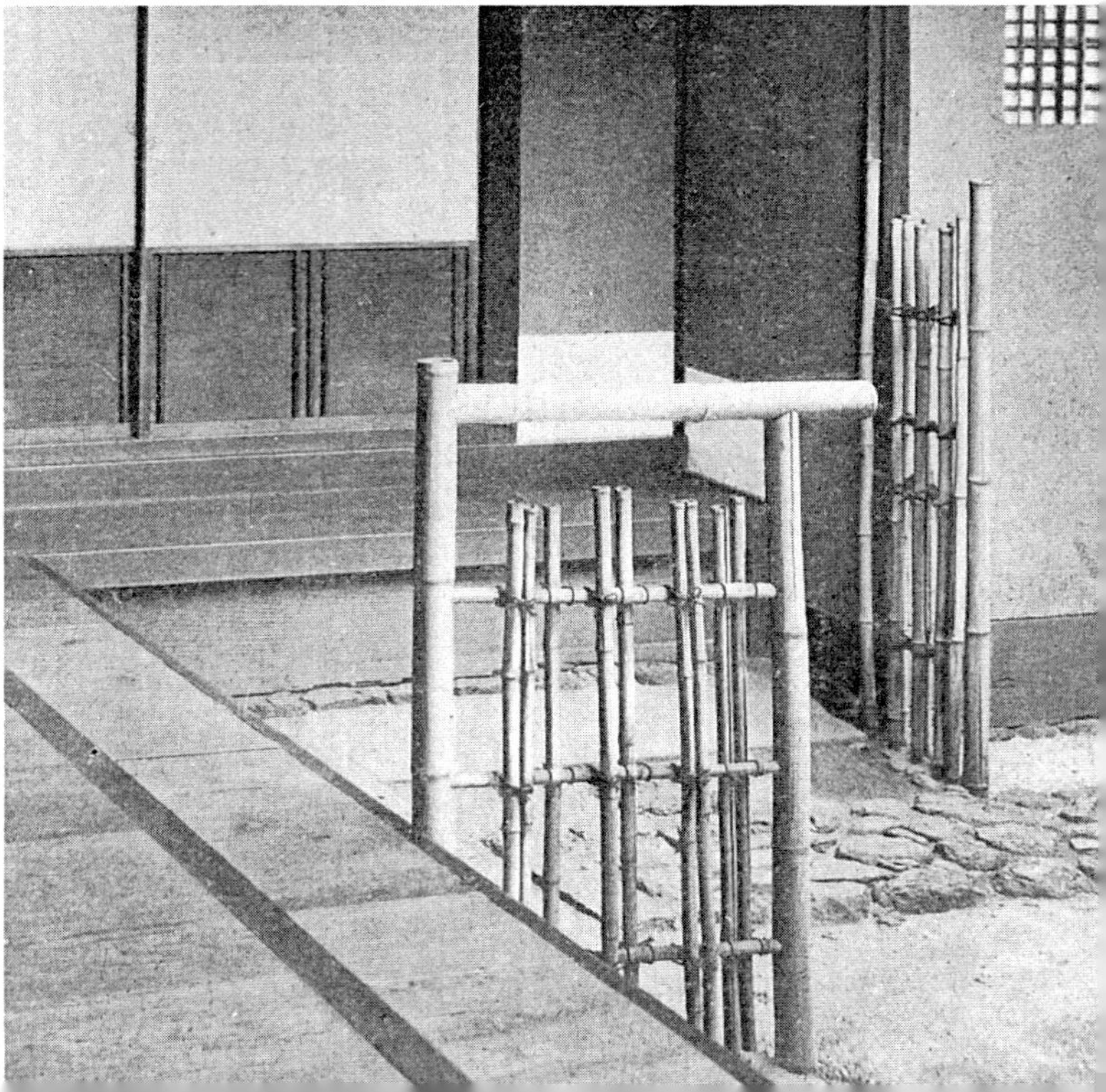

六の第六圖　妙喜庵園の西側と疊石

六の第七圖　妙喜庵圍の南側庇下　躙口と連子窓

六の第八圖　妙喜庵圍の蹲居

六の第九圖　妙喜庵圍の飛石と躙口石

六の第一〇圖　妙喜庵囲の東側壁、躙口

六の第一一圖　妙喜庵囲の洞床

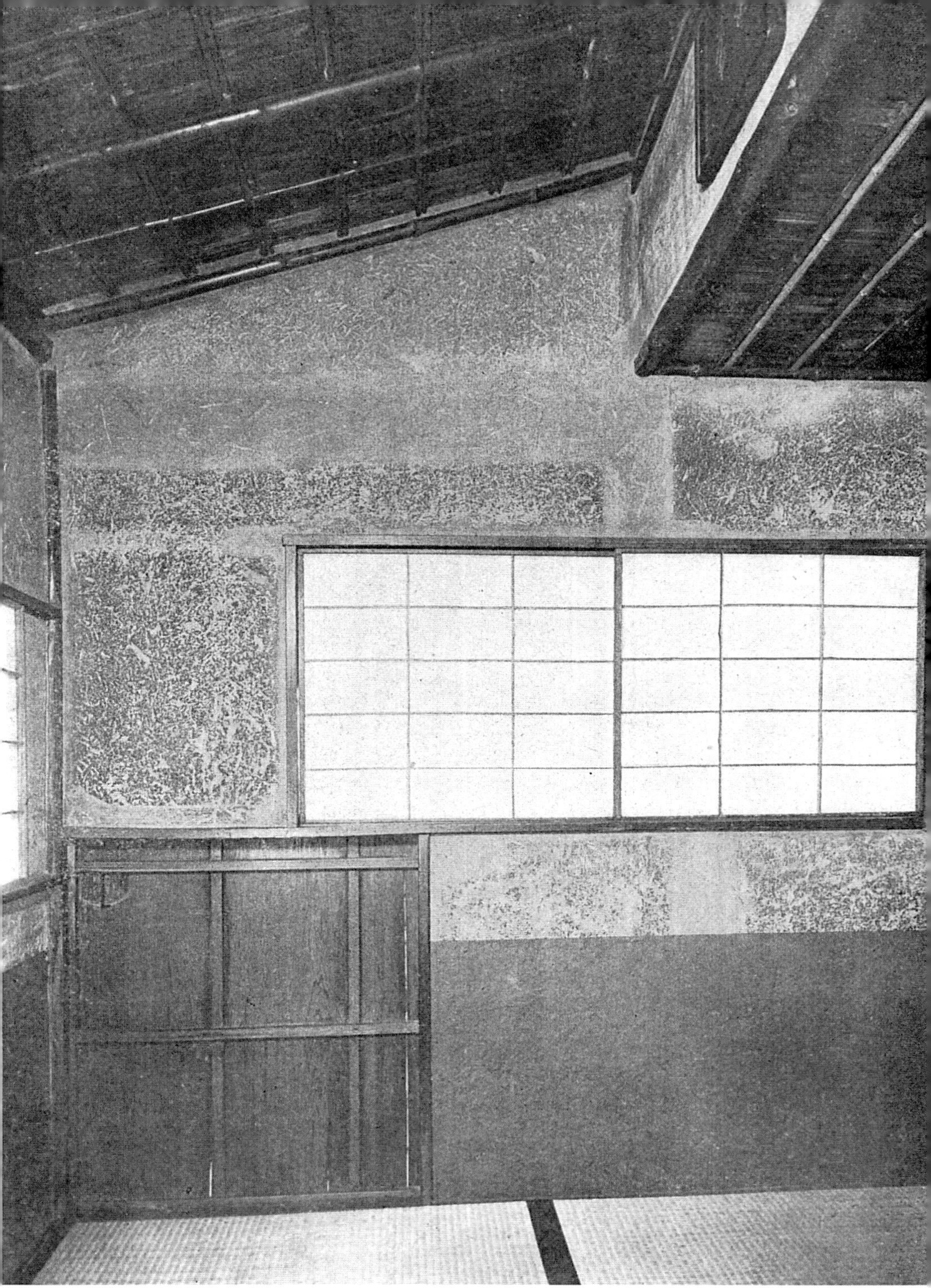

六の第一二圖　妙喜庵圍の南側壁　躙口

六の第一三圖　妙喜庵囲の天井と額

六の第一四圖　妙喜庵囲の洞床塗天井

六の第一五圖　妙喜庵圍次の間釣棚

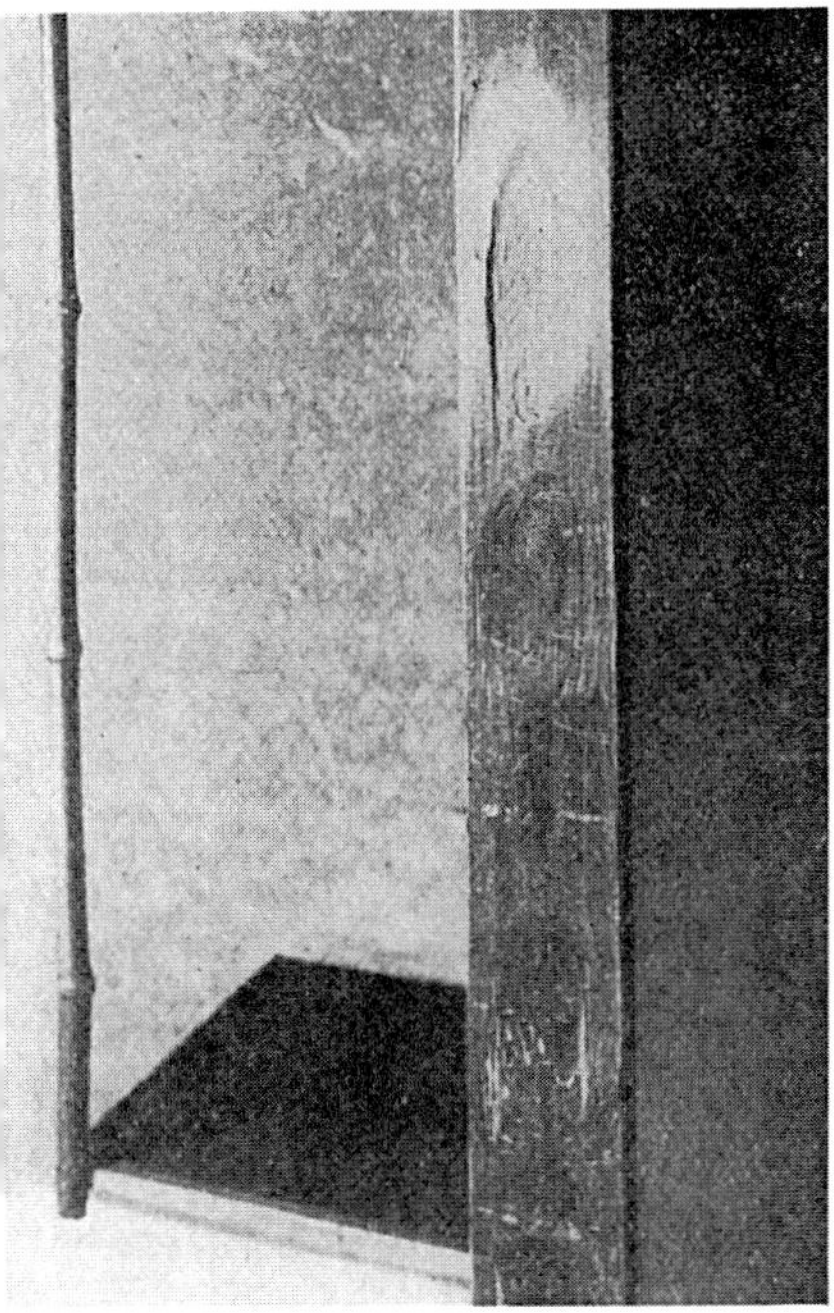

六の第一六圖　妙喜庵圍次の間境方立の釿目

六の第一七圖　妙喜庵圍次の間西側壁と地板

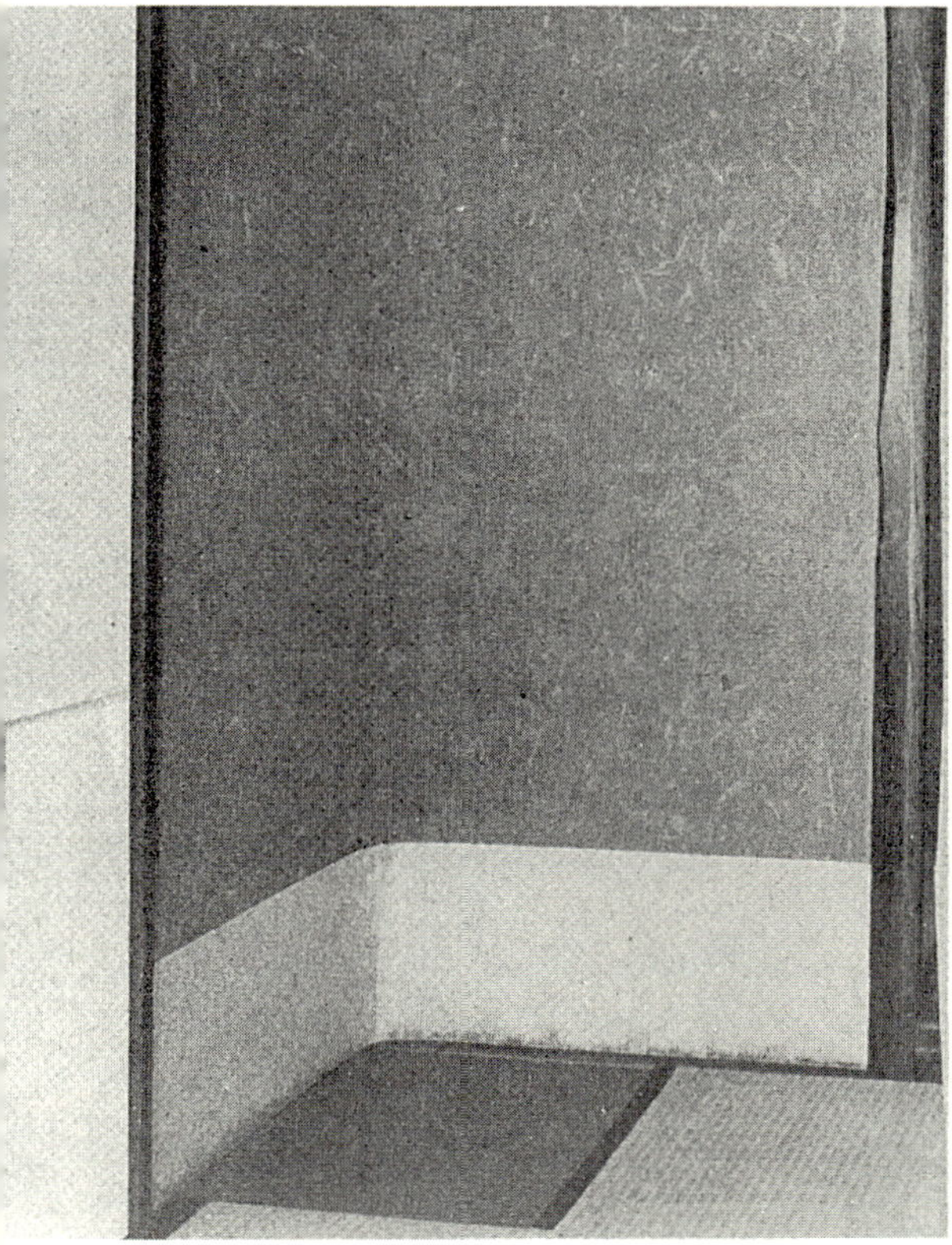

六の第一九圖　妙喜庵囲の角爐と塗り廻し壁

六の第一八圖　妙喜庵囲の勝手隅釣棚

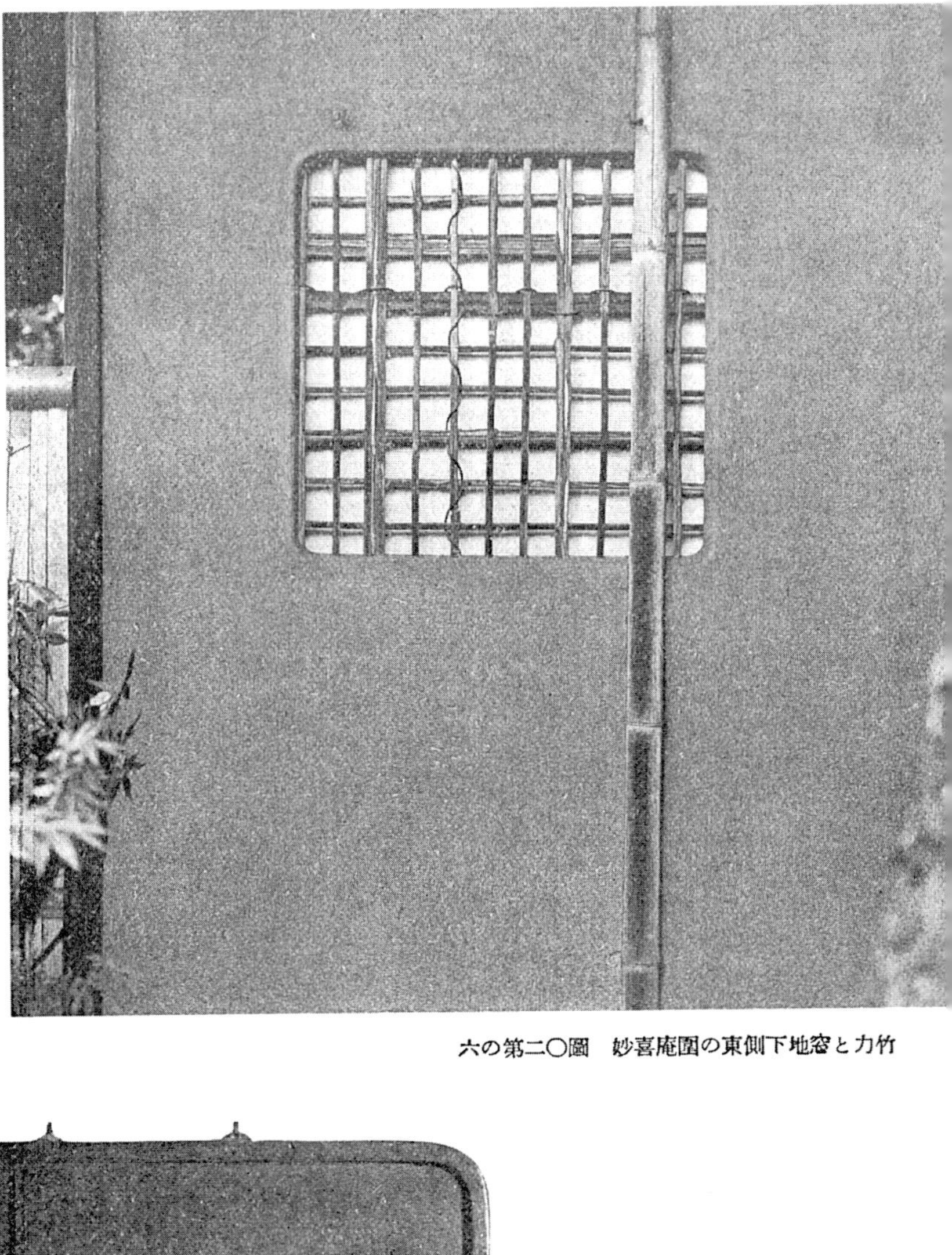

六の第二〇圖　妙喜庵圍の東側下地窓と力竹

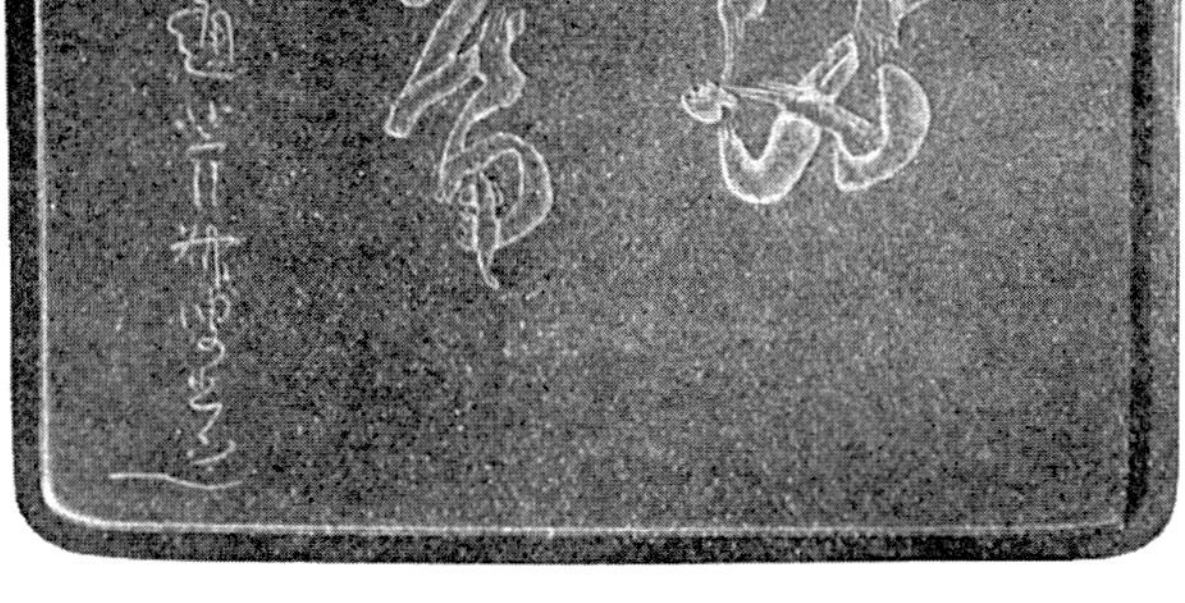

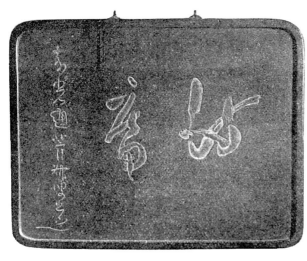

六の第二一圖　妙喜庵圍の木額「待庵」

六の第二二圖　妙喜庵の玄關

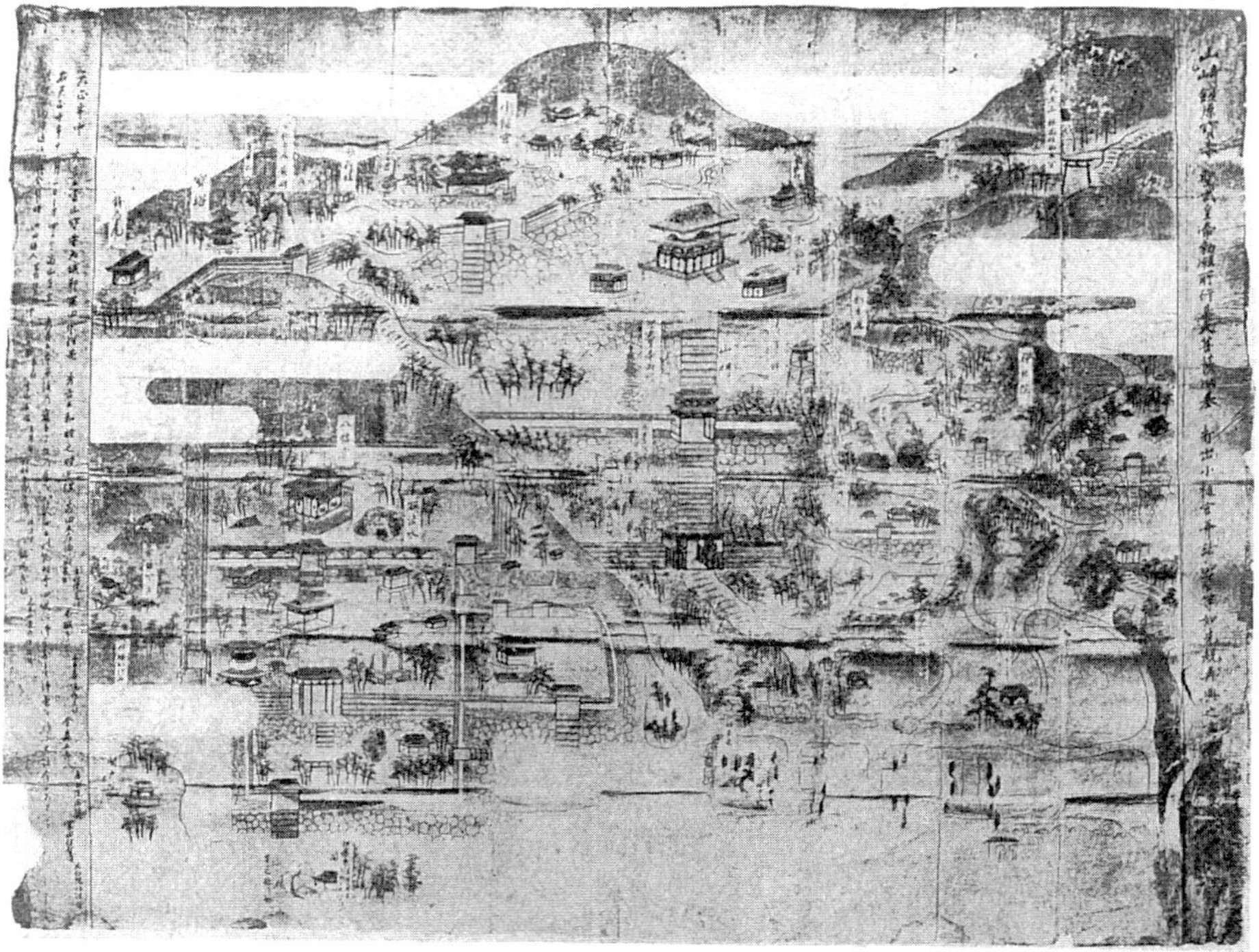

六の第二三圖　山崎寶積寺圖に表はれた妙喜庵

（眞中の下の方に第二四圖の所があり、また眞中の左の端や・下に利休の書入ある屋形が表はれてゐる。その右に續いて、宗鑑やしきがある。）

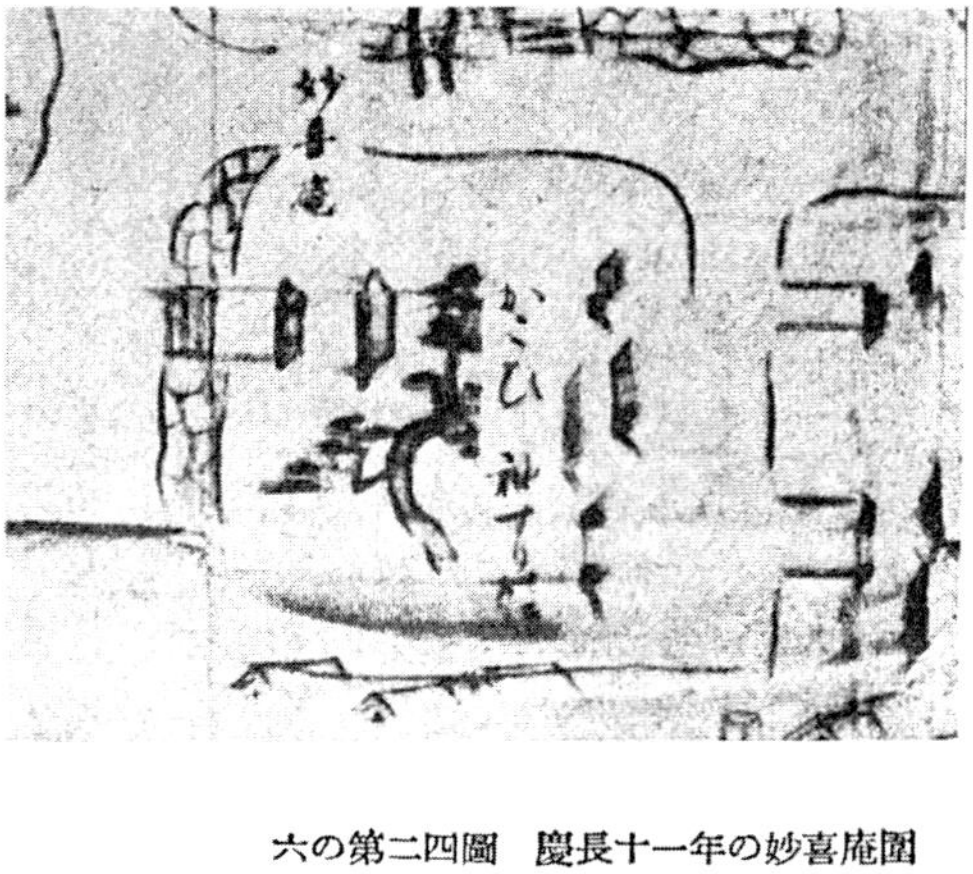

六の第二四圖　慶長十一年の妙喜庵圖
山崎寶積寺圖の一部（かこひ袖すり松の書入有）

六の一　利休と妙喜庵圍

京都、山崎の妙喜庵は 連歌で名高い 宗鑑の隱棲地と云はれ、天正十年(一五八二)の山崎合戰の時 豐臣秀吉が 利休に命じて そこに 茶座敷を作らせたのが 今「待庵《たいあん》」として殘つてゐる圍であると云ひ傳へてゐる。 雍州府志や山城名勝志、 都名勝圖會など 江戸時代中頃から 後に出た書物がこれと略同じやうな 傳へをしてゐた。註一 然し 中に 享保八年(一七二三)奥書の茶道望月集には 少し異つた傳へがある。 それには 秀吉が 朝鮮征伐の歸りに 名護屋より京都へ上る途中 この邊で 茶がのみたくなり、 利休の導きで 妙喜庵へ立寄つた折に「古松にたよりて 利休其時 たづさへたる杖のさきにて 此圍の地割指圖をして、 大工へ申付て」出來たと 傳へてゐるのであつた。 いづれにしても 利休の時代を去ること 遠い時に 書かれたものばかりであつたから、 是等は たゞ江戸時代の云ひ傳へ、 またはは 噂と云つた程の史料で、 今こゝで 直に據ることは 出來難いものである。

妙喜庵について「妙喜菴中憶《フ》二古禪《チ》一　茶窓《ノ》簷朽《チ》絶《ツ》二茶烟《チ》一」など云ふ 草盧の詩もあつて、江戸時代末の妙喜庵には 茶の好きな僧も 出なかつたらしいが、秀吉や利休時代の 妙喜庵は 功叔士紡の時であつて、茶が好きだつたらしく その頃の茶會記に 時折見えてゐた。例へば 津田宗及によると 天正八年（一五八〇）十一月廿五日晝の津田宗及の會に 妙喜庵と道叱が 來て居り、また同月の廿五日には 宮内法印の不時の會に「妙喜庵 宗納 宗及」の三人が 客となつてゐた。妙喜庵は 山崎の外に 京都 建仁寺内にもあつたので 疑ひを持てば 持てない事もないが、天正九年（一五八一）四月七日の「山崎妙喜庵にて 會 道是 及」（宗及日記）の會では 全く明かに この妙喜庵に於て 平野道是と津田宗及とを よんだ會であつた。同じ日記の中に たゞ妙喜庵とのみ 出てゐたのではあるが、前のと同じく 山崎の妙喜庵功叔と 考へてよいであらう。天正九年の妙喜庵の この茶會には

「一　霰釜小板ニこふら茶碗。一　床ニ後ニ大壺まつぼ也。四斤斗入ル壺也。」

としてゐたが、これだけでは 床間があつた事と それに 四斤入る呂宋渡りと思へる 眞壺を 飾つた事だけで、座敷の事は よく分らない。この時 既に 圍「待庵」が出來てゐたかどうかも 全く解らないが、傳へられた如く 秀吉の鬭りで 出來たのならば 云ふ迄もなく 未だなかつた。恐らく これは 宗鑑が住んだと 稱へる 對月庵のやうな座敷では なかつたかと思ふ。

次に 今井宗及日記には「天正十年（一五八二）十一月七日 於山崎 羽柴筑州様御會」（羽柴筑前守秀吉）と云ふ茶會が あり、

宗及、宗易（利休）、宗久、宗二が出てゐた。この會も「利休」（桑田忠親氏著）や、茶道全集利休篇はこの妙喜庵にての茶會としてゐたが、然しこれはさうでないと思ふ。この茶會は恐らく秀吉（羽紫筑州）が寶積寺に於て行つた會であらう。それは寶積寺繪圖（松田福一郎氏舊藏）の表左側に

「天正年中　秀吉公當山寶寺爲城廓、柴田修理亮　秀吉公和睦之時四使　前田又左衛門尉（自性院東坊宿坊）不破彦三（無量壽院極樂坊）金森五郎八（多聞院圓隆坊）柴田伊賀守（大仙院仙涼坊）右天正十年十一月一日より四日迄當山在宿　秀吉公本堂後の巖下に杉の庵をかまへ、四日の朝數寄、四使に手前にてお茶を給ふ其跡今にあり。」

とある。これによれば寶積寺本堂後に庵を作つて、秀吉は柴田勝家との和睦の時の使、前田利家その他四人に自らの手前で茶を與へたと云ふのであつた。宗久日記はこの茶會の三日後の茶會を傳へてゐたのである。秀吉が山崎に於て茶の湯をしたと云ふのは卽ち秀吉の宿であり、城でもあつた寶積寺に於てであつたとすべきが自然である。またこれと同じく天正十年十一月廿八日「夜放シ於山崎」（今井宗及日記）とした秀吉の夜咄の茶會もこの寶積寺に於てであつたらうと思ふ。またこれ等が妙喜庵に於てであつたならその日記に功叔の名

か、妙喜庵の名が 出て居て然るべきと 思ふからである。この寶積寺の圖と云ふのは 慶長十一（一六〇六）年 豊臣秀吉の十周年忌に 片桐且元が 豊臣秀頼の命を受けて、寶積寺を 改め築いた折に 作られた繪圖と 見られるもので、右端に

「山崎錢原寶寺　聖武皇帝勅願所　行基大菩薩開基、打出小槌宮并諸伽籃等 如先規 再興之書圖 慶長十一年丙午五月 豊臣秀頼公 御再興　奉行 片桐市正且元」

と大きく書き、また その裏面に 小さく同じ筆で「慶長十一年再建　片市正奉」とあつたもので、桃山時代の山崎を 考へるには 重んずべき、また 據るべき史料である。

妙喜庵の茶會は 甚だ少ない乍らも、その頃 一流の茶人の留書きに 傳へられてゐたもので、妙喜庵功叔の その頃の 茶の湯の位置を 窺ふ事が 出來る。然し 今こゝに觸れんとしてゐる 利休園「待庵」に於てと 思はれる會は 未だ見出し得ない。また 利休との會も 見出し得ないが、然し 功叔と利休の交りがあつた事は 八月廿七日（天正十年か）の妙喜庵宛 利休手紙（富田仙助氏藏）が 殘つて居り、その中に「筑州 於在山崎は 不圖可罷上候。」[註二] とあつて、秀吉と妙喜庵功叔との關りに於て 利休の手紙があり、然も 秀吉が山崎に 在するならば ふと出向いて 行くであらうと 知らせてゐるので あつたから、傳への如く 秀吉を迎へるため 茶座敷を 企てた位のことは

あつただらうし、既に あつた茶座敷で 秀吉に 茶を獻げることは 誠に 有り得たことであつた。また 寛永年代に 永井信濃守信齋の茶會（旁求茶會記）の中に「床に 妙喜庵への利休文」と誌した會もあつて 利休と妙喜庵功叔の間は かなり親しかつたやうである。また 前に誌した 寶積寺の圖に 今の寶積寺と 妙喜庵との 在り場所が 少しも變らず 描き表はされてゐて、（六の第二四圖）その妙喜庵の西の方にあたつて「宗鑑やしき」、つづいて「利休」の屋敷が 書き入れられてあつた。圖の出來た 慶長十一年と云へば 利休の後 十五年目で、宗鑑に至つては 七十八年も經つた後の事であつたから その時に なほ 利休や 宗鑑の屋敷が そのまゝ住居として 殘つて居たとは 思はれない。たとひ殘つて居たとしても 屋敷跡があつたとか、別の人の住ひに 變つてゐたであらうと思ふ。ここでは 山崎の名有る所や 人の屋敷を 寶積寺の圖を 飾るために また 說き明すために、その廻りに 書き入れたものと考へられる。これによれば 妙喜庵は 宗鑑の住んだ地では なかつたらしく、その傳への出たのは 恐らく この屋敷の建物でも 妙喜庵に 移したためではなからうか。そしてこの圖で 特に目を注ぐべきは 妙喜庵の近くに 利休屋敷があつたと云ふことである。それは八幡宮（離宮八幡）の西に 宗鑑と利休の屋敷が 描かれてゐたのである。これによつても妙喜庵と利休の關りは なほ深くなり得たと 考へていい。そして その交りは 秀吉の關りよりも前であつたらしい。宗啓の 南方錄に、これは 江戸時代初め頃を 下らない書物と思ふが、「兩居士 相談の上を以て 二疊敷を作也。鷗の山里、休の妙喜庵等也。其外 數々あり。是露地點茶の最初なり。」（南方錄）と傳へてゐた。利休妙喜庵圍は 江戸時代初め頃 紹鷗の「山里」の茶座敷と 並べ誌され、それは紹鷗時代にまでも 溯れさうにさへ とれる書振りであつた。然し それ程前に上す事は 如何かと思ふが、秀吉の關りよりは 或は 前であつたかも知れない。功叔は 利休の後 三年、文祿三年（一五九四）まで生きて居たから 待庵に於ける 茶の湯の記も その內には 見出される事を 心當てにして、今は 妙喜庵に 利休茶座敷の出來得る まはりの關りと 時の勢を 見る事だけに 止まらう。

妙喜庵の利休圍については この寶積寺の圖に 書き込まれた「妙喜庵」の中に 門と 一棟の建物と 一本の松の木を描いて、その松の傍に「かこひ 袖すり松」と書き入れてゐた。（六の第一圖）かこひ（圍）の茶の湯座敷は 小さいためか それらしいものは 見えないが、松だけ 特に大きく描いてあつた。これは 秀吉十年忌に 記念的に 描かれた圖であつたから、秀吉に關りあつた物を 特に重く視て、描いてあつたと 考へていいであらう。そのやうに 見られることは、秀吉が 妙喜庵に來た時 秀吉の袖を摺つたとも云ふ松を特に目立つて描いてゐたことである。そしてなほ心引く事はその松と共に「かこひ」の書入れがあることで、これによつて桃山時代に既に妙喜庵は松と茶座敷との連りに於て秀吉と關り深いために特に目を付けられて居たことである。

前に誌した天正十年（一五八二）十一月七日の秀吉の會に出た津田宗及や千利休と、妙喜庵功叔との交りの連りから考へても、その前後に寶積寺を城として滯つて居た秀吉に近くに住んでゐた妙喜庵功叔が機嫌を伺ふ事もまた秀吉が徒然に茶好きな功叔を訪れたことも有りさうな事であつた。また津田宗及日記に書き留められた程のその頃の一流の茶の湯をした功叔のために秀吉の關りあるなしにかゝはらず、近くに住つてゐた利休が茶座敷を好む事もまた有りさうな事であつた。また或る傳へのやうに待庵は近くの利休屋敷から移したと考へることも有り得ない事ではなからう。特に今の待庵勝手口三重釣棚あたり（六の第一八圖）の附鴨居が取付く柱など角《つの》からみになつてゐて、天井の廻縁にも達して居ない所などは新しく設けられた建物としては自然でなく、移したときに止むを得ず出來た跡と見られないことはないであらう。これについて思ひ出されるのは江戸時代中頃の「茶學聞覺事寫」（吉田常策書寫　西堀一三氏藏）の中に

「妙喜庵　利休滅亡後　スキヤくづしをく　立ル　又　笠原宗吻立ル。」

と書いて ゐた事である。この中の 笠原宗吻は あまり聞かない名であつたが、侘助椿で 名高い笠原宗全の 連りの人かとも思ふ。秀吉に よく知られた功叔は 利休が腹を切つた後に 利休と關り深い 待庵を 一時こはして置く位の 慮りは 或は したかも知れなかつたが、それよりもつとありさうな事は 利休亡きのち 山崎の利休屋敷が毀たれて、その茶座敷が 近くの妙喜庵に 移し建てられたと 云ふ事である。それを移した時に 骨折つたのが 笠原宗吻であつたらうかと 思はれるのである。それ等は いづれにしても 妙喜庵に於て 秀吉との關りで 茶座敷と 袖摺松とが桃山時代から 今に迄も 云ひ傳へられ、また 片桐且元の如き 秀吉と深い連りの 人により その事が傳へられてゐた事などは この妙喜庵圍を 利休好み茶座敷として とり上げようとする 確かな據り所を 與へるものである。

江戸時代初め 恐らく この片桐且元の圖の出來た後 二三十年も經た頃であつたらうか 寛永の頃に 永井信齋尙政は 妙喜庵の圍を 寫した茶座敷を 作つてゐた。それは 山城淀城の 島の茶屋と云はれたが、その茶座敷に於ての茶會が 伊丹屋宗不筆記に「正月廿五日朝 松平隼人 石河土佐 小濱民部 宗不」と出てゐた。[註三] そして その終りに

「山崎の妙喜庵に有レ之利休のかこい 信齋老御うつし御立候さしき(座敷)也。二疊にて自在御つり、

瓢簞釜いつも御掛候。反古張也。つぎ手までも 山崎のに 違なく候よし。」と誌してゐた。また これよりや丶後かと 思はれるが、片桐石州と中井淨覺が この茶座敷に 來た傳へがある。それには

「洛陽 淀 永井信齋殿に 片桐石見守殿と私 茶湯ニ參リ候時、數寄屋ニ而 茶濟候以後、島の茶屋エ參リ候時、此所に 妙奇(喜カ)庵の寫しの 數奇屋御座候。尤茶湯可レ有躰ニ御座候。石見守殿薄茶ヲ被レ下候ハヾ可レ被レ參と被レ仰候。上柳甫齋 折節見舞、勝手ニ居申候間、薄茶可ニ申付一と信齋老被レ仰候。扨 甫齋出て 薄茶立申候時 柄杓を常の向立の通リニ 右の脇ニ直し候而 立申候。仕廻候而 引退キ候以後 石見守殿 信齋老被ニ御尋一候は 妙奇庵の如レ此角ミに 切申候爐の時 茶立候樣は 如何立可レ申哉と 被ニ仰聲一候へは 信齋老 柄杓ハ 風呂の立前の如く 左リニ置申事 是一つの習ひニ而候。……」(中井淨覺 高木主水正宛 手紙、茶道或問祕事に載す)

とあつた。これらによつて 江戸時代初めには 妙喜庵の利休圍は 二疊敷すみ爐であつて 腰張又は太皷張障子に 反古が 張つてあつた事を 知る事が出來る。その反古張も 利休の好みと 信ぜられて居たと見えて、その繼手迄も それを そのま丶模ねた事を 傳へてゐたのであつた。

江戸時代に 妙喜庵圍を 寫す事が はやつたらしく「千利休構ニ茶亭於斯庵一……必以ニ此茶亭一

爲ﾚ本而倣之。」（雍州府志） とか「山崎に妙喜庵とて 禪室あるに 利休作れる數奇屋有。其さまよのつねに異にして 世にうつし作りて茶事をなす。」（茘藝泥赴） とか 傳へられて居たが、先の手紙を 書いた中井定覺の 京都の屋敷にも その寫しが あつたらしく、それについて

「柳馬場 丸田町上ル富小路へ ぬけ有候よし 前妙法院樣御やしき也。後に中井住。此やしきニすき屋有。 妙喜庵寫也。」（茶學聞覺事寫）

と傳へてゐた。

次に 年代の明かなものでは 承應元年（一六五二）に 前田利家の子、利常も この妙喜庵圍を 加賀の小松葭島に 寫し建てて居た。

今では 妙喜庵寫しなど 見る事はないが、江戸時代から 他の茶座敷と 異つてゐたにも かゝはらず 特に これを寫したのは「山崎妙喜庵茶亭 今に一宇殘る。其外 好む所の茶座敷 殘らずといふ。天下に 妙喜庵一宇のみ。」（雪間草） と云ふ これこそ 唯一つの 利休好みの茶座敷で、この圍より 他には利休好みは ないと云ふ考へが 世の常と異つた 茶座敷構であつても これを寫させたのであらう。 前田利常が これを 葭島に寫した場合は 三壺記に

「承應元年 江戸より御歸國之節 御大工伊右衛門を山崎へ被遣。遠州の指圖之數寄屋を 指圖

被仰付。御大工 八右衞門を南都へ被遣 利休指圖の數寄屋を寫させ、直に 上方より小松へ歸着す。此二つの御數奇屋を 九里覺右衞門と山本淸三郎に被仰付。其年 秋中へ懸て 爲作らる。御横目に 篠原大學を被仰渡 作事每日見廻り申さるゝ。利常公 每日御出被爲成。山崎 松屋源三郎すきやを 遠州座敷と申けり。」

と傳へてゐたが、中に誤りがある。山崎の利休の茶座敷と 南都 奈良の松屋源三郎の（遠州好み）茶座敷を 大工を遣して、測らせたのである。これは 松屋の方の 留書きを見れば 明かである。松屋茶湯祕抄に 大黑亭と云ふ額のあつた 松屋の茶座敷の圖と、妙喜庵圍の圖とを書いて、その說明に

「加州肥前守樣 御座敷四疊半 右勝手 久好ノ御寫。山崎妙喜庵 利休指圖シテ造給座敷御寫。」

としてゐた。前田利常は 前に 筑前守であつたが、寛永三年(一六二六)から 肥前守を稱へ、その子 光高が筑前守となつてゐた。この松屋の留書きは そんな點についても 合つてゐて 正しく 傳へてゐた。また 前田家が 山崎の妙喜庵を 寫した事は 正法山誌（無著道忠編）にも出てゐたし、また「松梅語園」にも

「山崎に 傘能張 利休弟子ニ而 昔佗を いたしつる。此數寄屋 今に有由御聞。御大工 太郎右

衞門被遣、樣子爲御見、葭島に御造作 被仰、山崎之御數寄やといふ。」

と傳へてゐた。大工の名が 三壺記とは合はないし、利休の弟子のことも 傳へ歪められてゐたが、利休に關る 山崎の數寄屋であつた事だけは 明かである。これ等の事は「越登賀三州志」「鞬櫜餘考」などにも出てゐた。

この事を傳へた 松屋の留書きについて見るに その年代から考へて これは 久重が書いたものと考へられる。久重は 利休と茶の交りをした 久好の子であり、利休の後十二年 慶長九年(一六〇四)から自らの茶會記を多く殘し、また 利休の子 少庵や、孫の 宗旦の茶會にも 出た人柄であつた。それ故に 利休の茶座敷についても 利休と交り深かつた人々から 正しい傳へを 聞いてゐたに違ひない。前田利常が 妙喜庵圍を寫した 承應元年(一六五二)は 利休の後 六十年も 經てはゐたが、彼は 利休について 少庵や宗旦の話を 書き留めてゐた位であつたから 父から 聞かされても居たであらう利休に關る事は 彼の好みの上からも 忘れては 居なかつたであらう。それ故に 慶長年代に既に圖に殘された程の 利休の妙喜庵圍については かなりな事を 覺えてゐたであらう。利常が 彼の父の茶座敷と共に 妙喜庵圍を寫すに當つては 恐らく 話相手にも なつて居たであらうし、或は 大工と共に 山崎迄 行つたかも知れない。何となれば 前田利常が 寫した事の 書込と共に妙喜庵圍の圖と寸法を 詳しく 書き傳へてゐたからである。(六の第二五圖) 前田家と松屋との 鬪り合ひは 前はどうであつたか 知らないが、 この利常と 久重との間は 「三種茶器傳來記」(正木直彦氏藏) に その三つの寶を「加賀宰相殿より 御所望ニより 私先祖 久重加州へ罷下り、 懸ニ御目一、 並に 眞之台子茶湯 御相傳申候。」と云つたことから推して 並々ならぬ 鬪りがあつた。 即ち 眞之臺子の茶を傳へ、 また 利休このかた 茶の湯の偶像的な 家の寶を 金澤迄も持ち出して行つて、 見せたのであつたから、 松屋にとつては 未だ曾て ない事であつた。 この家の寶は 藤堂家などへも その後には 持つて行つたやうであつたが、 その前には 全く 例のないことであつた。 かう云ふ鬪り合ひの 久重であつたから 利常が 彼の父の 茶座敷を寫し、 利休の妙喜庵圍を 寫す折に その相談にあづからなかつた事は ないと思ふのである。 そして 彼が相談に あづかつてゐたと 云ふ事を 據り所として 妙喜庵圍の傳への 正しさを 私は見出さうと するのである。

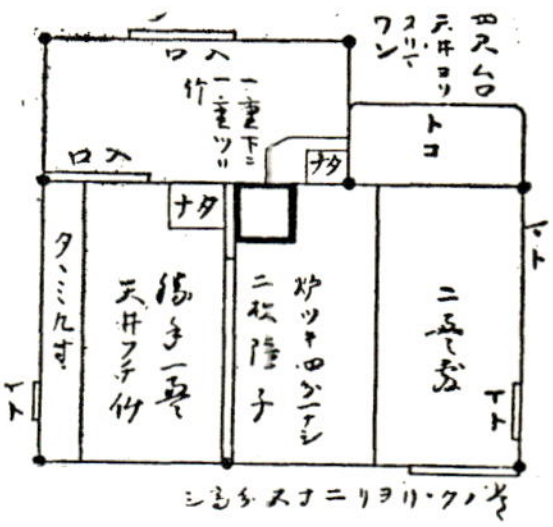

六の第二五圖

承應元年の妙喜庵圍

(松屋茶湯祕抄による)

久重の傳へた 妙喜庵圍は 間取の上では 今有る形と 變りはない。 即ち 床の間付 二疊角爐《すみろ》で 板疊入りの一疊が 次の間となり、 その境には 二枚の引違ひ障子が 立つてゐた。 に

じり口は 他より 大きい事も 同じく、「常ノク、リヨリ 二寸五分高シ」としてゐた。床《とこ》の間が室床《むろどこ》であることも 變りなく「四尺ムロ 天井ヨリ ヌリマハシ」としてゐた。また 棚は 次の間境の隅に 釣られ、また 勝手一疊間にも あつた。また 床脇の窓も 同じであつた。「妙喜庵 床脇ノ窓 竹骨障子、下は 敷居上ハ カケハツシ折釘、竹フチ」としてゐた。たゞ 異るのは この懸障子が 今のは 竹骨、木の框であるのが、これで見ると 竹フチで、框も 竹であつたのかとも見られる。また「脇ノ窓 壁下地ノ竹ヲ 其儘置て 葭二本ヨリ 多ハナシ、ヨシノ間 ロクニハナシ、ヒロセハアリ。」とある。この下地窓は 今は 總て 取替つて居る如くであるが、この時代の留書きの如く 今も 割竹の木舞《こまひ》竹が そのまゝ殘つてゐて、それに 葭がそへられて居る。(六の第二〇圖) これは他に例のない 事である。下地窓は 利休が 農家の窓を見て、模ねて作つたとも 傳へられてゐた如く 古い元の形を 殘してゐるやうである。この中に 葭は 二本より 多くはないと あるが、今のは 三本の所もあつて、後のやり方が 餘程混り込んで 來てゐる。また 四隅の 土の塗り廻し方も 後に 細川三齋が「窓の塗樣 利休は 隅を くり込ム。宗及は 丸く塗と 仰られ候。」(細川三齋御傳受書) と傳へたやうに 丸くはなく、くり込むと 云ふのであつたから、鋭く角を 付けたのであらう。今のものは 恐らく 宗及などの好みに近い 丸さで ないかと見られる。

また 床柱は 今は 杉丸太であるが この時代は「床柱ハ 桐ノ太キ木、 丸味アリ。」としてゐた。桐の床柱も 他に 例のない事である。 床框は「床フチ 常ノ雑木 ツラ付ル」と誌してゐた。これは 今のも 昔からのものと 思ひ付かれる古さを 持つてゐる。 木地の處を見ると 櫻か 胡桃かとも見える。 江戸時代中頃の起繪圖《おこしゑづ》では「床ふち柿」とも してゐた。 然し それは疑はしい。この床框は 節ある丸太の一部に ツラを付けたもので、 上端は 左三分の一程 刀端《かたなば》になつてゐるのも誠に 思ひ切つた やり方である。 また「杉ノ二枚障子ノ ハウタテ 釘打アリ。」と書いてゐた。
これは 次の間境の 二枚太鼓張障子の 方立《はうたて》の事らしい。 いま 釘は見えない。 この方立につき江戸時代中期の起繪圖には「杉ノわり木柱」また「方立釿目 七ケ所」と誌してゐた。 割木柱とは鋸を使はずに 木を割つた 古い作りの 柱を 指したのであらう。 また これには 七所の釿目《てうなめ》が今も見られる。(六の第一六圖) 「天井折マワシ、 ヲトシカケ有。 小カベ角アリテ、 ヌリマワシ。 額二疊ノ小壁ノ上ニ有。 天井ノ板ハ ワリ板也。 天井フチノ竹 折廻ナカラ 二本ツツ、 天井ナケシ三方 竹、 一方杉丸太、 カイツルノ竹 横タテ共に カラ竹。」 この天井も 今のと 異ひはないやうである。(六の第一三圖) また「爐フチ眞也。 ヒロサ九分、 メン二分 壹分ト也。 フチノ上下 二寸ツヨシ。 爐前 チイサク 見エル。 土タン壹寸ツツ スミ丸シ。」 と誌してゐた。 これも 變りは ない。

なほ 次の間の 東北の隅、卽ち 境太鼓張障子の 方立に續いた 壁の入隅に 釣棚(六の第一五圖)がある。それは桐板の釣棚で 竹で釣られてゐたが、棚板は 利休の時の ものであらう。その「はしばみ」は多く 角を 留に納めて、木の小口《こぐち》を 見せないのが 仕來たりであつたが、これには 小口を見せてゐる。また 次の間の西側 壁寄りに「タ、ミ九寸」と書き入れがある。これは 板疊の含みで、地板のことであらう。(六の第一七圖) いまの板は 八寸餘りのものであるが、これを 九寸としたのは 疊寄《たゝみよせ》を 入れての巾らしい。また次に 一疊の勝手の間が ある。この勝手と 次の間境に 今は 白の 太鼓張障子が 一本引かれてゐる。これは 承應の圖では 明かでないが、「山崎妙喜昔ノ圖」(六の第二八圖)に「反古張リセウシ」と書き入れて居た。永井信齋が 繼手まで その儘に 模ねたと 云ふのは 腰張でなしに この太鼓張 引障子を 指してゐたのであらう。

次に この勝手の間の東南隅に 釣棚があるが、「一重、下ニ一重 ツリ竹」と 圖に 書き入れて大小の棚を 誌してゐた。今は 三重棚になつて居る 處であるが、これでは 二重棚らしくも とれる。元祿十年(一六九七)版の「茶湯評林」の妙喜庵圖に「又 次の間 貳重棚をつる。高くつる也。大なる棚ハ 角を丸くしたる物也。」と これも二重の如く傳へてゐたが、これより前の 貞享二年(一六八五)版「數寄屋工法集」の「利休圍之事」の中に 妙喜庵圍と 同じ間取圖を 掲げ、その中の この棚につき

「棚 下のは 六寸 長サ八寸 厚 四分半、但 中のたな板 下と同斷。」「上の棚 そきのあひだ九寸先にて一尺五寸七分 はゞ六寸 厚 四分半。」と傳へて、明かに 三重棚であつた。また 江戸時代中頃の起繪圖にも 三重棚であつたから 恐らく 利休の時から 三重の棚で あらうと思ふ。(六の第一八圖) 然し貞享の寸法書は 今のより や丶小さく、また 今の この棚は 杉板であつて その上の 附鴨居や、附柱の杉 及び次の間の桐棚より や丶新しいやうに思はれ、中頃に 變つたのでないかと思ふ。江戸時代の起繪圖には、「寸地《すじ》かい棚一重」とし、下の二重棚を「桝かたノ棚」と呼んでゐた。この桝かた棚の 所だけを 指して、二重と 承應の時には 誌したのかも 知れない。細川三齋は利休三重の勝手棚について 別に 傳へてゐたが、利休は 他の座敷にも 試みてゐたやうである。

次に この勝手の入口は 松屋の圖では 入口があると云ふだけで 戶は 明かでないが、今は 書院の疊廊下から 一本引の 白い太鼓張の襖と なつてゐる。ここは 江戸時代中頃の起繪圖(家藏)によれば、「數奇屋入口 古法眼筆」としてゐたし、また 同末頃の「茶道寸法書」(家藏)妙喜庵間取圖には この勝手入口襖に「古法眼ノ筆ニテ 鶴ノ繪有。」としてゐた。この襖繪は 恐らく利休の時から有つたもので、松屋が誌した時にも 見られたことだらうと思ふ。

これらが 利休の後 六十年を經た 妙喜庵圍の姿であつた。凡そは 利休の時と 變りは なかつたのではないかと思ふ。

次に　松屋久重の圖に　見えない所を　それより時代はやゝ降るものであつたが、江戸時代中頃及び　それより後の　起繪圖によつて　考へて見よう。先に　入口襖の事で引いた　江戸時代中頃の起繪圖で　なほ氣つく事は　次の間の　南下地窓に「皆寒竹」と書入れが　あつた事である。今は葭になつてゐるが、昔は　寒竹で　下地窓の小舞を　かいた時が　あつたらしい。これは　例が　少ないが、これと　同じやうな仕方のものに　大坂一心寺の　八窓圍がある。その窓は　皆丸い細竹小舞であつて、これと似てゐたやうに思ふ。然し　妙喜庵の場合　二疊の下地までが　割竹に　葭であつたから、この窓だけ　寒竹と云ふのは　變り方が　强過ぎる。或は後に　變へられたのかも知れない。なほ　右の圖で　見るべきものは　次の間　板疊脇の壁である。今この壁には　内外とも　柱がないが（六の第一七圖）江戸時代中頃より後の　起繪圖の多くのものに　内側のみ　片蓋柱《かたふたばしら》があつた。また　窓の在り所も異つて居て、今の圍の　最も變へられた所で　あつたから　少し細かく　述べよう。これの據り所とするものの中に（中期）としたのは　先にしるした　古法眼の繪を　傳へた圖。（中田）としたのは「此本紙　大山崎祠宮　中田氏伊織殿家藏之所　予依令懇望　許模寫給者也、安永三（一七七四）午年季春望　安田新敎家寶。」（家藏）としたもので、或は　この原圖は　中期としたものより　古いかも知れない。

（工法）としたのは 貞享二年（一六八五）九月の序ある 伊藤景治の刷本、伊藤景治は 城州山崎住としてゐたから 妙喜庵については その頃の正しい寸法を 傳へてゐたやうに思ふ。（享保）としたものは「享保十八年（一七三三）己九月」とした起繪圖（家藏）で、これは 最も 世に行はれた圖の一つ その種の

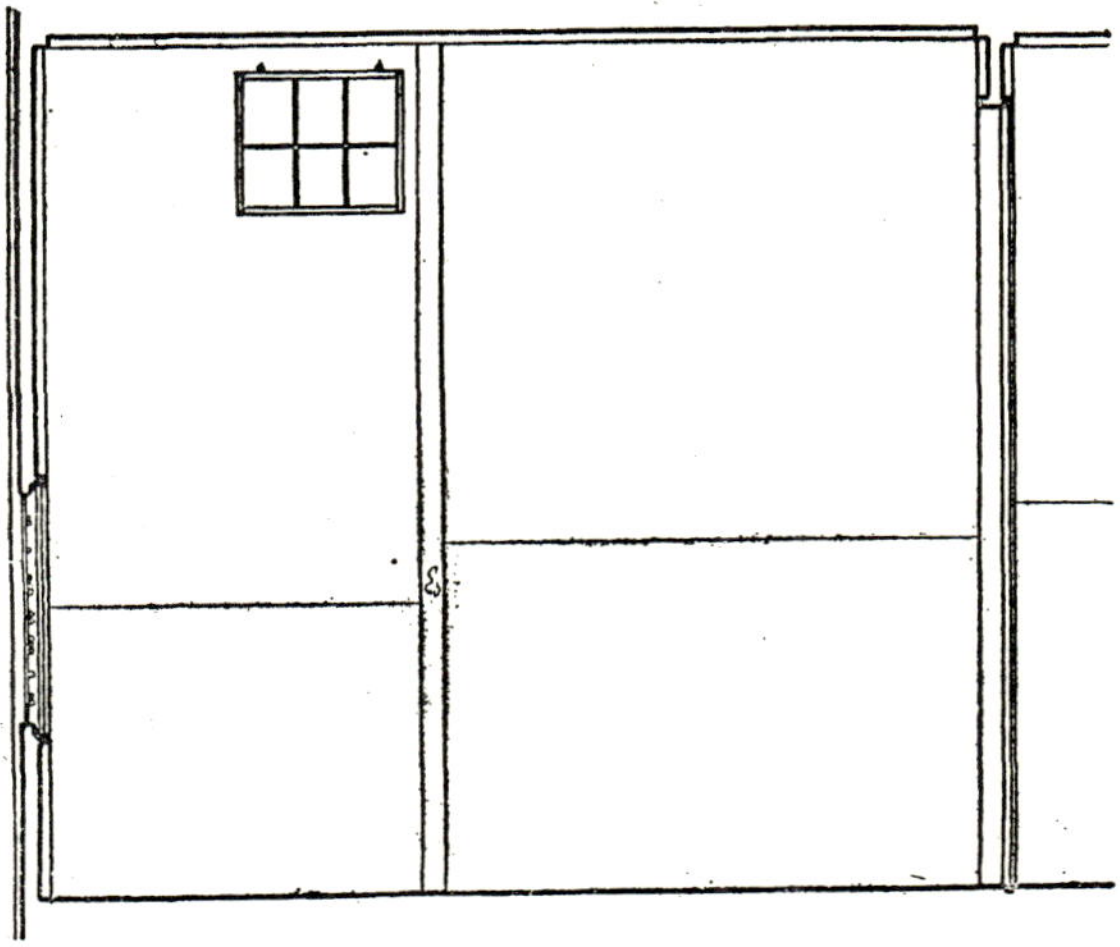

六の第二六圖　妙喜庵圖 次の間 西側壁　昔の圖

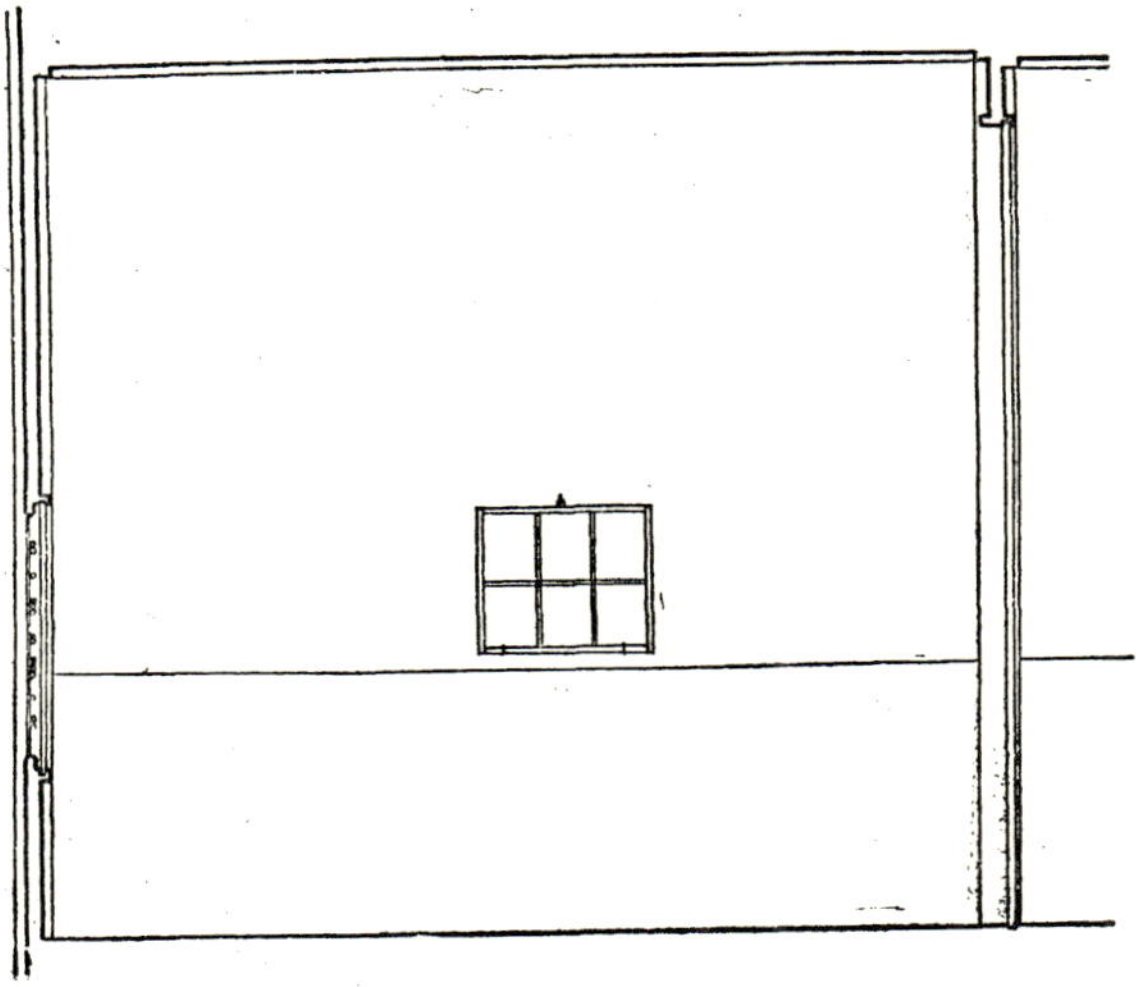

六の第二七圖　妙喜庵圖 次の間 西側壁　今の圖

ものの 最も年代古いもの、(覃齋)としたものは 文政七年(一八二四)に出來たもので、上に誌した圖の寫の一つであつたが、いくらか 上の圖に拔けた所を 補ひ得るものである。(清水)としたのは 清水清兵衞の江戸時代末の起繪圖。(文久)としたのは 文久二年(一八六二)の序ある刷本「阿都芽久佐」の圖。これ等の圖によつて 見るに この間柱は 西側の壁に 南の角から 二尺五寸五分(中期)、二尺五寸(中田)、二尺五寸一分(覃齋)に立つてゐて、「杉角柱 幅一寸八分」(中田)、「間柱板 一寸七分(享保)と誌され、またこの柱に釿目《てうなめ》即ち「なぐり」が 入れてあつた。「此なくり疊上端より二尺三寸上。」(中田)、「間柱杉丸太 ナクリ三所アリ。」(覃齋)と書かれ、中田伊織圖には その釿目の形が 書き入れてある。

この柱を 振り分けに 腰張高さが 異つて居た。南の方 高さ 二尺五分、北の方 二尺四寸八分の「白張コシハリ」(享保、覃齋)であつた。今は 一尺八寸餘りの 高さで、黒の湊紙が 一様に張つてある。

この柱は 江戸末には 失くなつたらしく、(文久)圖には 柱がなくなつてゐた。これは その頃測つた如くに 書いてゐたので、その頃の有樣と 見てよいであらう。また これと同じ頃と 思はれる清水清兵衞の起繪圖にも 柱が なかつた。

次に この柱脇に 開いてゐた 窓であるが、 この窓は 南側の 天井近くに 開けられた 下地窓である。 大きさ「一尺一寸四分、 横九寸八分、 下地窓内掛障子」(中期)、 縦と横「七寸、 九寸二分」(中田) とあつて、 大きさに開きが あり過ぎるが、 これは 前のは 掛障子の大きさで、 後のは 下地窓の大きさを誌したものらしい。 貞享の工法集も 文政の覃齋のものも、 中期の圖と等しいが、 但し 縦と横が 逆になつてゐた。 これは 中期のものが 書き誤りであらう。 この窓は 掛障子下端と疊上端迄 四尺八寸四分 (覃齋)、 天井廻り緣の下端より「三寸四分下ル」(工法) で、他の圖には 書入れがないが、 凡そ その位の高さに描かれてゐた。 今は 掛障子の下端から疊上端迄 一尺九寸二分で、 前の高さの 半より下である。 大きさは ほゞあつてゐる。 また 文久時代は 二尺一寸で、 今より やゝ上にあつた。 そして引障子であつた。 (清水) の圖には 天井より四寸下で、 勝手口の柱面から 尺四寸の掛障子下地窓としてゐた。 これは 柱が なくなつては ゐたが、 文久時代より前の樣と考へられ、 文政頃迄あつた 片蓋柱が なくなつても、 窓の大きさ 及び 高さだけは 古い時代の樣を 殘してゐたもののやうで あつた。

この窓は 今の在り方も 見た目には 惡くないが、 部屋の釣合から また 建物總てを 統べる比例の感じからは この壁のみが離れて 違つたものになつてゐる。 この壁が 他の部分と 調を合せないのは恐らく後に變へられたためで、中期からの圖が傳へた如く片蓋柱が立ち、高く小窓が切られた形が利休の時の姿と思ふ。これは明治時代始めには住む人もない寺となり、また藁小屋になつて居たとも云ひ傳へられたほど打ち捨てられて居たので、この壁の側は恐らく大いにいたんで朽ちたのであらう。

次に疊寄《たゝみよせ》についてであるが、宗旦は利休のものにつき

「利休流座敷壁際ヨセ敷井(居)七分宛アリ。右宗旦曰當代ハヨセ敷井八分宛ニ好ム。然トモ廣過テ賤シ。利休ハ右ノコトク七分ニ好ムト云々。」(茶譜)

と傳へてゐた。今の妙喜庵圍では床の中では北と西が七分で、東側は八分少しある。二疊の所は六分五厘(東側)、七分(爐西側)、八分五厘(爐北側)、六分(南側)などであまり定つてゐないが、七分の處が多いから、凡そ宗旦の話と合つてゐるであらう。

額は承應年代から天井の高低の差ある小壁に今の所と變らずかゝつてゐた。それは木の額で、「待庵　前光通芳叔叟書之」とある。額の筆者芳叔は功叔のことであらうか。松山吟松庵氏藏の本屋了我の「苦心錄」と云ふ手錄に妙喜庵のことを誌し、「利休時代の住僧は芳叔といふ。」とある由である。功叔が芳叔と號つた事があつたかどうか知らないが、妙喜庵の先住

は　功叔の筆であると　云つて居た。後の考へに　俟たう。

この待庵の名は　利休の時から　あつたのか　あまり書いたものには　見えてゐないやうである。この圍の　在り場所が　高臺で、東と南を　見遙かす位を　占めてゐるので、月を待つと云ふ含みで名付けられたので　あらうか。これに續く　明月堂書院の名は　待庵と共に　利休の頃から　あつたならば　恐らく　さうであつたかと思ふが、先頃まで建つてゐた　明月堂は　江戸時代のものであつた。それで　なほ一つの考へは　利休は　人を待つと　云ふことについて　三齋が傳へた所によると

「利休　路地に桐の木を　植申て、古歌に
　桐の葉も　ふみわけ　かたくなりにけり　必人をまつと　なけれと
此心にて　うへたるとなり。」(細川茶湯書)

と傳へられてゐた。桐を　待つと云ふことの　關りで　特に心して　利休は　桐を　庭に　植ゑたと云ふ話は　また　この妙喜庵圍の待庵の待と、床柱の　桐の木との　關りを　思はせるものがあるのである。また　額についての　利休の好みを

「利休曰　座中ニ　紙ニ　書額ハ　ウツコト惡シ。墨蹟ニ　指合ト　云々。若座敷ニ　カク《(額)》ヲ打トモ板ニ彫テ可レ打トナリ。」(茶譜)

とも傳へられてゐた。これは後に「外ニカケル額ハ木也。内ハ張リ額也。」(數寄之拔書)などと傳へられた考へが世に廣まつてゐたことから考へると、墨蹟と指合つて紙張り額は惡いとすることは利休が云ひさうな言葉に思はれ、この木額が部屋うちに掛けられたことによつて或は利休の頃近い起りを持つてゐたかも知れないとも思ふ。

註一　山州名跡志に「妙喜庵――(中略)。千利休茶亭在同所。所作四疊半の圍也。利休茶道を以て世に鳴る。時々此所に閑居す。其比此道を愛する者僧俗となく此所に慕來る由世に傳知る處也。其茶亭今尚あり。亭に有老松。號袖摺松。」とあるのも江戸時代地志の傳への一例である。

註二　八月廿七日附の妙喜庵宛利休手紙は桑田忠親氏の「千利休」に依る。

註三　永井信齋の茶會は前に引いたのと同じ會で、旁求茶會記中の伊丹屋宗不筆記にあるものである。これは不幸にして年號が缺けて居る。信齋は織部と遠州に茶を習つてゐて、寛文八年(一六六八)八十二歳で歿くなり、伊丹屋宗不は寛永末年六十五で亡くなつたとも寛永七年(一六三〇)六十六とも傳へられてゐたが、代々宗不を名乘つて居て、どの宗不であつたか明かでない。然し此會に出てゐた石川土佐、小濱式部等は永井信齋及び宗不と共に遠州の茶會に度々出てゐた。石川土佐は寛永十七年(一六四〇)より正保四年(一六四七)迄、小濱式部は寛永四年(一六二七)より正保二年(一六四五)迄、宗不は寛永八年（一六三一）より正保三年（一六四六）迄見えてゐたので、これらの人の名によつて此會は寛永から正保頃の會と見られよう。

六の二　妙喜庵圍の特徴

次に　この妙喜庵圍が　持つ特徴を　あげて見よう。

「間取」は　この圍が持つ　幾つかの特徴のうち、最も　先に　心付くものである。天正十六年（一五八八）附の山上宗二の　傳書には　これと　同じ間取を持つ　秀吉の茶座敷を　掲げて、「二帖ノ座敷、關白様ニ有。是ハ貴人カ名人歟。扨ハ一物モ持ヌ侘數奇歟。此外平人ニハ無用也。」と書いてゐた。この秀吉の二疊も　恐らく　妙喜庵圍の後を受け、利休によつて　好まれたものと　思はれるが、その頃　このやうな間取の　茶座敷は　貴人か名人か、或は　一物も持たない侘數寄に　向くもので、常の人には　用のないものと　見られるやうな、總てか無しかと云つた　烈しい　茶の湯の相《すがた》のものであつたらしい。このやうな　二疊座敷は　その頃の世に　叶ふ「ぬるさ」を突き破つて、少くとも新しく　嚴しい　次のものを　胚む構へで　あつたのである。

この圍は　三つの部分　すなはち床附き二疊敷の主座敷と、次の間一疊、それに一疊敷（前には二疊敷とも）の勝手から成り立つてゐた。然もこれは常に次の間一疊を必ず續いたものとして視るべき構であつた。そのやうな見方からこれを古く三疊敷と云はれたりした。例へば「三疊敷ノ座敷ノ内二疊ト一疊ノ間ニ敷井（居）、鴨居ヲ入、二枚太鼓張ノ障子ヲ立テ、二疊ノ所角ヘ寄テ火爐裏ヲ切」（茶譜）と妙喜庵に付いて述べてゐた如くである。恐らく暑い時などは風呂釜を次の間に据ゑたであらうし、さうでなくてもこの次の間の釣棚は茶入やその他を中柱脇の釣棚のやうに飾つたかと考へられるものである。また時にはこの中仕切の太鼓張襖をはづして使つたであらうと思ふ。このやうな見方をしてゐたからこそ先に不審庵の所で述べたやうに「千少庵座敷ハ妙喜庵ノザシキノ圖ヲ寫シテ造レ之。然トモ一疊廣メ、通口有レ之。」（茶譜）と云ふ傳へも出て來たのである。またこの中仕切の横と上の小壁を取れば、そのまゝ宗貞圍（道安座敷）となるのである。恐らく不審庵や宗貞圍はこの妙喜庵圍から思ひ付いて、展びて來た間取であらうと思はれる。その含みで茶室間取の發展史的に特に見る可きものであつた。

また次にこの二疊主座敷の天井も極めて目を捕へるものの一つである。

天井は二疊敷の上を化粧屋根裏と棹縁天井とに分けてゐるが（六の第一三圖）、棹縁天井の部分は床前と茶立疊の上にかね折りに續けて、二つに仕切つて仕上げてゐる。化粧屋根裏の斜の面とこの二つの平らな面が非相稱に組立てられ、一坪ばかりの天井はこの小座敷に立體的な彫塑性を與へて、いま迄の建築に且て見なかつた室空間を構へてゐた。これと同じ含みで見られるものに床脇からつゞく東壁の窓がある。（六の第一〇圖）これは二つの下地窓に一つは掛障子、一つは片引障子で組み合はせ、東壁全體のまとまりを作つてゐる。茶座敷の窓は後に一つの型となつて、そのまゝ踏み襲はれるのであるが、この如き形のものは他に例がない。恐らくこれは窓と窓との大きさや位置的な關りで、一つの纏りを作り上げる意匠的理念の表れの最も古いものであらう。これは正に舊い工匠の手なみから拔け出て、新しく非相稱な形で構へを纏めようとする茶座敷の意匠の踏み出しを示してゐると云へるであらう。後にこれは下地窓や連子窓が集つて來て色紙《しきし》窓《まど》と呼ばれる組み合せになるもので、これはその一足前のものであらう。

次に床の間も特徴あるものの一つである。

床は室床《むろどこ》と呼ぶもので、（六の第一一圖）壁の入隅に總て柱を見せず、全部を大きな丸みをもつて塗り廻しにしたもので、天井もその一續きの土天井になつてゐる。（六の第一四圖）これは極めて狹い床の間（約三尺八寸餘に二尺三寸餘）を廣く見せる一つの考へられた手だてである。これは新劇の舞臺裝置のクッペルホリゾントと同じ働きをもち、形も似てゐる。これこそ利休の獨創的な好みの一つであらう。他にも 後には 例へば 細川三齋や片桐石州の 茶座敷にも 模ねられて 表はれた[註一]が、この時代には 全く 例のないものであつたであらう。利休は 堺の 四疊半茶座敷にも この室床を 作つてゐた。これは 樣式的に見て 妙喜庵より 前に出來たかと 思はれるが、書いたものとしては 天正十一年（一五八三）正月の 荒木道薫の茶會記がある。また 利休は 京都大德寺前の屋敷と考へられる 二疊茶座敷にも この床を 作つてゐた。この妙喜庵圍の 床の間について なほ 見るべきは その壁の質である。（六の第二圖）これは 一寸餘りの 藁苆を入れた 土壁で、農家に見る 荒壁仕上げである。茶座敷は 最も宜く もてなさる可き客の 座敷として 紙張付けの壁仕上げを 世の常のしきたりとして居たのに 對つて、これは 思ひ切つた 大きな變へ方である。特に 秀吉に連つて作られたと云ふ茶座敷に於て この如き試みが されてゐたことは 利休の茶の心であつた「わび」の表しとして 見るべきものであらう。然し 古い壁と見られる所は 床の間廻りのみで、他の所は中頃に 塗り變つたらしい。この床の間 入隅下の方に 土色の變つた部分が 二重に（六の第二圖） 出來てゐて、承應時代には 低い方の 山形の塗り繼ぎが あつた事が 松屋の素描に見られ、その書入れ寸法も 凡そ合つてゐた。[註二] 元祿中頃に「地敷居の上 四五寸ほど 後に 上ぬりを 仕つきたる物也。角のきハにてハ 少山形のごとくぬり、上かべの色かハる。惣しての かべハさひたる也。ぬり次ハ新敷見ゆるなり。上下のかべ共に 利休の時のかべなり。」（茶湯評林） と誌してゐた。今では この時代よりも なほ 一きわいたみ、山形が 東北隅には 二重に表はれてゐる。これは高い方は 明治時代の 文部省の修理に 出來たものであらう。これは 恐らく 角柱が 塗りこめられてゐた ため 腐り朽ちて、土壁が 傷むのではないかと 考へられる。

前に引いた「茶學聞覺事寫」に 妙喜庵の床の間の 作り變への事が 出てゐる。「之床に付ても かわる圖三通有 山崎社家ニ 河原崎玄番 妙喜庵大旦那 此家ニくはしき事有。」としてゐた。床に付いて變つた圖が 三通あつて、山崎社家や河原崎玄番の家に 委しい その圖が 殘つてゐたと云ふ含みであらうか。それで とにかく江戸時代中頃 既に 床の變つた圖があつたらしいこと明かである。松屋久重が 誌した 桐の床柱の取り變りも その一つであつたであらう。また 江戸時代後期の「山崎妙喜昔の圖」（六の第二八圖） に「床緣 桐」と書き入れしてゐたが、これは 松屋が 床柱桐としたのと同じ事を 誤つて傳へて居たのか、今のものも 桐と思へば さう取れなくもないので かく誌したのか よく分らないが 床柱が 桐であつたことは 他にも 如心齋口授茶道聞書集[註三]に「室床山崎妙喜庵の床是也。柱は桐の皮付也。」としてゐた事からも 間違つて居ない。また 今の樣を見るに この床柱は 杉磨き丸太に なつてゐるが、古い壁の殘つてゐる床の間の側は 六七分

上から下迄 壁が切りとられ、壁土が補つて、色變りしてゐるのが 見られる。恐らく 江戸時代中頃に 變へられたものと 考へられる。「妙喜昔の圖」には 床柱のことは 何も書いてゐないし、また床縁桐とは「桐」である事のために 書きつけたので、後に 寫し傳へられる時に 柱と框とが 間違つて 來たのでは なからうかとも 思ふ。

爐は 茶座敷に於て 最も要なもので、これに付いても 松屋が誌したことは 黒塗（眞）の爐縁で、「ヒロサ九分、メン二分一分ト也。フチノ上下二寸ツヨシ」としてゐた。世に 利休好み爐縁として傳へる高さ 二寸二分は 合つてゐたが、巾の一寸二分が 九分であつた。大きさは一尺四寸が 定りで 松屋は 誌してゐなかつたけれども、その時も 中期の圖や 今の爐の如く、一尺三寸四分餘りのもので あつたであらう。大きさも厚さも 後の 利休好み型とは 少しづゝ小さい。また爐の土壇の處が「スミスミ丸シ」として居たことも 例のない やり方であつた。この丸みは爐に向つた壁の入隅が 柱を見せず、丸く塗り廻しに なつてゐるが、それに對つて 合はせたのかも知れない。利休は 床の間の外に 勝手三重釣棚の所も また 天井の入隅にも この塗廻しを行つてゐた。この處々の 塗廻しは 妙喜庵の空間構成に 極めて 特殊な 然も 好ましい性格を與へて居るものであつた。爐について 要なことであり、また 茶座敷の根本を 定めるものは その切り所である。それが茶の點て前を定めるのである。これには隅に切られてゐるために角《すみ》爐《ろ》と云はれてゐる。また釣棚がある次の間は二枚の太鼓張障子で仕切られてゐる。この茶座敷の點て前を妙喜庵點《だて》と世に傳へてゐる。然しこの爐は後に切り變へられたと傳へる圖が殘つてゐるし、種々な留め書もある。承應元年（一六五二）に松屋が書いてゐた前にそんな作り變へが行はれてゐたならば松屋はそれに付いて何も書かないことはなかつたであらうし、また前田利常が寫すのにそれをだまつてゐた事はなささうに思へる。松屋の圖に角爐になつてゐた事は利休時代そのまゝであつたと見たからに違ひない。それ故に若し爐が切り變へられたならばそれは極めて前のことで例へば利休屋敷にあつた時代とか、功叔が一時くづしたたんだ前とか云ふ時で、松屋久重の知らなかつた時代であつたらうと思ふ。

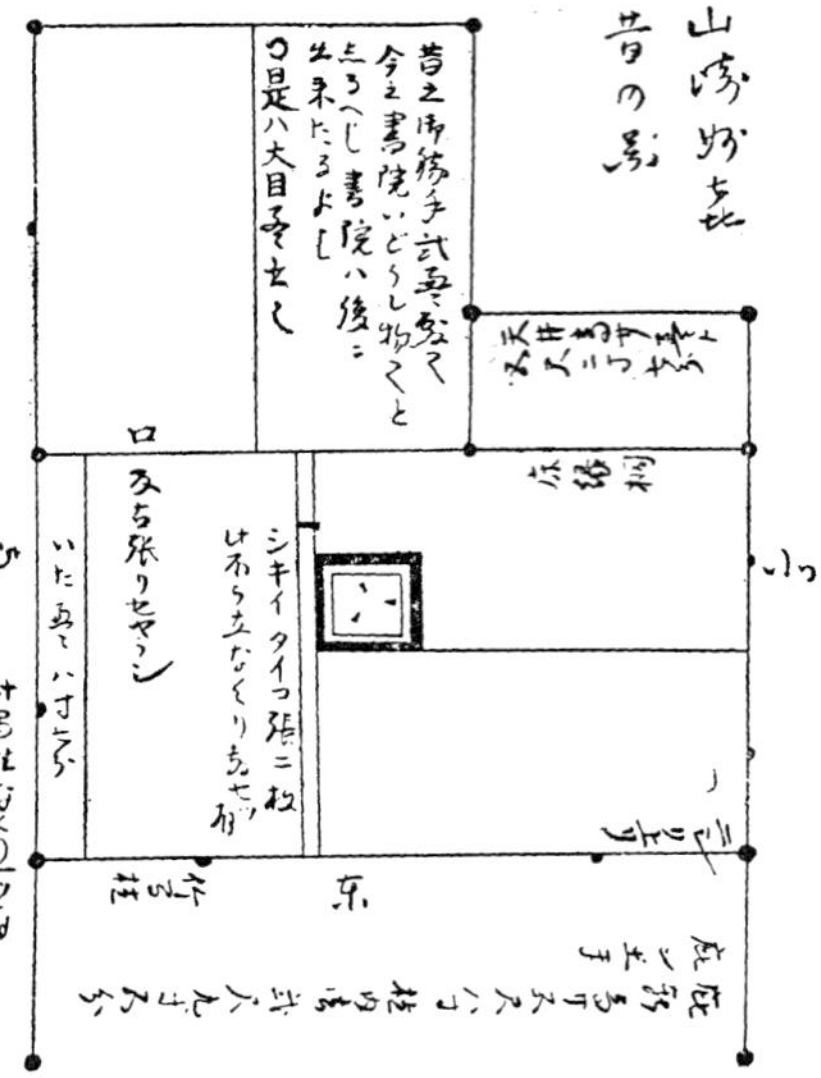

第二八圖の六　山崎妙喜庵昔の圖

（家藏の古圖による）

爐の切り變への最も早いものは前にも記した吉田常策の「茶學聞覺事寫」であらう。それには

「山崎妙喜庵ニ而利休右勝手立テ納候。今左爐になをし切有候。大坂御城山里丸ニ右に勝手御スキヤ有候。」

としてゐた。この右勝手及び左爐はどう云ふものであつたか、世の常の云ひ方とは異つてゐて、よくはわからないが、[註四]爐を切り直した事だけは明かに傳へてゐた所である。これと同じ事を誌してゐたであらうと思はれるものに貞置流の「茶湯著聞集」及び「懷藏集」がある。「茶湯著聞集」は妙喜庵の傳へも異つてゐたし、また圖も誤つた所があり、どれ程に信が置けるか疑はしいが、それに

「妙喜庵圍の儀は今以京都八幡山の邊山崎と云所に有之候へとも、近來角々齋宗佐此住居を立□り、手前と云事を不知して不案内に付疊を敷直し、常の通に爐を入候は利休が時の住居とは替り、道具疊も今は勝手の疊になり候而、昔の住居ニ而無之候。爲レ後ニ記しとむるもの也。」

としてゐた。そして臺目切の如くに爐を切つた圖をかき、次に「近來宗佐住居直之圖」として、

角爐をかいてゐた。この圖には 三疊と一疊半が 中仕切で分れて居たが、恐らく二疊と 一疊との誤りであらう。懷藏集には

「山崎妙喜庵 宗易好ミの仕方 異風也。勝手のふすまの敷居を へたて 客疊の方 敷居に 附て爐を切、敷居を隔て 勝手より茶を立る也。然に近年 如何致候哉。今乃妙喜庵の切様 相替り候。常の通り 引詰切に致し、よせ敷居へ 爐を附て切り候よし也。但小板不入事……」

とあつた。これも 中仕切を開けて 臺目切の如く 爐を使ふのを 角切に 切り直したと 云つてゐるのであるらしい。また 宗徧流の不藏庵龍溪の茶書にも これらの如く 二種の圖を かき、その一つの爐を 臺目切りにしたるを 宗易妙喜庵の圖とし、また角爐の二疊敷を出して「當世 京之妙喜庵タテト云。誤。關白秀吉公座敷之圖ナリ。」としてゐた。これは山上宗二の茶書にも「二疊敷ノ座敷 關白様ニ有。」としてゐた圖と 同じ茶座敷である。

また 前にも引いた「數奇屋圖面」にも 上のものとよく合つて なほ 詳しい圖が 出てゐるので、こゝに 載せよう。これには「山崎妙喜 今の圖」として、いま見る 角爐の圖を書き、それにつづいて「山崎妙喜 昔の圖」(六の第二八圖)を出して居た。これは 前の龍溪茶書よりも 詳しいが、出た源は同じであつたらしく 思はれる。その圖は 前の書物と同じく 二疊敷と 次の一疊との 境障子

の方立が 中柱の如くになり、爐が 大目切爐の如くに なつたものである。この二枚障子を 取り拂ひ、次の一疊を 大目疊に縮めれば 不審庵と 同じ構をなすものであり、また方立の壁を 拔けば 宗貞圍と なるものである。

然し この臺目切の如くに なつて居た爐を 覺々齋が 角爐に 切り直したとか、改めたとか する著聞集や 懷藏集の傳へは 疑ひあるものである。著聞集に云ふ 角々齋宗佐とは 覺々齋宗左の事であらうから、松屋が 妙喜庵を寫した 承應元年(一六五二)四月は 覺々齋宗左の生れる前 二十年より上で、然も それは 既に 角爐になつて 表はされてゐたからである。また 前田利常が その時模ねた圍は「金澤方々圍圖」(前田侯爵家藏)にある妙喜庵圍と 同じ茶座敷圖が その時の實測圖か、模ねた茶座敷の圖と考へられるが、これも角爐に なつてゐた。それで 若し 覺々齋が 妙喜庵を變へたことが あつたならば それは 桐の床柱を 杉にしたり、西側の壁 間柱を とつたりしたことであらう。恐らく その時は 繕はなければならぬ時が せまつて居た折で あつたであらう。

噂は 何もない所には 出なかつたで あらうから 若し變へられたとしたら 前にも 述べた如く利休の後 取こはし、笠原宗吻によつて 再び興された折で あつたかも 知れない。若しあつたとしたら 恐らく それは 秀吉時代でもあらうかと 思ふ。利休と 關り深いために 秀吉を 慮つてか、

一時 こはしたゝむ事が 傳へられて居たから、それを 再び興す時に當つて 秀吉の大坂城内の茶座敷と 同じ形の 角爐に 切り直し 建てることは あり得たかも知れない。そして著聞集は この事を 聞き誤つて 誌してゐたのかも 知れない。或は また 江戸時代の早い頃から 千少庵の三疊大目は 利休の 妙喜庵圍から 思ひ付いて好んだとも 云ひ傳へられてゐたから、然も その爐は妙喜庵昔の圖と同じく 大目切爐に なつてゐたから、 このやうな 開き込みが 誤つて傳はつたのかも 知れないのである。

次に なほ 爐の大きさについて

「昔 四疊半の半疊の眞中ニ 切し時代ハ 爐壹尺八寸也。後 四疊半中切 壹尺六寸ニ成ル。妙喜庵の爐も 壹尺五寸を 入しもの也。今 壹尺四寸之爐を 入るニより、目板もなし。壹尺四寸ハ 紹鷗より 定る。」(炭飾書)

と云ふやうな 傳が 江戸時代初め 書き殘されてゐた。これも 爐の切り替へられた 話である。いま 壹尺四寸としてゐたのは 今も なほ見られる一尺三寸四分五厘を 大まかに見て 述べてゐたのであらう。今の爐も 古くから この大きさで、一尺五寸のものが 縮められたとも 思へないが、何か爐の かへられたことに 連つた 傳へである。

なほ また 爐に對しては 異つた傳へが ある。これは「右如心齋自書寫、不羨齋宗雪所持」とした「利休流普請書數寄屋圖鑑」中の妙喜庵の圖に 次の間一疊の太鼓張障子境に 續いて 東南隅に「此處ニ 爐ノアト アリ」としてゐた。次の間 南側 下地窓は その爐については 風呂先窓となる所である。前に引いた「阿都芽久佐」の妙喜庵圖にも これと同じ處に「元ハ此所ニ爐」として 爐形を 書いてゐた。如心齋の生きた 江戸時代後期 初めには 或は 疊下に 爐の跡でもあつたのであらう。この爐の切り變へのことを 考へるに 或は 覺々齋宗左が この次の間 南東隅に切り直したやうな 事を 著聞集などで 誤り傳へたのでは なからうかとも思ふ。著聞集は

なほ 妙喜庵については

「利休 大坂ニテ太閤の御前向、不首尾ニ成候ニ付、京都へ立退、大徳寺の南坊ニ引込居候處、猶又樣子不レ宜候付、京都の中 八幡山の方へまいり、古き材木を集め、草庵を被レ立、妙喜庵と名付候て 住居し事也。」（著聞集）

として 他のものにない事を 傳へてゐた。誤もあらうかと思ふが、なかに 大徳寺南坊に 引き込むとあるのは 大徳寺門前の 不審庵のあつた利休屋敷のことで ないかとも 思はれるし、八幡山近く 山崎に立退く事も 片桐且元の圖にあつた如く、利休屋敷が 山崎の この妙喜庵近く 西の

方にあつたのであるから有りさうな事であつた。細川三齋や古田織部が堺へ下る利休を淀迄送つたことも利休がこの山崎から淀へ出たとしても、何も不自然な事はないのである。然し著聞集が云ふやうにその時に草庵を作つたとは考へられない。恐らく山崎の屋敷に既にあつた茶座敷を利休が腹切つた後妙喜庵に移し建てる事は功叔と秀吉の連りから有り得ない事でなかつたからその折の事を誤つて書いてゐたかも知れない。そしてその時に爐が切り變へられる事も亦あり得たことであらう。このやうに變る前の古い時代の圖が或は「山崎妙喜昔の圖」を生む源であつたかも知れない。先に述べた「茶學聞覺事寫」の中に山崎の社家や、河原崎玄蕃の家に三通あつた床の變つた圖と云ふのもそのやうなものであつたかも知れない。このことについてはなほ後の考へを待たう。山崎妙喜昔の圖で見るべき事は書院に取り付きの一疊が二疊になつてゐた事である。「昔の御勝手二疊敷也。今之書院いどう《（移動）》候物也。」などと書き入れてゐた。

板疊についても妙喜庵圍では目を注ぐべき一つの物である。これは次の間西側壁寄りに入れられてあつて、八寸餘りの巾を持つてゐる。これに付いては既に不審庵の所で述べたことではあつたが、その最も古いものは紹鷗の山里の茶座敷であらうか。それには五寸の板が入つてゐた（茶傳集）。また 少庵が 利休の茶座敷を 寫したと云ふ 京都の 二つの三疊大目にも この如き 板疊が 入つてゐた（松屋會記及び茶譜）。この少庵三疊大目の一つは 後に 承け繼がれて、表千家の 不審庵に なつたことは 既に 前に 述べた如くである。この板疊は 利休としては 妙喜庵圍が 早い方の一つでなかつたかと思ふ。この板疊は たゞ見た目の 面白さと云ふ事だけから 作られたのでなくて、この如き間取では 卽ち 茶立疊一疊の狹い方に 勝手口を切る時 若し一方に 釣棚があれば、どうしても 五寸餘り擴げなければ 巾二尺餘りの 勝手口は 出來得ない。そのために 板を 疊脇に入れて 擴げる事が 行はれたのである。それが また 見た目にも 使ひ勝手にも 好ましい役を 果してゐるのである。このやうな板疊は また 後に 中板ともなつて 來て、茶座敷の間取に 極めて 多くの 變り榮へある形を 與へ、更に 數寄屋造の 住居の中にもその影を 投げ 響を 及ぼして、疊敷だけでは 到り得ない趣を 創り出したものである。

棚についても この圍には 見るべきものがある。その一つ、次の間にある棚は 中仕切の方立《はうたて》に近く、一枚の桐板が 丸竹の釣木で釣られ、後の 中柱と釣棚の形を 既に 胎んでゐたもの、また 他の一つ、勝手のものは 三重釣棚で、他に 例ない型の ものであつた。このやうな棚板は 利休は 常に 木地のまゝの 白木を 好んだことは 前に 述べた如くである。

見た所　たゞ　一枚の釣棚も　よく見れば　棚板は　低く、釣木は　長く、天井から　細い竹の線を引いて　下つてゐる。かう云ふ　組立は　後には　常の仕來りと　なつたが、然し　このやうな　組立の他には　見處を　何も構へないで、使ふと云ふことに　卽いて、その求めに　應へ、然も　それを一つの見る可き構への中に　仕上げると云ふ事は　正に　見上げる可き技であつた。これは　誠にかく在る可き形に於ての　高い域のものなので　あつて、これらの棚は　棚だけに　終つてゐたのでなかつた。この圍の　總てのものの　連りに於て　比例が　畫き出す　纏りある　一つの世界を　創つてゐるのであつた。そこに　數寄屋造の　造型的理念の　見る可き面が　展げられてゐたのである。

この妙喜庵圍の　勝手三重棚は　特に　その含みで　一つの驚きであり、目を見張らざるを　得ない程のもので、利休好み三重棚の　一つの完成であらう。

「利休か　勝手口三重の架《たな》有。上二重ハ　當世の　大なる架のあるなり。した《下》一重ハ　ちいさく、けや木ニて　茶入一ッ置候樣に　釣候と被仰候。」（細川三齋御傳受書）

と細川三齋は　傳へてゐた。これは　何處のものか　よく分らないが、同じく　三井寺本覺坊は「利休相傳之書」の中で

「三重の棚ハ　下の棚の上二重よりハ　少しせはくする也。下の棚と二重目の棚との間　五寸九

分也。上二重ハ竹にて釣り、下一重は木にて釣也。……」[註五]と教書の形で 細かい寸法を 誌してゐたが、 これも 利休の棚を 測つた寸法を 基にして 述べてゐたが如くで、 三齋の傳へた 同じ棚のやうに思はれる。 これは 妙喜庵圍のとは 全くあべこべに、上二重を 大きく 下を 小さくした三重棚で、 下は 欅を使つてゐた。 釣木も 竹と木を 二色に使つてゐたが、 妙喜庵圍のものは 竹だけで、 板は 杉であつた。 利休も この妙喜庵圍までにいろいろと その好みを 試みて、 やうやくにこの域のものに 到り着き得たのであらうと 思はれる。

註一　細川三齋の京都吉田屋敷の茶座敷の室床、片桐石州の大和小泉の平三疊圍の室床など その例である。

註二　松屋久重は妙喜庵圍の床について「床如此コシヌリアリ」として その素描をしてゐた。 右の方 入隅の塗り繼ぎの山は「高七寸」左の方は「高四寸二分」としてゐた。 いま見えてゐる古い方の山形の高さは 右の方七寸五分、 左のは六寸で新しい塗直しは 高一尺七分ある。 古い方の大きさは 大體右の方は 合つて居り、 左の方はやゝ異なるが、 恐らく 承應時代もこの壁であつたやうに思はれる。

註三　如心齋口授茶道聞書集稻垣休叟書込、本文川上不白聞書（わび誌）のものの中に 大坂の故實家で、同じく享保年代の大枝流芳の云つたことを 休叟が書きこんだ書き込みに 妙喜庵のことがある。床柱のこともそれである。

註四　既に述べたやうに、世に右勝手と云ふのは 江戸時代初期からの茶書では 右手の方に葭棚とか道庫のある場合、卽ち右手の方に勝手があり、左の方に客疊のある場合を さしてゐた。左勝手は そのあべこべの場合をさしてゐた。そのために右勝手は 逆勝手の事を指して居た。これについて本勝手を 右勝手と呼ぶのがよいと千道安が云つた事があり、今も入り亂れてゐる。大坂城山里丸にあつた 二疊の茶座敷は 山上宗二の圖によると 左勝手であり、本勝手であり、順勝手であつて、右勝手ではない。これを右勝手とこゝで呼んでゐたのは 金森宗和や千宗旦が、既に亂れて呼んでゐたのと同じ傾きの書き誤りでないかと思ふ。右勝手の事は 江戸時代中期の茶書「茶湯座敷圖式」や「茶湯闇明書」等に明かであるが、また後期の「茶室左右手前大法圖」には 右勝手を左手前と云ひ、左勝手を右手前と呼んでゐた。また右勝手左構、左勝手右構などと呼んでゐたのもある。この右勝手左爐は 右勝手左構と同じ事を含むかも知れない。

註五　利休の弟子、三井寺本覺坊の傳へた「利休相傳之書」（帝國圖書館藏）には「釣棚の寸法ハ 廣さ八寸六分四方、棚二つの間六寸九分、板の厚さ四分半也。三重の棚ハ……」とあつて こゝに引く所が續き、次になほ釣木について「つり木のはゞ五分、厚さ四分半也。木は かた木にて釣也。二重の棚の角の内の方へ 釣木をより入る也。下ハ 木を餘して、棚のはしニ 打付る也。棚板つり木の方へハ はしハミを入れる也。 はしハミ一寸一分。」としてゐた。

六の三　妙喜庵圍の路地

前に 誌した 片桐且元の寶積寺圖（六の第二三圖、二四圖）の妙喜庵は 石垣と門と 一つの屋形に 一本の 大きな松を書き「かこひ 袖すり松」と書き入れを してゐたが、 これだけでは 圍の路地の有様は あまりわからない。

然し 松が 南の方 敷地境近くに 根を 書いてゐた所を 見ると、 今の待庵の路地と あまり違ひはなささうである。

この松については 茶湯評林（元祿十年（一六九七））に「書院と圍の間に 袖すりの松有。古ハ袖すり、今ハ大木也。」とし、 都林泉名勝圖會（寛政十一年跋（一七九九））には「袖摺松、茶室の側にあり。利休ここに幽棲の時、 秀吉公來輿し給ひ 袖を摺て、 茶亭へ 入せ給ふとぞ。」と誌してゐた。この傳への如く利休が 妙喜庵に 幽棲したかどうか 疑はしいが、 また この松に 秀吉の袖が 摺つたことも あつたかも知れないが、 そのため この名が 出たのではなくて、 これは 路次の飛石近く 植ゑる松を

「袖すり松」と稱へ、庭作りの 習しの 一つとして ゐたので、その名が あつたと 見る可きであらう。それについて

「役木は 袖すり松と云て 袖えもんをする 樣の木を 一所か二所にも 植るなり。松には かぎらず、餘の木にても なり。」(問目錄 西堀一三氏藏)

「……內腰掛ヨリ 數寄屋マテノ間、タヽミ石ノ脇中ホトニ 植ル松ヲ 袖摺松ト云。」(茶譜)

と この如く 庭の常の習しとして 書かれてゐたばかりでなしに その例は「古織部 路地に 袖すりとて 必 道に大きなる木を 植被レ申候。」(一庵翁茶湯之傳 家藏) とか、また 小堀遠州の 伏見屋敷內の 松翠亭路地にも 飛石際の かなりな松を「袖すり松」として 松屋久重は 寛永八年(一六三一)正月八日の日記に 書き入れてゐた。また このやうに 初めから 大木を 植ゑた例も あるので「古ハ袖すり 今ハ大木」と 云ふやうな事は 言葉をなさない。且元の寶積寺圖では この松の外には何もかかれてないが、南の石垣側には 今見る位の 植込やうのものは あつたであらう。 都林泉名勝圖會(六の第二九圖)の妙喜庵は 園の前に 竹垣があり、その前は 藪になつて居り、竹の建仁寺垣に沿うて高くない木 五六本見えてゐた。これは 今と あまり變らない 姿である。

江戸時代初期の 有樣を傳へた 松屋の圖には 何も出てなかつたが、恐らく その時に 加賀か

ら遣はされた大工 伊右衛門の圖の書きこみであつたと 思はれるものが「金澤方々圍圖」（前田公爵家藏）の中に 出てゐる。それには 妙喜庵圍の圖を書いて

第二九圖の六　妙喜庵圍の路地

（都林泉名勝圖會より）

「圖ノ外 替タル事ナシ、潛口の脇ニ芝山ト云 手水鉢アリ、飛石ハ 當寺フセ申由也。袖摺ノ松アリ。利休所持ノ道具ハ一色モナシ。……」と誌してゐた。これで見ると 袖摺松があり、芝山の手水鉢があり、飛石は 利休が据ゑたのでなくして、寺の者

が ふせたと 傳へてゐたのである。また 懷藏集に
「妙喜庵 宗易作りたる庭と云て、覺々齋宗佐 妙喜庵飛石の 高きを 用ひ、冬木宗五 盧路作
候節 飛石 何も 四寸餘りに 定め候由、其後 我等門弟 横田某 妙喜庵へ來り、委く 住僧に尋
ぬれハ 先住鞠を好候まゝ 近邊の町人 鞠の場に致し、飛石取のけ、又 昔より 利休植置候袖
摺松 幸枯候まゝ、掘出し、其跡へ 小松を植候也。」
と云つてゐた。蹴鞠を するために 飛石を 取のけたと 云つてゐたのであるが、こんな狹い場所
で 如何かとも 思ふ。然し 先に述べた 金澤の方でも 傳へてゐたやうに 寺で 飛石を ふせたと
云ふことと 何か關りが ありさうである。また 槐記には
「當世ニ、露地ノ石ヲ 高クスル コトハ、意得チカヒ也ト 毎度中井定覺ガ ハナセシガ、尤ナ
ルコト也。妙喜庵ノ石ノ高サ 二寸バカリアリトテ 此ヲ法トスルハ 違也、妙喜庵ニハ 本ハ小
石ヲ敷タル庭ニテ 定覺ナト 若キ時マデ覺エタリ、ソレヲ 近年トリタル跡ノ 石ノ高サ也。常
式タルベカラズト云。イカサマ 左モアルベシト 仰セラル。」
と享保十一(一七二六)年正月十一日の 近衞家凞の話に 出てゐた。この中井定覺は 前に 誌した如く 京都
柳馬場丸田町上ル邸に 妙喜庵寫しの園を もつて居た事が 傳へられてゐたので あるし、また先

に引いた高木主水正宛の手紙の終りに「妙奇庵寫被ニ仰付一旨奉ニ珍重一候。」(茶道或問祕事)ともあるやうに妙喜庵圍の寫しを頼まれてもゐたのであつたから彼の妙喜庵に對つての心入は强かつたであらうし、この庭の小石敷きを子供の時に見て知つてゐて、その後變へられたことを惜しく思つて居たのであらう。

この小石敷はどの邊の事であつたか明かでないが、都林泉名勝圖會には袖摺松の近くには今見るやうな飛石は一つも描いてゐないから、その邊がさうであつたらうか。圍の土庇下叩き土の中の飛石や、また小石の石疊などの邊では恐らくなかつたであらう。今もなほ石が高く据ゑてある袖摺松東の方の飛石は高さ二寸バカリと槐記に云ふ如く大部分今も二寸上のもののみである。

また袖摺松は懷藏集にも出てゐた如く枯れて、新しく植ゑ繼がれた。この事は享保始めの年代であつたやうである。

「右松を洛中之茶人古跡なれハとて或は盆、或は香合、其他すき次第に道具に拵候也。」

好みの 菱屋三四郎の 茶座敷には

「一間小間四方にヌメ板入ナリ。板ハ何レモ小間也。妙喜庵ノ松木板ナリ。此松板有レ之故ノ好ナリ。」（京大坂南都茶室 家藏）

とも傳へられてゐた。泰叟は 享保十一年（一七二六）に 歿くなつてゐたから それより前であつた事 明かである。この松が 枯れた事は 山城名跡巡行志（寶暦四年）（一七五四）にも「茶亭在二方丈南一傳云 千利休作也。袖摺松在二同所庭一今亡。」としてゐた。圍の爐の切り變へや 袖摺松の道具のことなど 表千家の 原叟覺々齋（享保十五年歿）（一七三〇）に闘つた話が 茶書に 傳へられてゐたのは その頃に 圍や庭が 直されなければならぬ時が到つて、覺々齋の手によつて その工事が 施されたのでないかと 思はれる。

「山崎妙喜庵茶亭 今に一宇殘る。其外好む所の茶座敷殘らずといふ。天下に妙喜庵一宇のみ。庭飛石等殘らず。天下利休居士庭無レ之と云ふ。後人あやまり云 虚言なり。」（雪間草）

と覺々齋時代を あまり經ない時代に 妙喜庵路地の世の噂を 否む文書が 書かれたのも 世に 廣く 妙喜庵作り變への 噂が行はれ、利休好みの 路地は 一つもないと 思はれたからに 外ならないであらう。

つゞまるところ 妙喜庵路地は 江戸時代中頃に 利休時代からの松は 枯れ、石も 動かされたらしく、この時代より なほ 五十年餘りも過ぎた 都林泉名勝圖會に 描かれた姿は(六の第二九圖) 利休時代より よほど變つて居たと見なければ ならないであらう。この圖の 土庇下《どびさし》の飛石の形などは 寫し崩れては ゐるが 今のものと 同じものであらう。然し 路地の中心をなす 手水鉢は 全く 今のものと 變つてゐた。この繪には 芝山手水鉢として 自然石の上に 棗形に 近いものが 据つてゐた。いま 圍前に見る 手水鉢の如く(六の第八圖) 自然石に 穴を掘つたものとは 全く異つてゐた。この芝山形手水鉢については いろいろに 傳へられてゐたが、利休の 芝山手水鉢とは 京都銀閣寺 東求堂の西坪庭にある 銀閣寺型 手水鉢の寫で あつたらしい。それについて 千宗守(一翁)は 辰ノ五月七日(延寶四年か)(一六七六) 付の傳書に

「石鉢ニ 芝山ト云アリ。四角成切石也。」(杉木吉太夫宛)

と誌してゐた。また島崎宗乙の「古流茶湯之祕書」の中に

「柴山ト云 手水鉢ハ 東山ノ茶湯(ト脱か)トキ 致サレタルト也。(圖省く) 如此之四方ニ切也。高サ一尺八九寸ヨリ二尺迄ニ、 切口ノ廣サ(一尺拔か)五寸四方、 フカサ七寸。口ノ形ハ 丸ク切也。利休作也。」

ともあつて、東山時代に 義政が使つたと云ふ 四角な手水鉢を 少し小さめに 利休が寫したもの

が 柴山手水鉢で あつたらしいのである。妙喜庵で 古くから名のあつた 柴山手水鉢は この形でなかつたかと思ふ。この柴山の名は 何に因んだ 呼び稱へか 知らないが、或は 世に 云はれるやうに 芝山監物と 關り合ひが あつたのかも知れない。この手水鉢は 先頃まで明月堂書院東に あつたものでなかつたかとも想はれるが、今は何處かへ 持ち去られて 知る由がない[註一]。

東求堂の 銀閣寺型手水鉢は 大きさに於て そのせまらない美しさに於て、きびしい正しさの中に 食ひ違ひ段形文や 斜の格子形文などを 彫つた花崗石造で、他に比べるものなき 形のものであるが、早くも その美しさを 利休の悟る所となつて、この妙喜庵路地に 寫されたのであらうか。この四角な石鉢が どんな添石を 以て 手水構が 造られたか 心引くところであるが、今の有樣からは 易くは 思ひ浮べることが 出來ない。

「石鉢を すゆるには 鉢より前石、五寸さけて すゆる也。鉢と前石の間 二尺三寸。」(本覺坊利休相傳之書)

「古ハ 水門に くり《(栗)》石計を置。但松葉の間より 石少見へ候樣に すると被仰候。聚樂にて 三齋 書院の水門に 石ふかめ候とて 御置候ヲ 利休か見て、其より 大成 石二ツ 利休置候由 御語候。」(細川三齋御傳受書)

などと 利休好み 手水構は 傳へられてゐたが、 この四角な柴（芝） 山手水鉢のやうに 切石造の一尺八九寸もある 高さのものが 蹲居型《つくばひがた》に 据ゑられたか、 立つて使ふ手水構に 作られたかさへわからない。 明治になつて 今の自然石のものに 取り變へられた前は 立つて使ふ 手水構であつて、今のやうに 蹲居型ではなかつた。

柴山手水鉢が 棗形手水鉢に 變へられたのは 何時であつたか よく分らないが、 そのやうに取り變へられた 棗形に於ても 遷り變りが あつた。 例へば 寛政十年（一七九八）に 速水宗達が 寸法を 測つたものは「手水鉢」（自筆本 家藏）に「高さ一尺二寸五分、 水門七寸、 深さ ワタリ八寸二分。」としてゐた。 これは 明治二十年代迄も 殘つて居たやうであるが、「茶室圖錄」（本田契山著）に

「駈込前の手水鉢を 芝山と云ふ。名石なり。 丈二尺餘 棗形なり。 蹲踞にあらず、 立て使用するものなり。 特別なり。」

としてゐた。 高さ二尺は 宗達の一尺二寸五分と傳へたのと 少し大きい異ひがあつて、 既にこの時取り代つて ゐたかも 知れない。 然し形は 前からのものを 傳へて居たらしい。 また「茶湯評林」には 妙喜庵について

「丸く 貳尺あまりの 手水鉢有。 卽 利休の物數寄にて 作せ給ひし。 寺の門へ入、 園の取つき

に へいぢ門有。此きハに 有たる由、今ハ 書院の 路地の角に あり。」としてゐた。これは 今も 書院西の方に 据ゑてある手水洗であらう。（六の第二圖） 茶湯評林は この手水鉢がへいぢ門（屏中門か）の取り付に あつたと誌してゐた。この屏中門（重とも）が 何處に 作られてあつたかわからないが、今の室町時代書院に 附いたものであらう。この形は 園前にあるものより 遙かに 優つたものである。いま 待庵の手水鉢の 後に 桐の文様が 彫り出された 石燈籠があるが、これは 都林泉名勝圖會にも 見えないもので、また 見た所 古いものとも 見えない。昔は この路地には 石燈籠は なかつたやうである。これらによつて 江戸時代中頃前に 芝山手水鉢があり、小石敷きの露地があり、一本の袖摺松が あつたと 云ふ事だけは 明かである。このうち袖摺松は 慶長時代に 大木に 描かれて居たので、利休時代からの ものであつたであらう。また それから 躙口前の叩き土に 入れられた飛石、園の西と南の 小石の石疊などは 土中に かためられたものであつたから 利休時代を 傳へるのでは なからうかと思ふ。特に 室町時代の書院 濡縁につゞく 小石敷「石疊」は まだ織部や遠州の 巧多い好みが 表はれない前の 素朴な形を もつてゐて、利休好みらしい宜さを 覺えさせるものである。この石疊は 後に

「利休流腰掛ヨリ 小座敷マテノ道筋 飛石ノ外ニ、タ、ミ石ノ所有レ之。石モ 小キ石ナリ。石

ノ間々ハ 黑土ニ 赤土ヲ合テ 打。如レ圖也。」(茶譜)

と傳へられてゐたものと 通ふ所あるもので、利休が 西芳寺のものを 見て 初めて 不審庵に 疊石を作つたと云ふ 江岑夏書の傳へを 信ずるならば、この疊石も その頃のもののやうに思はれる。西芳寺の疊石とは どれを指すのか よく分らないが、西芳寺の庭を 寫した 足利義政の東山殿の 疊石と 思はれるものが 先頃 銀閣寺の山寄りに 掘り出されたが、石の大きさなどに 何かこれと通ふ所の ものがある。また 飛石について 細川三齋の傳へには

「石ニ 指合數も なく候得共、三つ續並候ハ 利休は 嫌ひ候由 被仰候。」(細川三齋御傳受書)

ともある。三つ續けたり、並べたりすることを 利休は嫌つたと 傳へられたやうに こゝには 三つ並びのやうな 石は 見られない。[註二] 或は また

「道安は 石を だてに居《すゑ》候。利休は 石さびたる様に 居候と仰られ候。」(同上)

と傳へられたやうに、「だて」に据ゑたと覺えるものは 一つもなく、いづれも躙口、蹲居、路地への 連りの石ばかりで、恐らく みづから歩いて見た 足型の上に 置かれたで あらうやうに 思はれる。

利休は 先にも引いた「天正十三年(一五八五)八月廿一日 利休居士」と奥書した 古い傳への寫「數寄道

大意」に

「庭之様體 四疊半ノ前ニハ 草木不レ植。石不レ立。砂不レ蒔。クリ石不レ並。其故ハ 客之目ウツラヌカヨシ。御茶ニ 精ヲ入レ、名物ニ 心ヲ付シメン爲也。」

と述べてゐた。[註三] この書物は 妙喜庵圍が 出來たと傳へられる時と あまり隔たらぬ時代に 利休によつて 寫されたから、若し 利休が 妙喜庵の庭を 作つたならば この考へに よつた所多かつたこととと思はれる。これによると 茶庭には あまり目のつく 庭造りの手技を 表はしてはいけないと 云ふ事であつた。この時代前の 造庭の手法であつた立石や、まき砂、栗石敷は いけない。茶座敷の前には 草木を植ゑても いけないと 述べてゐたのである。然して この小石（栗石）を並べることは 細川三齋が作つた 細川休無の茶庭や 小堀遠州が作つた 瀧本坊の茶庭などに 見られるもので、恐らく 利休時代に 流行つた作り方では なかつたかと思ふ。「ある時 宗旦老人予（久須見疎安）が 茶席にて 咄し申され侍りしは 昔ハ 露地に 砂利を置て 山路のおもかけをうつしつるが……」（指月集）と述べてゐたが、いま此處に云ふ 小石敷は かうした山路の 感じのために 小石を敷くとは 全く異つて、庭の土を 見せないやうに 一面に 並べ敷くことで あつた。それを 數寄道大意は よくないと 言つてゐたのである。この考へから 妙喜庵の庭が作られたとすれば 中井

定覺が 子供の時に 見たと云ふ「小石ヲ敷タル庭」は 圍の前でなくて、恐らく明月堂書院の前、袖摺松の東側の庭を 指してゐたであらうと思ふ。また數寄道大意には

「次之間 或ハ 手水所之アタリニハ 青々トシタル 草木ノ可レ有。其故ハ 爐ヘンノ上氣ヲ 涼シクシ、小座敷之窮屈ヲ 伸ス爲也。御來臨ニハ ナクテ叶ハヌ物也。平生用ヲ カナヘスシテ爽ニ持者也。」

と傳へてゐた。秀吉が來て 茶をのんだと傳へる この圍は この言葉の如く 全く 次の間や 手水鉢の邊に 青々とした 草木が 植ゑてあるのである。これは 都林泉名勝圖會にも その程には出てゐた。慶長の圖にも 袖摺松より 外には 木は 一つも書いてなかつたが、この位のものは植ゑられて 居たであらう。

利休は 茶話指月集に依ると「樫の葉の もみぢぬからに 散りつもる 奥山寺の道のさみしさ」と云ふ歌の心を 茶庭の心としたと 傳へてゐたが、これも 樫木や 山寺の道の形を いいと述べてゐたのでなしに、自然に 生えてゐる樫木や 何の庭らしい巧も 示さない山寺の 道の如く、目立たない 木や、少しも 巧まない 道の庭作りが よいと 述べてゐたのであらうと思ふ。それは前にのべた石を立てず、木を植ゑずと 同じ含みであらう。[註四]

躙口前の 叩き土中の飛石や、また それにつゞく 小石の疊石及び 西側の疊石は 室町時代を中心に 展びて來た石組や、水や、木で描く 庭造りの 表現的巧みから見たら ほとんど見るべきものが ないと云つていい。これは 見るものがないと 云ふ所に 特に その性格が あつたのである。然し それを踏み行く路次として その建築的表現は 優れた巧みを 示してゐると 云へるであらう。正面の土庇と 西側に もつ疊石との 廣さ 大きさの比例や、位置の釣合は また その總てを構へる 部分と部分との 鬪りなどは 他に これに 比べ得べき程の 茶庭を見ない。これは 園と相俟つて、數寄屋造の最も秀れた庭の一つであらう。室町時代の書院として 見るべき 建物の思ひ切つた廣い 濡緣と、園の取り付く廣緣から 落緣《おちえん》へ、落緣から 小石の鋪石道、疊石の路次へ、猿戸へ、そして蹲居へ、躙口へ、茶座敷へと進み行く道筋の動きは 廣さ狹さ 高さ低さの變り方の劇しい 道掛りではあるが、少しも 押し迫られるやうな 狹苦しさを 通り行く者に覺えさせないで、おのづからに 茶の湯の高頂へ 何時とはなしに 導き込むもので あつた。

このやうな 路地庭は 利休が 直に これを指圖したか 否かは よくわからないが、これを 誰の指圖に よつたにしても これ程に 作り上げるには 並々ならぬ心遣ひが その陰に 働いてゐたことは 疑ひない。それは あたかも 利休について

「利休ニ 大名衆トモ 石ヲ頼ミスヱラレシニ、五分 一寸ノ事ヲ 吟味セラレシカハ 皆アマリナル事ニ思テ、夜ノ間ニ 五分 一寸宛 ワサト チカエテ置レタレハ、コレハ違フタルトテ 又直サレシトナリ。目利ノ違ハヌ事ヲ 人々 感シアエリト 云リ。宗旦ノ曰。」（茶道舊聞錄）
と傳へられた話は 作り話で あつたかも知れないが、それ程の目の働きは 云ふ迄もなく 利休は持つてゐたと 思はれるし、その位の目を 持つてゐたが故に この妙喜庵圍や この路地が 作り得られたのである。この話は 作り話にしても この建物、路地庭の 比例的な釣り合ひの上に いまも話の眞らしさを 讀む事が 出來るやうに思ふ。ここの庭も 然し 松の木の邊や 書院の前などには この如き 迫り來る感は ない。また 手水鉢や 石燈籠などにもない。この土庇と疊石は

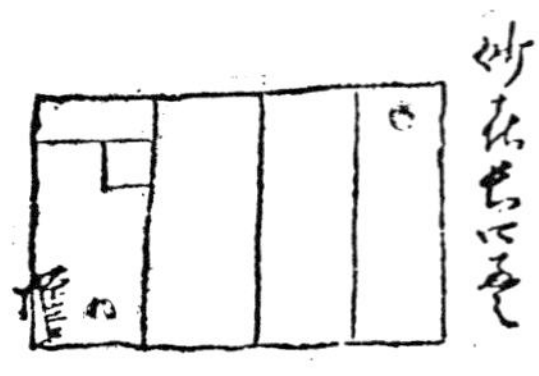

六の第三〇圖
妙喜庵長四疊圖
茶道祕觀　家藏

利休を離れても この如き庭の頂を 示してゐると 思ふのであるが、逆に このやうな 秀れたものの故に その中に 利休を 見ようとも 考へるのである。また この路地は 清水清兵衛の起繪圖（家藏）によると 袖摺松の南 疊石の所に 竹垣が作られて、内路地或は 坪の内庭とでも 云ふべき一區劃を 作つて居た事が あつたらしい。この圖は 江戸時代末か 明治時代初めのもので、古い

圖ではないが、寛政十一年(一七九九)の 都林泉名勝圖會の 妙喜庵圖には 見られないもので、或は それより前の庭形を 傳へてゐたかも 知れないと思ふ。この清水の圖には また 躙口左の 下地窓上に竹刀掛を描いて居た。これは 飛雲閣「惜昔」の園などに 見る形で 二本の太い竹に 竹釘を 打つただけの 極めて 古風な ものであつた。都林泉名勝圖會(六の第二九圖)にも この所に 刀掛石と見られる 二段石が 描かれてゐるので 少くとも 寛政頃から あつたと考へられる。然し 古圖には 見られないので、利休の時から あつたかは 今は 直には 決めかねる。

註一　「東山ノ茶湯トキ」をこゝでは東山殿《トノ》茶の湯のときと讀んだのであるが、利休が東山で茶の湯を行つたともとれるのである。いづれにしても この大きさの四角丸穴の手水鉢は 東山殿跡の銀閣寺手水鉢をおいては 他に似たものがない。この手水鉢は 何時迄園前に据ゑられてあつたか知れないが、後には「妙喜庵にある水鉢は 柴山監物が寄付と云ふことなれども、 時代若く見ゆる。今は如心齋すゑ直されたり。今石屋にて寫す柴山鉢と云ふに 二通ばかり有り。いづれが是なるや治定しがたき物なりと 宗五話。」(弊箒記補)と江戸時代中頃には分らなくなつてゐたのである。又いま引いた文の中に「芝山」とも「柴山」とも出てゐたが、これはどちらも前から使はれてゐた。聚樂御幸記や太閤記に「芝山監物」とあり、天正記、細川三齋茶書には「柴山監物」と出てゐて、どちらであつたか據るに足る史料をまだ知らないが、古くから色々に書かれ、系譜には「芝山」とあつた。或はこの方が正しいかも知れない。

註二　石が三つ連つた感じのものは、明月堂書院沓拔石の前に中心線に三つ据ゑられたものが、その感じをやゝ出してゐるに近いが、こゝの石は前に述べたやうに全く後に變つた所で、これは利休とは緣のない石であらうと思はれる。

註三　この茶書は二卷本で、利休初期の茶を知る上に最も要な書物であること既に前に述べたが、こゝに引くところは數奇道次第とか千道有之私條とか松屋祕抄、烏鼠集などと共通な所であつた。恐らく利休が茶を學んだ古い時代の傳へであらう。

註四　この話はよく引かれるものであるが、果して路地のためこの歌が選ばれたか疑はしい。何故ならば細川三齋御傳受書に「利休三齋公儀を頼つて幽齋公へさびたる歌を御尋申候へば家隆の歌にかしの葉の……ぬからに散りつもる冬奥山の道のさひしさ右此歌被仰候。然ルによりて利休か茶入を奥山と名付候。此因緣不知者ハ圓座肩衝とのミ言と御語候。」と傳へてゐたからである。こんな話が後に奥山道などの言葉から何時からか路地庭の話に變つて行つたのでないかと思ふ。この歌は夫木和歌抄卷第二十九の慈鎭和尙の樫賀茂社百首御歌かしの葉の紅葉ぬからに散つもるおくやまてらの道そかなしきが誤つて傳つてゐるのであらう。

六の四　結　び

終りに 二つ三つ異つた傳へについて 誌さう。妙喜庵は「千利休茶亭在二同所一所レ作四疊半圍也。」（山州名跡志） また「千利休茶亭在二山崎寶積寺麓妙喜菴之中一、……凡六尺三寸、床敷二疊一帖一、其外有二一疊一、設三爐於二其處一、是謂二一帖臺一。」（雍州府志） また「茶室佛殿の側にあり。千の利休居士の營む所なり。二帖臺目四方鋳壁。」（都林泉名勝圖會） など 江戸時代の地誌に 表はれた妙喜庵利休圍の 大きさの傳へが まちまちであつた。二疊または 次の間を入れて 三疊と云ふべきを 四疊半、一帖臺、二帖臺目などと 書いたのは どんな理からであらうか。妙喜庵利休圍が二疊敷であつた事は 江戸時代初めの 宗不の茶會記や 松屋祕抄が誌す所であつて、また この種のものでも 都名勝圖會などは「二疊敷の圍」と 正しく傳へてゐたのである。中でも 四疊半と傳へたのは 勝手と床の間を合せれば 凡そ四疊半位の大きさだからと 强ひて云へるかも 知れないが、一帖臺や二帖臺目は 如何なるわけであらうか。爐の切り方が 昔は 臺目切であつたと云ふ傳へがあつた事を前に述べたが、二疊敷臺目切爐と云ふのが誤つたともまた云へば云へないこともないかも知れない。然しこじつけになり過ぎよう。

これについて思ひ出すのは妙喜庵になほ一つの他の茶座敷長四疊または三疊大目とか三疊大目向板入とか云ふべきものがあつた。（六の第三〇圖）それは「茶道祕觀」（江戸中期の寫本家藏）に傳へられたものである。この茶座敷は何時頃まで妙喜庵に傳へられて居たか他の書物には見ないものでわからないが、この長四疊或は三疊大目と二疊とが混り合つて、四疊半とか二疊大目などの誤りを生んだのでないかとも思ふのである。

こゝで結びとして云ひ得ることはつゞまるところ妙喜庵は桃山時代から圍のあつた事が圖に表はれ、或は紹鷗の山里と並べ傳へられ、江戸時代初めから利休の好みとして寫され、中頃にはこの圍が唯一の利休遺構と考へられた。

然しこの圍も長い間には少し變へられた。その一つは爐であつたが、それについて江戸時代中頃に作り變へられたと傳へた一つ二つの書物があつたが、それは誤りであるらしく、若し變へられたとしたならば桃山時代にまでものぼる時代であつたであらう。

次に 床柱や 西側の壁の間柱は 明かに變へられた。これは 恐らく 江戸時代中頃より 後のことであらう。中頃の これらの作り變へと、ずつと古い時代に 變へられたかも知れない爐の切かへとが 混り合つて、二つ三つの書物は 誤り傳へて ゐたやうであつた。

終りに なほ 書き添へて置き度いことは 書院のことである。江戸時代中頃の 比較的古い 起繪圖（和莚の名あるもの 家藏）の添書に

「妙喜庵 座敷
床ノ間 永德筆
四枚折（建か）襖 同
鏡戸 友昌筆
數寄屋入口 古法眼筆
芝山手水鉢 利休形
袖すり松
數寄屋
屏風大菊 永德筆」

とあつて 利休好み圍の外に 目を引く座敷のあつたことを傳へてゐた。こゝに云ふ座敷とは「床ノ間」とあつたから 佛殿になつてゐる書院ではなく、先頃まであつた「明月堂」のことか、或は その前の 書院座敷のことを 指してゐたで あらうと思ふ。先に引いた 承應元年（一六五二）に 前田利常の大工が こゝを測つた時の 傳へと思はれるものに「利休所持ノ 道具ハ 一色モナシ。」とあつたやうに 江戸時代初めに 寺には 名物は なくなつて了つたらしい。こゝに 書かれた床の間の永徳繪の張付 及び 襖、友昌の鏡戸は その時は どうなつてゐたで あらうか。恐らく 永徳筆の「數寄屋 屛風大菊」は 見られなかつたであらう。然し起繪圖にあつたやうに 圍入口の 襖の永徳の繪は あつたかも知れない。先頃まで 殘つてゐた「明月堂」書院は 八疊敷 九尺床、一間の附書院があり、狩野永納筆の 張付繪があつた。恐らく 江戸時代に 建てかへられて、永納の張付繪が 畫かれたのであらう。その座敷の建築的取扱も 總て 永納頃のものであつた。また友昌の鏡戸と 云つてゐたのは 今でも見られる（六の第三圖） 佛殿前廣縁の杉戸を 指してゐたのかとも思はれる。これは寫眞にも 見えてゐるやうに 今は 花鳥の繪が 雨風に打たれて 幽かにしか見られない。

いま 世に 利休の茶座敷と 傳へられてゐるものは この妙喜庵圍の外に なほ 京都の高臺寺の

「傘亭《からかさてい》」、大徳寺聚光院の「閑隱《かんいん》」、堺南宗寺の「實相庵」がある。然し この中で 傘亭を除く他は それが 利休好みであると 書物に 表はれたのは、「雪間草」に「山崎妙喜庵茶亭 今に 一宇殘る。其外 好む所の茶座敷 殘らずと いふ。」と坂本周齋が 述べた元文から 寛保へかけてより後のものばかりで あつた。坂本周齋は 京都生れで、後に 江戸に出たが、「中興名物」の名の源となつたとも見られる「名物記」（横山五郎氏藏）をはじめ この雪間草に 細々と 珠光や利休、千家の事柄などを 書き誌してゐた。そのためには それらに關ることは 餘程調べたやうであつた。そのころ 高臺寺や大徳寺 或は 堺の南宗寺と云つた 茶の湯に 緣深い寺々に 然も 利休に關る茶座敷の 有る無しの如き 著しい事柄を 見のがすことは まづ有り得ないと思はれる。このうち高臺寺のものは その頃から 噂があつたが、傳へ それ自らが 矛盾してゐたために 取るに足らぬ 傳へとして、敢て 誌さなかつたかも 知れないのである。この事は 後に述べるが、また閑隱の席は 周齋のなくなる一年前に、建てられたらしいし、[註一] 實相庵は まだ その頃 出來てゐなかつたものと 考へられる。[註二] 二百年餘り前にも 利休好みの 茶座敷は 妙喜庵たゞ一棟 殘つてゐたが、今に於ても それは 少しも 變らない事柄である。

妙喜庵圍を 他において 利休好み茶座敷はないと云ふ 含みに於て 利休の調べには これ程に

重く要めなものはない。また それは 一二の作り變へを 受けた所は あつたが、然し よく 古い形を 總てに 渉つて 保つて居て、數寄屋造の古典として 何よりも 先づ初めに 擧げらるべき最も美しい 最も茶座敷らしい ものであつた。今殘つてゐる 多くの 古い茶座敷も 桃山時代に文獻に表はれたものは この妙喜庵圍の 他にはなく、また 江戸時代初めに 間取圖と寸法書が傳へられたものも、今の所 この外には ないやうに思ふ。多くの 古い茶座敷は 間取圖など見られるのは 皆 江戸時代中期より後のものである。これらの含みで 妙喜庵待庵は 利休を離れても、また それが利休好みであつたと云ふ事に依つて なほ更に 茶室史の上に占める位は 大きいものと云はなければならない。

（昭和十五年六月）

註一　聚光院の茶座敷について「山中氏當院擔度由緒」（玉林院大龍筆錄 同院藏）の中に「寛保元酉年（一七四一）聚光院利休居士百五十年忌之節、千宗左（如心齋）老被致寄附候茶所ニテ朝茶湯ニ御逢被成候。鼠居常夢老ヲ以被仰聞、仍之御出京之砌、於彼圍御茶進上云々」とある。これが今の閑隱席であらうことは「名利庵茶室圖彙」に「大徳寺中聚光院 一燈宗室好 浪華山中了壽寄附」として 今と同じく、深三疊中柱附の茶座敷を 誌してゐることから考へられよう。好みは如心齋であつたか、一燈宗室であつたか 明かでないが、恐らく 如心齋の方が正しいであらう。何れにしても江戸時代中頃のものであつたことが知られる。今も水屋の扉裏に山中了壽寄附のことが墨書されてゐるもので、雪間草に利休の遺作のことが書かれた頃に作られたものであるやうに思はれる。

註二　明治九年（一八七六）に堺の新在家町の監穴寺塔頭實相院から 今の南宗寺に移されたもので、「名利庵茶室圖彙」に「泉州左海監穴寺　利休好　利休好ヲ婿萬代屋宗貫ニ與フ。貫死後嗣與吉郎ヨリ寄附ナリ。寛保年辛酉（一七四一） 洛西松山七十五翁百拙和尚ノ傳記ニアリ。」とし、「床落カケ卒都婆ヲ以テ造ル文字タヘ〲ニ殘ル。杉ナリ。床柱杉丸太カマチ黒柿ノヤウ見ユル。前ニクチ目ナリ。」と傳へてゐた。また後、天保十年（一八三九）の「禪餘小記」（古家太郎兵衞氏藏）の中にも「二疊大目世ニ萬代屋圍ト云。床之落掛梵字經文アリ。右虚堂和尚卒都婆便利休居士取造也。中柱クノ木居士之判有。磨滅シテ不分明。欠爐土齋之作ナリ。爐緣サハ栗木地半入之作印アリ。原叟中潛。中潛併中門細屋宗友原叟宗左ニ指圖ヲ請テ作所也。明和年中其後孫寄附シテ此處ニ移ス。」とあるものであるとも誌し、今に迄傳へられてゐる寺の口傳へと同じである。この床の間の落掛、梵字經文がある虚堂の卒都婆と稱へるものは 愈好齋千宗守氏が 大正十年八月の見聞の「南宗寺見聞」及び澤島英太郎氏の「南宗寺實相庵」によると、面皮付享一寸二分で、墨書が浮上つて見え、拓本に取つて見ると、「諸行無常坐滅陀羅尼卒都婆之施主　爲有秋月妙教禪定尼百ヶ日大菩提也（姓名削る）　生滅々已寂滅爲樂　貞享二乙（一六八五）丑十二月廿日」とある由であつた。江戸時代中頃の卒都婆が傳へられてゐることは、この茶座敷が 後の作りものであることを明かにしてゐる。この他にも 利休頃のものと 見らる可き古さが ないので、とゝに取り上げる程のものでないであらう。然しこのやうな型のものが、古く利休のものとして監穴寺に殘つてゐて、江戸時代中頃に それが再び寫されたのでなかつたかとも思はれるが、今は確とした史料を缺くので、明かに出來ない。落掛の一寸二分と云ふ厚さは 江戸時代中頃には 見られなかつた大きさなので 恐らく利休の傳への名殘を留めてゐるやうに思はれる。

七　利休の茶庭

七の目次

七の第一圖　表千家の利休手水鉢

七の第二圖　聚光院の利休の墓

七の一　路地から露地へ

茶庭《ちやには》の事を 世に 古くから「ろぢ」と呼んでゐた。「路地」と云ふ文字を 多く書いてゐたが、後には「露地」と云ふ文字も 用ひられた。その他 なほ 廬路、爐路、露路 または 路次 露次など 色々な 文字が 宛てられてゐた。[註一]

利休の時代には 多くの場合「路地《ろぢ》」であつて、江戸時代中頃になつて「露地」なる文字が 使ひ出され、近頃になつて 漸く 多くなつた。時には 路地や廬路は 誤りで、露地でなければならぬとした書物も 表はれてゐた。[註二]

利休や織部は その傳書に「爐路」「路地」なる文字を 使つてゐたし、後の遠州なども さうであつて、[註三] 露地と云ふ文字は 用ひなかつた。「露地」は 利休の晩年に當る 天正の末に書かれた南方錄に 表はれてゐたのが 恐らく 最も 早い方であらう。[註四] それには 佛書の中の 白露地から連りを持つて 利休が考へ出したと 誌してゐる。また 南方錄には 大徳寺の笑嶺の「交ノ淡キト、茶ノ淡キト、水ノ淡キト」とに對つて「心ノ露、雨ノ露、露地ノ露」と云ふ言葉も傳へてゐて天正の中頃には既に路地の謂ひで、露地なる文字が宛てられてゐたやうにさへ傳へてゐた。然しこの文字は秀吉の手紙の寫しに出てゐただけで、利休の時には使はれたことは殆どなかつたやうに考へられる。あつても極めて稀で、多くは路地であつた。[註五]江戸時代に入つても露地なる文字が主に使はれたのでなくて、初めは稀に用ひられ、中頃末に漸くに多くなつて、これが正しいと云ふ說も出て來た。これは笑嶺や南坊の如き禪僧達が佛敎に關りを附けて、佛敎哲學的な雰圍氣の中に茶の湯を弄んだ事が「ろぢ」にも及ぼしたのであらう。それが次の代には何かそれが高踏的なものとして、觀念的に受け入れられたのであつたらしい。

　路地が露地になつた事によつて茶庭そのものは何の變りも起らないが、これを受け入れる側では殊に佛敎が今と異つて世に榮え行はれた頃にはその言葉の含みは大きい異をもつて受け入れられたやうであつた。そして路地が露地になつた事は茶の湯の心構への展びを示すと考へて見ることも出來なくはない。南坊宗啓が露地なる文字を用ひ始めたのは利休の晩年であつて、茶の湯と共に茶庭は既に完くされて、その最も華かなりし時であつた。また露地が路地よりも正しいと考へ出された江戸時代中頃は既にそれが定りとなつて、茶庭も茶の湯も、その心構へに その仕様に 全く 彈力を失つた 時代であつた。

路地なる文字は 昔から 路次と 同じ含みで 書き誤られてゐたと 同じく 露地と露次に於てもさうであつた。[註六] そして 古くから 使はれた「路次」は「みちすがら」であり、また「みち」であつたやうに「路地」も同じ含みで 使はれたやうに思ふ。路地は いま 門內や 庭の 通路、或は町の狹い路を 指してゐるのであるが、古くから 恐らく これと同じく 通り路の含みで 用ひられて 居たであらう。そして 茶人達も 利休や織部などは やはり この習しに從つて 卽ち 茶座敷への通り路と云ふ程の 含みで 言ひ初め 使ひ始め、世にも 廣まつたのであらう。茶庭は その頃多く 堺や大阪、京都などの 町中に 作られたため 初めから 家の建て込んだ 狹い處に 營まれ、その通ひ路は 文字通り 世の通念の示すまゝの 路地で あつたものが 多かつたであらう。そして 利休や織部は「露地」なる文字が 考へられ始めた後も「路地」をのみ 使つてすませたのは 文字に こだはらない 茶人氣質と共に 路地を露地に 置き換へなければ ならない程の 內からの變りを 認めなかつたからで あらうと考へられる。利休にとつては 茶座敷への路は 初めから 只の路でなくて 含み深い 茶の湯の心に滿ちた 世界のものであつたのであらう。

茶庭の源となつたと 思はれるものは 既に 前にも 誌したやうに 平安時代から 都に對ふ 山《やま》里《ざと》の庭作りであつたが、 都の寢殿造庭の 池と島 船遊びを 一つの理念型として ゐたのに比べ、それは 瀧川の水を 添へた 崖造りにすることを「作庭記」は 述べてゐた。それは 歌などに 詠み出される山住みの侘しさを 表はすために 建物や 前栽や、 遣水の取合せを 示してゐた。このやうな山里は 書院造が 表はれて來てからも 引き續き行はれてゐた。 義政の東山殿に於ける 山裾中段に作られた 西指庵や 漱蘚亭の跡と認められる石組 及び疊石などは 禪寺の庭に負うてはゐたが、 また そのやうな表はれの 一端のやうにも 思はれる。 また 室町時代末の 豊原統秋の山里菴や 半井驢庵の山里などは 山居の態と 誌された宗珠の 下京の庭などと 共に 桃山時代の茶庭の胎と 考へられる。 統秋が 三條實隆に 茶を獻げたといふ 山里については「體源抄」に

山にても　うからむときの　かくれかや　都のうちの　松の下庵

の中に 山の侘住みを 都に於て 樂しむ歌が 詠ひ出されてゐたし、 また 驢庵の 京都の住居では

「半井三位入道 閑嘯軒所へ 可レ來之由申候間 巳下刻罷向。中酒之後 山里にて茶有。」（言繼卿記 天文二十三年（一五五四）二月の條）

「午時 半井驢庵へ罷向、 松一本洗レ之。未刻四辻亜相被レ來。於二山里一 晩飡有レ之。濟々儀也。

次二階之亭 茶湯座敷等 見レ之。驚レ目了。次 花園林等 見レ之。於二林下一盃出レ之。音曲有レ之。及二大飲一了。」（同右 永祿十年（一五六七）四月廿二日の條）

などと出てゐて、山里の茶の湯、二階之亭と云ふ 茶湯座敷など 古く喫茶往來などに出た 二階造喫茶の亭を 思はせるものがあり、目を 驚かす程の 見物であつたらしい。然し 山里の茶湯座敷としてゐた所に 金閣や銀閣が 山莊とは云ひ乍ら 佛を祭つて、なほ 嚴めしげな姿を 持つたものとは 餘程變つて來て、既に 數寄屋造に 近い傾を もつてゐたであらう。それらの細かい姿は明かでないが その亭は 花の園林に圍まれて、その時の會は 音曲をなし、春であつたから 樹の下で 大飲に 及ぶもので あつた。侘數寄など云ふ 心持とは これだけでは 遠い茶では あつたが、そのやうな會ばかり 行はれたのでは なからう。恐らく 驢庵の山里も 統秋の山里庵も 共に 山にても 憂からむときの 隱家であつて、都の中に 山里の侘を 求めんとした 一つの表れを 持つてゐたこと 後に 秀吉が 大坂や伏見の城中に 作つた 山里丸などと 離すことの出來ない在り方のもので あつたであらう。

これら 山里と 云はれたものは 驢庵に於ける如く 園林と呼ばれる程の 廣さがあつたが、また その作りも 書院造庭などと 特に 分ける程の 著しい違ひは 持つてゐなかつたであらうが、

茶座敷近くは 恐らく 茶の湯の側からの 求めに應へた 茶庭らしさが 既に 表はれ始めてゐたであらう。例へば 義政の東山殿に作られた 漱蘚亭の跡と思はれる 湧水の石組や 小石鋪の道は その源は 西芳寺にあつたとしても、既に 茶の湯の遊びに 應はしい姿を 持つてゐたし、註七 後の茶庭に見る 蹲踞《つくばひ》の石組や 疊石に 極めて 近いものがあつた。それ故に その筋を引いた これらの

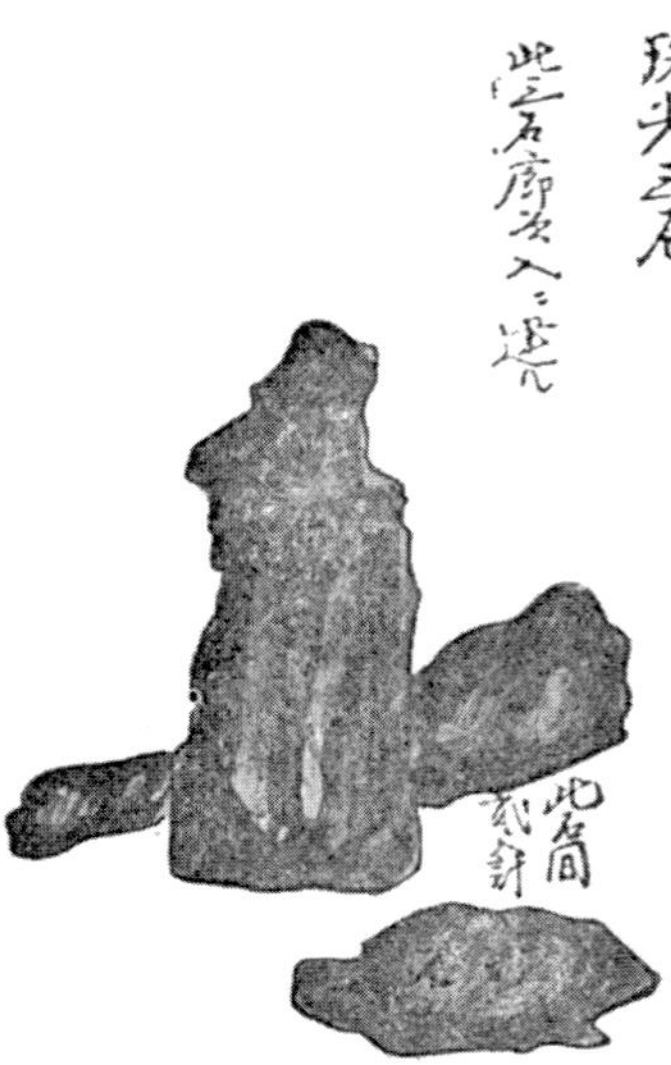

七の第三圖 「珠光三石」（釣雪堂庭圖卷）

七の第四圖 「利休三石」（右に同じ）

書院造の山里も より多く 茶庭らしい傾を 示し出して來たであらう。利休が 關りを持つたと考へられる 大坂城や聚樂第、或は 大名達の庭は 恐らく そのやうな傾の 著しいものが 見られたことであらう。「釣雪堂庭圖卷」（家藏）註八 は 桃山時代の 庭の傳への一つであつたが、それには未だ 路地が 庭とならなかつた 前の物が 多く 傳へられてゐた。例へば「珠光三石」(七の第三圖) とか、「利休三石」(七の第四圖) があり、「紹鷗眞之庭」と共に 室町時代の書院造庭と變りない「利休庭岡作」(七の第五圖) などが傳へられてゐた。この「利休庭 岡作《をかつくり》」は「古織島作《しまつくり》小庭」や「桑山左近圍之庭」とか、或は「有樂 京都二條 數寄屋平庭作り」(七の第六圖) となつて、その姿が 後まで繼がれた。これらは 全く書院造庭であつて、見ることを 主とした 岩組で 飛石や疊石は 一處にも 表はれてゐなかつた。有樂のは「スキヤ之道」と書き込まれた 道が 畫かれて、數寄屋平庭と稱へ乍ら 數寄屋とは 離れてゐたらしかつた。或は 外路地であつたかも知れない。また「桑山左近圍之庭」にも 圍の庭らしい處は 何一つ畫かれずに 書院造庭の傳統であつた守護石を 主にした 石三つの庭であつた。これは「珠光庭」とした 守護石のある圖に 續けて載せて、その類として ゐたらしいが、むしろ 先の「珠光三石」として「此三石廊次入ニ建ル」としたものと あまり變らないものであつた。この廊次とは 恐らく 路地のことであらう。そして これは 茶庭の入口の所に 立てた石で あつたで

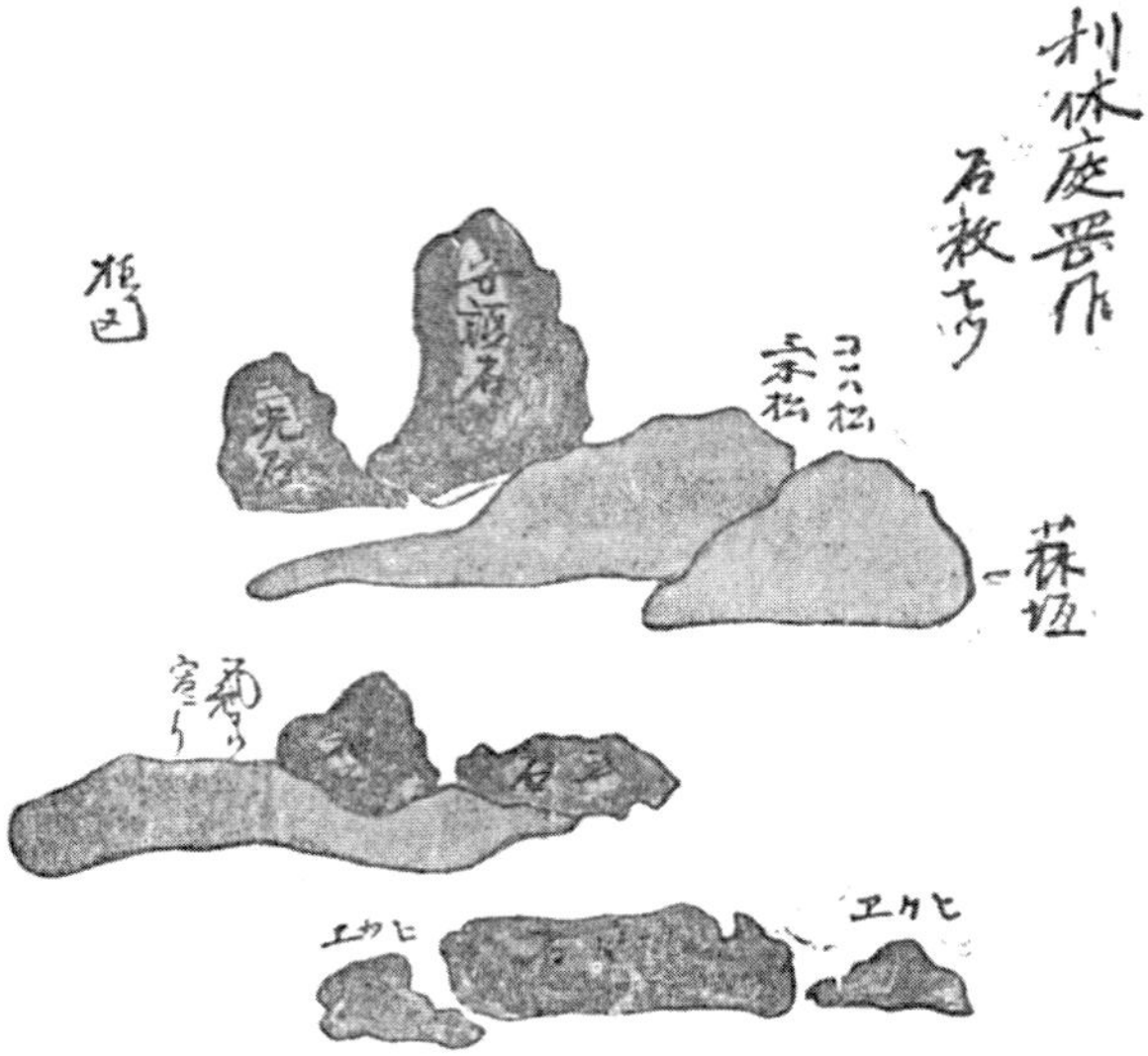

七の第五圖　「利休庭岡作」

あらう。「利休三石」も同じで、「アイシライ何ニテモカヤウニツカウヲ云」と書き入れて、路地庭入口の邊に植込みと共に三つの石を建てる規範圖として居たやうである。

この傳へには路地の主であつた飛石や疊石は何一つ表はれてゐなかつた。これは恐らく室町時代の書院造庭の筋を引いた庭者の傳へで、見ることに重きを置いた庭のみ見馴れた頭からは使ふことと離れなかつた路地は庭とは思へなかつたのであらうか。茶人の庭を多く傳へながらも路地には少しも觸れてゐなかつたのである。そしてそのため

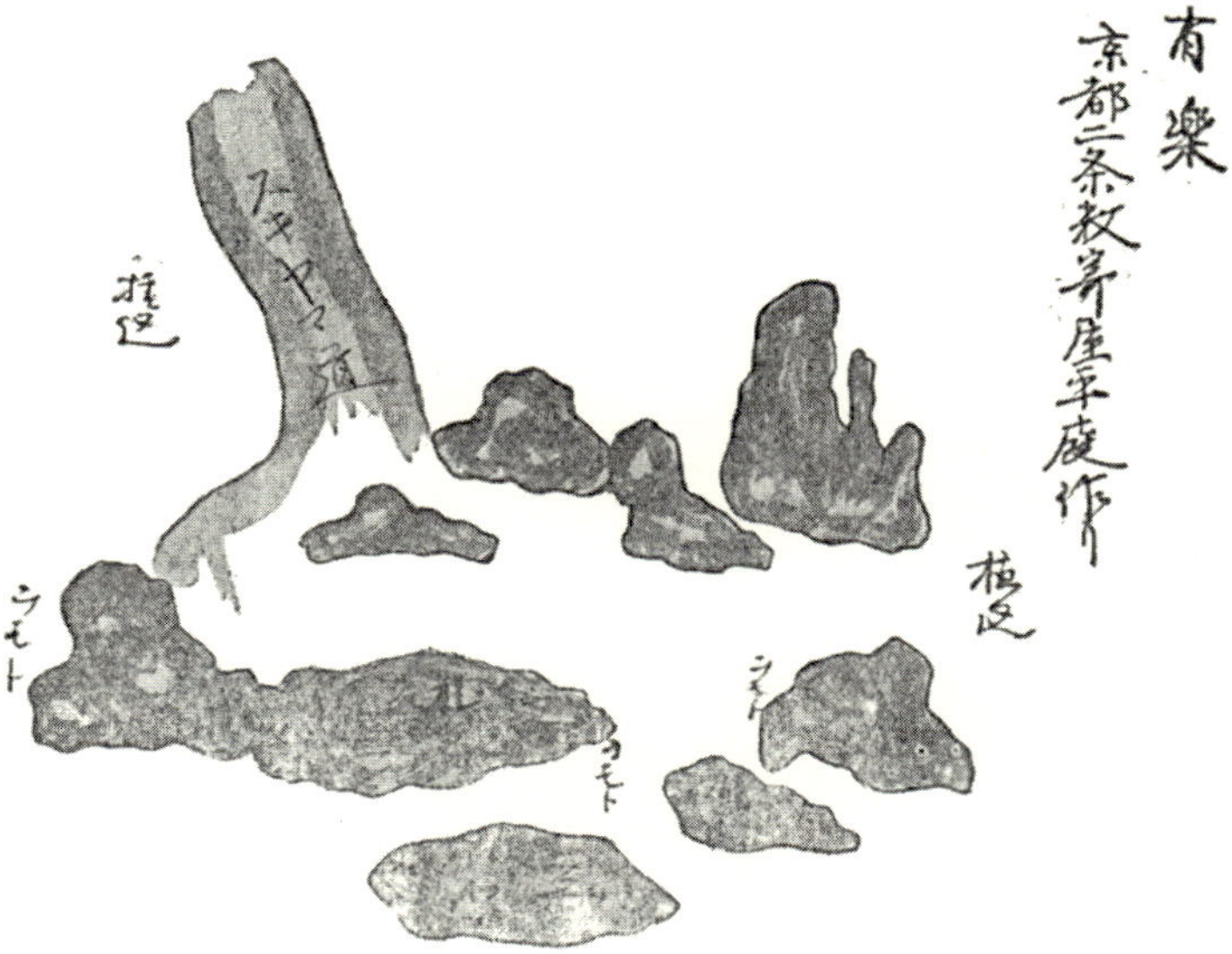

七の第六圖　「有樂京都二條數寄屋平庭作り」

に路地庭の考へが未だ開かれなかつた前の姿を知らず知らずによそながら畫き出してゐたとも見られるものである。また後にも誌すやうに路地には萬年《おも》青《と》などは植ゑないと述べてゐたが、この有樂の數寄屋平庭には禮拜石の脇には「ヲモト」の書き入れなども見えてゐた。これらの庭の圖は有樂の二條屋敷と處を明かにした圖に於てさへも極めてまことらしさに乏しい畫き表はし方で、全く據り處がなかつたとは云へないかも知れないが、多くは觀念的に描かれたものの如くである。恐らく心覺えや聞き傳へによつて、その頃の庭者が書き出したものであらう。然し このやうな茶庭も 前には 全くなかつたのではない。例へば奈良の興福寺尊敎院には「松屋茶湯祕抄」によると「大佛炎燒之時 右尊敎院小座敷 宗琳指圖小茄子所持也。」として 圖(七の第七圖)を傳へ、一間床、張付壁、 緣側附 四疊半茶座敷の庭に「堀庭 ヤウハイ石 大カメ石」と書き入れて ゐたものがあつた。大佛炎燒の時として ゐたから 永祿十年(一五六七)のことであらうが、これは 室町時代末の 書院造庭と 茶庭との 移り目の姿を 示し出してゐたものであるやうに 思はれる。

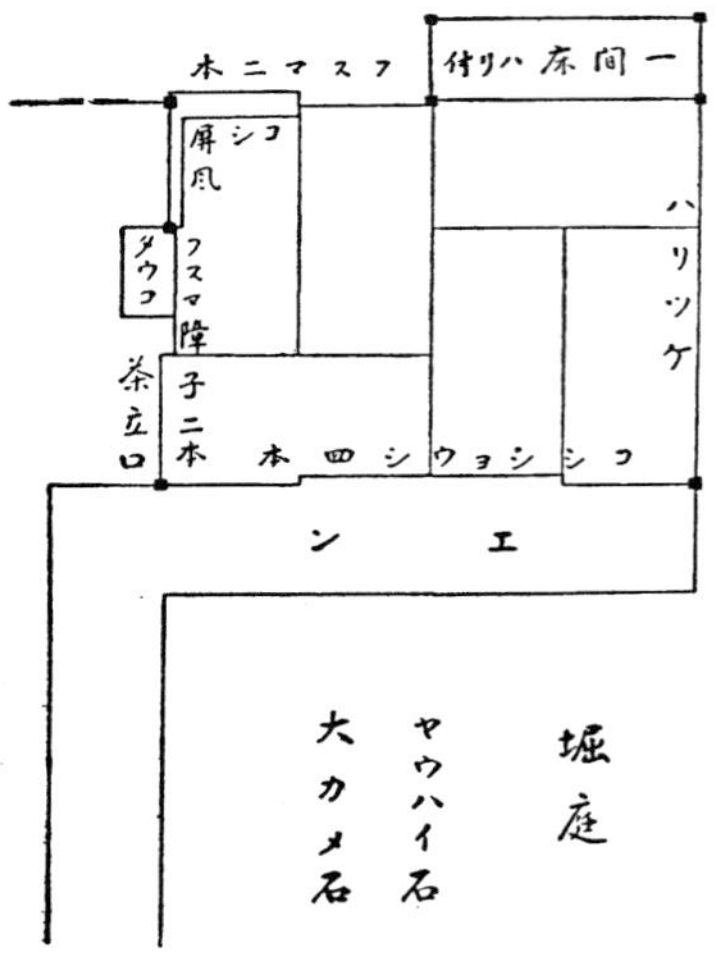

七の第七圖

興福寺尊敎院の茶座敷と堀庭

(松屋茶湯祕抄による)

この堀庭については また「路地之事」として「松屋茶湯祕抄」は 別の所に

「昔は 堀庭ト云テ 大石を 二三種程寄、間を 深く掘たる也。別ニ 目移ル事ハ無レ之。」(松屋茶湯祕抄)

としてゐた。

この堀庭は 大石を 二つ三つ程寄せ据ゑて、その間を 深く掘つたものとしてゐたが、その庭は 客が通り行く路地ではなくて、圖には 茶座敷前の 緣側に連る 渡り廊下が 續いてゐた。まだ これは 全く 書院造庭の 見る庭に なつてゐたものである。この庭の中の「ヤウハイ石」とは「遙拜石」で、室町時代末の 庭作傳書[註九]に見える「禮拜石」と同じで あらうか。大カメ石は 大龜石のことであらう。後の鶴石、龜石の 源を作つた 龜石は「萬刧石、不老石」など云ふ「カメノ形」の石を 据ゑて、蓬萊を 表はした 室町時代中頃の「山水幷野形圖」などが 示した作り方を 追ふものであつた。[註一〇]然し その石組は 極めて 少くされてゐて、二つ三つ程を 寄せたに 過ぎなかつたから 既に 物を少なくしようとした 茶座敷飾などと 同じ歩みを 進んでゐたものであつた。それ故にこそ 特に 別に 目移る事なしと 書き添へて ゐたのであつた。桃山時代の「珠光三石」「利休三石」或は 桑山左近園の 三つ石などは この如き 掘庭の筋を 引くものであつたと 考へられる。

この時代に このやうな 書院造庭を 物少くする事から 進み向つたものと、また別に 茶座敷外廻りから 建物と共に 展びて來た 庭構とが あつたやうに考へられる。

山里と云ふやうな 廣さを 取り得ない 堺の町中などでは 茶の流行と伴つて 町造としての 住屋に 茶座敷が作られ、その外廻りに 廣くはなかつたが 今迄のものと異つた 茶庭が 自らに 育つて來たやうに考へられる。利休の 堺の住居などにも 恐らく そのやうなものが あつたと思ふが、その頃の 松屋、天王寺屋、納屋《なや》など 茶に名ある 人々の日記には まだ それらしい留め書きには 出會はない。それらは それ程 目を引かないもので 文字通り 通り道に 過ぎなかつた路地が 多かつたではあらうが、然し既に その頃 茶庭の源を なすものが 明かな傾を 持つて述べられるやうに なつて來てゐた。先にも 既に 引いたことがあるが、數寄道大意に

「庭之樣躰 四疊半ノ前ニハ 草木不レ植。石不レ立。沙(すな)不レ蒔。クリ(栗)石不レ並。其故ハ 客之目ウツラヌカ ヨシ。御茶ニ 精ヲ入、名物ニ 心ヲ付シメン爲也。」(數寄道大意)

とあるやうなものであつた。その頃の茶の湯は 多く名物の器を 主としたものであつたから 茶の湯に 心を入れるために 庭などが 客の目を引かないことを 立前としてゐた。そして

「次之間 或ハ 手水所之アタリニハ 青々トシタル草木 少可レ有。其故ハ 爐ヘン(邊)ノ上氣ヲ 涼シクシ、小座敷之窮屈ヲ 伸ン爲也。」(數寄道大意)

と添へ書を してゐた。このやうな 茶庭の心構が 明かに述べられ、或は形にまで 纏め上げられたのは 恐らく 紹鷗や 利休の 堺の町中のもので あつたと考へられるが、それは 桃山時代中頃迄も行はれた「坪の内」の路地庭であつた。茶座敷の外廻りが 一つの庭に 成り立つたのは 書院造の庭の中から 育ち來たのでなくて、かうした 全く 別の側から 生れて來たものが 中心で

あつた。卽ち それは 茶座敷の 設けとしての 通り路、手洗所、垣、目隠しの 植込と云つた建物側の 求めに 答へて 表はれ來たもので あつた。そのために 庭造りの理念としても 全く異つた 立場をとつて 總て 建築的であつた。茶座敷は 茶の湯のために 造られた建物として 他の住居の部屋とは 異なる備へを もつてゐたが、それの 引き續きとして 中潜とか 腰掛待合などが外側に作られた。それと伴つて それらと 離し難い連りに於て 今迄の 庭作りの 仕方も 取り入れられた。そして たゞ通り路の 含みしか 持たない 言葉から 何か 心深い含みを持つ 露地と云ふやうな 言葉に 移さうとした考へさへも 出て來る程のもの、卽ち 路地庭が成り立つて來たのである。このやうな庭は 見ることを 主とした 書院造庭とは 全く 異つた心構の上に 初めから 使ふことにのみ 心を掛けて 作られて 來た。そのために 庭作りの心構としては 書院造庭よりも 寧ろ 寢殿造庭に 近いものがあつた。[註二一]

先に述べた「掘庭」の如き 書院造庭の筋を 引く茶庭を 超えて、この町中の住居に 表はれた「坪の内」路地が 茶座敷と 一つになつて 調べを和はせ、一つの新しい心構に 統べられた世界に 纏め上げられたものが 利休の茶座敷であり、茶庭であり、それらの二つが 數寄屋造の樣式を 成り立たしたのである。茶庭は 建物と離れてはなく その表はし方も 全く 建築的であつた。

この新しい茶庭の心構が 確かに 把かまれて 作られてない庭は 書院造庭と 變りがないものとなり、茶の湯の 路地としては「茶にしまぬもの」となり、謂ふ所の「ぬるい」ものと なつて了ふのである。このやうな 二つの庭の在り方は 内路地、外路地と 幾重かの垣を 隔てて 明かにその持ち前の性を 生かし出して ゐたものや、たゞ 四ッ目垣や 枝折戸の荒い境を もつて 際立たない移り變りの内に ぼかして作られてゐたのも 後には 出來て來た。遠州の「越前太守之露地圍之圖」(古今茶道全書) などは 鶴石、龜石などの 見る物としての 庭を 屏で 圍んで、その外に 路地をとつたのなどは この考へ方を 最も明かに 示してゐた例であらう。

利休の作つたものは 殆ど 殘つてゐなくなり、わづかに 妙喜庵圍の外廻りに それらしいものを、偲ぶだけで あつたが、書き殘されたものには こゝに 返り見るべきものが ないではない。「堺町市住居(七の第八圖) 利休指圖路地之事」として 元祿七年(一六九四)に刷り出された「茶道全書」[註一二] の圖は 先に引いた「釣雪堂庭圖卷」と共に 現に 在る庭に 卽いて どれ程に寫されたか 疑はしい圖ではあつたが、その頃の 町中の庭を 傳へてゐるものとして 見る可き一つであつた。

「昔日 堺にて 利休の指圖也。取合せ 陸奥《むつのく》の尾《を》嶋《しま》の圖を 書院 見晴の山水に 寫されたる古跡《こせき》名所の有様 すぐれて 面白き庭景なり。」(古今茶道全書)

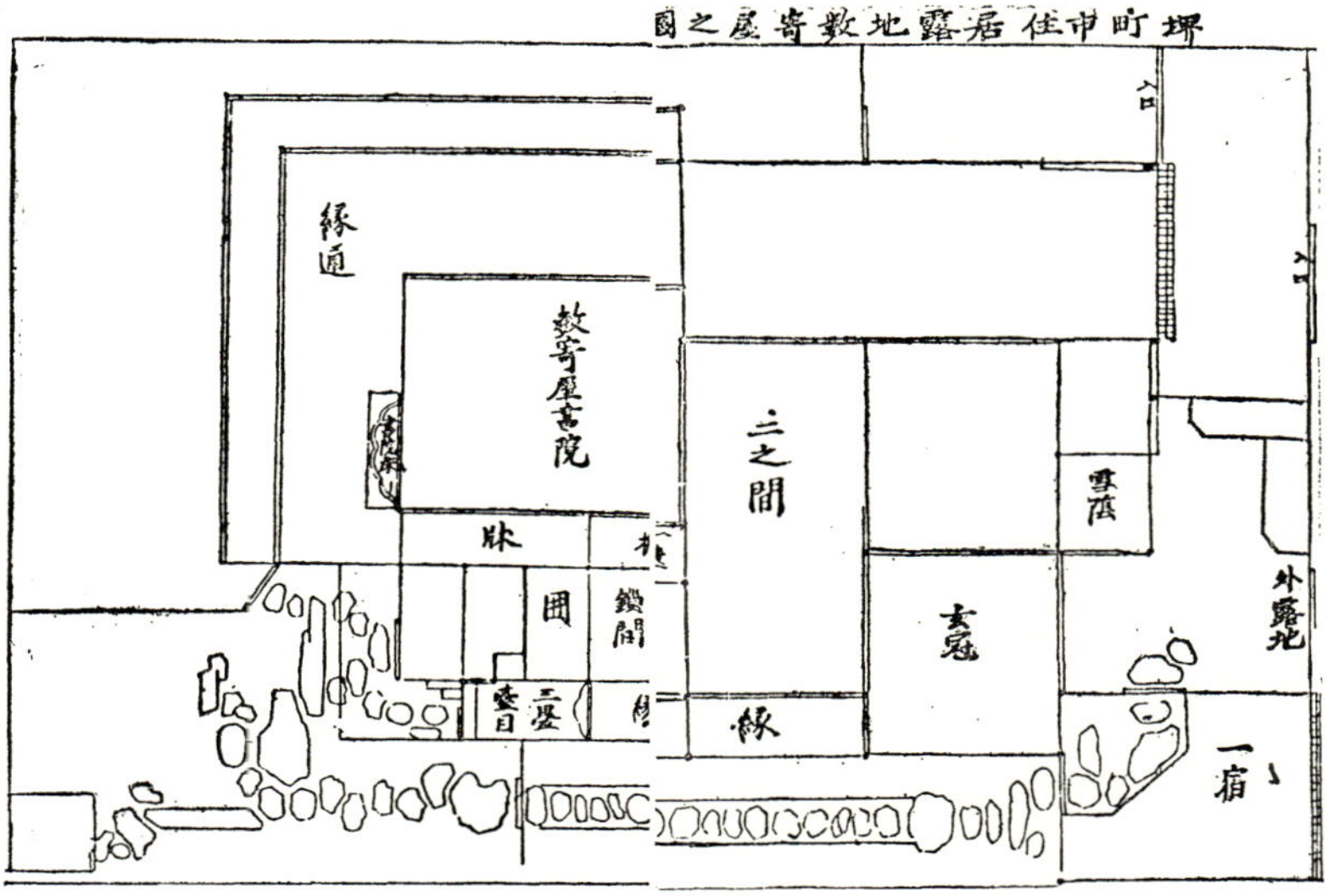

七の第八圖　利休作「堺町市住居露地數寄屋之圖」（古今茶道全書）

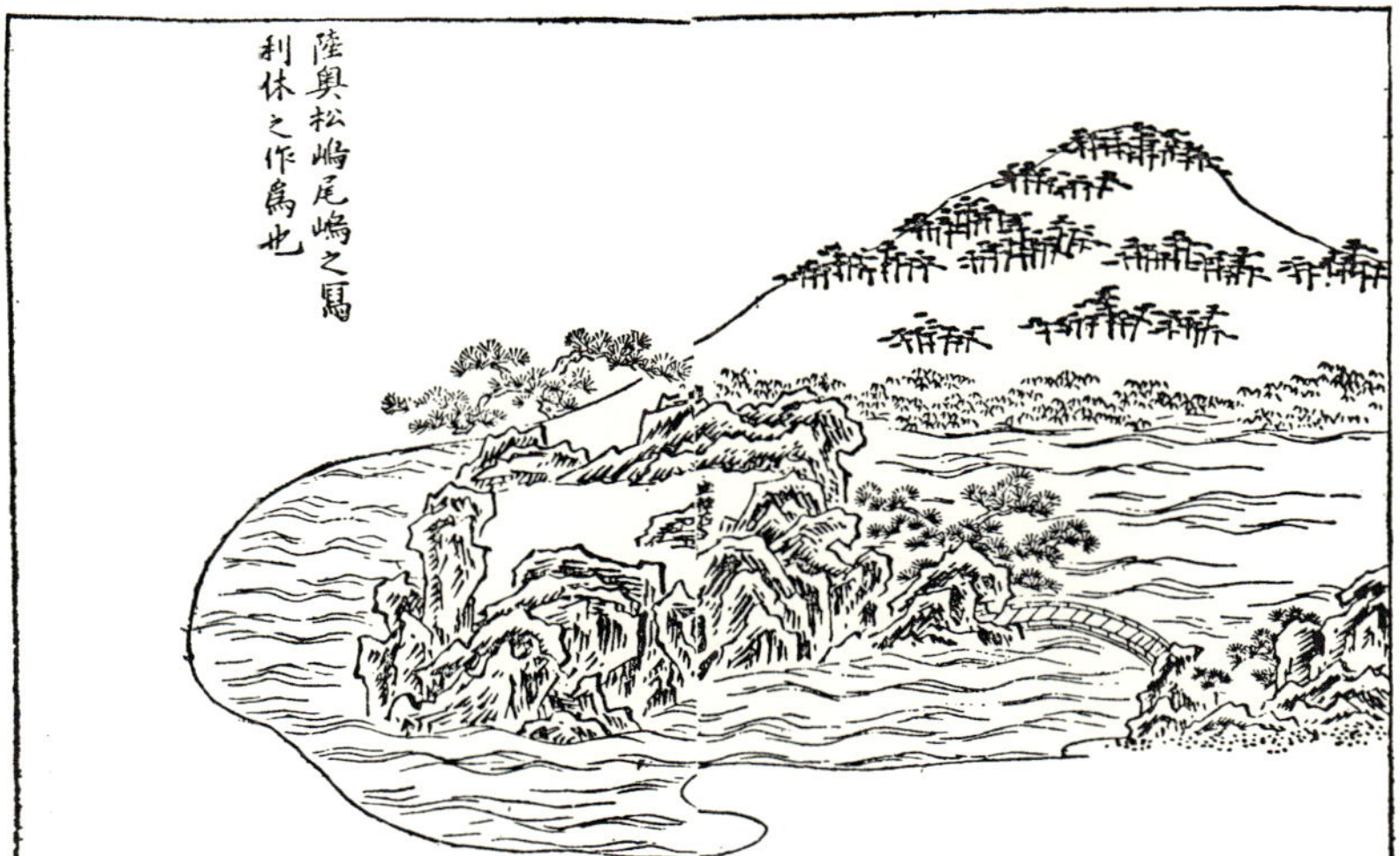

七の第九圖　利休作數寄屋書院庭「松嶋尾嶋之寫」（同上）

としてゐた。間取圖に よると「外露地」の書入れが あるので 二重路地を 形作つてゐた もの であつた。そして 取合せとして 設けられた 數寄屋書院前の見晴の山水とは 全く別に「三疊臺目」の茶座敷廻りに 既に 茶庭として 成り立つた「外露地」、「内露地」が 作られたものであつた。そして外露地には 一宿《ひとやどり》、雪隱を持ち、内露地には 飛石、疊石を 主に 雪隱、手洗構らしいものをも 備へてゐた。[註一三]「玄冠」とあるのは 玄關で、恐らく 數寄屋書院とした 十疊敷程の 廣座敷の入口で あつたであらう。圖の上で見ると 外露地には 矩《かね》折れの腰掛らしいものも 出來てゐたが、極めて狹く あまり 植木など 植ゑ込まれてゐない 文字通り 路地を 形造つてゐたもののやうであつた。堺の町中などでは 恐らく この程のものが 多かつたであらう。數寄屋書院の庭も 圖に表はれてゐた 限りに於ては 奥行二間に 足らず、間口も 五間程の坪で、その内に作られた 松嶋尾嶋の寫しも（七の第九圖）繪が示すやうに うしろに 築山が 作られたとしたら、箱庭に 近いものであつた。これなどは あまり 利休好みらしさを 思はせるものでもないが、恐らく 寫し崩れの多いものか、或は 後から傳へ話によつて、思ひ浮ぶまゝに 畫いて見た程の ものであらう。この事について 同じ書き物に

「泉州堺にハ 利休の遺《ゐ》風路地、數寄住居にも 殊勝なるあれとも 時移《うつり》 物替《かは》り、其時代の儘成《まゝ》

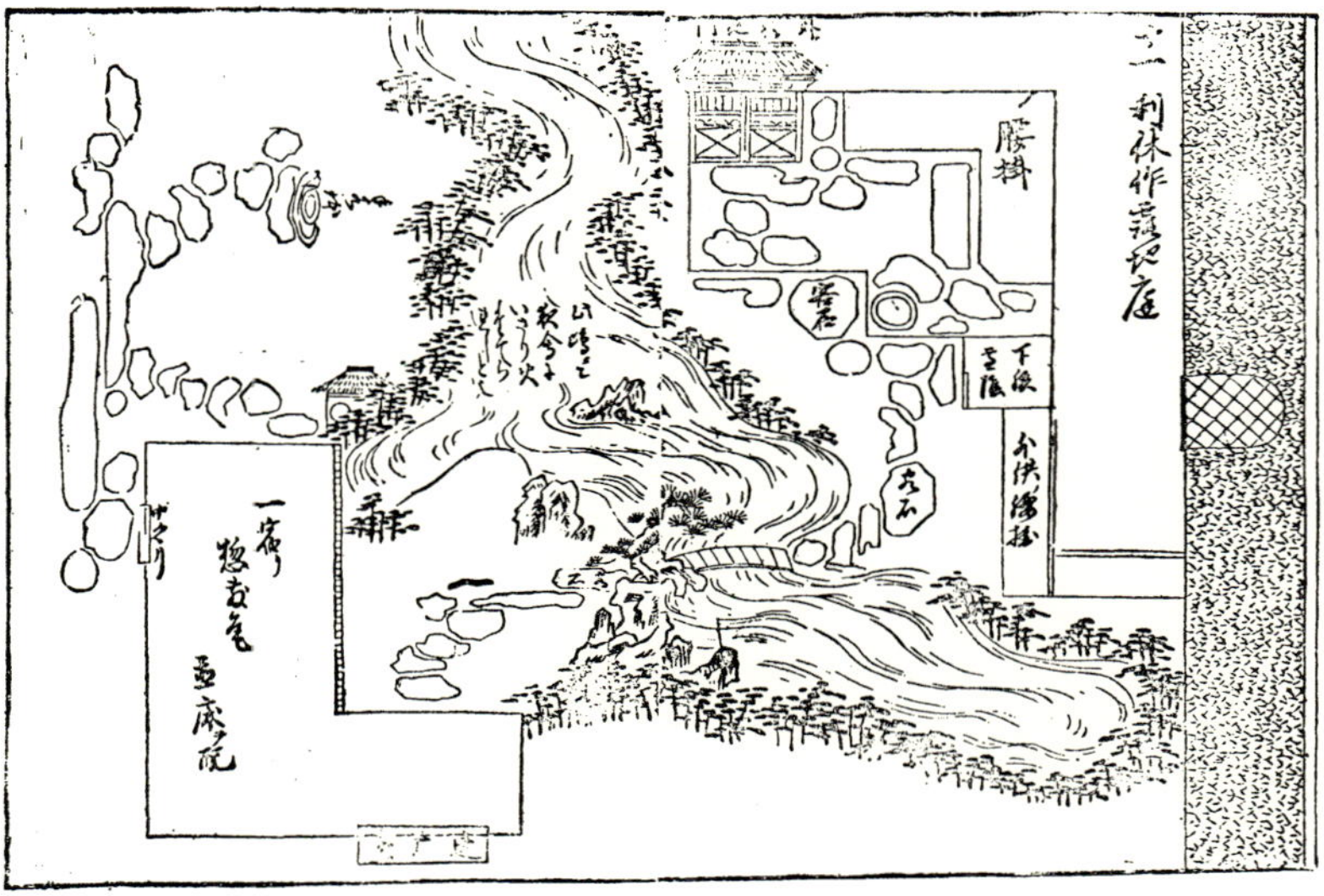

七の第一〇圖　「利休作露地庭」（古今茶道全書）

躰《てい》ハまれ也。」

とし、「方〻所〻の慥《たしか》成圖式を 集て 記《しる》ス」とも 述べてゐたので、 これらの圖は 江戸時代中頃には 慥なものに見えた 圖の一つであつたらしい。なほ この書き物には 別に また

「利休作路地庭之事　此路地庭之外 山城之内 山崎妙喜庵の 路地も 利休作にて 今に殘りて有也。その指圖を 寫したる 路地あれとも 皆 小路地にて 圖に寫し、 景氣《けいき》少し。此圖ハ 大人《だいじん》の路地にも うつして宜しからんと思ひ、 撰て こゝにあらハす。猶 此外大徳寺北は（派）の寺 外路地の風 大形ハ利休の風流多し。そのおもかけに 心を付見るへし。」

ともして、外路地を主に寫した圖（七の第一〇圖）を掲げてゐた。それには外露地門があり、中に矩折の腰掛、下腹《しもはら》雪隠、外供ノ腰掛があり、前に流れと橋があつて「一宿《ひとやど》り惣敷瓦置床ヲ配」とした中ク《潜》、リ付の「達磨堂」が建つてゐた。その中潜り中に「手水鉢」が据ゑられ、また飾雪隠らしい丸窓の茅葺屋根が見えてゐた內路地があつた。茶座敷は畫いてゐないが、それより先繪の上の方にでもあらうか。この內路地からは植込で流れは見えないやうになつてゐたらしく、木が流れに添うて多く畫かれてゐた。

　これらの圖から見取り得ることは茶座敷近い內路地には目隠しらしい木が植込まれてゐた外には木がなく、飛石、疊石と手水鉢だけであつた。この書き物が「圖に寫し、景氣少し」として掲げるのを止めた妙喜庵の路地に近いものであつた。外路地も前のものは極めて狹く、一宿りと腰掛の前に通ひ路があるだけのもので、內路地とあまり變りあるものではなかつたが、後のは流があつたり、「いさり《漁》石」が置かれ、「此嶋ニて夜會にいさり《漁》火たてられし」とあるやうな眺めあるものが作られてゐた。また數寄屋書院の前には全く見るだけの石組と築山の庭が作られてゐた。これらの庭の圖は茶座敷廻りに先の掘庭などと全く異つた側のもので、書院造庭に對ふ數寄屋造の茶庭が書院造庭と明かに別に分けられて、區切られた中に作られてゐたことを示してゐた。然もこゝに示されたものはそれらが完く仕遂げられた形のものに成り切つてゐた。利休のときに既にこれ程に完くなつたものかなほ調べて見なければならないものであるが、天正の末利休が亡くなつた頃にはこれに近いものが三齋、有樂、織部などの力も加つて既に世に出來上つてゐたと見てもよいであらう。

註一　「路地」と云ふ字を用ひた書物は多く、その一つの例は「宗湛日記」（天正十五年（一五八七））、「松屋久好日記」（文祿五年（一五九六））。「露地」は「南方錄」に、江戸時代に入つてから比較的早いものでは「指月集」。「露路」は杉木普齋（天和三年（一六八三）松田幸佐宛傳書）。「虜路」は江戸時代末期の「茶道早合點」。「廬地」は江戸時中期の「茶道便蒙抄」。「爐路」は「利休傳書」、天正元年（一五七三）九月十六日南坊宛、及び江戸時代末の「茶事祕錄」。「路次」は桃山時代の「松屋久政日記」、江戸時代の「長闇堂記」、「喫茶送迎記」。「露次」は「集雲庵露次松下堂額」（天正十二年（一五八四）九月上三）、「貞德文集」。「鹵路」は「羅山文集」。「廊次」は「釣雪堂庭圖卷」。

註二　「路地」やその他古くから使ひ習した文字を誤りとし「露地」でなければならぬとしたのは、江戸時代中頃で、「南方錄」が橘實山により世に出されて、その實山の賴みにより、宗俊が傳へた利休の傳へと比べ調べた牛雪齋了義の文（南方喫茶續錄）の中に「露地ト云事、紹鷗利休茶ノ本意、コレニ止マル大切ノ事ナルニ俊（宗俊）

傳ニハ幽宅已來傳受無之也。又イツレソノ時忘却シタルヤ、夢ニモ此露地ノ沙汰ナキユヘ心キタナキ事ニモ成ケルナリ。アマリニ忘却シテ露地ト云文字サヘ不知。路地、路次、盧地ナト書キアヤマレリ。俊自筆ノ書ニモ路地路次トカケリ。此一事ニテ俊傳ノ茶論スルニタラサル事知ルヘシ。路地ナトモ連續ノ字ナレトモ道路ノ事也。カノ露地ノ意味茶ノ大道ナルヲ不辨シテハ何ニ依テ茶トモ湯トモ云ヘキソ。タトヘハ佛法ヲ尊ヒマナフ人ノ佛ノ字ヲ不知、儒ヲ學フ人ノ儒ノ字ヲ不知ニヒトシカルヘシ。」などと 極めて氣負つて言ひ放つてゐた。このやうに「南方錄」だけに表はれた極めて狹い範圍だけに知られた事柄を、據り所とし他のものを總て排けやうとする考へ方が 近頃にも行はれて、 松山吟松庵氏の「茶道四祖傳書」にも表はれ、 また 學藝書院から出た「利休全集」の中に「續群書類從」から採つた「萬貫屋新四郎宛利休傳書」、「川崎梅千代宛利休傳書」その他の中の「路地」なる文字を「露地」なる文字に 何の斷りもなく 取り變へて、 刷り出されてゐる。 利休の原本でも 見出された上での ことならば ともかく、 松山氏が 自ら 利休自筆と極めた 他の南坊宛利休傳書にも 利休は 明かに使つて居らず、 其他寫し傳への他の利休傳書にも、 用ひられた例は後寫しに變へられたと思はれる一つの他は ない文字を 獨り決めに たゞ 南方錄の說だけを信じて、 勝手に 文字を採り變へることは 全く從ふことの出來ない所である。 寧ろ 後の世を 誤らせはしないかとさへ 危ぶむのである。 文字の使ひ方は 原本が 出て來て 始めて 直し得るのであり、 原本で たとひ誤つてゐても、 それを直すときには 少くとも斷り書を 附けてなすべきである。

註三　利休が「路地」なる文字を使つたのは前にも述べた「利休臺子かざり樣之記」(天正十五年(一五八七)二月、萬貫屋新四郎宛）及び「利休客之次第」（天正十五年五月 川崎梅千代宛）。織部のものは「跡部勘左衛門宛 慶長十七年（一六一二）菊月廿一日」。遠州のものは「夜會の習の事」（十月□日 上田宗古老宛）。

註四　露地について南方錄に「露地は草庵寂寞の境をすべたる名なり、法華譬諭品に長者の諸子三界の火宅を出て露地に坐すると說き、又露地の白きと云ひ、白露地共いへり。一身清淨の無一物底也。いにしへより在家の庭を露地といふ事なし。庭外面砌りなどいへり。寺院には露地の號あり。點條の一境をかの白露地にもとづきて名付、是利休居士世間の塵勞垢染を離れ、清淨の心地を表はしたる本意なり。かの書院臺子結構の式よりかね（矩）をやつし、露地の一境を開き、一宇の草庵に點茶して世間の塵境を出し導かんと也。露地清淨の外相は樹石天然の一境也。」としてゐる。法華經では「諸子等安穩得。皆於四衢道中露地而坐。」とあつて、露地は「ちまたの中のあらはな地」か「ちまたの中の露に濡れた地」に外ならず、言葉の上では路地に近いものである。「大乘義音」などでは「露地坐者樹下蔭濕。久居致患。故至露地。」などともあつて、體によくない濕つた蔭地のこととしてゐる。南方錄が庭外面砌りなどを云ふとするのも、このやうな濕つた地を指してゐたらしくも取れる。このやうな含みの言葉を、火の付いた宅に準へた此世を出でると云ふ所から、世を離れた路地庭の名に宛てたのであらう。但し この南方錄は 古事類苑が引くもので、異本である。

註五　豊臣秀吉の手紙は前田利家宛のもので、「加賀藩史料」の國初遺文に見えてゐるもので、露地と出てゐるが、活字に組まれたもので、原本から この字であるか、疑なきを得ない。

註六　露次は「集雲庵露次松下堂額」に使はれ、その額の中に「露次の樹石天然の趣」などあつて、南坊と利休の判在りとして傳へられてゐたが、南坊宗啓自ら露地としないで、露次としたか、後の人が寫し誤つたかわからない。南方錄から推せば後寫しの折に誤つたかと思はれる。然し桃山時代に「貞德文集」の中にも「外露次、內露次構可然候。」などと書いてゐた所を見ると、桃山時代には他でも使はれたかも知れない文字である。

註七　この事については拙著「書院と茶室」の中の書院造庭の中で委しく述べた。

註八　「釣雪堂庭圖卷」は享保十六年（一七三一）に書いた人の名を取つて假に付けたのであるが、この初めの方に應永二年（一三九五）の奧書を持つ庭造傳から引いたらしい部分を持つてゐる。然し大部分は今迄知られてゐなかつたものである。應永の奧書をもつてはゐても、庭造傳は室町時代中期迄は遡り得ないものと考へられ、これはそれに繼ぐ庭の傳書であらうか。珠光、紹鷗、利休、織部、有樂、桑山左近を並べてゐて、遠州の名の出ないのは恐らくこの圖卷の元本が桃山時代に出來たものであつたがためと考へられる。

註九　禮拜石の名の出るのは應永二年八月の日附を持つ庭傳書で、恐らく室町時代末に作られたものであらうと思ふが、このことは拙著「書院と茶室」の中で委しく述べる所あつた。この禮拜石はこの後を受ける庭の傳書には必ず出る石の名で、恐らくこの筋を引く庭者などの言葉から「ヤウハイ石」は出てゐるのでないかと思ふ。

註一〇　鶴石、龜石については拙著「書院と茶室」との中で述べたが、上に誌した室町時代末の書物にも出てゐないので、恐らく桃山時代末か江戸時代になつてから表はれて來るのでないかと思ふ。こゝに「龜石」だけ書かれてゐる所から推して、室町時代に 蓬萊を表はすために 龜形の石を据ゑる習しが 行はれたのと よく時代的傾きが 合ふものであると 云へよう。

註一一 寢殿造庭を傳へるものと考へられる「作庭記」と、 書院造庭を傳へる「山水幷野形圖」との間にもまた 殘つてゐるものについても この事は 明かに出來ることで、 拙著「書院と茶室」の中で委しく述べた所である。

註一二 「古今茶道全書」の「五の卷」は 後に「諸國茶庭名跡圖會」となつて 別に刷り出されるが、この中には 利休前の茶庭として「駿州義元公路地庭幷書院庭の事」や「齋藤道三入道路地數寄屋幷書院庭の事」など傳へられてゐる。既に「外露地」「内露地」に分れ、「莊雪陰」や「待合一宿」「下腹雪隱」などが書かれてゐる。それらは他の傳へから、このやうな形に 茶庭が組み立てられるのは 桃山時代末と 考へられるので、この書の傳へは 何に據つたか 明かでなく、疑はしいものと考へられる。この卷の奥書に「間々古事を好ミ、廣く世事にわたりたる人ハ 茶道に不レ限、耳に觸、心に得、或ハ懷壺に寫し傳へたるを こゝかしこにて ほつ〳〵と聞集めて、舊跡古路地の圖をもとめ、類を以て押斗。」としてゐた。 恐らく これらは類を以て推し量り、補つた圖であらうと思はれる。 利休の圖についても「後の世まで傳るとおもひ、方々所々の慥《たしか》成圖式を集て記ス。」としてゐて、利休の庭そのものを見て寫したのでないから、その折に 餘程の補筆が加はり、利休の後の姿が 筆者の考へを超えて、入り込んでゐるやうに思はれる。

註一三 「堺町市住居露地數寄屋之圖」の中の左下の隅に四角な區切りのものは飾雪隱と考へられ、それと三疊臺目の出隅角柱との間の丸形の石は手水鉢でないかとも思はれる。また右端中程、外露地の文字上にある矩《かね》折の形は腰掛待合である。その前の「雪隱」は下腹雪隱としても使へるやうにしたのであらう。この圖は屋敷全體の圖でなくて、數寄屋書院と茶座敷とが組合はされて建つてゐる一區切りの所を示す間取圖である。

七の二　坪の内から二重路地へ

利休は 彼の天正元年《一五七三》九月十六日附の傳書で

「……客 爐路入《ろぢいり》ニも 亭主 アンドウ《行燈》ニテ出むかふ事也。卓《手燭の事か》ノ爐路へ出ス事 スキ《數寄》ニ惡敷《あしき》事也。扠其アンドウ《行燈》、コシカケ《腰掛》ノ上ニ置、亭主入ル事、正座ノ人 其アンドウ持候て、爐路所々氣をツケ、水鉢の本《もと》ニ置、手水ツカヒ入ル也。カコイ《圍》ノ内ハ タンケイ《短檠》ニ火ヲトモシ置也。」（南坊宛利休傳書）

と誌してゐた。これは 爐路 卽ち 路地庭へ 夜會の客が 入る習しを 述べてゐるのであつたが、この中に 腰掛《こしかけ》（待合）、水鉢《みづはち》（手水鉢）が表はれてゐた。そしてまた 路地行燈《ろぢあんどん》を 手水構《てみづかまへ》の所に置いて 手を洗ふことを 述べてゐた。それ故に 後に 手燭石《てしよくいし》など呼ぶ 石が 恐らく 既に あつたことが 考へられる。また 同じ傳へ書きの 内に

「爐路 石灯籠ニ 火ヲトモシ、夜のあけぬ内ハ 爐路ニ 水うたぬ事也。……」（同右）

ともあつたので、その頃既に石燈籠が使はれてゐたらしい。それは然し殆ど飾のもので、手水鉢の邊の光は專ら路地行燈によつてゐたのである。

この時代の茶庭は極めて狹いもので、池永宗作や山上宗二が傳へた「坪《つぼ》の内《うち》」路地であつたと思はれる。これらの坪の内には木らしいものはあまり植ゑてなかつた。時にあつても一二本に過ぎなかつたやうである。それについて細川幽齋は

「知るも知らぬも茶湯とて闇座敷の四てう《(帖)》半、つほ《(坪)》のうち《(内)》にはいなの篠つたや《(蔦)》ふたう《(葡萄)》をははせつゝ、いかけ《(鑄掛)》をしけるてんとり《(手取)》やとひん《(土瓶)》の口のかけたるを面白しとてもてはやし、……」（細川家文書）

と書いてゐた。その頃の坪の内には篠《さゝ》や或は蔦、山葡萄などのつるものをあしらつてゐたことを述べてゐたし、また

「大昔は盧路にしだ《(齒朶)》しのぶ《(忍)》をうへ《(植)》候と被仰候。」（細川三齋御傳受書）

とあるやうに齒朶、忍のやうな下草を植ゑたことも傳へられてゐる。先にも引いた宗珠や紹鷗時代のやうに手水所のあたりに青々とした草木を少しばかり植ゑた仕來たりを受け繼いでゐたのである。

坪の内は 紹鷗茶座敷のものは「面(表)の坪」と「脇の坪」との二つに 分れて作られたが、それが仕來たりであつたやうで、利休の大坂三疊大目に於ても、「表の坪」と「脇の手水構」に分れてゐた。このやうな構は 天正十四五年に作られた 秀吉の聚樂第の茶庭も、あまり違つてゐなかつた。即ち 天正記（天正十六年(一五八八)七月十八日の條）に

「卯刻ニ 聚樂に 御茶湯ニ御來也。殿(毛利輝元)様廣家(吉川)様宗及(津田)御三人ナリ。宗易(利休)手前之時 關白(豊臣秀吉)様勝手□□(ヨリ)御出座也。シブ(澁)紙ノ御頭巾、御座席四疊敷ノ萱葺ナリ。御座席之圖也。(七の第一一圖)」

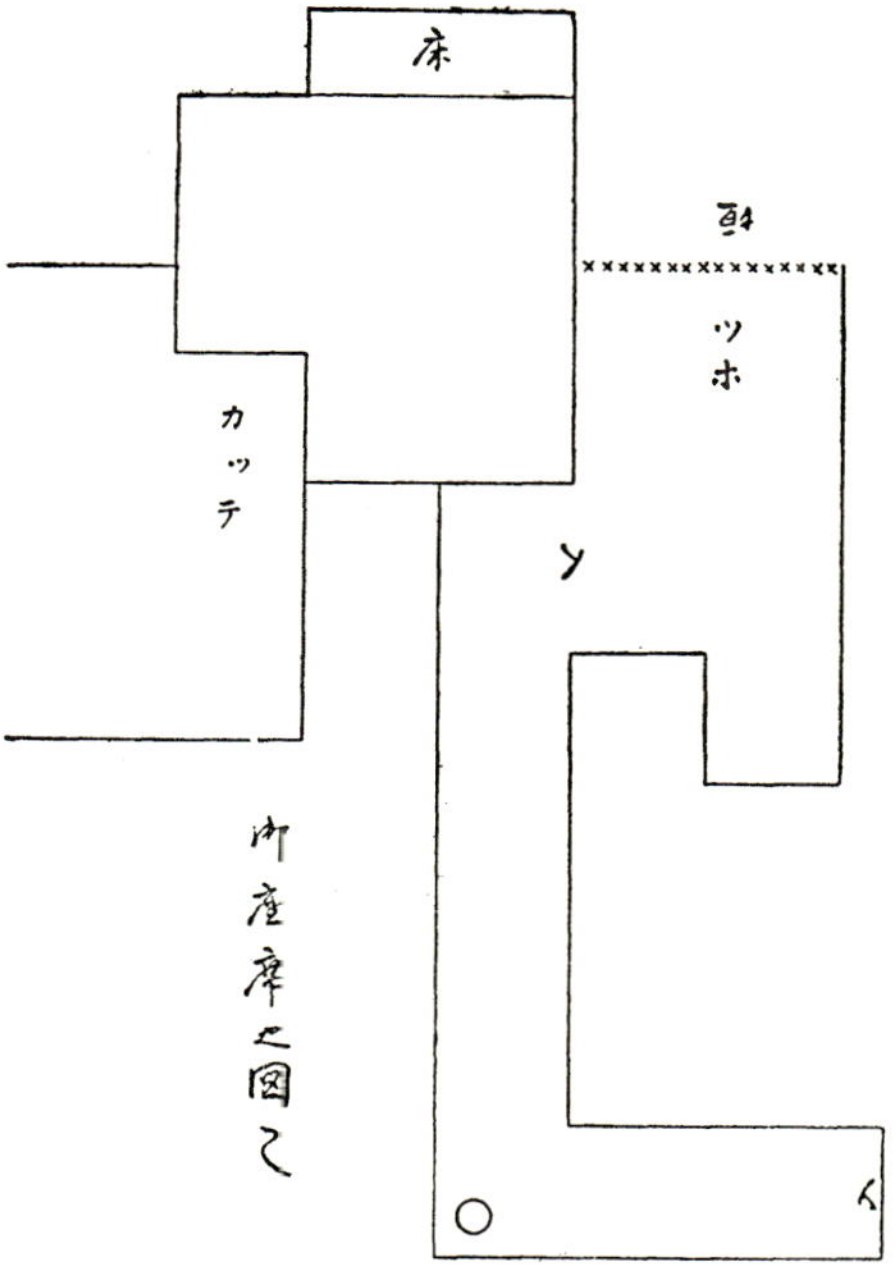

七の第一一圖　聚樂第の茶座敷と茶庭圖

として 圖を 附けてゐた。註一 この圖に見える茶庭は 坪庭であつて、その坪に入る迄に 圖で見ると 三間餘り路地が 作られてゐた。これは 四疊敷と 誌してはゐるが、間取圖から推して 三疊大目かと

七の二　坪の内から二重路地へ

思はれ、恐らく利休の指圖によつたものであつたらうと考へられる。紹鷗の弟子の池永宗作が「常翁《（紹鷗）》ノ座敷ハ此分也」として傳へてゐた圖も、（七の第一二圖）秀吉のこの茶庭と同じやうに「此内路地」とした所が短折型《かねをれかた》であり、茶座敷前に坪庭があつた。その坪庭もあまり廣いものでなく、素描の圖であまり當にはならないが、比例的に四尺五寸か六尺に、九尺位の廣さに見える。宗作のこれと似た構の茶座敷の圖には「庭廣四尺五寸」と書き入れがあり、また「昔ノ四疊半」（石州大工之書）には

「坪ノ内　深サ　縁柱ノツラヨリ壁迄　四尺七寸」

ともあるので、凡そそんなものであつたであらう。そして その高さは「昔ノ四疊半」（石州大工之書）には

「塀ノ高サ　縁カマチノ上端ヨリ　上棟マデ　四尺七寸三分」

とあるが、縁の高さが「石ヨリ縁カマチ

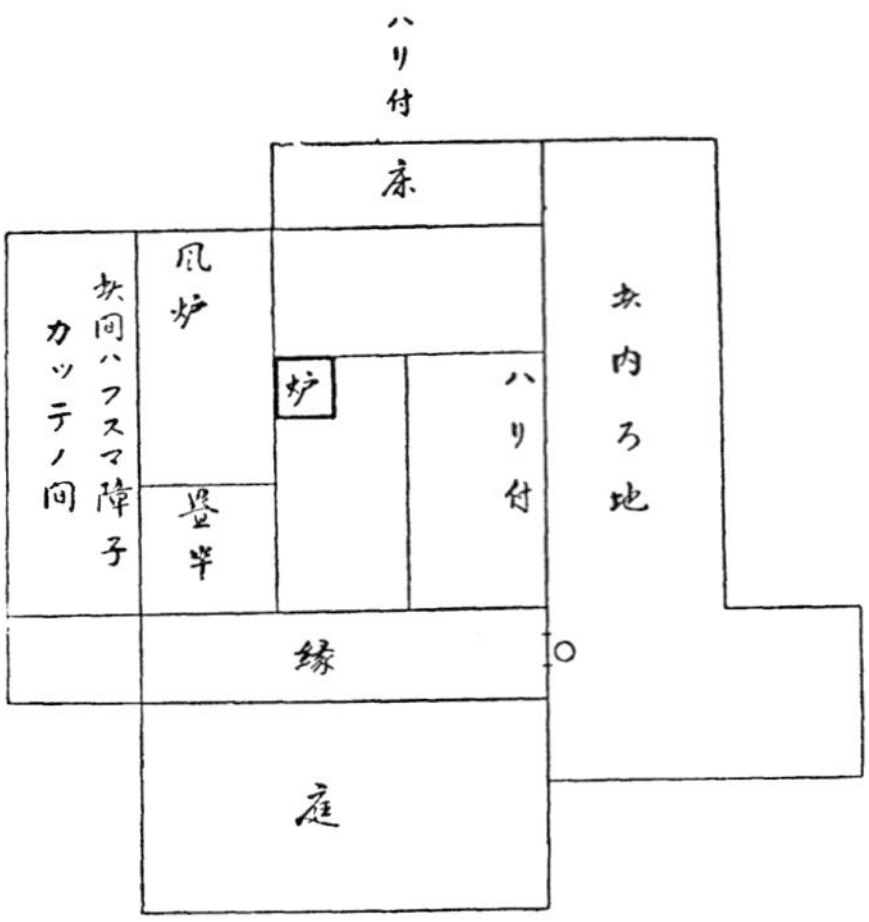

七の第一二圖　紹鷗四疊半茶座敷圖

（永池宗作茶傳書にある圖で，先に引く山上宗二茶傳書が傳へる圖，一の第四圖と通ふ所あるも路地の出張りある所など異るためこゝに更に掲げる。）

上ハヘ 一尺三寸二分」であつたから 塀高さは 凡そ 六尺位のものであらう。また 坪の内の 圖の中には 庭について たゞ 垣の仕上げを「カベ」とあるだけで、他に 何も書き留めて ゐない。このやうに 垣のみを 書き入れてゐた 所から考へて、 この如き 坪庭に於ては 垣は 最も目を引き、 心を用ひる ものであつたに異ひない。 それには

「庭ノ垣ハ 色々スルト云トモ、 土カベ尤ヨシ。 ヨイコロノ小石ヲ ソヱテスル也。 水ヲ打テハ速ニ石アラワレテ コヒル《(媚)》也。 ヲヽイ《(覆)》ヲバ 内へ出サスシテ、 外へ斗《(ばかり)》水ノシタヽル様ニスヘシ。」としてゐた。 卽ち 庭の垣は 土壁を 最もよし とし、 その中に 小石を入れることを 書き留めてゐたのである。 その小石が 水をかけると 所々表れ出て、 媚びて見えると 云ふのであつた。 後に利休も 傳書の中で「心を付けて見る次第」として「塀の塗りやう」をあげ、 また「塀などに水打ちかけたらば 風爐の數寄よと 心得て……」（川崎梅千代宛傳書） とあつたやうに 古くからの仕來たりを述べてゐた。 すなはち 天正十五年《(一五八七)》頃までは 土塗仕上げを 心付けて 見るべきものの一つとした習しが あつたのである。 このやうな塀も 一方には 恐らく この頃から 柴垣や穗垣、或は 竹の四目垣や 建仁寺垣に 移つて行きつゝあつたと 思はれる。 利休は 後に

「休《(利休)》 柴垣なと 結するにハ 薇繩はかりハ惡しく、 繩ませてゆへといふ。 竹の籬ハ う《(上)》への長短

を揃へす。さる方にて少庵と杉皮塀をミて、此人の物數奇竹にもまた成りなん。後ハ常の壁になるものそといひし。」(茶話指月集)

と庸軒は述べてゐたが、既に壁塗塀の垣がすたれた後の話のやうであつた。

また山上宗二の傳へた所によると、紹鷗の坪庭は

「右此座敷紹鷗のうつし《寫》也。但北向、坪之内又は見こしに松大小數多し。天井のね板、杉檜、眞のはり付。勝手ふすま障子横引手。書院二間ともに四帖半也。其後宗久《今井》、宗易《利休》、宗瓦《武野》、宗及《津田》此外の唐物持京堺に悉是をうつす。但紹鷗がたりは北向也。又宗易は南向をすく。昔も珠光は北向。右勝手。坪の内に大なる柳一本有。後に松原廣し。松風計を聞。」(山上宗二傳書天正十六年《一五八八》附桑山修理大夫宛)

としてゐた。これによると紹鷗の「面《おもて》坪ノ內」には内外に大小の松が數多く植ゑてあつた。見越しに垣外の松が主になつてゐたのであらう。このやうな形を天正中頃迄に茶座敷と共に、利休をはじめ今井宗久、津田宗及、武野宗瓦などが寫したのであつたらしい。またこれによると珠光のものもこれとあまり大きな變りはなかつたらしく、坪の内に大きな柳一本あつてその後に松原が廣く、松風ばかりを聞くと傳へてゐた。これは何に據つて述べてゐたかよ

くは分らないが、 珠光から 宗珠に讓られた 京都の屋敷でも 殘つてゐて、 山上宗二は それを見て 書いてゐたのか、 それとも たゞ聞傳へだけで あつただらうか。 この珠光の傳へは 前に善法について 述べたやうに そのまゝには 直には 受けとれないものであつた。 然し 珠光の茶庭も一本の柳と 見越しの松を 傳へた所に 紹鷗この方の 茶庭の姿を 畫いてゐたこと 善法の侘數寄を通して 桃山時代の 茶の有り方を 見る如くであらう。 特に 柳の植木などは 何か據り處があつたのであらう。 柳の木は 門内か 嶋に 植ゑる木として 室町時代前から 庭造の傳書に 誌されてあつた。[註二] それにも係はらず 路地庭の たつた 一本の木に それを選んだこと、 また 塀で圍まれた 中の 一本の木は 困字になるために 嫌つたことも 室町時代前からの 庭者の仕來たりであつたが、[註三] それらをも顧ず、 珠光が 敢て 路地庭を 構へたことは 物事に 捕らはれない 禪僧の好みの表れでもあり、 新しく起らんとする 茶の湯の氣位の 表れでも あつたらうか。 これらに依つて こゝで知り得る所は 書院造庭を 義政などの 指圖によつて 作り上げた庭者、 河原者とは異つた筋の者によつて この茶庭は 作り始められ 完くされたことであつた。 そして 書院造庭と連り合ふ 時に於ても 茶庭のもつ この新しい 心構は 前々からの 仕來たりを超えて、 押し切つて 進められたらしく思はれる。 そして後に 桂離宮の如き庭を 創り上げたのであつた。

珠光の庭は ともかくとして 紹鷗の庭は その茶座敷と 共に寫され、利休をはじめ 桃山時代の茶人達の間に 一つの型を作り、それが 桃山時代の中頃迄も 續いて來たやうであつた。宗二が傳へた 利休大坂の三疊大目も 同じく坪の内庭であつたし、これを 寫したと考へられる 少庵の茶庭も さうであつた。それは 前にも 既に 述べたやうに

「間半の 坪の内 松一本、樫一本あり。」(松屋日記)

と傳へられてゐたのであつた。

天正十五年(一五八七)には 松屋久好の日記によると 堺の 草部屋道設の指圖によつて 突上げ窓、躙口附きの 平三疊が 作られたが、それは 北向に「坪の内」(七の第一三圖)が取られた。註四 この塀の「人見」と書き入れた處は 土で塗られた一所を 格子にした 外見の窓形を 明けてゐたやうであつた。坪の内には 楓が植ゑられ、水鉢が据ゑられ、ある隔りを 置いた天然石の 踏石道、謂ふ所の「飛石」もあつた。この頃には 既に利休や少庵のものにも 圖には 畫かれてなかつたが、 このやうな飛石が あつたのではないかと

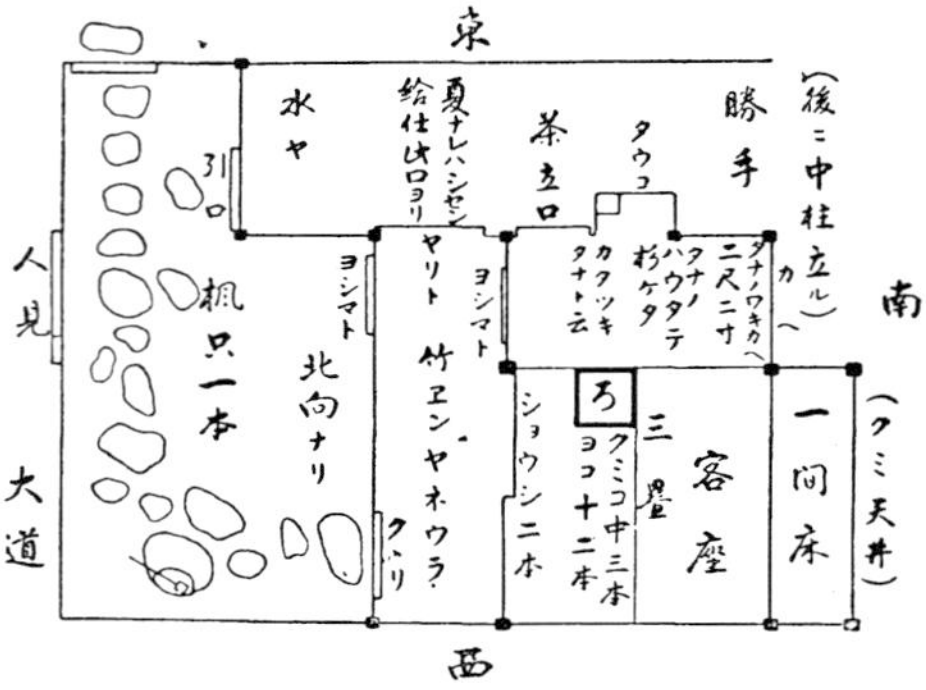

七の第一三圖　松屋久好椿井町平三疊と庭

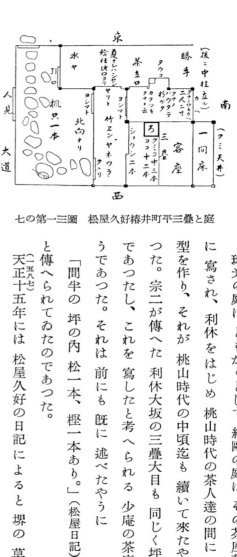

思ふ。

利休のものを 始め 此ころ前後の 坪の内には 恐らく 飛石に 齒朶や忍草の如き 下草か、或は 木が植ゑられてゐても 一二本程であつて、手水所のあたりに「青々トシタル草木少有ル可シ」の心持を 離れなかつた やうである。

天正も 中頃まで 茶庭は 紹鷗時代からの引き續きであつたが、十五六年頃になつて來ると 餘程變つて來て、坪の內も 廣くなり、時には 垣もなくなり、石なども 色々なものが 据ゑられるやうになつて 茶の湯座敷の 仕遂げと共に 二重路地、三重路地も 表はれるやうになつて來た。

利休は 先に引いた 梅千代宛傳書の中で

「塀などに 水打ちかけたらば 風爐の數寄よと 心得て、裝束を 着直すべし。暑き時分にても未だ 圍爐裏の數寄の時は 石などは 水打ち濡せども あまりに 水はげしくは 打たず。扨て掃除の樣子、飛石、手水鉢の前石、捨石、しのび石、よけ石、長石、石つづき、並び石の次第腰掛、雪隱、木の植ゑやう、塀の塗りやう、窓の竹柱、天井止まり、大目柱、おとしかけ、床ふち、二本柱、違棚 かやうの體を よく見る也。……」(川崎梅千代宛 利休傳書)

と誌してゐた。この内で 庭に關るものは 塀、腰掛、雪隱があり、飛石、手水鉢、その前石、捨石、しのび石、よけ石、長石、石つゞき、並び石、植木が出てゐた。これらによつて そのころ利休が 頭に置いてゐた 茶庭の姿を 凡そ思ひ浮べることが 出來る。

また この頃 秀吉の 大坂城山里の茶庭は 宗湛日記によると「ハネキド」が 水打たれて、二疊の茶座敷は 暦張りの壁で あつたと傳へてゐた。[註五]「ハネキド」は 枯木戸で 恐らく枝折戸《しをりど》とか、半蔀《はしとみ》と 呼ばれたものと 同じ形の ものであらう。また 伏見城の 五疊の茶座敷の庭は

「先クグリヲ ハヒ入テ、松原アリ。御スキヤトノ中ノ間ニ ス戸(簀)ノハネキド有。是ヲ通テ ソ(蘇テツ鐵)計ノ 路地アリ。是ヨリ 御數寄屋ニ ハヒ入候。」(宗湛日記 慶長二年(一五九七)二月廿四日の條)

と傳へてゐた。これによると「クグリ」即ち「中潜」があり、その内側に 松原があり、茶座敷との間に なほ 簀戸の枯木戸が あつた。また この形は 天正十五年(一五八七)の 博多箱崎の秀吉の「御陣所」の茶庭も 同じやうで

「此路地ノ入ハ 外ニ クヾリヲハヒ入テ トビ石アリ。箱松ノ下ニ 手水鉢有。木ヲクリタル也。古クシテ コケ(苔)ムス(蒸)。 ヒシヤク(柄杓)ハ 上ニフセテ。此ハコ松ノ下 マワリテ 數寄屋ノ前ニ 古竹ニテ腰垣アリ。ソコニ ス戸ノハネキト有。」(宗湛日記 天正十五年六月十九日の條)

とあつた。これにも「潜」門を 入ると 飛石や 箱に 植ゑられた松 その下に 手水鉢、古竹の腰垣などが あつた。大坂城のものや 箱崎のものは 恐らく 利休の指圖に なつたであらうと思ふ。大坂城のは 後に云ふ 二重路地に 對ふ一重路地に 過ぎなかつたが、伏見や 箱崎のものは 二重路地と呼ばれるものに 近いものであつた。[註六]

利休の自筆傳書を 寫したと 傳へられた 宗瓦宛のものに

「二重露地あらば 笠と ぽくり《(木履)》とは 外露地の腰かけに 掛けて置くべし。くゞり計りの 露地ならば 其脇に 掛けて置く也。」(茶之湯六宗匠傳記)

としてゐた。この傳書は 疑はしい處もあるが、これを 利休の傳書とすれば[註七] 二重露地と云ふ 言葉が 既に 利休によつて言はれ、外露地、内露地の名によつて分れて、中に塀があり 潜《くゞり》があつた。これは 後に傳へる 本式露地と云ふ形を 整へたものとなつて來てゐた。これらの時代は 内露地だけでも 前の坪庭などと 異つてずつと廣くなり 植木や石が 多く使はれるやうになつて來てゐたし、そして庭の中の 建物としては 腰掛が作られ、雪隱が設けられ、外露地との境には潜《くゞり》門が 設けられるやうになつて 來てゐたのである。また 外露地には 後に 外腰掛、跨着待合、下腹雪隱が 作られた。内の雪隱は 砂雪隱となり、飾のものとなつて、飾雪隱とも 呼ばれた。

これらは古田織部や小堀遠州などによつて展ばされたのではあつたが、利休時代に既に凡その形にまで整つて來てゐたやうに考へられる。後に茶譜はそれを

「古田織部ハ千宗易弟子也。依レ之宗易流ニモ近シ。然トモ其比宗易流侘過タヤウニ云テ、只寄麗成ヤウトハカリ心得、茶湯ノ仕様幷諸具共ニ堅シ。和ナルコトヲ不レ知。路地ハ躰深山ハコトシ。大路地也。樹木ハ大松、大樅、木殼《もつこく》、加様ノ類ヲ深植込、其奥ニ茅屋有ヤウニ、成ホト靜ニ人音遠躰也。外腰掛、内腰掛有。外腰掛ニ堂葺ト云テ四方棟ノ瓦葺有。六疊敷也。此所ハ相客來テ待合、又ハ裝束改所也。飛石幷タヽミ石ヲ付テ其外ハ黒キ河原ノ栗石ヲ蒔、屋根下幷タヽミ石ノ間々ハタヽキ土ナリ。雪隱ノ中モタヽキ土ナリ。……」[註八]（茶譜）

などと誌して、紹鷗や利休によつて作られた狹い數寄屋に附いた路地や坪の内が遂には一つの庭となつて、後に「路地庭」（古今茶道全書）、「數寄屋庭」（茶之湯六宗匠傳記）（翁草）とも、また「茶人庭」（庭造傳）「茶庭」（諸國茶庭名跡圖會）とも呼ばれるやうなものになつて來たのである。遠州は織部を繼ぐものとして、またこの向をなほ更に展ばし進めたもので、この流れの一つが桂離宮の庭ともなつて今も殘つてゐるのである。

利休の茶庭では坪庭時代の仕來たりとあまり離れず、その塀が廣げられた後もなほ一つの

小さい 纏りのものであつたやうに 思はれる。云ふ迄もなく それは その表れの世界が 小さいと云ふのではない。利休に於ては 四疊半から二疊、一疊半に 縮められても、その表れの世界は大きかつた如く 庭に於ても さうであつた。内に胎む 廣い世界が 狹い路地庭に 繰り廣げられて ゐたのであつた。

「內外ノ路次 山ヲ築、木ヲ植ル事 一切不レ有レ之、惣而 山ノ形無レ之事也。」（織部聞書）

と織部が 傳へたのは 廣い奥深い 路地庭を 作つても なほ 利休この方の 見せ場の少ない 平庭路地が 承け繼がれて ゐたのであつた。また 後に

「利休 堺の路次 海邊にて海見え、能き風景なれ共 態《わざ》と海の方 木にて植隱し、圍《かこひ》へ入口の所にて 少し海見ゆる樣に致されたり。是は 海すこし 庭に泉の木の間哉 又は 夕月夜 海すこしある木の間哉 箇樣の句の心の由、利休路次を 致す時は 海すこし庭に 泉の句を 不レ絶口ずさみし由。」（怡溪茶書）

と 石州流の茶書に 見えた話も 織部から遠州へ 傳へられた話でも あつたが[註九]、利休から 起つてゐたらしい 話であつた。

「路次の景は あまりに よきは 一向不レ好事なり。其時は 景を植かくす事あり。」（正傳集）

とあつたのも利休を承け繼ぐ有樂流の傳へであつた。これらは坪の内路地から二重三重路地に繰り廣げられた後にもなほ承け繼がれた利休路地の心構を示す傳へであつた。

註一　この圖は輝元公御上洛日記（天正記）によつたものであるが、毛利公爵藏の原本と見られるものにはこの圖のある所を含んで、三十枚程も失はれてゐる。そのため後寫しの二三を照し合はせて、書いたものである。

註二　柳の木は平安時代から傳統をもつた「作庭記」に「若池あらば島には松柳」「門前に柳をうふること由緒侍か。但門柳はしかるべき人。若は時の權門にうふべきとか。」「經云家より東に流水あるを靑龍とす。もしその流水なければ柳九本をうゑて、靑龍の代とす。」などとし、室町時代中頃の「山水並野形圖」では「柳ハ山水ニサシテコノミ植事ツネニナシ。ヌマ池ナントノ山水ノ□□ノ出□□所ニハ河柳トテ植コトモアルヘシ。ソレハ大山水ナントノコト也。常ニハナキ風情也。コノムヘカラサル者也。」としてゐた。

註三　困字のことは「作庭記」に「方圓なる地の中心に樹あれハ、そのいゑのあるじ常にくるしむことあるべし。方圓の中木は困の字なるゆへ也。」この事は義政なども用ひたことで、中坪の内に一本植ゑられ

た木を かへた話が 蔭凉軒日錄（文正元年(一四六六)卯月十四日の條）に出てゐた。また 江戸時代中頃になつては「槐記」の中には 近衛豫樂院の話にも 出て來る。

註四　この圖は 松屋茶湯祕抄 及び 松屋日記に 出てゐる二つの圖を 照し合はせて 互に 異なる所もあるが 書き入れから推して、建物としての 納りよき形を 採つて、纏めたものである。なほ 書き入れは 二つの傳へのうち 詳しい方を 採つた。

註五　宗湛日記の 天正十五年(一五八七)二月二十五日の條に「……同心仕テ 山里ニ ハイ入申也。此路地ニハ ハネキドマデモ 水ヲ打立置候事。宗湛不參前ヨリ也。 一 御座敷 二疊 床四尺五寸 カベ暦ハリ 左ノスミ 井ロリ有。ソノ脇ニ 道籠（庫か）アリ。」

註六　二重路地について「古織殿 伏見の屋敷路地も 表に くゝり(潜)あり。是ニ腰掛を 織部殿めさるゝ。又其以後 慶長八九年比 二重路地に 織部殿仕初給なり。」（松屋茶湯祕抄） と誌されて居り、江戸時代になつても 二重路地は 織部からとか、宗和の父可重からとか 傳へてゐる書物がある。二重路地とは 內路地、外路地に分れてゐるものは 二重路地と 云つてよいであらうと考へ、こゝでは そのやうに 使つて置く。貞德文集に「外露次、內路次 構可然候。」 とも書き、古今茶道全書には 據り處は よくは分らないが、「利休作露地庭」として、外露地門及び腰掛、下腹雪隱を 持ち、次に一宿りと「中ク、リ(潜)」ある圖も 傳へてゐる。利休時代に 二重路地が出來たとした方が よいやうである。秀吉の茶庭には まだ內腰掛が誌されてゐないから、嚴しい含みでは 二重路地とは 云へないかも知れない。然し、たゞ日記の短い文の中には 腰掛の事を 書かなかつたのかも知れないのである。これについては なほ他の史料に俟たう。江戸時代になつては「石州三百ヶ條」に「外露地 むかしは無之事 口傳曰 むかしなしと申は 數奇者の仕たる物とてはなく候。數奇にいらぬもの也。乍レ去勝手よきものとて、利休も輕き腰掛を 後に被レ致候よし 申事也。

怡溪曰 外ろじ待合は 侘の意味にあらず、手重きゆへか、むかしは 無レ之。夫ゆゑ客の遲速に構なく、來儀次第、直に圍へ請じ入、晝の茶湯には 先うす茶など出すことも 有レ之候よし。宿りは 台徳相公〇德川秀忠就二御成一 金森出雲重公 初ていたさる。其已後近代は 大方外ろじ有レ之。貴人御出之時は外ろじの入口の外迄 迎に出、常の客には 入口の戸少し明掛おく。其時は 客案内におよばず明け、待合迄 入る。客揃ふとき 亭主中潜迄 迎に出る。外ろじ內ろじの仕樣廣狹、諸事習多し。其內、外ろじは 何之樣子も無レ之、狹く陰氣にいたし、中潜を明け、內ろじを見込むとき、景氣改り氣轉る心持肝要。然るゆへ 內外不レ似樣にするものよし。委細は口傳。但待合といふ事は 無レ之ゆへ、入口の外に 輕き腰掛計するは、むかしより自然に有レ之由云つたふ。」

と云つたことが述べられてゐる。

註七　宗瓦宛利休傳書は 遠藤元閑著「茶之湯六宗匠傳記」の中に「右利休翁の筆作まぎれなし。原寫本のすきうつしに仕候……」としてゐるが、他の自筆のものと異つて、總て平假名で 統べられてゐる事「露地」など云ふ文字を使つてゐることで、利休の自筆らしくないものである。恐らく後寫しのものか 作り物かと考へられるが、利休のこの程の傳書も 有り得ないものでないと思はれるので、こゝに引くのである。

註八　この茶譜の傳へを　裏付けるやうに　織部聞書には「三重路次ノ腰掛之事。　腰掛テ踏候石、　又主人貴人御供ノ時　ツクハイ居候石、　何レモ居様寸法路次ト同事也。　但爰ニテハ　法行《(寶形)》造ナトニ　小座敷ヲ構置候儀、前ニモ如記也。」と云ふ處がある。　雪隠の内まで　叩き土としてゐるが、　織部聞書には　そのことは出てゐない。

註九　「路地より山または　いつれの景を　見候事、　木の間より少し見ゆるか　能候哉、　山など多く見へける能候哉と　尋申候得は、　山其外　景は木の間より　少し見えたるか　面白く候、　山なと多く見へ候得は、　景しきならさる由、　是ニ付、　引事に三井寺にて、　宗長の句ニ

　夕月夜海すこしある木の間かな

駿府にて、　後藤庄三郎、　露地よりせんけんの山多く見へ候を、　道巴に木にて植かくし候得と被申候由。　何れにも　山の多く見へさるを　ほめられ候由。」(古織部　慶長聞書)

七の三　路次道と手水の構

茶庭は 坪の内の時に於ても また 坪を 形造つた垣がとられ、廣くなつてからでも その中心は 歩む路の疊石や飛石、それから手水構の石組にあつた。それ故に 茶庭に於ける石は 書院造庭の石組と同じやうに 庭を 作り上げるものの 主であつたし、その選び方や 据ゑ振りには 大に心遣はれたものであつた。利休も 自ら 石を選び、見立て、そして 据ゑる指圖を したらしく、次の如き 手紙が それを 物語つてゐた。すなはち

「昨日 石之儀 早々御仰付忝存候。昨日 人數七十人 石三ッ 大石ニて 柴野迄相屆申候。殘之儀 猶々賴申候。（後省く）」（前但馬宛、鈴木宗甫氏藏）

「昨日ハ預ニ御書中ヘ 候處、呂次ノイシ スヱ罷居故 御報不レ申候。（後省く）」（永岡宛、大阪某藏）

これらの手紙に 見える石は 何の石か 明かでないが、前のものは いま 手水構の石の 添文となつて居り、後のは「呂次ノイシ」即ち「路次の石」で、飛石で あつたであらうかと思ふ。[註一]

飛石は天正元年（一五七三）の利休傳書が「先爐路ニ水ウタぬ事」とした中に說かれてゐたかと思はれる。恐らくそれは後の仕來たりの如く飛石に打ち水のことを述べてゐたかと思はれるからである。飛石の名は天正十五年（一五八七）の利休傳書に表はれてゐたが、もつと前からあつたであらうし、京都西芳寺の山際のものなど早い例であらう。[註二]利休が不審庵を作るとき「其時初而たゝみ石被致候。さがの西方寺ニ在レ之。宗易被レ見申候ての事也。」（江岑夏書）[註三]と傳へられてゐたが、恐らくこの西芳寺のことで、室町時代から夢窗國師の作庭としてよく寫されたものであつたから利休に於てもこれらが手本となり、倣ねられたらしいのである。然し今ではそれらしい疊石は西芳寺には見られない。所がこの西芳寺を倣ねたと云ふ東山殿の庭、卽ち銀閣寺の庭で、先年掘り出された石組の中に霰石とも云はれた小石の鋪石道があつた。恐らくこのやうなものが西芳寺にも前にはあつたらうと思はれ、利休もその如きを見て不審庵路次に疊石として作つたのであらうかと思ふ。妙喜庵の疊石もこれらと同じやうな姿のもので、小さい石を細長い四角な形に築き上げたモザイク樣の鋪石道である。これは飛石と伴つて路次の仕上げに一つの大きな眺めを作つたのである。利休のものでは疊石も、後のものに見るやうに、あまり大きさの違ひある石は使つてゐない。そのことについて茶譜な

どにも

「利休流 腰掛ヨリ 小座敷マテノ道筋 飛石ノ外ニ タヽミ(疊)石ノ所有。此石モ 小キ石ナリ。石ノ間々ハ 黒土ニ 赤土ヲ合テ 打。」(茶譜)

として 圖を 添へてゐた。これが 織部のものになると

「古田織部流 タヽミ石 白河切石、長六七尺 或ハ八九尺モ 有レ之。右ヲ兩方ノ耳石ニ取合。其外ハ 攝州御影石ヲ 取合ス。其間々ハ シヤリ土ヲ 打。」(茶譜)

など 誌されてゐたやうに 疊石の 小石の他に 切石が混ぜられて、模様取りをし、益〻 込み入つた眺めを 作り上げてゐたのである。京都の 燕庵の疊石などは そのよい例であつた。

利休時代の 疊石の大きさについて

「石段の廣さ 二尺二寸三寸の間也。惣て ミしかき石段は 幅廣く、長き石段ハ 幅を せハくする物也。廣きハ 二尺五六寸にも する物なり。」(本覺坊傳 利休相傳之書)

とも傳へられてゐた。石段とは 石で築いた道の上面が 地面よりやゝ高い所から 石壇の云ひで、呼ぶのであらう。延段《のべだん》と云ふやうな 呼び稱へもある。利休の妙喜庵のものは 西側の 大きい方のもので、巾二尺程、長さ十四尺六寸程であり、南側のものは 巾一尺七寸、長さ十尺八寸程で

あつた。
また 西芳寺の向上關上の飛石は 石の中心が 一つの線の上に 据ゑられた ものであつたが、利休のものは 妙喜庵などに見るやうに 謂ふ所の千鳥形で、石の中心は 一つの線の上に なかつた。それは歩いて見た 足の跡に 恐らく 据ゑたもので、石も 小さいので、おのづからに 千鳥になつて來たのであらう。それが 見た目の上にも 一つの眺めとなり、好ましき型を 作り上げたのであつたが、後には 眺めのための 模様として 据ゑられ、形の面白さに 捕はれて 歩くことが 主でなくなつたやうな場合さへ 生んだのであつた。それを

「飛石 役に立たぬ處へは 一つも据えぬものなり。模様にとて 役に立たぬ石を据えるは 惡し。」（茶道舊聞錄）

とも 戒めるやうになつたのである。先にも 引いたが 細川三齋は このことについて

「道安は 石をだてに居《すゑ》候。利休は 石さびたる様に 居《すゑ》候と仰られ候。」（細川三齋御傳受書）

とも 傳へてゐた。道安は「だて」に 据ゑたとあつたが、恐らく 見る目に 面白くして 踏むことを 次にした 据ゑ振りであつたと 云つてゐるのであらう。[註四] 利休は「さびたる様に」とは 思ふに石が 各〻踏み固められ 磨り減つて、全く 地の中に 落ち付き、おのづからに さび付いた感じ

を覺えさせるやうな表はれを持つたことでないかと思ふ。これは後にまた
「飛石ハ宗易ハ渡りを六分に景氣を四分に居《すゑ》るよし。織部ハ渡りを四分、景氣を六分に居と被申由被仰也。」（露地聽書、茶道鐵槌集）
のやうにも云ひ傳へられてゐた。渡りとはつたひ歩くことで、景氣は眺めの面白さを指してゐたのであらう。こゝでは利休は織部と比べられて渡りを眺めよりも重く見たことが說かれてゐたのである。
利休の飛石は妙喜庵圍に見るやうに、石も一色でその大きさもあまり異ひあるものは使はなかつたのであつたが、それが織部になると
「飛石ハ大形御影石多、其外根府川石ナト取交テ、或ハ四五尺ホトノ大石モ有。」（茶譜）
「露地の飛石一つ〳〵入れ違ゆるは織部流なり。また遠州公は大小入れ違へず、取り交せらる。」（茶道舊聞錄）
と傳へられたやうに、飛石の大きさを變へて入れ違にしたり、取り混ぜたりしてゐた。そして天正十五年頃には恐らくこのやうにまで見るものになつたのであらう。利休も前に引くやうに「よけ石」「長石」「石つゞき」「並び石」などを心付けて見るものとして書いてゐたが、こ

れらは 恐らく 飛石の中の ある變り石を 指してゐたかに 思へる。「よけ石」は「袖摺松」など と同じやうに 通り路の 單調を破るために 据ゑられたもので、よけて通る所の 捨石の一つでな かつたかと 思はれる。「長石」は 切石か、自然石の 長めなものか これも 疊石などと 同じや うに 路の面白さを 作るもので、飛石の中に 混ぜて打たれた石の 一つであらう。「石つゞき」 は これらの「續き方」の表はれを指し、「並《なら》び石」は 飛石の中に 特に好んで、並べ打つた石を 指してゐたので あらうか。利休は

「石に 指合數も なく候得共、三つ續並候ハ 利休は 嫌ひ候由 被仰候。」（細川三齋御傳受書）

とも傳へられてゐて、三つ並びを 嫌つたことが 傳へられてゐる。註五「並び石」とは 古田織部の

「古織の石 飛石 四つ續けたる有。」（茶道舊聞錄）

とあつたやうな 四つ續きの 石の如きを 指してゐたのであらうか。

利休の時代に於ても 前に 誌したやうに 全く 飛石のない 芝生の路地、苔の路地もあつた。

それについて 宗啓は

「休《利休》の露地に 飛石なき 露地あり。其時は 玄關の外に ひくき竹すのこ《簀子》にても 板はりにても 小ゑんを付けて、下駄にても 雪駄にても ふんぬきて小ゑんに上り、夫より くゞり《潜》にても 障

子にても明て入なり。此時は勿論沓を手にて扱ふ間數とての事なり。此集雲庵の如し。中立前に人をやりて沓をなをし、客衆其儘すぐはくやうにしたるがよきなり。もづ野は露地すべて芝生なり。飛石なき事相應なり。此集雲庵は苔地草履の裏しめりていかゞと思へども、石はこびむつかしくて、ふんぬきにして置なり。」（南方錄）

また織部の伏見屋敷「望覺庵」の路地は

「路地廣シ。タヽキ路地ナリ。燈籠ニ火アリ。」（松屋久好日記　文祿五年（一五九六）三月九日の條）

と云はれたものであつて、恐らく大德寺弧篷庵の忘筌前に見られた遠州好み路地の如くに叩き土の中に石を半ば飾のやうに入れたものであつたらうか。

茶庭の中心をなす手水鉢は多く石組として四つ五つの石で構へられるのであるが、その中心は云ふ迄もなく手水鉢にあつた。手水鉢についての利休好みを見るにまづ先に述べた妙喜庵圍の「芝山手水鉢」があつた。これは妙喜庵路地の處で述べた如く銀閣寺型手水鉢と稱へた四角な御影石手水鉢を少し小振りにしたものであつた。銀閣寺型はこの種の作られたものの中で最も秀れたものと思はれるが、利休の寫しもまた見る可きものであつたであらう。次に大德寺前屋敷の不審庵に据ゑた「梟の手水鉢」があつた。またこれと似た好みのもの

で「四方佛の手水鉢」があつた。それについて

「利休不審庵ノ 手水鉢ヲ 梟ノ手水鉢ト云。四方ニシテ、四角ニ 梟ヲ切付タリ。水溜 指渡八寸程、深サモ 八寸餘ニ 丸掘ナリ。

右梟ノ手水鉢、此石ハ 京清水寺 手水石船ノ臺柱ナリ。右ヨリ 四方ニシテ 四角ニ 梟ヲ 切付タリ。清水寺修覆ノ頃、秀吉公ヘ 利休申上 其石 拜領也。則 水溜ヲ堀、我宅 不審庵手水鉢ニ用シ也。今モ 清水寺ノ手水鉢ノ臺柱ハ 以ニ其形一造ユヘ 四角ニ 梟ノ形ヲ 切付タリ。古ヨリ 此所ノ手水鉢ヲ 梟ノ水ト 云傳ヘリ。」（茶譜）

と傳へてゐた。これと 同じことを「雍州府志」にも 傳へてゐて

「……自レ古所レ有之石、千利休取レ之爲 茶寮洗手之石盆、今所レ存 其時 新造之者也。」

とも 誌してゐた。これは 今殘つてゐる 清水寺のものについて 見るに 梟形が 四隅に 大きく作り出され、その間に 佛が 彫まれてゐたものである。これを 利休の四方佛手水鉢[註六]と 呼んでゐたのもあるが、これとは 全く 別の 大きさも異なるものが

「利休所持の 松風といふ石鉢、紅梅といふ水指、もと 上加茂正傳寺にあり。松風は 四方佛の鉢なり。紅梅は 赤き滋賀樂《しがらき》なり。少しいびつあり。一重口にて 塗蓋なり。右 利休所持の

由、宗旦添状あり。」（茶道舊聞録）

「利休 四方佛の手水鉢 一尺三四分四方あり。丸さ徑《わた》り六寸一分あり。」（同右）

と傳へられてゐた。先の 芝山手水鉢は 手水鉢として 元型があつて、それを 寫したのであつたが、後のものは 清水寺にあつた 舟形手洗の臺を 手水鉢に 見立てたものであり、四方佛のものは 恐らく 寶篋印塔か、層塔の 基石に 穴を掘つて、手水鉢に 見立てたものである。その穴の大きさは いろいろに 好まれてゐたが、利休のものは

「手水鉢彫りやう 利休 徑七寸、深さ六寸。但し 口に 一分面を取り、面の見へぬやう 丸目《め》るなり。底に 少し 水かすり有り。圓し。」（茶道舊聞録）

と傳へられ、また細川三齋は

「石鉢の穴ハ 大方廣サ九寸計、深サ八寸斗に ほらせて好と 被仰候。」（細川三齋御傳受書）

とも傳へてゐた。書院座敷では 別であるが、茶座敷のものは 凡そ手桶の水で 鉢に溢れる程を目安と されてゐた。

利休の聚樂屋敷には なほ見立てものの 手水鉢が あつたらしく、それについて 博多の神屋宗湛は彼の日記の中に「利休老御會 聚樂にて」として、天正十八年（一五九〇）の九月十日晝の 利休の茶會に

於て

「手水鉢 大なる丸き 石堂也。 柄杓 おほのけて也。」(宗湛日記)

と誌してゐた。 この大きな丸い 石堂とは 寶塔か 五輪塔の一つを 手水鉢に 見立てたものであらうかと思はれる。

また 利休の聚樂屋敷では 同じ日記の中に「利休老御會」(天正十八庚寅十月廿日晝) として 二疊敷の會で

「手水鉢 自然なる大石をくりて 柄杓は 常より大なり。 おほのけて也。」(宗湛日記)

と誌してゐた。 これは 今迄に 擧げたものと異つて、 天然の石に 水穴を 穿つたものであつたらしく、 これも 大石と書いてあつた。 これと 同じものか 否かわからないが、 後に

「利休石鉢 千宗佐にあり。 大石の 少し缺けたるところもあり。 上に 丸く 小さく穴を 彫りたり。 小《すこし》片《かた》わきへ寄せて、 彫りたり。」(茶道舊聞錄)

と傳へられたものが あつた。 これは 先に掲げた「利休居士庭宅圖」(三の第八圖) の流れの中に 畫かれた手水鉢で、 今の 表千家の祖堂前に 移されたもの(七の第一圖)かと 思ふ。 若し さうとすれば これも 利休らしく 大きく 豐かで、 おほらかな 感じのものである。 これも 大石であり、 先のも 大なる石堂と

か、大石を　くりてと　云はれて、利休のものは　多く　大きなものが　好まれてゐたやうであつた。

「爐路の狹きには　石鉢の大き成を居《すゑ》、廣き爐路には　小きを置を　好《よき》とり《取》合《あはせ》と　仰られ候。大佛の爐路にて、荒畑に　水門なしに　小き石鉢を　利休か　居《す》へ候事を　御語候。」（細川三齋御傳受書）

「利休曰　四疊半ノ座敷前ニ　置　手水鉢ハ　小　吉。一疊半ノ座敷前ニ　置　手水鉢ハ　大鉢　吉ト云々。」（茶譜）

などと　傳へられて、狹い庭や　狹い茶座敷に　對つて　取合せとしての　大きな手水鉢を　利休は選んでゐたらしいのである。この含みで　利休の路地庭は　狹いものが　多かつたとも　逆に　云へるかも知れないのである。また　利休は　多く　石のものを　好んだらしく

「利休ハ　冬も春も　石鉢に　水入、柄杓置と　仰られ候。」（細川三齋御傳受書）

とも傳へられてゐた。この利休時代に於ては　いろいろのものが　手水鉢に　見たてられた。例へば　織田有樂の大坂天滿屋敷の路地には

「水鉢ハ　石スヱノ石也。」（松屋會記　慶長元年《一五九六》十二月十五日の條）

とあつたやうに　後に　伽藍《がらん》と名付けて　大に　好まれた古寺の礎石に　穴を穿つたものも　使はれた。

また　秀吉の　博多箱崎の會には

「箱松ノ下ニ 手水鉢有。木ヲ クリタル也。古クシテ コケムス《（苔）》。ヒシヤクハ 上ニフセテ。」（宗湛日記 天正十五年《（一五八七）》六月十九日の條）

とあつたやうに 古く 苔蒸した木に 穴を 穿つたものを 用ひた。また 重宗甫は

「手水 桶ニ ヒシヤクフセテ」（宗湛日記 天正十五年三月十四日の條）

とあつたやうに 桶を用ひた。これと同じく 菊屋宗可は

「手水鉢ハ 桶ナリ。ヒシヤクフセテ、前ニハ 瓦細工シテ クボク、フミ石ニ 角ノ瓦置テ也。」（宗湛日記 天正十五年二月朔日の條）

とあつて、桶と瓦で、構へたものも あつた。また 今井宗久の 大坂の茶庭には

「手水鉢 松木ノ舟也。高麗物ノ様也。丸ク長ク 切テ。」（宗湛日記 天正十五年三月二十日の條）

ともあつて、朝鮮渡りの 松の舟形と 云つたものもあつた。時には また 大和中納言秀俊の大坂屋敷にては

「手水ハ 黒ヌリノ 大ユトウ《（湯桶）》ニ入、庭ニアリ。」（宗湛日記 文祿二年《（一五九三）》三月二十九日の條）

とあつたやうに 黒塗の大湯桶が 用ひられた。後の傳へでは あつたが、利休のものにも

「一 木の水鉢 木をほりたる者也。丸木を 木口に 穴丸ク、芝山水鉢のよふに 掘る也。利休

被致候。

一　舟の水鉢といふも　利休に　有。是ハ馬たらい(盥)の様ニ　木を切、横に置て　穴は　馬たらいの様に横に　長く堀也。」(普齋流茶書　貞享三年(一六八六)　家藏)

とあつて、秀吉の　博多箱崎のものや、宗久の大坂のものを　思はせるものが　利休好みとしてもあつたらしい。秀吉のものは　或は　利休が　好んだものであつたかも　知れないし、宗久の　高麗ものの舟は　利休の舟形の　原型に　なつたものかも　知れない。

利休時代の　茶人達は　あらゆるものの中に　茶の湯の　道具として　見立て得るものを　求めたことは　茶碗や水指などの　陶器を　朝鮮支那を始め、遠く　南の島々にまで　手を延したと　同じやうに、手水鉢に於ても　種々のものを　用ひたのであつた。

桶を　手水鉢に使つた　例は　先に引いた外にも　世には　かなり有つたと思ふが、後には　殆ど石になつて了つた。これは　三齋が　傳へたやうに、利休の　石鉢好みに　世の中が　從つて來た　表はれであつたであらう。石鉢は　何時頃から　表はれたものか　よくは　分らないが、室町時代にはかなり用ひられたであらう。後に　江戸時代中頃には

「手水鉢穴ノ事□常之通堀たるを　利休堀と　云。ふたうけ(蓋受)の様に　二段に堀たるを　紹鷗堀と云

也。」（普齋流茶書　貞享三年　家藏）
とも傳へられて、穴の掘り方に　紹鷗好みと　利休好みが　分けられて　ゐた。蓋受の　緣を附けた形、或は　面取と　見る可きであるかも　知れないが、銀閣寺の　銀閣寺型手水鉢、また　堺南宗寺實相庵の紹鷗好みとも　傳へた手水鉢など　二段に　見えてゐた　例である。こゝに傳へた　常の通りと　云ふのは　このやうな面なしに　穴だけ　掘つたものを　利休堀と　呼ぶので　あつたらしい。これは　或は　利休好みが　世に廣まつて來て、この呼び名が　生れて　來たのかも　知れない。

これらの手水鉢は　その据ゑ方によつて　立使ひにするか、蹲《つくば》ひ使ひに　するかで　その構も　異つて來る。今　廣く　蹲居《つくばひ》と　呼んでゐるが、そのやうな言葉は　桃山時代や　江戸時代の書物には見えない。利休は「水鉢」（天正元年（一五七三）　南坊宛傳書）、「手水鉢」（天正十五年（一五八七）　川崎梅千代宛）、「手水所（どころ）」（常陸宛）などと書き、また　本覺坊は「手水かまへ」（本覺坊傳　利休相傳之書）と誌してゐた。それより前には　同じく「手水所」（數寄道大意）とした　例もあつた。

この手水鉢の　邊が　先にも述べたやうに　路地庭の　見所となるのであるが、宗殊、紹鷗時代「手水所之　アタリ（邊）ニハ　青々トシタル　草木の可レ有。其故ハ　爐ヘン（邊）ノ上氣ヲ　涼シクシ、小座敷之窮屈ヲ　伸ン爲也。御來臨ニハ　ナクテ叶ハヌ物也。平生用ヲ　カナヘ　スシテ、爽（さはやか）ニ　持者

也。」（數寄道大意）
としてゐた。この姿は 妙喜庵圍の 路次庭に見られる 利休好みにも よく窺はれる所であつた。
それが 織部などに なると
「織部曰 手水鉢近邊ノ 樹木 幷 腰掛邊ノ 飛石ハ 成程時花《ハナヤカ》ニ 姝仕《ウルハシク》テ 吉。小座敷ヨリ 出テ
氣ヲ 晴ス心 吉ト 云々。」（茶譜）
前に「さはやかに」あることを 主としたものが 織部に於ては いつか「はなやかに うるはしく」することに 變つて來て ゐたのである。また
「手水鉢ノ石 大成石 吉也。チイサキヲ 克《よし》トスルト云事 有。不レ用也。」（織部聞書）
とも傳へてゐて、利休が 小さな鉢を 用ひたことも あつたのに 織部では 大石ばかりが 好まれるやうに なつた。これは 室町時代末から 利休の世を 通つて來た後には 茶の湯は 庭のみでなく凡てが このやうに 遷り變つて 來たのであつて、手水構も その一つの 表れに 過ぎないのである。そのやうな傾は 織部を繼いだ 遠州に於て その極りに 達したとも 云へるであらう。
それ故に 江戸時代に入ると 再び 利休が忍ばれて、「利休流ハ 根本一色、盧地ノモノ也。今ノ人ノ知レルコトニ アラス」（普齋 瓶子宛傳書）などと云はれ、「飛石ナト 色々ノ海河山ノ石ヲ 集

テ　トリツクラフモ　ヨシナキコト　ナルヘシ。　モノサヒタル　テイニ　イ〻シタキモノナリ。」「サヒシキテイニ　ロチハ　キレイニ　アリタキ事也。」とも　述べられるやうに　なつたのである。

利休は　石鉢を　据ゑるに

「石鉢を　すゆるには　鉢より前石、五寸さけ《（下）》て　すゆる也。鉢と　前石の間　二尺三寸、但　鉢の前の角と　前石の　先の角との　間也。」（本覺坊　利休相傳之書）

と傳へてゐた。即ち　手水鉢の前に「前石《まへいし》」と呼ばれる　石を据ゑ、それに　立つなり　蹲ふなりして、手を　洗ふのであるが、この前石と　手水鉢の水穴との隔り　及びその高低は　その働き勝手に大きな關りがあり、また　使ひ水の　流し方にも　深い連りがある。このうち　立ち使ひの　ものに

「長き鉢ならは　つくはいて　手水つかい申程に、水門さけ《（下）》候へは　すさましくて悪シ。左様成は　立て　つかい候様に　高クすへて吉。」（三齋公一庵翁茶湯之傳）

と傳へてゐたが、立ち使ひの　ものは　例は　少ない。その寸法については

「水鉢ハ　立て　手水を　遣候様ニ　前石より　一尺八寸九寸も　高く　すゆる。」（松屋茶湯祕抄）

と傳へてゐた。特に　利休としては　ゐないが、その頃のものを　傳へてゐたやうに　思はれる。[註七]　また　手水鉢を　臺石に　据ゑることについて　織部は

「此臺石ニ 手水鉢ヲ 居置也。臺石ナク 手水鉢斗 居事 無レ之儀也。」（織部聞書）

と強く その好みを 云ひ切つてゐた。然し 桃山時代は その様なことが 多かつたかも 知れないが、

「ひくき つゞらの様成 手水鉢にて 大きに 候ハヾ 敷石なしも 能候。地より はへ出たる様にすへ置也。」（三齋公一庵翁茶湯之傳）

と云ふやうな 三齋の傳へもあつて、恐らく 利休に於ても「自然なる大石をくりて」と 宗湛が傳へてゐた 聚樂の二疊茶座敷のものや、また 千宗左に傳つた 手水鉢などは 臺石とか 敷石なしに「地より はへ出た様にすへ」てあつたと思はれる。

また この前石については 利休時代に於て

「前石トは 雪隠の前石を云。手水前の石、手水前のふミ《(踏)》石と云よしと 被レ仰候。」（細川三齋御傳受書）

とあつて、利休も 川崎梅千代宛に 明かに それを「手水鉢の前石」及び「手水鉢の前の踏石」と誌してゐたので あつたが、細川三齋の 言葉のやうに 江戸時代初めには たゞ「前石」と呼ぶ習しが 出來て了つたらしいのである。

前石は 二つ据ゑたことも あつたらしく

「主君の御供にて 數寄に會はゞ、露地の戸をも 立ち寄つてあけ、手水をも かけ申してよし。其ために 大名を申入るゝ時は 手水鉢の 前の踏石の 右の脇に、又石一ツ 少し低く 据うる事也。……」（川崎梅干代宛 利休傳書）

と誌してゐた。

手水鉢は 多くの場合 前石より 高く据ゑるが、前に引いた 本覺坊の傳へのやうに 五寸位が利休の 仕方であつたであらう。時には 然し

「まゝ大成 石鉢ハ 前石より 少し下《ひく》きか好。但し 石により 手水のつかい好様に 居《すゑ》へきと被仰候。又 石により 見て好様に 居へきと 被仰候。」（細川三齋御傳受書）

ともあるやうに、前石より 低く 手水鉢を 据ゑたやうなことが あつたらしい。註八

また 使ひ水の流しについては 昔から 水門《すゐもん》と云はれて、利休の時代より 前に

「ひかし南 ぬれ縁にして、手洗所の水門石 四五たて、梅に 椿篠つくしうゑそへ、……」（宗長手記 大永六年（一五二六）八月十三日の條）

とあつたやうに 四つ五つの石を 使つた例もあつた。利休時代は

「石鉢の小キハ 水もん 少窪き程にして、昔より居《すゑ》。大キ成 石鉢ハ ほり入《こ》ミ候と 被仰候。」

(細川三齋御傳受書)

「古は 水門に くり《栗》石計《斗》を 置。但 松葉の間より 石 少見へ候樣にすると 被仰候。聚樂にて三齋書院の水門に 石ふかめ候とて 御置候ヲ 利休か見て、其より大成 石 二ッ利休置候由 御語候。」(同右)

などと 三齋は 傳へてゐた。利休時代の 手水の水はきについての 細々した好みを 表はしてゐた。利休の これらに付いての 好みは あまり明かでないが

「瀬田掃部と 利休の方へ 三齋御出、水門の石置候を 掃部見て、利休屋敷中の石は あた《仇》に見間敷と 申候事。」(細川三齋御傳受書)

とも 傳へられてゐて、何か見るべき 利休らしい好みが 水門にも 表はれてゐたらしい。[註九]

利休は 天正元年《一五七三》の傳書に

「正座ノ人 其アンドウ《行燈》持候て、爐路 所々 氣をツケ、水鉢の本ニ 置、手水ツカヒ 入ル也。」

(南坊宛 利休傳書)

としてゐて、手水鉢の傍に 路次行燈を 置く石が 据ゑられたらしく、

「古は 廬路行燈置候石を 石鉢の旁に 必居《（すゑる）》と被仰候。」（細川三齋御傳受書）
「高山《（左近）》所へ利休と御出。石の上 行燈おききり《（の抜か）》こと《（と）》云事」（細川三齊御傳受書）
ともあつて、利休時代には 手水鉢脇に 路次行燈置の 石があつたと 考へられる。
また 利休は 先に引くやうに 冬も春も 常に 石鉢に 水を入れてゐて、別に 湯を使つたやうなことは 傳へられて ゐなかつたが、
「手水に 湯を出す事も 候哉之事 寒天なとには ひさけ《（提）》なとに 湯を つき出す事も しかるへきにて候。」（惟新様《（島津義弘）》より 利休之御尋之條書之寫）
とあつたから、湯を入れる提《ひさげ》を 手水鉢の傍に 据ゑる考へも ないわけでは なかつたらしい。後には 湯桶石を 定りの如く 据ゑるやうに なつた。それは
「手水鉢の近くに 平ク面の吉キ 石をすへ候事。役の石と申て、行灯 又 手水の湯抔 置石に居申候。」（三齋公一庵翁茶湯之傳）
などと 後に 傳へられた。そして 利休の時から 江戸時代初め頃までは 手燭石も 湯桶石も 一つで、間に合はせたやうで あつたのである。
「手水鉢ハ 石也。上ニ ヒシヤク《（柄杓）》 ソハニ 湯トウ《（桶）》置テ、後ニハ 湯トウモ ヒシヤクモ 皆 取テ

也。」（宗湛日記 慶長四年（一五九九）二月廿九日 宰相の會）

とあつた 使ひ振りは 恐らく 利休が世に あつた頃から 行はれてゐたであらう。先に 引いた松屋茶湯祕抄には

「石鉢の 右の脇へ 湯桶の石を 置。」

とし、また 江戸時代中頃には

「湯桶石、前の方に 必らず据えるものなり。右にても 左にても 苦しからず候。湯桶石は 前石よりも 下げて据える也。」（茶道舊聞錄）

とも傳へてゐた。今は 手水鉢を 中心にして、兩脇に 手燭石、湯桶石を 恰も 古い庭造の 三尊佛石のやうに 組んで据ゑてゐる。利休の 天正十五年（一五八七）附の 傳書の上では 先にも 引いたやうに まだ そのやうな 習しがなくて、捨石と呼んでゐた。即ち

「手水鉢の 前の捨石（踏の誤か）を 屈み石（かご）と 云ふ也。手水鉢の さきの石を 捨石と 云ふ也。此二ッの石を 据ゑ様に 心を留めて よく見る物也。」（川崎梅千代宛）

とある。このうち 先の捨石《すていし》は 踏石の誤りかと 思はれる。そして それを「屈み石」と呼んだのは 蹲居石《つくばひいし》と同じ含みであらうと 考へられる。また 手水鉢さきの石が また路地行燈の置石にも

なり、湯桶石にも 使はれたかも 知れない。然し この言ひ表はし方では まだ そこまで 手水構の 石組は 定つてゐなかつたのであらう。然し 捨石とは云へ「心を付けて見る次第」の一つのものとして、その頃から 見所としたもので あつた。また 利休が「手水鉢の さきの石を 捨石と云ふ」としてゐるさきの含みは あまり明かでないが、織部は「捨石ノ事」として

「手水鉢ノ根ニ 置也。數ハ 一ツモ 三ツモ置。一ッ置時ハ 手水鉢ノ前ノ方ニ 可置。三ッ置時ハ 一ッハ 如《クノ》レ右ニ 二ッハ 手水鉢ニ向テ左ノ方 脇ノ方ニ 置。臺石、捨石ノ外ニ 手水鉢ノ根穴ノ中ヘ 小石抔 蒔置事 夢々 無レ之。惣テ 捨石ノ外ハ 不レ可レ有也。」(織部聞書)

と傳へて、一つか 三つの 捨石の外は 石を 使はないことを 述べてゐた。利休は「屈み石」は別として「手水鉢先の石」を 一つの 捨石としてゐたのみで あつたが、織部では 二つ數が増してゐた場合もあつたやうである。そして据ゑ所は 利休に於ても 同じく、手水鉢の右か 左に 置いたのであらう。また 別に

「石鉢によりて うしろのかた たらぬやうなるには ちいさき石を 添へて置事もあり。」(本覺坊利休相傳之書)

とあつたやうに 後に据ゑる 添石も あつた。

「前石と 鉢との 間 すて石 壹ッ置。二ッニも。小成ハ不ㇾ好。多ハ不ㇾ好。又 鉢の後ニても引のけ脇に すて石 中分成石 取合二ッ置。」（松屋茶湯祕抄）

とも 松屋茶湯祕抄が 傳へてゐたのは 恐らく 桃山時代に行はれた 利休や織部の好みを 誌してゐたのであらうが、鉢の後 引き退け脇に 据ゑる捨石とは 本覺坊の傳へと 同じ物で、利休が傳書に「しの《(忍)》び石」などと 述べてゐたものに 當るのでなかつたかと 思はれる。手水鉢を 湯桶石、手燭石などと 共に 三つ組に 据ゑるのは 江戸時代中頃より 後であつて、「古今茶道全書」などに 見える圖にも そのやうな組み方は 未だ 見えなかつた。註一〇

また

「手水鉢もあらはに 見へぬ様ニ 木を植たるよし。」（松屋茶湯祕抄）

としてゐたが、紹鷗時代に於ては 靑々としたる草木を 手水鉢廻りに 植ゑることは 爐邊の窮屈を 展べんためとしてゐたが、利休時代も 末ころでは 路地も 廣くなり、植木も 多くなり、この手水鉢廻りの木も 露はに 見えぬ様にとの 心遣ひから 植ゑ出して 來たらしい。織部は

「手水鉢ノ先 高キ木ヲ 植ル事 惡シ。長低キヲ 植ル。遠山其外 景ノ見ユル様ニ スヘシ。是ハ爰計ニ 不限、脇ノ方モ 右ノ心得ニ 木ヲ可植。爰ニテ 手水遣候トテ 必 チト休ラウ所也。」

とも 述べてゐた。先に 茶譜が 傳へた如く 織部は「うるはしく はなやかに」手水構を 作るとしたのと 同じ好みから 出てゐたらしい 木の植ゑ振りであり、眺めの 作り樣で あつた。利休は 妙喜庵圍などの 路地から推して、このやうに迄は しなかつたやうに考へられる。

註一 前但馬宛の 利休手紙は

「昨日 石之儀 早々御仰付 忝存候。昨日 人數七十人 石三ツ 大石ニて 紫野迄 相届申候。殘之儀 猶々賴申候。不得障候て 御禮 無沙汰申候。參候て 可申上條 閣筆候。恐惶謹言。

霜月十九日　　宗(けら判)

前但馬旨人々御中　　宗易」

とあるもので、七十人掛つた石三つは或は手水鉢の石であつたかも知れないが、利休は特に大石と述べてゐたから、大きなものであつたであらう。宛名の前但馬はまだ調べてない。今 手水鉢の添文とされてゐるが、石は 別のもののやうに思へる。後の手紙は 口繪(一の第二圖)に 出したものである。

註二 「路次に 飛石するとの始を云に 東山殿の御時 洛外の千本に 道貞といふ侘數寄のものありて、その名譽たるによりて、東山殿御感ありて、御鷹野の歸るさに 道貞の庵へ御尋ありし時 御脚もとわらんづなりければ、童朋に雜紙をしかせて 御通りありしをまなびて、其後 石をなほせるとなり。かのものゝ路地に植し桂をとりて、其後より道貞桂と人名つけしとなり。」（長闇堂記）と云ふやうな話が江戸時代初めには傳へられてゐたが、何に據つたか 分らない。恐らく 口傳への作り話で あつたであらうと思はれる。

註三　これと同じ傳へが「覺々齋如心聞書」にも「石タ、ミサガノ寺ニ 在ヲ見テ用。結構ニスレハ 巾ヒロク石モアラキ用。サヒ（寂）テスレハ ハヾ（幅）セバク 石モコマカク。遠州流抔ニハ 巾四尺ニシテ 飛石ヲマセスヘル。」としてゐる。

註四　道安は 利休の血を分けた長男で、利休からその茶の湯は 恐れられてゐた程の秀れた人柄であつたが、また利休と多くの異つた傾を 持つてゐた。三齋は「道安ハ何もかも上手。其中花は少おとると被仰候。」（細川三齋御傳受書）と語り、宗旦は「道安は上手 目利かず、少庵は下手 目利なり。宗旦談。」（茶道舊聞錄）とも傳へられてゐた。利休の心に 道安が叶はなかつたことを「道安ハ 兼日ヨリ 約束ノ來客人ハカリニ 情ヲ出テ、事ヲ改、其外常ニハ 座敷ニ覆ナト仕テ、小座敷ノ中ヲ人ニ不見也。依之宗易一世 心ニ不叶ト 語玉フ。」（茶譜）とも說かれてゐたが、何か親子膚合の合はない處があつたのであらうか。千家を繼がせなかつたことを 足が惡かつたと傳へる書が、江戸時代後に行はれてゐたが、それは誤りで、足が惡かつたのは少庵であつたこと 松屋久重、細川三齋、宗旦などの話に その事があるから明かである、道安が「だて」にと云ふのも どの程のことを 指してゐたか知らないが、彼の自ら削つた竹茶杓「雪朝」（森寺喜兵衞氏藏）や竹花筒「せめて」（表千家藏）などを見るとき、その迫らざる大きさ、鋭さ、その美しさは利休を驚かすに足るものが充ちてゐること、驚くばかりのものである。このやうなものから推して、道安好みの飛石を　見ることが出來ないのが今は心殘りであるが、三齋が「だて」にと云つたものが、それはそれだけの據るべき所があつたかも知れないが、それは石の据ゑ方として　排けられる可き程のものでは　なかつたかと考へられる。

註五　利休が三つ並びを嫌つたことは　器の置合はせに　著しく「浮壺便《ふくべ》と爐の間に火筋を置、其上に羽箒置候事　三ツならひ悪敷候。利休果候後　何れもせんさく有之事　御語候。」（細川三齋御傳受書）またそれと同じく「道安か　一疊半にて　爐の時、利休數寄に參、座敷に水差一ツ、架に茶入一ツ、莊置を見、數寄に指合はなく、爐に釜、座敷に水差、架に茶入　三ツならひ見へ候と申候得ハ　道安蓋置を茶入の前に置候得共　脇に置なをさせ候と被仰候。」（細川三齋御傳受書）ともある。これは並んで　見えてゐるのではないが、組立てとして三つが、一つづつの上に　据ゑられて、見るものに並ぶ感じを與へるのを嫌つて、架に茶入と蓋置を置いて、一つの決りを付けた話である。これらは　茶の湯の組立ての中の左右相稱形の感じを　觀念的な相ではあつたが、非相稱形に　組み立て直したものである。飛石の三つ並びも　この心持と同じ考へから　嫌ふのであらう。

註六　茶道筌蹄に「利休所寺の四方佛手水鉢は　今清水寺にありて　梟の水と云ふ。何者が仕たりけん。其上へ角なる手水鉢を重ね、筧にて水吹上る。」としてゐて、利休のものが　今清水寺に殘つてゐた如く誌してゐる。これについては　能勢丑三氏の「ふくろふと木兎の手水鉢」に委しく、その大きさは同氏によると、「約一尺八寸角で、高さも同じ寸法と思はれるが下端が少しばかり埋沒してゐる。」とのことである。

註七　松屋祕抄は「手水鉢前との間 二尺二三寸より四寸。壹石の大小かつこうニ依すゆる。水鉢の高サハ 前石より四寸五分、五寸程高き也。六寸ニも其段見合次第也。是ハ平なる石鉢の事也。ちいさく或ハひきゝ石ハ 石ニ臺石を居て置。」として、次にこれを誌してゐる。前の寸法は利休の傳へとよく似てゐる。

手水の立ち使ひは 路地では少ないのであるが、江戸時代になつて「御茶室の露地の手水鉢を つくばひてつかはるゝ程に なされしに 本多上野介正純 今世の數奇人は 手水を立ながらつかふと申せば、御氣しき損じ、我露地にては たとひ將軍たりとも 立ながら手水つかはれんや、まして外々の者をやと仰られしなり。」（東照宮御實紀附錄）の如き話があり、「織部聞書」には「手水鉢ヒキク居ル事 公方ノ御路次ハ ヒキク居ル也。是ハ御數寄屋近ク候ハ 立テ手水遣候儀如何成故ト、人ニヨリ時宜ニヨリ、ケ様ノ事一ツ扁ニハ 不可有之。」とある。遠州が 江戸城の手水鉢のことについても この事が云はれてゐる。利休の妙喜庵圍にも 前には 立ち使ひであつたらしいが、初めからのもので あつたやうには思はれない。利休の好みは 恐らく低く据ゑて、つくばひの 型のものが 多くあつたであらう。

註八　手水鉢を前石より低く据ゑることの考へについて、「居鉢 高さ見合ひ、但し如何程宜しき手水鉢にても、前石よりは 手水鉢を高く据えるものなり。」（茶道舊聞錄）の如く、江戸時代中頃では全くなくなつて、今にまで 習しとして 傳つて 來てゐる。

註九　「手水のすいもんの石ハ 目をふさぎて おき申候由易（利休）御申候。けに石を おき申候程 あしく成候。かやうの事一切諸人へかつてんまいり申まじく候。」（江岑夏書）とも傳へられてゐるやうに 利休はあまり巧を凝らした仕方を好まなかつたやうである。

註一〇　手水鉢を中に　湯桶石を右、手燭石を左に組み上げる仕方は　何時頃から廣まつたか知らないが、江戸時代後期の「石組園生八重垣傳」などに決まつた習しの如く「蹲踞手水鉢之圖」を入れてゐる。この形に定まつたのは　中期より　よほど後の　ことであらう。

七の四　躙口、刀掛、中潜、腰掛

路地の中には　建物と庭との間に　連るものとして　躙口《にじりくち》、刀掛《かたなかけ》、中潜門《なかくゞりもん》、腰掛《こしかけ》、雪隠《せついん》などがある。それらは　後に「三石」「七石」など呼ばれる躙口石、刀掛石、中潜石などの据石を伴つて、建物としては　茶座敷や　書院座敷に連り、その据石は　また　路地庭に　續いて　置かれてゐたのである。註一

利休の傳書の中には　この「三石」などの石も　さして　重きを　置かれなかつたと見えて　天正十五年(一五八七)の「心を付けて見る次第」の中には　出てゐなかつた。然し「織部聞書」には

「能ク吟味シテ　居《すゑ》ル石之事　ニシリ(躙)上リノ石、刀掛ノ石、手水鉢ノ前石、雪隠ノマタケ石　二ツ、同ク前石、後石二ツ。ク(潜)ヽリノ前、同踏越石　二ツ、右ノ分　景有能石ヲ　可レ居。客路次入ノ時モ　此石共ニ　彌氣ヲ付　見物可レ仕也。」

としてゐて、三石の外に　手水鉢の前石や、雪隠の石を入れてゐた。また　南方錄の異本には

「露地飛石を すゆる事 云に不レ及。躙上りの口に 遣ふ石を 初の石といふ。刀掛石、手水鉢の前石、相手石、額見石抔 さま〴〵あり、大戸より 外の石を 一ッ石といふ。是にて 雪踏をはきかへ 露地に 入ル也。」（南坊録 古事類苑引用異本）

として、利休傳書に 表はれない石組と、石の名を 明かにしてゐた。このやうになつたのは 利休の末頃か、或は もつと 後であつたかも 知れない。

三つ石、七つ石の中の 一つ 躙上り石については 利休は 何も 書いてゐなかつたが、これは妙喜庵などにも 見られるやうに いづれにもあつたのであらう。妙喜庵のものは 小石ではあるが、飛石との續きの 初め 或は 留として よく効目の役を はたしてゐた。細川三齋は

「くゝり下の石は 中程の飛石の内にて見分、やわらかに さすか ぬるくもなく、けたかき石を見合て、すへ候。譬ハ 連歌の發句と申も、文字の數ハ 同きなれども 句の作様にて 何とやらん け高ク、平句の様にハ 不聞候。そのことく くゝり《（潜）》下の石も 飛石の中より 取出ス石なれ共、幷の飛石の如にも 無ク 見ゆる石を 見立る事也。」（三齋公一庵翁茶湯之傳）

と傳へてゐたが、妙喜庵の場合などは よくこの譬に 合つた見立てであり、また 据ゑ方であつた。織部は

「ニジリ上リノ石　居様之事　石ノ根直クニシテ　高サ三寸。恰好ニヨリ　四五寸ニモ居也。數寄屋ヲ立ル地形　高キ壁ノ際ニ居故　此石ノ前ツラ　何程ニモ高ク居ヘシ。飛石ヨリ少大成　根深ク、面白《おもしろき》、克《よき》石ヲ可レ居。壁ヨリ除ル事　寸法無レ之。此石ト壁トノ間ニ　セキダヲ壁ニ立掛可レ置其心得有テ、壁ヲ　ノケテ可レ居。」（織部聞書）

と傳へてゐたが、江戸時代になつても

「にじり上りの石　惣石より一寸高、前の間四寸。」（茶道舊聞錄）

としてゐた。これは　飛石との差を　一寸高しとしてゐたのであるが、飛石の高さは

「飛石　數寄屋内は　高さ二寸五分　書院は　三寸宜し。」（同右）

としてゐたから　三寸五分の高さと　してゐたのである。これは　恐らく　利休時代からの仕來たりであらうが、後のものより低い。[註二]

「飛石ノ高キハ　ミコト《見事》ニテ　サヒ《寂》ス。」（普齋傳書）

などとあつて、妙喜庵圍の處でも　觸れたことであつたが、飛石や躙口石は　利休時代は　總て　低いものであつた。また　躙口が作られない前の　縁側などの　場合は

「昔は　履を　ぬき揃て　座入仕る故　上り口に　石を　いくつも居置《すゑおく》と　被仰候。」（細川三齋御傳受書）

と傳へられてゐる。そして その高さは

「座敷上り段の石 緣の上より 石の面まで 下り一尺、但し 是は 客殿大座敷の事なり。常の座敷は 下り 九寸が よろし。」（茶道舊聞錄）

としてゐたが、 利休も この位の 高さで あつたであらう。

次に 刀掛石は 後に いづれも 二段石になつたものを 使つてゐたし、 織部好み 燕庵のものは 特に 見處多い 石を選んでゐた。 利休の刀掛は 利休家之圖や 少庵寫置圖には 表はれてゐなかつたが、 細川三齋茶書が 傳へた 北野大茶會の 利休四疊半には 附いてゐた。 利休は刀掛について、 荒木攝津守宛の 傳書には

「刀、脇差、扇まで、路地か又緣の邊に置き、内を伺ひ座敷へあがる也。」（荒木攝津守宛利休傳書）

としてゐた。 緣側の附いた 利休堺の 茶座敷は この傳書などと 同じ時代のものと 思はれ、緣の上に直にか、 緣の上に 据ゑられた置刀掛が 使はれて、 茶の湯用には 特に 取り付けられたものは なかつたであらう。

「昔ハ 座敷の緣か 妻戶の外ニ 釘三ツ四ツ 打置、 是ニ脇指、 扇も 掛置候。 刀掛ハ 利休仕初し也。」（松屋茶湯祕抄）

とも傳へられて、緣側や 妻戸の外の 柱などに 打たれた釘が 使はれたやうであつた。その例として 松屋久行の子 久榮の四疊半には

「此方ノカベニ 脇指、扇掛ル竹釘 五ツアリ。カワメ《皮目》ワキヘ、高サ ツチ《土》ヨリ 五尺。」(松屋茶湯祕抄)

と圖に 書き入れて ゐたものが あつた。この久榮の四疊半は 永祿十年《一五六七》に その子久政は「久政大佛亂ニ付 椿井町へ」移したもので、紹鷗時代の 茶座敷であつた。

天正十五年《一五八七》二月 及び 五月附の 利休の 傳書になると

「躙り上りの前にて 刀 脇指、扇をも ぬき、刀かけに 上げ置く也。」(萬貫屋新四郎宛 利休傳書)

「刀脇指 主君のは 二タ腰ながら 刀懸にあげ置いて、我刀は 中路地より 小者に渡し、脇指ばかりにて參るなれば 我が脇指を 刀懸の下に 立てかけて 置くべし。」(川崎梅千代宛利休傳書)

などと出てゐた。恐らく これらの刀掛は 天正十年代になつて 作られ 來たのであらう。

利休の刀掛は 細川三齋茶書に

「刀懸 くゝり上に 一重有。かまち 七分半ニ 五分半、ハリ《張か》子たなハ 五分半ニ 五分、釣木同シ。但ハリ子 たて四本 上下のハな 一寸七分。」

としてゐて、後に見るやうな二重棚のものでなく、一重の四本組子のものであつた。[註三]「一重刀掛　宗旦より今日庵ニ有。竹ノ由。二重以前より在ト流芳云。」ともあつて、利休の二疊を寫したと考へられる宗旦今日庵の一重刀掛はやはり利休好みの筋を引いたものかと思はれる。また利休の妙喜庵圍の刀掛は今はないが、清水清兵衛の起繪圖（家藏）に丸竹二本を建て、それに竹釘を打つた形のものが躙口の西側壁に見えてゐた。これなども棚の出來なかつた前の古い形であつたかも知れないものである。このやうな形のものは後のものではあつたが、京都西本願寺の飛雲閣茶座敷に殘つてゐる。妙喜庵のこの刀懸が利休好みと考へられないことはなかつたが、そこには初め刀掛石が据ゑてあつたか否かよくは分らない。利休不審庵の一重刀掛も明かでないが何か石はあつたであらう。妙喜庵圍の庇下も先に述べたやうに江戸時代の圖の中には二段石の刀掛石らしいものが描かれてあつた。織部の刀掛は「大小ノ掛リ候心得ニ二段ニスベシ。」（織部聞書）として

「古田織部流刀掛　二重ノ間六寸、上ノ重ハ柱ヨリ柱マテ通ス。釣木前ノ方ハ屋根裏棰、釣止ム。下ノ重ハ上ノ重ヘ釣木ヲ釣止ル。」（茶譜）

とも傳へられてゐた。有樂好みと云はれる横濱三溪園春草廬などはこの古い例であつた。そし

てこの刀掛の下には刀掛石が定りのやうに据ゑられた。それについて

「刀かけの石は踏面下駄一足半もつら有也。地はりにて高さ一尺餘りも候て、二段に有も吉。せい高ク景有石吉。地付のすきたるハ見るも踏返し可レ申躰ニ見へ候て、悪敷候。此石は地より一尺にも八九寸にも高クすへてよし。其外につたひ上るやうにして、飛石すへ候事なり。」（三齋公一庵翁茶湯之傳）

「古田織部流刀掛ノ石ニ革沓ヲ寄掛テ置、ク、リノ方へ手近ヤウニ立置。一足ノ間近モ遠モ悪シ。……」（茶譜）

と傳へられてゐたやうに今の燕庵のものをこの復原的なものとして見るとき躙口と手水構とこの刀掛とは三つの對ひ合ふ組み合せで一つの見物となるやうに作られてゐた。このやうに刀掛やその石を重く見るのは武人としての織部や三齋の嗜《たしなみ》で、利休などの町人としての好みと異つた所だつたかも知れないがその元は利休から出てゐたであらう。

「三つ石」の他の一つ中くゞりの石についても利休の傳書には別に誌してゐない。

「中くゞりは古織より始る。」（茶道舊聞錄）

とも云はれてゐて、[註四]これは昔の坪の内路地の塀に開けられた門が元をなしてゐたであらう。

利休は 天正十五年（一五八七）の傳書に

「路地入り 中路地、數寄屋入り。」（川崎梅千代宛）

とし、また露地入の傳書には

「客來りて 潛りの前に やすらふ時 能き時分を うかゞひ、亭主 くゞり戸を開く。時宜を 後にして くゞりの敷居など、のごひなどして 潛りの戸を立て、少し開け掛けて 亭主は内へ入るべし。くゞり開けて 亭主と 客と 時宜過ぎて、客に 衣御取り候へと 云ふべし。」（宗瓦宛）

と傳へてゐて、これは 客と主との 初めの出會ひの所で、前から重きに 置かれたのであつたが、

「中くゞりの石 内は低く、外の石は 高し。」（茶道舊聞錄）

と誌されて、亭主の立つ所の石を 少し低くすることを 特に 心を付けて、留めて ゐるのであつた。織部は

「クヽリノ内ノ前石 内外ノ踏越ノ石ハ 飛石ヨリ 少大成 景有 吉。二ツノ石ノ根 地形直ニシテ 此石 二ツ共 高サ壹寸八九分、石ノ景ヲ 見セ候樣ニハ 貳寸ニモ 居ル。」（織部聞書）

としてゐた。これは 後の石州流などでは なほ 細かくなつて來てゐたが[註五]、利休の時は そのやうに重くは 見て居ず、ない場合が 多かつたのではないかと思ふ。利休時代中潛りのない場合は 多

く枝折戸や 猿戸などを 使つてゐた。妙喜庵圍は 猿戸であり、有樂の如庵もさうであつた。

「さる戸は 利休は 嫌ひ候と 被ㇾ仰候。」（細川三齋御傳受書）

とも 云はれてはゐたが、茶譜などにも「利休流猿戸ノ圖」などを 傳へてゐた。その猿戸は 堅桟に 丸竹と木とを 交り合せて 打つた 板戸である。

茶庭の中で 建物として 見られるものに 腰掛（待合）と雪隱がある。腰掛は 天正元年（一五七三）の傳書にも見えてゐた。腰掛は 茶座敷で食事（會席）をすませ、中立《なかだち》をし、外に出て、少し くつろぐ所で、利休は

「路地に 水打ちしまひたる時 中立する也。先へ出でたる人 腰掛の圓座を 配るべし。」（川崎梅千代宛 利休傳書）

と誌してゐた。また「亭主 茶の時 衣裝を 初めと 悉く着かへ申候により、昔は 客も 中立より衣裝かへたる事にて候。近年は 亭主ばかり 着かへる也。」（同右）ともしてゐたから、昔も 袴着待合と 後に云つて、外路地に建てる 待合のやうな部屋が あつたであらう。それについて 松屋の家では

「久行 小座敷六疊敷 幷ニ四疊半と二ッ有ㇾ之。路地ニ 五疊敷のキヌヌキ有ㇾ之ナリ。キヌヌ

、キ今更之様ニ申せ共昔よりもありたるぞ。」（松屋茶湯秘抄）
と傳へたものがあつたが、久行は珠光が世にあつた明應年代に茶會記を殘してゐたから遲くともこの「キヌヌキ《（衣脱）》」と稱へる設けは宗珠や紹鷗ころの待合であつたと見られる。これは利休が昔のこととして傳へてゐたことよく合ふ所であつた。然しその頃は二重路地庭などの形をなしてゐなかつたので、書院座敷などがその部屋に當てられた事もあつたであらう。その頃の腰掛待合を思はせるものに同じく松屋久榮の奈良今小路町の四疊半茶座敷《（一の第三圖）》があつた。これには客入口の緣側があり、その前に三尺ばかりの土庇が矩折に作られて
「此折マワシ《（廻）》カヤフキ《（茅葺）》竹タルキ《（棰）》コマイ《（小舞）》ナヨ竹。此折マワシ七間ハトヒ《（飛）》石、疊石無レ之。土間前爰ニシヨウキ《（牀几）》。」
と圖の中に書き入れ、また別にその牀几《しやうぎ》の繪を書き「長五尺六寸、足フトサ一寸二分。ハリ《（梁）》マニ《（間）》ヌキ《（貫）》アリ。下ニテ一尺二寸。」などと誌してゐた。この四疊半は西側に緣側が附いてゐたが、その前西南隅の庇下にこの六尺足らずの牀几を置いて、腰掛待合に使つたらしい。そしてこのやうな置き据ゑの腰掛が造り付けにされて、後の腰掛待合となつたもののやうに考へられる。天正十五年《（一五八七）》の利休の傳書には腰掛に圓座を敷くとあつたから、既に板張の腰

掛で、後の待合の形を 既に 成してゐたやうに 考へられる。腰掛について 織部聞書は 茅葺の檜板張り、矩折れ形の 腰掛のやうな 技巧を 見せたものを さへ誌し、[註六] 今も 燕庵に その名殘を留めてゐたが、利休の妙喜庵圍では 別に その設けがなかつたから 書院の落緣が 中立に 使はれたであらう。この腰掛には また 石が 据ゑられる習しを 作つてゐたが、利休のころは まだ見處をなした程の 石は 使はれなかつたやうである。それについて 後に

「腰かけの 内の石 自然石にて 細長キ石 一ツ二ツにて 仕爲候。石よくなくハ 切石にても不レ苦候。腰掛長クハ 餘の石をも 居申候。餘の石と申も 野つらが 少高ク大なる石 能候。貴人高人御出のとき。」(三齋公一庵翁茶湯之傳)

と傳へられて ゐた。[註七]

註一　「釣雪堂庭圖卷」が示す古い三石の謂ひでない。この「三石」は 何時頃から表はれて來たか明かでないが、江戸時代中頃では「三石 刀掛石、にじり上りの石、中くゞり外の石、これを三石といふ。大事にするものなり。」(茶道舊聞錄) と傳へられ、また「七ツ石」は「石七つの大事 石にじり上りの石、前石、かくみ(額見)

の石、是は常の類抔にて、少腰をすへて見る所よし。石大きなる中くゝりの石、雪隠の石、よけ石、雪隠の前の石。」（池坊茶書）ともあるし、また「七ツ石居様 一 手水石ハ 前石ヨリ高壹尺。一 前石ハ チ《（地）》上ヨリ三寸五分。一 小口臺ノ石高 土ノ上ヨリ 二寸 一 フミ檀ノ石高 チ上ヨリ 高五寸 一 刀掛フミ石高 高サ三寸 一 待石、チ上ヨリ高二寸 一 捨石 土上ヨリ高二寸五分 一 總飛石、延石高土上ヨリ 一寸五分ナリ。」（熊田與玄茶書）

註二 石州流傳書では「にじり上りの石は 兩足踏みそろへて 上るほどの上の平らなる恰好よき石を据可し。尤も大ふりなる石よし。 にじり上りはさみ敷居の上ばより石の面まで 一尺二寸斗にすへべし。とかく上り下り自由なるを 本意にして、高下の寸尺にかゝわらず。はゞき板よりは 石の間六七寸斗あけて、そうり《（草履）》立かけよき程にする也。惣じて すき屋の床は 石居より板敷まで 一尺六寸なり。くゝりの敷居より 踏石まで 一尺二寸に据るときは 地より石の上まで 高さ四寸なり。……」として 茶道舊聞錄より やゝ高くなつてゐるが、後に到ると 尙 高く六寸七寸のものが 多い。

註三 利休時代の刀掛についての傳へに「刀掛 宗易《（利休）》時分は無之。古田織部作意被致候。刀掛脇差 高位高官之衆 御供のときは 置所見合有へし。一所に置事 慮外たるへし。」（喫茶活法）としてゐたが、この織部作意とは二重刀掛の如き 後に 普く行はれるもののことを 指してゐて、利休時代にはなかつたと云ふのであらう。一重の こゝに傳へるやうな 刀掛は 利休時代に あつたとしてよいと思ふ。

註四 中潜によつて 外露地、内露地に分れるのであるが、「外腰かけ 利休若き頃までは 外露地も腰かけもなく、相客待合すべき所なき故 その近所 いづ方にて出合んと諜し合せ寄合て、同道し來り、又 左なければ一宛にて來り次第 座入せしとなり。」と「茶道要錄」には傳へられてゐる。また「石州三百箇條」に「外路次といふこと 昔はこれ無きなり。利休時分は 外腰かけなとして 待合にせしとなり。金森出雲守可重 虎門の向に 屋敷これあり、大猷院様へ 御茶差上候時に 始て待合を作りしとなり。是より待合出來初め候。外路地もそれより在之也。……」としてゐる。秀吉の桃山城のもの、箱崎のもの、皆中潛とはなつてゐないが、外枯木戸が 內外に 路地を分つてゐたので、やゝこれに 近い形に なつてゐたと思ふ。

註五　中潛の石について 石州流三百箇條は「中くゝりの外に 有を 客石といふ。內に有を のり越石といふ。其前にあるを 亭主石といふ。のりこへと亭主石との脇にあるを ふみ捨て石と云。客石 乘こへ石は 常の石より 高くすへ候。客石とくゝりとの間 四五寸もひろく明け候へば、內ののりこへ石は 間を狹く 三寸斗りも引付申候。外詰まれば 內ひろく同樣にせぬもの也。又のりこへ石と 亭主石に 石一つにて仕候は 少し大石を用申候。尤も客石のりこへ石、亭主石 各石共同じやうに 無之石をすへ申候。客石みかけ《(御影)》なれば 乘こへ石は そう石にても 又外四角の石なれば 內は丸き石成とも取合せ申候。」（石州三百箇條）と細かく誌されてゐるが、利休の頃には これ程迄 細かくは 見てゐなかつたであらう。

註六　「內外之腰掛ノ事 立樣寸尺定無之。惣同屋ネノフキ《(葺)》樣不定。大和フキ《(葺)》又茅フキモ 可レ有レ之。杉桁緣ニスヘシ。クレ《(榑)》ノ數 半ニ仕ル也。一枚ニスル事不レ可レ有。廣サ不定。高サモ腰ヲ掛能程ニスヘシ。折目ヲ付、曲《(まげ)》候事 様子次第ニ 跡先何方ニ曲ヲ付候テモ 不苦。又曲目無之直ニシテモ不苦。」（織部聞書）と傳へてゐる如く、利休の末頃か その後には このやうに なつて來た。

註七 「內腰掛之石居樣之事 惣地形 ロク(陸)也。腰ヲ掛テ踏候石 數モ不定。平ニ可居。上客ノ踏石 一ツハ除テ居置也。石ノ根 地形直ニシテ 此石斗少高クモ居ル。惣踏石 高サ一寸八分又二三寸ニモ、三寸餘ニモ居ル。又長石ヲ居テ 二人踏候程ニモ居ル。長石ハ 切石又自然形ノ石ノ少長石 高サモ壹寸八分、二三寸ニモ石ノ景ニ依テ高サヲ居ル也。」(織部聞書)

「待合に腰掛の石 總石より少し高く見合ふ。餘り高くは据えぬ物なり。」(茶道舊聞錄)

七の五　雪隠、塵穴 及び 石燈籠

茶庭の雪隠は 内路地に あるものは 飾雪隠《かざりせついん》とも 後に呼ばれて 多く 見るものとなり、外路地に あるものを 下腹雪隠《しもはらせついん》と呼ばれ、これだけが 主に 使はれる。これが 利休時代末頃に 完く成つた茶庭の姿で あつたが、三齋は

「飾雪隠とは 申さぬが吉。亭主よりは 何時も 便じ玉へと 申す仕形《しかた》也。客は 遠慮して 外ロジの雪隠へ行く。内雪隠、外雪隠と申す也。又 下腹雪隠共 外に有るを 申す也。利休の外雪隠は 如ㇾ常 踏板有りしと 仰也。」（細川三齋茶湯書）

と傳へて、飾雪隠とは云はず 内雪隠、外雪隠と呼べと 云つてゐた。この雪隠は 前には 内路地のものも 使つたらしく

「昔は 廬路の雪陰（隱）にも 客居候と 被ㇾ仰候。」（細川三齋御傳受書）

と三齋が 語つたのは このことを 云つてゐた やうである。昔と云つても 利休初め頃のことで

あらうか。内路地の飾雪隠が 利休の「心を付けて見る次第」の中に 書き留められた時より どの位前まで 溯るものか、よくは分らないが、利休は その見方について

「雪隠の戶は 燈火を とほす時分には 早し、火なければ 雪隠の內暗しと 思ふ時分には 戶をあけて 置く故に 客も相客も 戶をあけて出入する也。一のあとの人 戶を閉めて よし。」(川崎梅千代宛 利休傳書)

と誌してゐた。雪隠を 茶座敷に入る前に必ず見る習しを 作つたのは、禪宗の習しに從つて、修行の心持 有る事だとも また 釘屋宗春の雪隠に 賊が 潜んでゐたことが 起りとも 南方錄には書かれてゐる。[註一]

「柴山(左近)か 雪隠の掃除 暉(奇)麗過 候とて 利休か しかり(叱)候 御はなし」(細川三齋御傳受書)

などと 柴山左近の 掃除の仕様が 利休の氣に 入らなかつたのも 雪隠が 見られ可き 重き一つのものとなり、その掃除の仕方が 數寄人の 心入の姿を 示し、その心の構へ方を 表はすものとして 成り立つてゐた 時のことで あらう。[註二]

この飾雪隠は 石組と砂とで 作られてゐるため 後に 砂雪隠 或は 石雪隠とも呼ばれた。[註三] これは 利休より 前に あつたらしく

「小田原にて 雪隠に 大き成《なる》石、小キ石 居《すゑ》候得は 利休 氣に入。紹鷗の茶湯の流は ふくり《木履》片方、足たか《高》 片方の様 好《よし》と云し事 申出し候。そこて 道庵か居《すゑ》候と 被レ仰候得は 見事仕候と御噺候。」（細川三齋御傳受書）

と三齋の話にあつた。これは 恐らく 小田原陣の 天正十八年《一五九〇》のことで あらう。利休の この話のなかに 紹鷗が 高低ある 石の据ゑ様が よいと云つたと あるから、砂雪隠の構は 室町時代から始つてゐた[註四]らしい。これは 道安が 小田原で 試みた 片方高い石組が 利休の心に 叶つた時の話である。後には それは 定りの如く なつた。

「雪隠のおも《主》石、内にて仕舞候ハ 壁との間きり好と 利休言候由 柴山左近か 廬路にて被レ仰候。」（細川三齋御傳受書）

とも傳へられてゐて、主石が 壁の外へ 飛び出した作り方が その頃 行はれたらしく、細川三齋の京都吉田屋敷のも 松屋久重の圖によると[註五]、三分の一程も 壁の外へ 出てゐたし、また織部はそのやうな 石の据ゑ方を

「……又石ニヨリ 壁ヨリ外へ 石ヲ出シテモ 居ル也。ケ様ノ時ハ 壁ヲクヅシタル跡 石ノ廻リヲヨク可塗。地形直ニシテ、坪ノ内ノ方へ 石ノ腰面 見候様ニ 庭迄 石深ク入。」（織部聞書）

とも傳へてゐた。[註六] 利休は そのやうに 壁の一部が 切られる納りを 好まなかつたのと また そのやうに 巧の多い 目を引きやすい 仕様は 心に受け入れられない程の やり過ぎに 思へたのでもあらう。そのため この言葉となつたのであらう。

また 石組と共に 砂の盛り方にも 三齋は

「雪隱の砂 一方は 土を見、一方ハ 沙を くつらかし、を《（圭）》も石の方は わきの壁迄 置かけ、口の方ハ 一丈《（尺が）》七八寸 沙を 置ぬか 好と 被レ仰候。」（細川三齋御傳受書）

と傳へてゐて、細かい 心遣ひをしてゐたが、これなど 利休のも さうであつたであらう。この砂について 利休は 南方錄に よると

「休の露地 雪隱の内 砂蒔き様□砂を多く置る丶事 他のとは 違いたり。客有て 歸ると 其儘砂を取り除け 掃除して、客來前 篤《とく》と水を打ち、掃除仕廻て 後 乾《かわ》き砂を 手桶に取寄せ、山形に立て 其上に 觸杖《しやくぢやう》を さ丶れたり、夫れ故 常に 不計《ふと》見廻ひて 雪隱を見るに 砂なし。不時客の時 其儘 露地に 入りたる時 初めには 砂なく 中立の時迄には 砂入れて 有る也。清めにも 乾き砂を 立て、御幸《みゆき》の御道の 邊にも 乾き砂 勿論の古例也。……雪隱の砂も 不浄を覆ひ、清むる爲なるに いつとなく 常住に 砂を 入れ置き、又 水打掛けて 濡砂に する事 大い

成る違却也 云々。休の腰掛に 附たる雪隱 右の如く也。又 外に 用を便ずる爲 如レ常したる雪隱あり。」（南方錄異本）

としてゐた。また本覺坊の利休相傳之書には「雪隱の寸法」として

「せつゐんの廣さ 六尺五寸 軒の高さ 地よりけた上ハ《端》まて 五尺三寸五分、木皮付也。」

の如く 利休好みのものを 六尺五寸（四方）としてゐた。利休家之圖の中には 下腹雪隱が 出てゐて、その大きさは「雪隱の本」として

「一 一間四方。一 軒ノ高サ 五尺三寸。但こうはい《勾配》ハ 五寸こうはい也。上ハ かやふき《茅葺》也。一 口ノはゝ 二尺四寸。一 同戶の高サ 二尺二寸ノウチニ さん《棧》四ツ。一 かもい《鴨居》より戶ノアキハ 八寸[註七]。」

とあつたが、飾雪隱に於ても 凡そこの位の 大きさであらう。軒高さ 五尺三寸餘は 極めて 低い建て方である。また この入口の處にも 戶ずりの石が 内外へ跨つて据ゑられるのが 習しであつて、三齋のものにも 圖に 表はれて居り

「雪隱の戶口の石 つなぎには 据えぬものなり。戶口へ 半分か 少し掛る程に 石一つ据えるなり。雪隱の戶を 入れ置きて、高さよき程に 据えるなり。」（茶道舊聞錄）

と傳へられてゐた。

この時代の 屋根は 片流れで 茅葺や板葺であつた。[註八] また壁の 一部に 板を入れることも 行はれたらしいが、それは

「雪隱の內 屋根勾配の間に 入るゝ板を 道安板といふ。千道安の好れしとなり。」（茶道舊聞錄）

とあるやうに 道安の好みであつたらしい。

雪隱の仕上げは 茶座敷と比べて 屋根や窓なども 素に仕上げることがよいとされてゐた。[註九]

また 飾雪隱でない 下腹雪隱について

「下《モ》腹雪隱とて 外路地に仕置ク よし。是ハ 雪隱の內の 壺ハ 瓶をすへ申か、桶にても掘込、かろく ふミ（踏）板を 置。跡には 小砂を 置かけて、砂かき（搔）を 立かけて置へし。內路地のことく石にて 壺を 砂利にて 付立候事なし。」（三齋公一庵翁茶湯之傳）

とも 三齋によつて 傳へられてゐたが、利休の家の 圖の中の「雪隱の本」も このやうに 小砂があり、砂搔が 立てかけて あつたであらうかと 思はれる。

雪隱は つゞまるところ 不淨のものの故に 利休の茶の湯では 特に その造り方 その持ち方に重きが 置かれ、その掃除にも 心が 入れられて、茶會には 見らるべき一つで あつたのである。

また路地庭には「塵穴《ちりあな》」と呼ぶものが多くの場合飾りとして作られてゐる。これも初めは掃除の後に散つた木の葉などを竹箸などではさんで入れるためのものであつたが、後には一つの見る物となつた。

「利休流路地塵穴何方成とも木陰ニ掘ナリ。二尺四五寸ニ一尺四五寸ホトニシテ木葉掃入テ有。箱ノコトク底ハ無之。尤廻リヲ打コトモ無レ之。右塵穴ヲ定テ掘ト云コト無レ之。廣イ路地ナトニハ壁脇、或ハ木陰ニ掘ヘシ。目タツ所ハ悪シ。」（茶譜）

として、未だ飾とならない前の利休好みらしいものを傳へてゐた。この如き大きな四角なものは例は殘つてゐないが、表千家の路地にあるものがやゝこれに近い。多くは小さく、中には丸いものもある。[註一〇]細川三齋は

「塵穴の中へ松葉、篠葉、木の葉等を御蒔せ候を見候得は葉共を穴の旁に御置せ、扱箒にて御掃込せ其儘御置せ候。」（細川三齋御傳受書）

とも傳へられて、塵穴の花や落葉は既に早くから一つの眺めともなつたため、いろいろの仕方と試みが話の一つとして、傳つてゐたのである。また利休は三齋の話によると

「従《より》ニ利休一花入到來ニテ候間只今待候ト、加賀肥前、蒲生飛騨、與一郎《三斎》殿、此三人へ御使來り、其儘三人御出有テ入座アレ共前後花入ハ不レ出候。可レ有ニ所望一カト樣々吟味アレ共恐テ終ニ云出ス事不レ成シテ、各々罷出候共路次へ送リ出易云今日ハ花入ヲ見せ可レ申爲ニ申入候キ。花入御覽候哉と云へ共客衆終ニ花入ヲ見不レ申候。座敷路次色々見廻シ候へ共花入ハ無レ之候ト云へバ尤ニ候とて、塵穴ヲ敎ヘラル丶。椿ノ花ノ落たるヲ成程見事ニ入テ有レ之。驚レ目見事成事ト御咄有レ之。」（松屋日記[註一]）

と云ふやうに初めは掃き殘しの塵などのために設けられたものがこんな思ひ付きの面白さが切掛けとなつて、いつとはなしに庭の一つの飾りとなり、江戸時代中頃では利休の流れとしても路地の片隅に、然し目に付き易い邊に

「塵穴の事　石壹つ穴の內へ見ゆるやうにぬちへかけて居《すゑ》へし。ぬるくなき爲也。塵箸あを竹にて、長サ一尺に削、上を四寸置て節あり。四角ひらめにして、めんを取也。穴に立置へし。」（茶道便蒙抄）

と云つた姿に仕遂げられて行つたのである。穴の一部に石を添へ立て、青竹箸を添へる形はぬるくなきやうにと附け言があるやうにそれはそれだけで一つの見らる可き眺めとなつた

ものであつた。この形は 茶譜などの 著はされた 江戸時代初めには まだなかつたか、この石の事などには 少しも 觸れてなかつた。こんな事から 考へると 恐らく 利休時代にはなくて、江戸時代も 中期 遠州などの庭が 一通り 仕遂げられた頃 表はれ來たものであらうか。

茶庭には なほ 後に 石燈籠が 目に付くものと なつて來た。利休も 天正元年(一五七三)の傳書の中にそれを 誌してゐたが、然し 天正十五年(一五八七)の「心を付けて見る次第」の中に 捨石や よけ石まで擧げてゐたに係らず これには 少しも觸れてゐなかつた。これから考へると 天正十五年代に於ては 利休にとつては 見るべきものの一つで なかつたらしい。この時代のことを 主に傳へた松屋茶湯祕抄にも 「路地之事」とした中に 一言も 石燈籠には 觸れてゐなかつたのも、このことを傍から 證してゐるであらう。この石燈籠が 重く見られて來たのは 三齋や織部によつて、重く用ひられ出した 後のことであらう。[註一三] 利休時代に於ては 路地を 照すための ものとして 据ゑたのでなしに 一つの眺めとして 添へたことも あつたらしいが 極めて 稀れであつた。そして 石燈籠は 多く 寺や社にあつたもので、和樣の建物と共に 建てられて來たものであり、樣式的に和樣と 合ふものとして 作られてあつた。それ故 唐樣の筋を引き なほ それより抜け出て來た

數寄屋造としての 茶座敷には 様式的に 相容れないものが あつた。目に映る限りに於て 細かい鋭い感覺をもつて 總てのものが 選ばれ、總てのものが 好まれ統べられて、利休の 妙喜庵の如き圍となり、 殘月亭の如き 書院となり來つたのが 數寄屋造であつた。一つの様式を 作る程の この目を通して 利休の場合は 石燈籠も 採り入れられ、終には 作り出されたのであつた。
それ故に寺や祉にあつた その儘のものは 様式的には 合はないものが 多かつたので、利休の妙喜庵圍や、有樂の如庵などには 初めから 据ゑられなかつた。利休が 取り入れたものは 恐らくその内でも 様式的な 特徵が 著しくないものか、磨り滅つて 様式的部分が 底に沈んで 行つたものか、苔蒸して それが 覆はれたものかで あつたであらう。利休が 好んだ石燈籠について
「利休天下一と 譽《ほめ》たる石燈籠 則 易（利休）自身 打カキ色々ニ 直し、無双とて氣ニ入候」(松屋日記)
と傳へられたやうに 利休は みづから打ち缺いて、形を 色々に直して、始めて 世に 並びなきものとして 氣に入つたのであつた。これは 後に 細川三齋の手に入り、三齋の墓標に 見立てられ、京都大德寺高桐院に 立てられたと 傳へられてゐる。註一三 今も 高桐院に見られる 三齋の墓の石燈籠が それだとも 或は 既に 盜まれて 今のものは 別ものとも 噂されてゐる。今あるものについて見るに、茶庭に 用ひた含みとは 異つて 墓標として 据ゑられたのであつたから、缺けた

處は　後に廻しやつて　見えなくしてゐたが、利休が　庭に据ゑようと　見立てた時は　打ち缺いて、蕨手などの　樣式的な形が　半ば　壞された姿を　見處としたであらうと思ふ。利休の大德寺聚光院に　於ける墓標も　鎌倉時代の樣式を持つた　寶塔形の石塔に　火袋の穴を穿つて、その内に　名を書き付けたもので　あつたが、[註一四]　これは　始めから　墓標として　見立てたので　缺き取つた所などは見られない。そこにも　利休らしい　好みの確かさが　見られるのである。

利休に於ては　後に見るやうに　樣式的に　調の合はないものを　心なく　茶庭に取り入れるやうな事は　決してなかつた。今も　利休好みと　云はれてゐるものも　傳つてゐないことはないが、また圖などに　書かれて　傳つてゐたものも　あるが、信じ難いものが多く、古い書物には　見えてゐなかつたものである。

利休は

「朝にても　夜會にても　石燈籠に　火をとぼしては　障子をたてゝ置く　物なり。ともし火には油　澤山に　置くへし。客にあかぬ　道理にて侍り。」（野村宗覺　宛利休傳書[註一五]）

と傳へてゐたが、三齋は　利休好みについて

「石燈爐之火ハ　座敷よりハ　遠く見ゆるが好と　利休云候か、今時ハ　とちつかずと被仰候。」

（細川三齋御傳受書）

と傳へてゐた。細川三齋は 自らの墓に 石燈籠を選ぶ程の 人柄であつて、その好みを

「石燈籠ハ 座敷より様子 能見へ候所、手水前 又 爐路の入口より 見へ候所に 居《すゑ》候か好と被仰候。」(同右)

と述べてゐた。後には この様な据ゑ方が 主に 行はれてゐた。また 石燈籠の灯について

「石燈籠の火 等持院にて 朝《曉け》はなれて、利休か見て 面白がり 其より 爐路の石燈籠の火を 遅ク消候と 被レ仰候。」(同右)

と云ふやうな 利休の話も 殘つてゐて、利休にとつては 全く 一つの添への 影物としての外 何物でもなかつた。彼は 天正十五年(一五八七)の傳書に 見るものとして 擧げなかつた如く 石燈籠は 極めて 輕いものであつて、別に 心に付ける程の ものでなかつたし、また 路地庭には あつても なくても よい程の ものであつた。

また 後に 傳へられた木燈籠と 云ふものも 行はれてゐたが、利休は 傳書に表はれた所では 路地行燈を 使つて 夜の會の 待合や手水構を 照らしてゐた。江戸時代の中頃になつても それは承け繼がれて

「燈籠は 木にても石にても 燈心數 朝晩共に 三筋也。月さへたる時は 四筋入ても よし。但燈心ふとき細きを 見合へし。燈籠は 道のあかりには 不構、物さびたる躰なれば 燈心かすかなるがよし。居様は 廬地口よりも 座敷よりも 半月見ゆるやうに 置也。」(茶道便蒙抄)

と傳へてゐた。これについて また

「燈籠ハ 道ノアカリニ トボサヌトノ事 一段尤ニ候。シカレハ 灯心三スチハ ウルサシ。」(杉木普齋 便蒙抄書入)

ともしてゐて、利休の侘茶を 繼ぐ心持ちとして ゐたやうであつた。然し別に これを 路地の明りのためとする考へも その頃には 述べられてゐた。例へば石州流の「露地聽書」には

「石灯籠も 明りの用に 立ち候爲め也。躙上り、中潛りの見ゆる所、手水鉢の見ゆる所、刀掛の見通し、此五ケ所の明りの爲なり。然れども 殘らず用に 立てず共、三つは 捨て よき也。譬へば刀掛の見透かし 明りの用に 立ち候へば 腰掛け、中潛、雪隱抔の方は 捨る也。露地つきに寄り 極め是には ならぬものなり。……」

とも誌してゐたし、また このやうな考へは「槐記」にも 表はれてゐた。[註一六]

註一　南方錄に「露地雪隱ハ禪林ノ淸規百丈ノ法式ツマヒラカ也。……會ノ時ハ客雪隱ノ內ヲ見ル事モ、禪林ニ便所ノ役ヲ淨頭《ジンヂユウ》トテ　歷々ノ道人和尙達ノセラル、例多シ。修行ノ心持有ル事也。客も其心持有。又佗にも亭主は　雪隱ヲ格別ニ　改メ心ヲ用ル故、客モ主ノ心入ヲシルタメ共云ヘリ。又利休ノ比迄ハ　亂世ノ砌故、野心ノ者雪隱ニカクレテ、仇ヲナシタル事共有リ。漢和其類アリ。客ノ內末座ニ　醫者隱者等加リテハ　殊更ニ　心ヲ付テ、上客ヨリ　先ニ　雪隱ニ　氣ヲ付ル事　肝要也。曉會、夜會殊更也。……」と傳へてゐた。

註二　掃除の仕方は　茶人にとつては　餘程その心意氣を示すものとして　重きをなすものらしく、たゞ塵を掃き潔めると云ふ程のことでなかつたらしい。紹鷗の試しに會つて、若い時代の利休が　木の葉を搖り落した庭掃除の話は　世に名高いが、「利休か廬路の掃除を　わさと飛州御（蒲生氏鄉）こなし候得は　そなたのは　御きれいすき（綺麗）と（數奇を過にかけた言葉）申御咄。」（細川三齋御傳受書）などの話も傳へられてゐたし、また「さる方の朝茶湯に　利休その外まいられたるが、朝嵐に椋の落葉ちりつもりて、露路の面さながら山林の心ちす。休あとをかへりみ、何もおもしろく候。されど亭主無功なれば　はき捨るにてぞ　あらんと　いふ。あんのごとく　後の入りに一葉もなし。その時　休總じて　露路の掃除は　朝の客ならば　宵に　はかせ、晝ならば　朝、その後は　落葉つもるも、そのまゝ掃ぬが　功者也と　いへり。」（茶話指月集　卷上）

註三　「砂雪隱は　小用便る迄にて　外に用を便る雪隱も有之もの也。二ケ所共同道理　木竹の植樣　場所等心持有之。其內砂雪隱の內は　亭主石　居樣もの好き　精進所なれば　手水前など　內を見て　吉。勿論戸にても　細簾にても手を付る時は必手水を雪隠小用所なり共貴人にても當世は可有遠慮況常躰の人むざと小用を便るは不躾也。夫故外に小用便る所も有之吉。去り乍露地狭き侘にて諸事畧するは格別。」（三百箇條註解）

「石雪隠」の名はあまり使はれないが「遠州云、源三郎、數奇を教へ可申候、當世はやるとて珍敷事必々無用なり云々。袖すり、左右見てあいらしき方よし。遠州のは入る時我右の方に有ぞ。疊石の續目に萱門は必ずある好し。たとひ屋根をは何にてもふき候共、サフ〳〵凶、フタリ〳〵、ブタリ〳〵ニテハナシ。此三ツニ口傳有之。石雪隠廣サ一尺一寸。」（松屋日記）としてゐた。異本には「極意御傳授」とも書き・分り難い所もあるが、袖摺松や疊石や、萱門の事を述べ、この石雪隠を談つてゐた。

註四　「不白啐啄齋へ贈書」の中に「觸杖、コスキトモ云。砂雪隠ハ豊公の爲ニ設く。師は實用雪隠を遠く御付被成候。」と傳へてゐたが、三齋の話の中に出て來る事は紹鷗好みに掛つてゐるのであるから、室町時代に當る。砂雪隠の如き變つた雪隠が、利休の頃初めて作られたならば、恐らくその頃の書物にも大いに表はれ出る可きものであつたが、只何事もなくその名の出るのは恐らく昔からあつた形のものであつたらう。

註五　松屋會記寛永十二年（一六三五）丑十月五日の條に出てゐる「京於吉田御屋敷三齋様御茶湯御座敷初」の會記の中に出てゐる。

註六　飾雪隠について織部聞書は「內路地雪隠之事立様寸尺不定。付所ハクヽリ（潜）ノ左右何方ニテモ路次ノ様子次第ニ可付。同戸ハ開戸也。開様雪隠へ入、右ノ方ノ內方ニヒチカネ（肘鐵）ヲ打。內ノ方右ヘ戸ヲ開也。此入ロノ戸ノ上頭ニツカヘサルホトノ積ニ高屏ノ高サヲスヘシ。

同石居様之事 此石ハ吉ヲ吟味シテ可居。踏石二ツ同シ大サ悪シ。大小長短有之テ吉。壹ツ長ク、一ツハ丸クナト猶面白シ。石ノ色ナトモ替タル吉。同石一方ハ 高ク脇へ、長石ナトハ壁へ付テモ居。又石ニヨリ壁ヨリ 外へ石ヲ出シテモ居ル也。ケ様ノ時ハ 壁ヲクヅシタル跡 石ノ廻リヲヨク可塗。地形直ニシテ、坪ノ内ノ方へ 石ノ腰面見候様ニ 底迄石深ク入。上ハ踏能平成ヲ可用。高サ一寸也。同前石踏石貳ツ色替リ、大小長短有リテ能也。上ノ頭ハ直成モ吉。尖タル非用。此二ツ石モ 坪庭へ深ク入。脇ツラ見ユル事也。地形直ニシテ 高サ一寸七八分ニ居ル。又二ツノ踏石トノ間ハ 石ニヨリ候得トモ、大方四五寸程ノケテ居也。但此ノ寸ハ不定事也。同坪ノ形ノ彫様ハ 内へ入テ 横ニ成様ニ可掘入。口ノ方へ向テ 掘事悪シ。丸長ク形ニ掘、深サ大方マタキ石ノ様子次第也。深キハ悪シ。前石ト踏石ノ間隅ノ地形四隅トモニ 角ヲ立候事悪シ。ナハヘ形ニシテ吉。坪マタキノ廣サ 七八寸タルヘシ。雪隠ノ口ハ 必道ノ方へ明ル也。同ジヤリヲ置様ハ北向西ノ口ノ雪隠ニハ 内へ入、跡ノ方右隅ニ ジヤリ壹斗程モ高サ一尺斗、廣サハ脇ノ恰好吉程ニ壁へ掛テ、可二上置一。跡石ト踏石ノ間 隅ヨリ坪ノ内へ。一 盃前石ノ根迄ナタレ入テ、坪ノ内ジヤリ高下有モ不苦。平ケ可置。踏石ニシヤリノ不掛様ニ置也。同觸杖ノ頭ヲ雪隠ノ隅ノ方へシテ 壁ヨリ四五寸除テ コロハヌ程ニ先ヲ少差込、頭ヲ隅へ靡テ、壁ニ不付程ニ立置也。ソクゼウ（觸杖） 長サ貳尺六寸又七寸ニモスヘシ。先ノ廣サ貳寸八分斗也。此廣サニテ八寸斗、ソレヨリ次第細ニ大方二五分斗削ル。ソレヨリ本ノ方へ 廣サ壹寸三分斗。扨本ヨリ三寸七八分程 先ノ方へ 次第細ニ本ノ頭ニテ廣サ一寸四分斗也。但削様不定事也。本ノ趣如此。厚サ先ハ一分半也。但廣三ノ分ニテ四方斗也。先ヨリ七寸壹分斗ヨリ 次第ニウスク一ノ先頭ニテ 壹分半也。

本ノ頭ニテハ厚サ五分半、是モ本ヨリ六寸斗先ニテハ 五分斗、其ヨリ先ノ方ヘ 次第ニウスク、先ノ頭ニテ如右ノ壹分半程也。四方少宛面ヲ取、先ノ隅少シ宛切也。本ノ隅モ少切取 跡先共ニ木口ヲ可削。木ハ杉也。

同觸杖削樣 先ノ廣所ヨリ 本ノ方ヘイヲリヲ不付、 次第細ニ 熨斗形ニ削。本ノ頭ニテ 如前記 次第太ニ削ル。面取樣 何方モ前ノ如ク削也。 長サ廣サ右ノ如ク二色共 先ノ廣ノ砂ヘ立所ハ 兩方ヨリ多ク面ヲ取候テモ用ユ。二色トモニ 厚サ不定。長クモ短クモスル。貳尺壹寸ニモ作ル也。名ハソクゼウトモ ヘラトモ云。北向ニ東口ノ時ハ 塵穴ヲ前ノ左ノ隅ニ ジヤリハ跡ノ左隅ニ置。雪隱四方ノ口ノ時 何レモ此心得モ可有也。」とある。また此の中の石組について石州流茶書によると 主石を足掛石と呼び、前石、小用返し、うら返しなどの名がつけられて、「足掛石は 二段石にて 各石との差を見合せ居へるなり。 前石高さ二寸五六分より三寸まで……」として、主石も利休好みに 内で納つてゐる。 また砂についても「砂なかし」などの名がある。

註七　利休の家の「雪隱の本」は これにつゞいて「一　踏板ノ長サ 二尺六寸五分。一　同はゝ 九寸。一　同あつさ 九分。一　同中ノあきハ 九寸。一　同土より板ノ高サ 八寸。一　同板カランカン ノ高サ 一尺七寸う（上端）はまて。 一　同よこ木柱ノフトサ 一寸四分八角。」

註八　「廬路の雪陰くず屋ニても 板屋にてもと被仰候。」（細川三齋御傳受書）

註九　「かやふきの屋根裡 つき上の有所ハ かやの皮をむきたるか良シ。 其外ハ皮取に不及。 殊に雪隱の屋根うらかやの皮とるハ 前々悪敷と被仰候。」（細川三齋御傳受書）。 また「雪隱の窓は座敷の窓より麁相にかくか

よしと被仰候。」(同上)

註一〇　塵穴につき　松屋茶湯祕抄に「塵穴何方ニても　角ニするなり。玄關の脇の　のき《(軒)》下ニ壹ツ。腰掛の脇ののき《(軒)》の下ニも　壹ツする。二ツもする。せはき路地ハ壹ツ好。丸くも、かくにも。」としてゐて、桃山時代から　丸も角もあつたらしい。また同書には「塵穴一尺ニ壹尺壹寸。丸きハ　八九寸。」としてゐる。また江戸時代に入ると

「塵穴　砂雪隱の內、腰掛、刀掛の所、二所程に有る物也。雪隱の內は　丸き穴、直徑七寸程、外又同樣に無之、四角にも、少長みある樣にても、乍去堅く無之樣に、四ツ角に何となく　丸みを付けても　吉。深さ　恰好　次第。其內雪隱の內、深く成吉。何れも松葉を入れ、篠の葉、木の葉等見立て能き樣に入置き、所により　直に松葉を緣よりかき落し置きても吉。三齋公　松葉篠の葉、木の葉等　塵り穴の傍に　置き、箒にて掃き込ませ、其儘御置き候由。惣而　功者の路次　塵穴、氣を付け見る事肝要也。塵穴有之所に　箒を掛け、竹の塵箸を入れ置くもの也。箒の長さ　寸尺結び樣委細圖の書に有る。塵箸は長サ　壹尺五分、箒より上に　三寸三分、割樣は　本有之なり。」(石州三百箇條註解)

註一一　これと同じ話を細川三齋御傳受書の中に「塵穴に白キ椿の花捨候事。」としてゐた。

註一二　石燈籠の茶庭に向くものは　何と云つても　織部が見立てた織部灯籠が　先づ上げられるものであらう。臺のない　笠石の返りのない形は　誠に數寄屋造の樣式とも合ふもので、織部のどの茶庭にあつたか知らないが、京都本國寺の織部好みの茶庭にも　これがあつたし、茶譜では　古田織部流石灯籠圖并前石として傳へ、

その流を吸んだ釘屋宗春の庭にも あつた。この形の源は どれが最も古いかよく知らないが、北野神社にあるものなどが 古い方であらうか。佛像を掘り付けたもの、何かローマ字らしいものが 彫つて、キリシタンと闘りがある如く云はれるものなどがある。

註一三　京都大德寺高桐院にある細川三齋の墓標は 鎌倉時代の蕨手のついた和様形の石燈籠で、笠の後が 半ば近く 缺けてゐる。これは聚光院にある石の 寶塔に 穴を穿つて 石燈籠に見立て、後に利休の墓石としたのに習つたのであらうが、これも利休のものであつたらしく、松屋日記には「利休天下一と譽たる石燈籠則易自身打カキ色々ニ直し、無双とて氣ニ入候石燈籠を 三齋御所持有て、丹後國へ取寄、又小倉へ被下、又肥後ノ八代へ下し、今京へ上るなり。是を大德寺高桐院ニ立置て、三齋シルシ（標）ニ名ヲ掘付べきとナリ。燈明ナドとぼし、尤との事 少手ガロクに見ゆる燈籠也。角々丸シ。大形ニハ 無之候。」と傳へてゐる。この話のやうに 今の高桐院のものは 名は彫り付けてゐないから、元のものは既に失はれて、今あるのはこれとは異つたものであらう。或はこの話は墓になる前に、三齋からその企てを聞いて 書き留めたのかも 知れない。

註一四　利休の大德寺聚光院の墓は 石の基壇上に 古い十三重塔の一部らしいものを 臺にして、据ゑられてゐる。これは 寶塔であるが、それを石燈籠に見立てて 火袋の穴を穿つたものである。それを更に墓にしたものであるから、寶塔自らの姿に 還つたとも見られるのである。寶塔の墓標は 德川將軍の歷代のものに採り入れられて、蒔繪漆塗のものや、青銅造りのもので、これより遙かに大きいが、これだけの表現を持つものはない。この墓を 築く時の利休筆の書き物（聚光院藏）に「墓ニ 石燈籠在之 利休宗恩右燈籠ニシュ（朱）名在之。」とした天正十七年（一五八九）正月附のものである。この朱名が 何處にあるか、なか〳〵分らなかつたが、先年千郎中齋宗匠によつて、火袋の中に その文字の跡が 殘つてゐて、今も讀み下し得ることが「和比」誌に、書かれてゐる。

註一五　この「客にあかぬ道理」とは「客入つて炭する所は 短檠を圍爐裏ふちまでよせるなり。炭も澤山に置く事よし。客にあかぬ理也。」（野村宗覺宛利休傳書） ともあつて、あかぬは 明りの含みでなく 惓くのことである。油の澤山や炭の澤山なるために 客に惓いたやうに燈が消えたり、炭が無くなることを 表はしてゐるらしい。

註一六　路地の明りのことは 江戸時代になつても 遠州は「一 夜込ならば 露地の 道筋のために 行燈をとぼすべし。尤露地行燈とてあることなり。」（大有子消息） とも述べてゐるが、またそれと變つて、燈籠によつて 照らさうとする考へも 石州流と別に「手燭石 手燭を置くが爲なれば、今様の露地に 手燭なければ 庭暗くて危き様に 覺え候は 如何と伺ふ。夫れは 豫《かね》て燈籠の置様 惡き故也。燈籠を斜に直したるも有り、正《まさ》に直したるもあるは 風流にしたる物に非ず、夜直し見て、手燭無くても明り能き様に 直す事第一なるを因もなく 燈籠を建る故に 鉢前抔暗くて、手燭ならでは 歩かれぬは 兼て心得惡き故也。」（槐記） と述べてゐた。利休時代は 石燈籠は 珍らしく 手に易くは 入らなかつたらしかつた。

七の六　植　木

庭に於ける木は 石と 共に 重な材料であつたが、茶庭に於ては 書院造庭のやうに 木そのものを 見物と するやうなことは なかつた。

路地庭の 植木については 既に 先にも觸れたが、坪の内時代には 下草物が主で、それに 一二本の木が 植ゑられたに 過ぎなかつた。後に それが廣がつて 路地庭となり、露地とも 云はれるやうになつて 一つの庭に 成り上ると 木も石に劣らず、心付く可きものと なつて來た。利休は 天正十五年(一五八七)の傳書の中の「心を付けて見る次第」のうち 掃除の様子、飛石、手水鉢の前石、捨石、しのび石、よけ石などの 次に 腰掛、雪隱、木の植ゑやう、塀の塗りやうを 掲げてゐた。このころでは 植木は まだ 庭の中で 心を付けて見る 次第の 終りの物で あつた。然し 彼の晩年の 傳書と見られる 常陸宛のものでは

「先 路次へ入て 樹木など 少シ見候て、雪隱手水所(トコロ)など 見候て、晝の會には 手水使ヒ候も

能ク候。」（常陸宛 利休傳書）

と書いてゐた。最も 早い時代の 荒木攝津守宛傳書には 路地の作法のことが あつても「先づ手水をつかひ」とあるだけで、植木には 觸れず、また

「路地には 水打つ可からず。暑き時分ならば 植木ばかりに 打ちてよし。」（萬貫屋新四郎宛 利休傳書）

と植木に 觸れてはゐたが、然し それらの中には 木は 殆ど重きには 置かれてなかつた。それが 常陸宛のものでは 路地へ入つて 少しとは云へ 先づ見るのは 樹木として掲げてゐたのであつたから 利休に於ても 路地視所も 移リ變つて來て ゐたのである、傳書の このやうな表れは そのうしろに 利休を はじめ、織部、三齋、有樂などによつて 展べ進められた 庭としての 路地が 大きく横たはつてゐたと 見られよう。

利休が樹に 對つての好みは

「樹に 桃、枇杷、利休ハ 嫌ひ候。廬路には 松、樫、山ぐミを 植候と 被仰候。」（細川三齋御傳受書）

「利休か廬路に 杉ハ色めいて悪敷とて植す。但廬路より見へる所ニハ 植候と被仰候。」（同右）

と傳へられてゐた。また

「利休ハ冬枯ノ木ヲ嫌フ。右宗旦曰宗易冬枯ヲ嫌フコト不審ナリ。冬枯ハ一段面白者ナリ。然トモ何トソ心持有ユヘカト云々。」（茶譜）

とも傳へられてゐた。これらに據つて思ふに利休は松や樫を主に植ゑた。そして花咲く櫻や桃は植ゑなかつた。また枇杷のやうな里の木も嫌つたらしい。利休はまた冬枯の木を嫌つたらしいが、宗旦にはその心持ちが汲めなかつたらしい。花の木を植ゑなかつたのも冬枯の木を好まなかつたのも、恐らく杉の木が色めいて惡いとしたのも、同じ心から出てゐたであらう。花、紅葉、芽吹、若葉と云つたそれらの木が持つ特性はそれそのものが嫌なのでなくて、茶の湯の世界に於ける好みと合はなかつたのであらう。それらは杉の緑でさへ既に色めき過ぎて侘しさを求める彼の心には應はなかつたのであつたから、花や紅葉や若葉は云ふまでもなかつたのであらう。また花や落葉する樹々はその持前で季節を姿に表はすことがあらはであつた。それは既に床の花やその他で季を表はす茶の湯の一面を相殺すこと少なくないと考へたのであらう。この事につき織部は明かに

「内外ノ路次ニ花ノ咲木惣テ不レ可レ植也。座鋪ニ花ヲ生候モ無キレ詮故也。同葉落ル木モ大

方植間敷也。」（織部聞書）

と云ひ表はしてゐたが、この所は利休からの傳へであつた註一と思はれる。また利休は桃や枇杷を嫌つたのはそれらが持つあまり里らしい趣を避けるためであつたやうに思はれる。然し下木《したき》として「山ぐみ」などを添へるのはまた松や樫だけで見る山だけの感じでなしに山里の氣持ちであつたらうか。利休にとつては山ぐみは桃や枇杷と異つてその仄かな花、赤い實などに侘た面白さを認め、松や樫の間に立ち混つて、茶座敷の中とさしさはらない程の姿で季の移りと自然の營みをそれとなく表はすものであつたらしい。織部聞書には

「内外ノ路地ニ常盤木ニテモ實ノ付タル木ハ惣テ不レ植。楊梅《ヤマモヽ》、枇杷、橘柑、柚、蜜柑、久年母抔一ツ可レ植也。如レ斯ノ類モ路次回《（まはり）》壁ノ外見越ニハ植來也。」（織部聞書）

として利休とはやゝ好みを異にした處もないではなかつたが、見え掛りに山里の心持ちを表はし出すことは織部に於ても承け繼がれてゐたやうに思へる。また織部は

「内外ノ路地ニ椶櫚、蘇鐵可レ植也。」（織部聞書）

としてゐた。秀吉の伏見城に「ソテツ《（蘇鐵）》計ノ路地」（宗湛日記　慶長二年《（一五九七）》二月廿四日の條）があつたし、また小堀遠州好みとも傳へられた桂離宮の待合前には蘇鐵山があつた。こゝに植う可き也

とさへ傳へた如く、恐らく利休の後にはなほ他に例が多くあつたことであらう。これは唐物《からもの》を尊んだ傾きと共に珍しい木を好む所から出てゐたらしく、織部聞書にはなほ

「內外路次ニ唐木ハ何レモ植ル也。葉ノヲツル木成トモ可レ植。唐木ニハ實生候モ植也。」

としてゐた。註二このやうな唐木を植ゑることは唐物を排けた利休の侘の言擧からは遠いものであつたであらう。然し蘇鐵については利休も書院庭には使つたと江戶時代の茶道全書に見えてゐた。然し據り所あるものとも思へない圖であつたが、昔からはやつたものらしかつた。

また織部は

「內外ノ路次ニ作木植事夢々不レ可レ有レ之。又ヲノレト曲タルハ可レ植。」(織部聞書)

と傳へてゐたが、こゝで作木とは枝葉を刈込んだり、枝や幹に手を加へて曲げた植木のことを指してゐたのであらう。この事を三齋も

「露地に能き木許植え、作木又色々の形に苅抔して置く事、露地には惡し。又南天抔澤山に植えるも不レ宜。」(三齋傳茶書)

と云つてゐた。このやうな作り木や刈り込み木を利休が用ひなかつたであらうことは先の二つ三つの木の好みから推して考へられ、それを織部や三齋は承けてゐたのであらう。また

「利休 路地に 桐の木を 植申て、古歌に
桐の葉も ふみわけかたく なりにけり 必 人を まつとなけれと
此心にて うへたるとなり。」（細川茶湯書）

と云ふやうな話も 傳へられてゐた。どこの茶庭に 植ゑたものか よくは分らない。また

「內路地ニ 竹ヲ植ル事 大竹抔ハ一段見事成故 古ハ植ル由ニ候。古織以來 不好。嫌也。葉落テ 掃除難レ成故也。根篠ハ 內路地ニ 植候也。」（織部聞書）

とも傳へて、竹の事に觸れてゐたが、利休の好みは 後になつて

「宗易（利休）露地の樹は 凡 松竹、した木には 茱萸をうへたり。織部は 僧正が谷にて 樅の木のものふりたるを みて思ひ、はじめて 庭にうつす。」（茶話指月集）

と傳へられてゐた。竹は 奈良時代の庭の中にも 萬葉集の中には 見えてゐたので、[註三] 極めて 古くから 用ひられた やうである。また 室町時代の庭の中にも 時々 竹のことが 出てゐた。竹間亭（翰林五鳳集）や、美竹齋（翰林五鳳集）或は 三友院（見桃錄）などは その例であつた。茶庭に 竹を植ゑた利休の 前の例は 知らないが、このやうな 庭の習しから 勢ひ竹を 植ゑたやうな 路地もあつたかと 思はれるが、[註四] それを 織部は 掃除の仕難い事から 好まなかつたらしいのである。

また木の植ゑやうに付いて織部の話を

「木ヲ多植込事利休代ノ儀也。大成木モ本ノ枝茂リシヲ植也。古織以來是ヲ改テ、大成木ハ地ヨリ二三尺又ハ一間餘モヲロシテ植也。惣テ多ク不植込也。掃除ノ爲ニモ尤吉。是モ可用也。」（織部聞書）

とも傳へてゐて、利休時代は數多く植ゑたらしいし、大きな木も下枝あるものを選んだらしかつた。然し狹い路地庭が多かつた利休のものにはこの話がどれ程に當て嵌まるか解らないが、利休時代の他の茶人達のことを云つてゐたのであらう。また木の植ゑ樣について

「木植樣三ツ一ツ、五ツ二ツ、十ヲ三ツなどの樣ニ壹村ツヽ、植る物なり。並木の樣ニ植ぬ物なり。但所にも可レ寄が、花咲實の付たる物不レ植か好。」（松屋茶湯祕抄）

とも傳へてゐた。これも利休時代の植ゑ方であらうかと思ふ。三齋はこれと同じ事を

「木竹植候に三ツ一ツと云心得有。何程多く植候とも、此心持なり。是ハ二本並、一本は間も置も三ツ一ツなり。木の能惡敷をとりませ候にも同心持なり。」（三齋公一庵翁茶湯之傳）

とも傳へてゐた。このやうな一つの例と見られるであらうものに、織田有樂の大坂天滿の路地について

「御路次ハ 一村〻〻ニ 木ヲウユル(植)。芝也。槇ト檜を 多ウユル。水鉢ハ 石スヱ(礎)ノ石也。」(松屋會記 慶長元年(一五五六)十二月十五日の條)

と誌されて、槇や檜が 一村々々に 芝生の中に 植ゑられてあつたことを 書き留めてゐた。この路地は 江戸時代末の圖ノ 殘つてゐて、利休頃の 名殘を 示す所あるやうに 思はれる。また 先に引いた 松屋茶湯祕抄には 並木の様に 植ゑぬ物と 書いてゐたが、町中の狹い路次では そのやうな處も おのづからに 出て來ざるを 得なくて

「並木に 植候ハて 不叶所ニ候ハヽ、出入廣挾《せば》に 植へし。」(三齋公一庵翁茶湯之傳)

と三齋は 傳へた。また 或は

「片路地と云ハ 一方斗に 木有て、一方ハ 家ののきの下か、塀に付て 道有をいふ。」(三齋公一庵翁茶湯之傳)

と云ふ 狹い路地も あつた。このやうな狹い姿が 利休時代の堺や、京都の町屋では 恐らく 幾つも 見られたことで あらう。

また 木の植ゑ様について 江戸時代末に

「利休は 先さがりに 木を植へたり。織部は 先あがりに 植へたり。」(松風雜話)

と傳へたものも あつたが 何に 據つたのか よく分らない。

利休の路地には また 妙喜庵圍のやうに 袖擢《すり》松が あつたのもある。織部や 遠州も これを植ゑてゐたが、 利休の場合は わざわざ それを植ゑたか 否か知らない。恐らく 始めの思ひ付きは前からあつた木が 道に當つて、おのづからに 袖を摺るものに なり、その面白さのために 遂にわざと植ゑるものに迄 なつて來たのであらう。後には 庭造りの 役木として さへ 擧げられるやうに なつた。 それについて

「袖摺ノ松之事 内路次ニ 無㆑之テハ不㆑叶也。植所ハ 道通、松葉ノ蒔留ト石且《段》トノ間 シヤリ《砂利》ヲ打、 土且ノ中程也。左右ハ 何方ニモ 可㆑植。路次中程 又 ク、リノ方へ 少寄テモ植也。數寄屋へ寄テ 植ハ悪シ。袖摺ノ松トハイヘトモ 袖ノ當通《あたるとほり》ニ 枝ノ有㆑之ハ悪シ。石且《段》へ 一枝ナト 掛タルハ不㆑苦。多ク枝ノ掛リ候様ニ 植事不㆑可㆑有㆑之。石且へ枝不㆑掛様ニ 植事尤吉。人ノ頭ノ上ニ枝付タルハ不㆑能也。頭ノ不㆑當程ニ可㆑植。枝不㆑茂、サヒタルヲ可㆑植。」(織部聞書)

「袖すり木 右左路地の 樣子次第に 植。松にかきりたるにあらず。何の木にても 植るなり。」

(松屋茶湯祕抄)

などと 桃山時代に行はれた 袖摺の木のことを 傳へてゐた。前に述べたやうに 慶長年代の妙喜

庵圍の路地に「袖すり松」の書き入れがあり、その圖では大木にかゝれてゐたから織部が傳へたやうに頭に當らない程の高さの枝があつた大きなさびた木であつたであらう。桃山時代に「袖摺木」と云ふやうな呼び名があり、松に限らず何の木にても植ゑるとしてゐた事を思ふと、利休時代の末かその後間もなく庭造りの役木と見なすやうな習しが出來て來て、[註五]内路次には これ無くては叶はざるなりと云ふ程になつて了つたのであらう。織部が松屋久好のため奈良椿井町に一疊半を好んだ時の路地には「松屋茶湯祕抄」によると「袖スリ山モ（桃）、」を植ゑてゐたし、織部の流を承け繼いた遠州の路地は伏見の松翠亭路地に「袖すり松」（松屋久重日記 寛永八年（一六三一）一月八日の條）として大きな松が畫かれてゐた。

また織部聞書は

「内路次ニ芝ヲ敷事尤面白候故古ク有レ之事也。秋ヨリ後枯レ候テ見分悪敷、掃除難レ成トテ古織以來不レ可レ鋪。嫌也。」（織部聞書）

と傳へ、古く芝を使つたとしてゐた。この「古」は利休前の北向の坪の内などには出來なかつたであらうから利休の頃を指してゐたのであらう。先にも既に述べたやうに利休の「もず野二疊」の路地は芝であつたし、また有樂の天滿屋敷路地も芝庭であつた。芝は南向きの茶座敷を好んだ利休の路地になつて始めて行はれ得たことであり、またあまり木を多く植ゑ込むものにも出來難いことで、織部や後の遠州のものなど大きな木を多く植ゑたものには望まれないことであつた。こゝでは然し秋冬の枯れた姿や、掃除の仕難い事のために織部は好まなかつたと傳へてゐたのである。また織部は

「内路地ニ草ノ類何ニテモ不レ植。ヲモト、龍ノヒゲ、石菖、觀音草、ツケ、薄不レ可レ植也。外路次ニモ同前也。」（織部聞書）

としてゐた。これは利休を承け繼いてゐたのか、織部だけの好みか確とは分らないが「龍ノヒゲ」などのやうな下草は昔から歯朶を好み用ひたと云ふ草の中に交つて使はれてゐはしなかつたかとも考へられる。ヲモト（萬年青）などは云ふ迄もなくどの路地にもあまり植ゑられなかつたであらう。またこのやうな下草の植ゑ方について後に

「三齋公と利休と同道にて堺鵙屋宗動方へ茶湯被參候時路地の飛石際に隈《クマ》笹多く植置、見事に有レ之を利休ゆひさして笑ひし故、いかゝ有レ之候やと三齋公被尋候へハか樣成仕方散々惡敷御座候。客の袴、小袖の裾、濡る故難成。亭主不作意としかり申候由。」（咄覺集）

と云ふやうな話が傳へられてゐた。通り道の近くや、飛石脇には裾を濡らす恐れあるこのや

うな 下草は 利休は 好まなかつたのであらう。

利休の 盛の頃には 路地の苔について

「口切の度毎にハ 必 爐路の様子を 少宛も たかへ《(違)》候。さなく候てハ 石も 木も そこも かしこも ふるひ《(古)》て 苔むして、悪敷見へ候とて なをし替候。其により 聚樂の時分ハ 物の悪敷事をは 苔むす 又ハ 苔と云言葉 其比 専 時花《(はやり?)》る由被レ仰候。」(細川三齋御傳受書)

「聚樂の時分は 悪敷なりたるをば 苔むす、又は 苔と云ふ言葉 専ら はやる由」[註六](茶道正傳集)

と傳へられてゐた。これは 苔むすことを 嫌つたのでなくて、そこもかしこも 古びて了ふことを 悪いと 考へ、嫌つたのである。利休は「指月集」が 傳へたやうに

「青苔日厚自無塵」

と云つた趣を 云ふ迄もなく好んだであらうし、「手水鉢ハ 丸石也。古シテ 苔ムス。蓋ニ八寸ヘキヲシテ、上ニ ヒシヤク《(柄杓)》スミ《(隅)》チガイニ フセ《(伏)》テ」(宗湛日記 天正十五年《(一五八七)》十月十四日の條)としてゐた聚樂第の 秀吉の茶庭も 恐らく 利休好みで あつたであらう。利休には 口切と云ふ 季節の改まる時に當つて どこもかしこも 苔むした路地は 恐らく「奇麗トバカリ心得テ、ウツクシキ ヌルイ仕様」(茶譜)と考へたで あらうやうに 思はれる。[註七] たゞ 古びたものなら 好いやうに 考へた

淺い心構へを 嗤ふ含みで「惡敷事をは 苔むす」と云ふ 流行り言葉迄が 生れたのであらう。註八

註一　江戸時代中頃になると「茶道要錄」の中で この茶庭の木のことを 明かに「座中の花に入れ用ふる花をば 草木共に 之を除く。」と誌してゐる。然しまた「マキ、モミ、モッコク、イブキ等の類を嫌ふ。マツ、カヘデ、カシ、アヲキ、ニシキヾ、アセボ、クチナシ、タラ、グミ、ウツギ、ホウノキ、マユミ、ツゲ、總じて 紅葉落葉の類ひ、ヌルデ、ハゼ、草にはハギ、スヽキ、ホウヅキ、トクサ、ヲケラ、ツタ、シダ、ワラビ、フキ、大概此の分を好む。」として 利休の好みとは 大分變つて來てゐる。然し 同じ頃に他に なほ「茶湯三傳集」の中に「路地のこしらへ様ハ 先ハ平庭よし。去トモ事ニ依テ 山嶋を 作事もあり、心次第。惣して 花ある木を嫌。勿論 草花の分 嫌也。葉の落安き物も 惡し。」としてゐて、利休の好みに甚だ近い傳へも創り出されてゐた。

註二　織部聞書には 唐木についてなほ「花咲テ 此花數寄ニ出シテ 其後 實ノ生候木ナラハ 唐木成共不可植也。」「花ノ咲唐木之事 チイサキ不掛目花ナラハ 可植。大成花咲木ナラハ 唐木成トモ不可植也。」としてゐた。こゝで唐木と云ふのは 如何なる木を指すのであるか 明かでない。これも江戸時代に中頃には 嫌ふ木に入れたものが出て來てゐる。卽ち「茶道便蒙抄」に「爐地の作様 山の躰を用ゆ。第一の好は松、樫、紅

葉の類、萩薄なり。此外色〻難及筆。唐めきたる物をは嫌ふ。惣して座席の花に 入る草木をは盧地に 不植也。古織は 槇、樅、もつこくを專要とす。利休は 中にも是を不用也。」としてゐた。唐木を排けてゐるのは利休からの承け繼ぎであらうか。また織部は 薄を嫌ふとしてゐたが、これには 紅葉の類、萩、薄として好みの中に入れてゐる。これらの好みは 時代により かなりな 遷り變りを示してゐたし、傳へも 歪められて來てゐた。

註三 「天平勝寶五年（七五三）正月十一日 大雪落、積尺有二寸。因述拙懷歌。御苑生の 竹のはやしに 鶯は しばなきにしを 雪はふりつゝ。二月廿三日。依ㇾ興作歌。わがやとの いさゝ村竹 吹く風の 音のかそけき この夕かも。」（萬葉集卷十九）

註四 「路次植物（貞德文集）に「路次御作立候哉。利休時代迄、松竹岩苔等計 植置く處、近年は 樅柏槇多羅葉未聞見唐木集め、被植候。更に 殊勝不存候。佗數寄不似候。外路次 內路次構可然候。唯禪家山居隱者遁世者 住居移申傳候間、思々相構掃除簡要也。」」（嬉遊笑覽）。「市内の宅邊とても 深山幽谷を うつし來たる心也。木 植樣等 さまぐ 心配有べし、深山は 松ある谷には 其實落て 松多し。杉有所は 又 杉多し。其心を以て 栽るとなり。作り木、又は 珍數木抔 植て悪し。何となく 木深く、樹竹 共に 天然の體に すべし。」（南方錄）などの傳へによつて、利休前後に 竹や その他の 木のことが、このやうに傳へられてゐた。また 竹を 織部が好んだやうに 千家の方では 傳へたものも 別に ある。卽ち「古ノ路地ニハ 松 かしの木かなめ ひさゝ木 すゝき か樣ノ木のたくひ、竹 もみハ 織部より 植申候。路地のつくり樣 各別 つくり庭

のごとく いたし候。」(江岑夏書) とあつて、竹と樅は 織部から 植ゑ始めたと傳へてゐる。

註五 「役木は 袖すり松と云て 袖えもんをする様の 木を 一所か二所にも 植るなり。 松にかきらす、餘の木にても 植るなり。」(問目錄)

「內腰掛ヨリ 數奇屋マテノ間 タ、ミ石ノ脇 中ホトニ 植ル松ヲ 袖摺松ト云。」(茶譜)

「古織部路地に 袖すりとて 必 道に 大きなる木を 植被申候。」(三齊公 一庵翁茶湯之傳 家藏)

註六 桑山宗伯の述作とも 稱へられる「正傳集」にある この言葉は 宗伯が 利休について茶を習つた頃のものか、有樂の近侍となつてからの見聞から 出て來た言葉か、それとも 言葉使ひがあまり似てゐるので「細川三齋御傳受書」から出てゐたのであらうか、 この細川三齋御傳受書は 奥書に「此二冊織田貞置老借用寫之者也 元祿十一戊寅年四月 日」とあるやうに 有樂流に 傳つたものであるとすると、或は 桑山宗伯が 早くから持つてゐて 傳へたのかも知れないのである。

註七 利休は 口切の茶に「利休は 口切と 風爐初に よひ候時は 木具、其後者 幾度とても 塗折敷なりと 被仰候。」(細川三齋御傳受書) ともあるやうに 季の移り變りを 木具と 塗折敷とで 使ひ分けて 示してゐたらしいことなどを 考へても 口切の路地庭にも このやうな手を 加へることを みづからも行つたかも 知れない。

註八 今では茶座敷の壁は 古いものを好み、さびの出るのを 喜ぶが、織部聞書によると古田織部は年々茶座敷の壁を塗りかへることを說き、疊や腰張などを新しくすると同じやうに 考へてゐたらしいが、 この考へが 庭に迄も及ぼされてゐたのであらうとも取れなくはない。

七の七　結び

利休の晩年の傳書とも云はれる「利休百ヶ條」（多田宗玄傳　陽明文庫藏）は　そのまゝ直に　利休の傳へとするには　なほ　檢らべる可き　多くのものを　殘してゐたが、註一　その中に

「數寄は　路地入にて　見る事　肝要なり。」

とした所が　ある。茶の湯と　路地との關りに於て　路地庭に　觸れた言葉で、利休時代の末頃には　かく云はれることも　有り得たで　あらうと思ふ。これは　先に引いた「數寄道大意」が「名物ニ心ヲ付シメン爲」に　その路地に　石を立てず、砂蒔かず、客の目移りを　ひたすら恐れ、座敷内に於てのみ「御茶ニ精ヲ入」れさせんとしたのに比べて　如何に　大きな開きが　出來てゐたかが　わかるであらう。これは　たゞ　茶庭だけのことに　掛つてゐたのではなく、利休の前と後との　茶の湯　そのものの　心構へに　掛つてゐたことなのである。

利休の茶の湯には　もはや　座敷と云ふ内と、路地と云ふ外が　別にあつたのでなしに　座敷なる

内も路地てふ外も唯一つの茶の湯が占めてゐたのであつた。數寄は路地入にて見る可きものと說いたのもこの事を受け入れる側から述べたに過ぎないのである。

利休の道歌と云ふものに「或時休ヘ參リタレハ反古ノ裏ニ書レタル道歌アリ。ヒソカニ取テ歸リケル其歌」（南方錄）として

「露地ハ只浮世ノ外ノ道ナルニ心ノ塵ヲナトチラスラン」

と云ふ茶庭に關るものが一つあつた。これには路地が露地と書かれてはゐたが、利休は前にも述べたやうに露地とは一度も書いてゐなかつたから恐らく路地なる言葉を宗啓好みに書き直したものかと思ふが、この歌は「路地」でないと「浮世ノ外ノ道」と云ふ「道」に歌としての掛りが出て來ない。利休はこの歌の中で彼の好みに仕上げられた茶の湯の世界としての茶庭を歌ひ出してゐたやうである。彼の茶の湯の世界は然し塵の浮世と云つた世に對ひ立つ淨らな世であつた含みで浮世の外であつた。茶の湯が藝事として完くされるために繪や芝居などと同じやうに藝術の隔離性を持たねばならぬと云ふ考へがこの歌の中に込められてゐたか否かはわからないが、浮世の事や物から切り離された路地庭の在り方の求めはおのづから觀照の世界を築き上げる向に進められて行つたのである。中潜《なかくゞり》の門などは

躙口《にじりくち》などと共に この考へからの企てを 明かに示してゐた。また 路地庭は 繪や舞臺の額縁の如く その隔離性を 助ける役を 勤めてゐたが、然し この歌では もはや たゞの 額縁だけのものでなく、茶の湯 そのものの中の 世界として 示されてあつた。それ故にこそ 數寄は 路地入りにも 見られたのであつた。そして 茶庭の形は たとひ 紹鷗ころのものに 近くとも その茶の湯の 世界が 座敷うちのみに 終らないで、茶庭にまで 廣がり及んで來た 所に 利休の茶があり、また 茶庭があつたのである。

茶庭は 庭としては 極めて 狹いものであつたし、人目を 驚かす程の 何物も 示さなかつたが、然し 茶座敷が わが國の 住居の 一樣式を「數寄屋造」として 成り立たせた如く、庭の側に於て 同じ含みを 持つてゐた。

茶庭は 初めは紹鷗 利休などの「坪の內」の狹い路地から 起つたが、終りには 織部や遠州などの書院造庭と 連つて、或は 混り合つて、廣いものに成り立つて行つた。そして 遂には 桂離宮の如き 書院造と數寄屋造とが 一つに溶け合ひ、建物としても 庭作りとしても 一つの樣式をなすやうな古典を 作り上げるに 到つた。それは 一向きに 視ることにのみ 趣いた 書院造庭と、使ふことから 一足も離れなかつた 數寄屋造庭とが 程よく 調べを合はせ、互に 持つ傾を 伸ばしつゝ一つの物に纏め上げられ、統べられたものであつた。既に「書院と茶庭」（拙著）の中で觸れたことであつたが、茶室や茶庭は寢殿造の山里の形が展びた一面が考へられ、寢殿造の庭が常に使ひ途をその考へから離さなかつたと同じやうに數寄屋造庭も常に見ることの面白さに走ることを押へ警め、展びて來たものであつた。

わが國の住居に於ける寢殿造、書院造、數寄屋造の三つの様式は建築的に著しいそれぞれの持前の姿を持つてゐたが、それに附いてゐた庭もまた同じくそれぞれに他と明かに分け得られる著しいものを持つてゐた。この含みに於てこの茶庭は茶座敷の完成と共に庭園をも込めた建築史の立場に於て認めらる可きものであつた。そしてこれを展ばすことに預つて力あつた利休はこの面に於ても特に心付けて見らる可き一人であつた。

これ迄に述べた所は利休の茶と共に進み開けた庭を庭作りと云ふ立場に於て一通り觀て來たのであつたが、これらは常にそれの作られた住居の中の茶座敷に附いたものとして屋敷全體の持つた廣がりに於てそれらとの關り合ひの内に纏められて在つたもので、それだけ切り離して見る可きものではない。それ故に利休の茶庭はその住居の全き姿の中に見なければその眞の姿は把めないと云つていい。然しそのやうな遺構がいま見られるわけではなく、それは それだけで 一つの大きな 調べ事でもある。このことについては 次の「地割と間取」の中で 述べるであらう。

註一 利休百ヶ條と云はれてゐる傳書は 多く織部が傳へたものを指すのであるが、これは「右之一冊者利休的傳也。尤可祕莫容他見事。此一冊者、利休殺害之時、家僕中在禿奴、名多田宗玄。利休愛其器。常仕茶席之給仕。宗易在所祕之百ヶ條是也。宗玄知之懷這書遁去。後歴數十年 仕于柳生但馬守、但州就之學茶之道、予亦茶之道學宗玄而令此書授某、且永井信濃守信齋茶之湯雜談之時、利休茶之湯書聞在事云々。於某懇情深切故、此書之事令閑話則寫之。熟覽曰 此書無比類莫他見云々。從古名匠所祕之好書數十卷、此書之外未曾見在聲事。又傳説利休古今無類之茶人歟。依仰奉獻上。寳永三丙戌年(一七〇六)五月十八日 正知七十六書」と云ふ後書を誌したものである。中に「床 繪か花か」とした圖入の書込の所などは 相阿彌茶湯傳書の寫し崩れとも見られるものであり、「いのこゑ」、「はのこゑ」など利休傳書として他に見られない條が入つてゐる。「壹疊半だては……」など云ふ利休の使はなかつた言葉が出て來るが、これは南方錄などが利休祕書と云つてゐたものの一つで あつたかも知れない。利休より 後のものと見られる程の 際立つた條は 一つも 見えないが、なほ 後の考へに俟たう。

八　我國住居と利休の茶の影響

八の目次

八の第一圖　西本願寺書院南側

八の第二圖　西本願寺書院白書院の上壇

八の第三圖　西本願寺書院大廣間

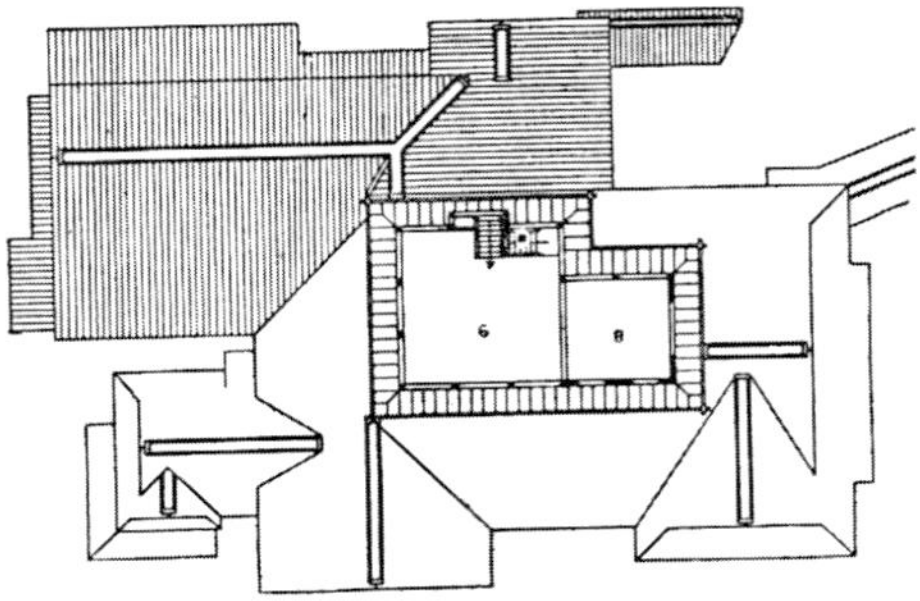

八の第六圖　飛雲閣間取圖第二階

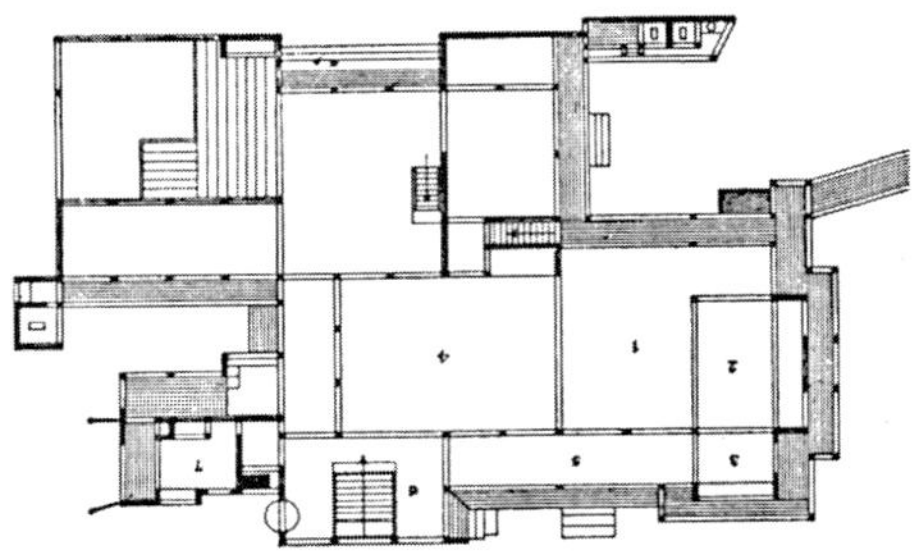

八の第五圖　飛雲閣間取圖第一階

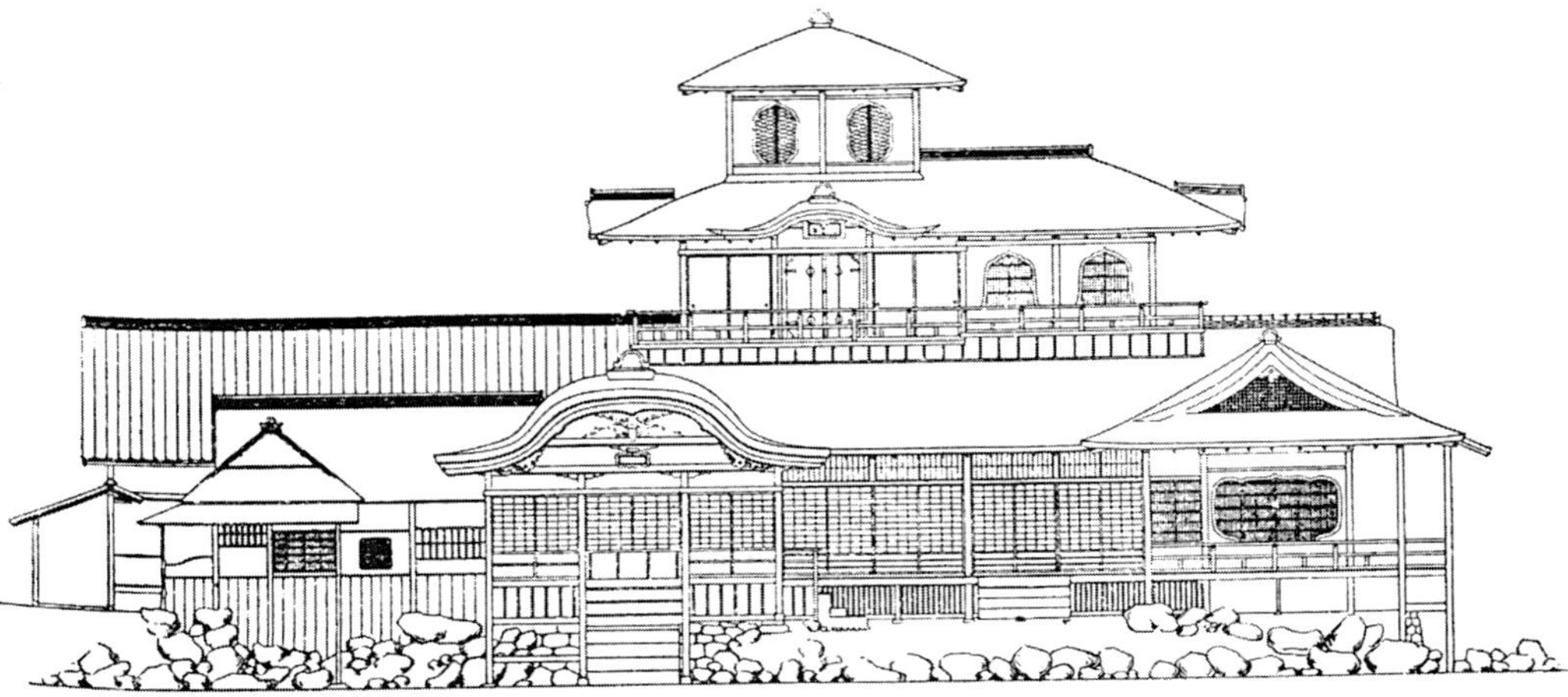

八の第四圖　西本願寺飛雲閣北側姿圖

八の第七圖　飛雲閣北側外觀

八の第八圖　飛雲閣第一階「柳の間」西側上壇

八の第九圖　飛雲閣第一階「柳の間」東側

八の第一〇圖　飛雲閣第二階「歌仙の間」西側上壇

八の第一一圖　飛雲閣第二階「歌仙の間」西側上壇

八の第一二圖　飛雲閣第二階下壇南側丸爐と小窓

八の第一三圖　飛雲閣第三階摘星樓床の間と窓

八の第一五圖　聚樂第圖屛風

八の第一四圖　飛雲閣第一階船入口

八の第一六圖　高臺寺傘亭と時雨亭外觀

八の第一七圖　傘亭と渡廊

八の第一八圖　傘亭渡廊より時雨亭上り口を見る

八の第一九圖　傘亭の化粧屋根裏と木額

八の第二一圖　時雨亭の床と竈土構

八の第二〇圖　傘亭の内

八の第二二圖　横濱三溪園の臨春閣村雨亭外觀

八の第二三圖　臨春閣村雨の間に上る華頭口

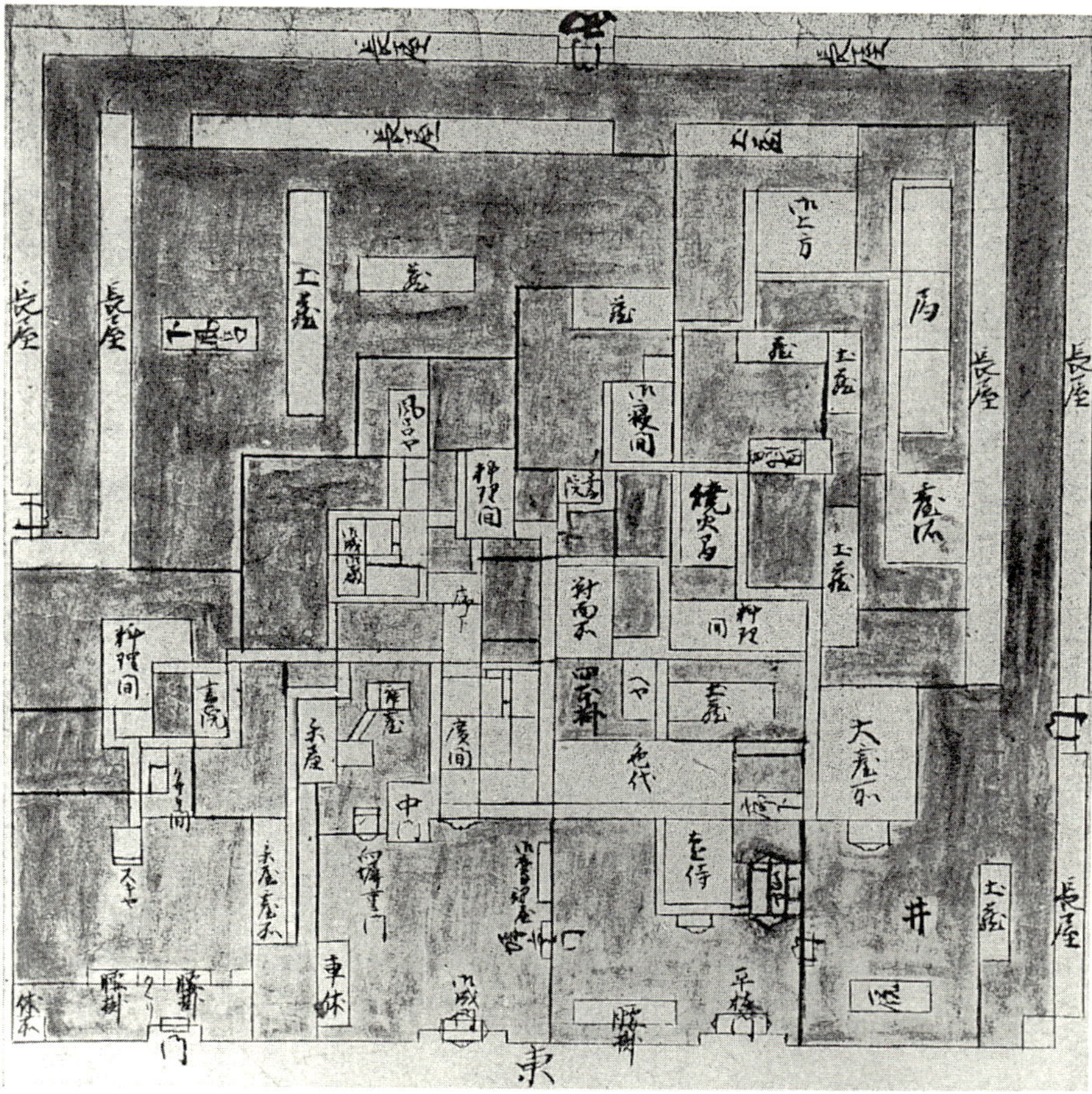

八の第二四圖　桃山時代の屋敷構圖

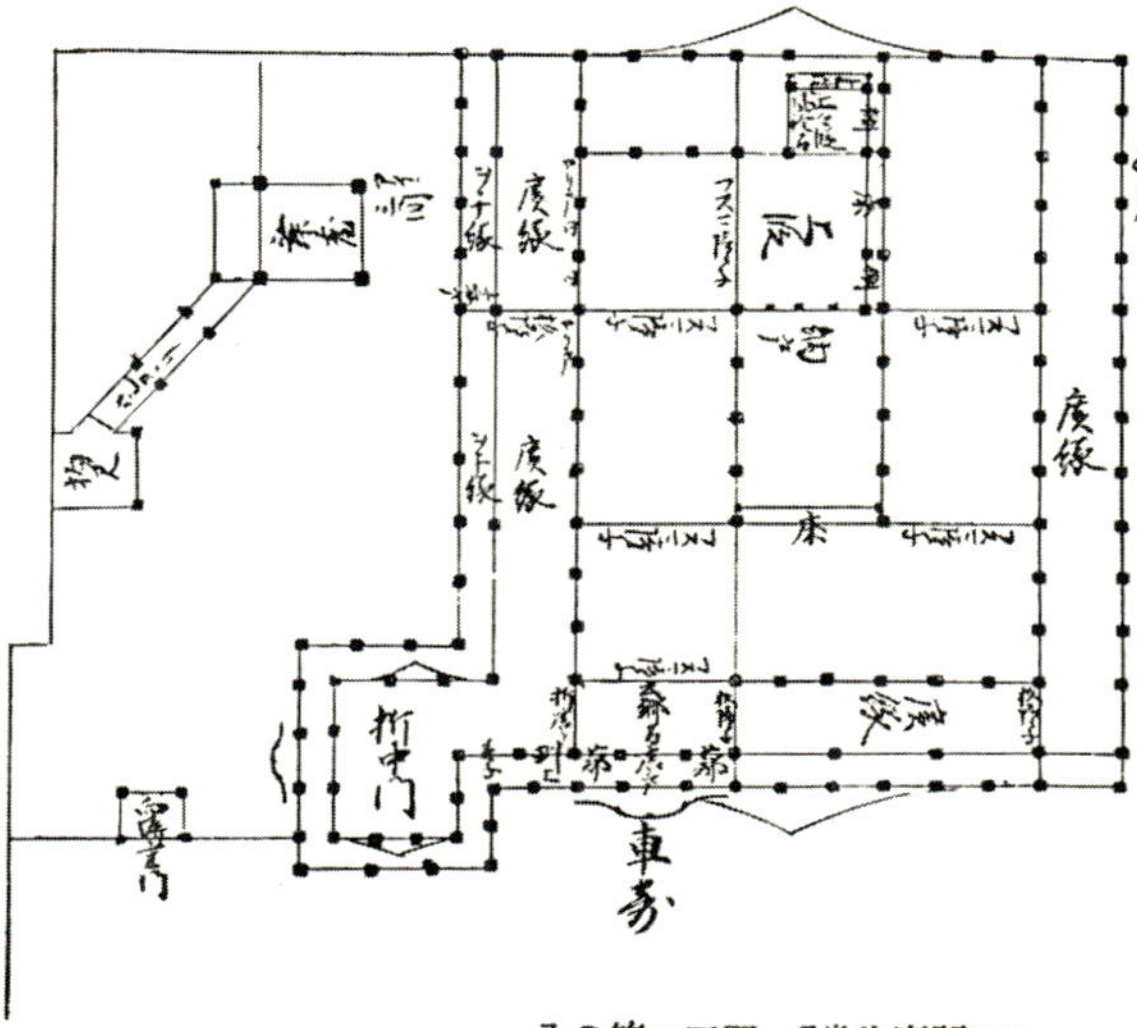

八の第二五圖　「當代廣間圖」

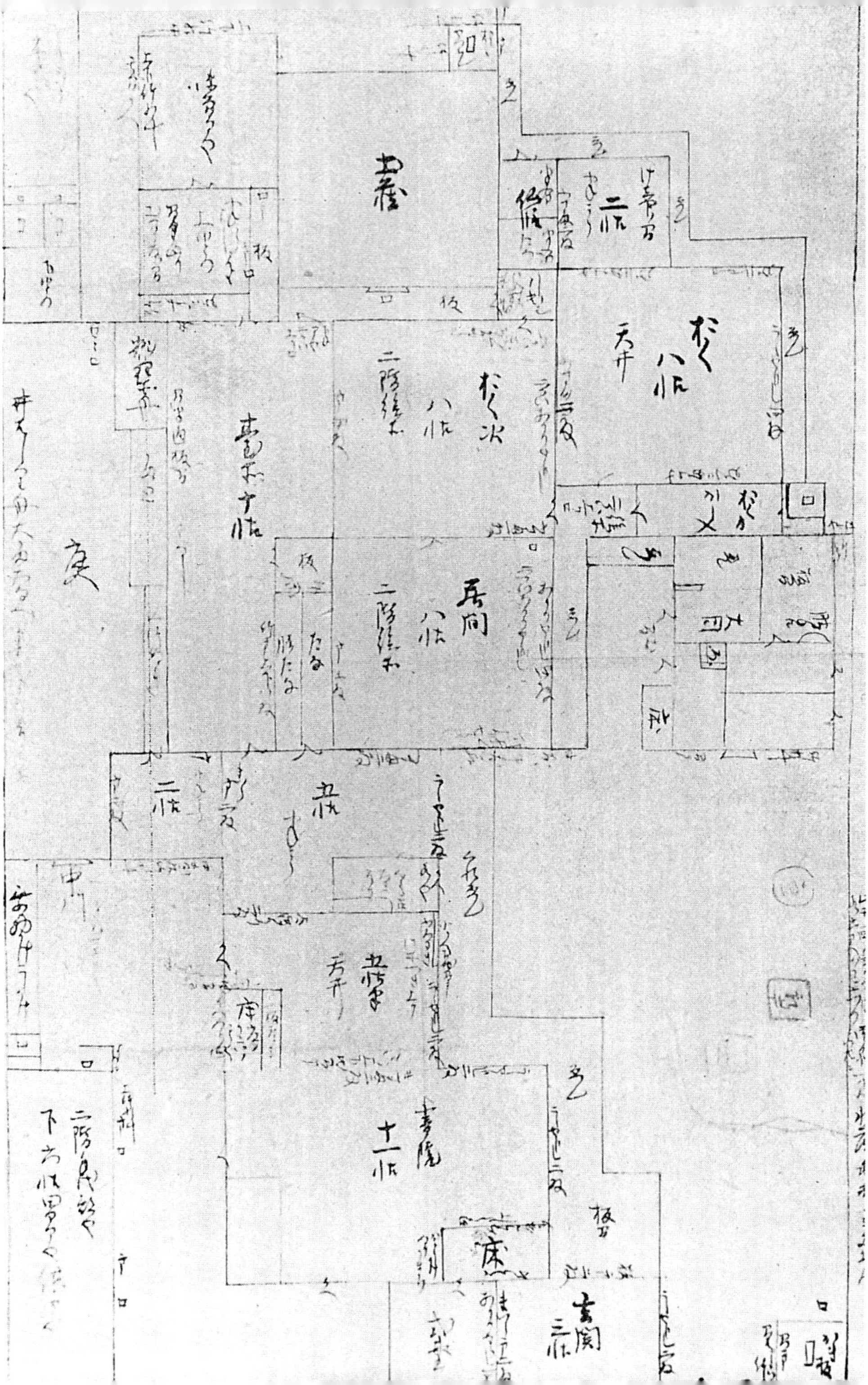

八の第二六圖　尾形光琳の京都新町屋敷圖（光琳自筆）

八の一　地割と間取

利休によつて　爲し遂げられた　茶の湯が　茶の湯として　我國の　世の常の　生活に　取り入れられ、我國の　家の中に　茶座敷となり　茶庭となつて、表はれ出たものは　言ふ迄もないが、この他に　茶の湯と云ふ程の　ものでなく　茶の湯好みとして　建物の建て方や　庭の作り振りに　潛みこんだものから　世の常の　細かな器や　食物の整へ方、部屋の飾り方、客あしらひなどに　入りこんだそれとない　影や響は　極めて　廣く大きいものがあつて、こゝで　た易く書き表はせる程のものではないやうに　思はれる。それ故　こゝでは　造形的な面、特に　建物、庭、座敷飾に限つて　その一端に觸れ、利休の茶室の　結びに當てようと　思ふのである。

今迄に　述べた所は　茶座敷にしても　茶庭にしても　その名が　示すところの　境に於てのみ　狹く限つて　誌して　來たのであつたが、それらの茶座敷や　茶庭が　世の常の　住居の中に　どのやうな　他との釣合に於て　どのやうな　關り方で　建てられ、營まれたかは　まづ　初めに　考への中に持つてゐなければならない　事柄であつた。特に　住居史的に　數寄屋造を　見ようと　試みてゐる今は　これは　最も重い要な　事柄なのである。それは　茶の湯が　常日頃の生活の中で　その生活とどのやうな連りを持つて　行はれたか、わが國の人々の　なりはひと　どのやうな釣合を　保つてゐたかが　なほざりに　出來ないのと　同じである。

利休によつて　仕遂げられた　茶の湯は　桃山時代の盛りに於ては　天正十三年(一五八五)十月七日、秀吉が正親町天皇に　茶を獻げた　禁中の茶會とか、天正十五年(一五八七)十月一日　津々浦々の　數寄人に呼び掛けた　北野の大茶會などによつて　上は　天皇、下は　山里や浦の侘人にまでも　及んだものであつた。また　この茶の湯は　信長や秀吉によつて　政事に、堺や　博多の町人達によつて　商業に　利用され、いろいろの形を取つて　廣まつて行つた。この時代の　正しい筋の　茶の湯は　少くとも　わが國を　脊負つてゐた　男子、武士にしても　町人にしても　世に表立つた程の者は　身に付けなければならなかつた　嗜みであつた。これは　次の代に於ても　さうであつて、將軍をはじめ　各大名たちは　その頃に　拔きんでた茶人達を　召し抱へ、それに就いて　それぞれに　習つたものであつた。また　大名達は　その家の子　郎黨達にも　それを習はしめた。例へば　細川幽齋の敎訓和歌として

「武士の　知らぬは　恥そ　馬　茶の湯　はち(恥)より外に　恥はなきもの」

の如きが 古く傳へられ、また 加藤清正は

「夜話に 宣《のたまふ》を聞けば 小姓共 其外若き者を 數寄致す者共が 茶湯にて 呼ばれ、かれのこれのといひて ゆかざる樣に 粗聞及たり。近比不心懸也。今程は 世間ともに 數寄はやる折なれば何方へも 使者にやりたる時 清正へ 馳走のために 茶をくれられん時 樣子能《よく》呑てこそ 我ためも然るべき事なるに 時宜作法 散々取亂ては 清正迄の 恥辱なるに 數寄いたす者へは 此方より望みても 折々ゆき、せめて 人中にて 大耻かゝぬ樣に 呑效べき事と 咄の樣に 宣てより、若輩なる 者共まで 數寄稽古 いたしたる也。」（續撰清正記）

と傳へられてゐた。後には また その流行り過ぎに 對つての戒をも 出されるに 到つた。

このやうな 桃山時代から 江戸時代初めに掛けての 拔きん出た 茶人達は 例へば 利休、織部、遠州、石州などの 社會的な格は その祿高や 位だけのものでは なくて、廣き世の嗜みの導き手であり、その頃の 造形美術をはじめ 住居、着物、食物に亙る 世の廣い 流行《はやり》の先驅、その樣式的な 統べ方を「好み」と云ふ言葉によつて 當に 行つて來たものであつた。

室町時代に於て 能阿彌や相阿彌の 君臺觀左右帳記は 行幸や 御成の時など 晴れの場合の 座敷飾、その道の具としての 繪掛物や 唐物の 品定め敎書として 世に立つ 武家や、町人にとつ

ては なくてはならない 物となつてゐたが、その傳へは 桃山時代に まで及んだ。註一 能阿彌、相阿彌の如き 座敷飾をはじめ、繪や花 連歌などに その才を 謳はれた程の 人柄の位置と、好みによる 直の 或は 遠廻りの それとなき指し示しは 建物や、庭造りにまで及んで、義政の東山殿の如き 書院造の 様式的仕遂げを 誘ひ導き出したとさへ 考へられるのであつた。利休に於ても それと同じく、秀吉の大坂城や 聚樂第にての 座敷飾を通して 廣く 桃山時代にその好みは 一つの世の習しとなつて 廣められ 行はれたのであつた。その場合に於ても 前々からの 能阿彌、相阿彌の傳書は 古典として 尊ばれた。今も 利休に關る 次のやうな 奥書を持つ能阿彌の君臺觀左右帳記が 殘つてゐる。註二 それは

「此一册 江州六角殿所持之本也。亂入之刻 國人求置候處、關白秀吉公 於聚樂 利休居士餝之次第 被仰付刻、此本尋求 備上覽、如此餝候也。」(能阿彌 君臺觀左右帳記)

と云ふやうなものであつた。

また 利休の好みが 建物そのものに 關つて居たことは 慶長十三年(一六〇八)の秋の 日附を持つた平内《へいのうち》政信が 傳へた工匠の傳書註三に

「天正ノ比《ころ》 關白秀吉公 聚洛(樂)城ヲ立給フ時、主殿ヲ大キニ廣ク作リタルヲ 廣間ト 俗ノ云ナラ

ワシタルニ今廣間ト云リ。又茶ノ湯之座敷ヲ數寄屋ト名付事ハ右同比《おなじころ》堺ノ宗益《易か》云始ル也。」(匠明 東京帝國大學藏)

の如く誌されてゐた。「堺ノ宗益」とは 堺の宗易利休に 外ならないであらう。そしてこれには 利休が名付けたと云ふ 數寄屋を 取り入れた 屋敷構圖が 添へられてゐたのである。(八の二四圖) この圖は 大きさは 書入れてないが、京都町割の 一町邸に 當る廣さを 選び、都市計畫的に 大住居の 基型として ゐたらしく 見える。そして その中に作らる可き 建物の割付けを 委しく 書いてゐた。これは この時代に於て 實に 建てられた一つとしては 傳へられてはなかつたが、その頃に 建てらるべき住居の目安として 考へられたもので あつたから これに近い 先の例や、これによつて 企てられた構も 恐らく その頃には あつたであらう。それ故に この圖は 繪空事であつたとしても その頃の 住居の在り方の 理念的繪姿として、その時代に書かれた含みに於て 重く見らるべきものである。そして 同じ巻の 東山殿圖は 既に 他の所で 考へ證したことであつたが、その實を 傳へてゐなかつたことによつて[註四] この圖をも 輕く見ることは 出來ないのである。 この圖について こゝで 特に見ようとすることは 屋敷全體と 茶の湯座敷との 釣合及び その占め所、その連り方である。

この圖の屋敷は東を主通とし、三つの門を開いてゐた。その主な門は平棟門《ひらむねもん》で、その南に御成門、またその南に數寄屋門がある。屋形の中心は廣間とその頃呼んだ主殿(八の第二五圖)で、その主殿の南に續いた一區切りが書院と鎖の間、數寄屋をもつた構であつた。

主殿《しゆでん》は室町時代の中頃から末に行はれた細川管領屋形の形を少し變へた構で寢殿造の筋を引く書院造の基型である。(八の第二五圖)この型は聚樂第をはじめ江戸城などにもそのころ好んで用ひられた書院造型で、謂ふ所の「廣間」造であつた。門を入つた見付きは寢殿造この方の構で、入母屋造破風が大きく聳え、庇に唐破風がついて、車寄《くるまよせ》が設けられ、中門廊の作り出しが折れて、「折中門《をれちゆうもん》」となつたものである。この主殿には南側に能舞臺が作られ、それに向つて下壇、上壇、上々壇に分れた主な座敷が間取られてあつた。そして床、棚、書院がその間に飾の場として造られてゐた。これは園城寺光淨院客殿そのまゝの形であつた。その奥西の方に「御成御殿」がとられ、その南の方に數寄屋構が建てられてゐたのである。

數寄屋構は屋敷が廣狹四つに分けられた一區切りを占め、獨り立ちの門を持ち、極めて要な役を負はされてゐた如くである。

この數寄屋構は表通から門を入ると中に休所があり、次に腰掛の兩袖に潜門《くゞり》が作られて、その中に「スキヤ」(數寄屋)が建つてゐた。その後に續いて「クサリ間」(鎖の間)、書院、料理間があつた。この形は桃山時代から續いた京都藪内家が今も名殘を留めてゐる。今の藪内家は建物は變り、門も動いて狹ばまつてゐたが、さうならない前の姿が「拾遺都名所圖會」に載つてゐる。この匠明が傳へた桃山時代の屋形構はその時代最も高い住居として表はされてゐたのであるが、先に引いた前田利家の利休好み屋形などは恐らくこの位の規模を持つてゐたと考へられる。そして秀吉が家康と大坂城で會ひ見た時のやうに客と主人が茶座敷の中で最先に會ふことがあつて、この門などはそんな場合に開かれるためのものであらう。

この圖は極めてあらい描き方であつて間取などは全く分らないが、數寄屋は土庇の附いた形らしく東向で、路地庭などは廣間(主殿)や「御成御殿」のものより遙かに廣くとられてゐた。恐らく二重路地、或は三重路地が作られ得る廣さを占めてゐた。

「鎖の間」は北東に坪庭が作られ、それに續いて書院が作られてゐたが、これも庭など區切られて鎖の間や數寄屋路地とは離れた庭である。この書院は主殿や御成御殿の書院とは異つて恐らく數寄屋造の建物であつたらうかと思はれる。茶會の前後などに使はれたもので、廣間の書院などが金地濃繪《だみ》が貼られた壁や襖をもつてゐたのに對つて恐らく土壁無地の襖か、或は繪があつても墨繪の輕いものであつたであらう。この數寄屋造が占める敷地は屋敷全體の廣さのほゞ八分の一餘りに當つてゐた。そして建物の面坪は明かには分らないが、中心の主殿のある處に比べて、半分にも滿たない廣さに見えてゐるので、庭の部分は極めて廣かつたやうに考へられる。

このやうな住居の地割はどれ程に茶人の指圖があづかつてゐたかは明かでないが、前田利家の大佛屋敷などは「大佛御屋しきなわうちわたり申……」と利休の手紙にあつたやうに地割の繩張りには利休みづから立合つて居り、そしてまた臺所、馬屋その他「大かたの事」は建物奉行の淺野長政と相談り合つて定め、「數寄屋の事は」「我等才覺」で全く總ての責を負つて力を致したのであつた。利休のこのやうな努め振りから推して秀吉の聚樂第や大坂城の住居などに於ても、これより上か、少なくともこれ程には關つてゐたに違ひない。そしてこの「基型圖」もさうした時めいた人々の家を取つて以て範とし、基として作られたと見られるから、利休の力はこの圖の中にもその裏に潜んでゐると見てよいであらう。

この屋形は誰の住居と云ふことではなくその頃の世の一流のものとして有り得べき繪姿を描いたのであつたが、これを利休時代前の住居と比べて見るとき、如何に變つて來たかが分るであらう。例へば 足利義政の 小川御所《こがはごしよ》や 東山殿《ひがしやまどの》の如く、書院造の 完成時代では あつたが、茶座敷は 芽生えの時であつて、御湯殿上《おゆどののうへ》に 据ゑられた 茶の湯棚が 漸く獨り立ちの「茶湯の間」に置かれたり、造り付けられたりした 時代であつた。小川御所では 茶湯の間は「御對《たい》面所五間《めんしよいつま》」に附いた「落間《おちま》」であつた。[註五] 東山殿では 御湯殿上に附いた「茶湯の間」であつた。それらは 同朋が 控へてゐて、「召《め》しの御茶湯」に備へた 部屋か、それに近いものであつた。或は東山殿 東求堂の同仁齋の如きは 四疊半で、茶の湯棚は 作り付けられ、違棚となり、爐が切られて、世に 茶の湯座敷の 始まりと 傳へられてゐた程の ものであつたが、常御殿の釣殿の如き連りを持つてゐて、そして部屋は 禪僧の書齋の形をし、禪修業の座として、持佛堂に附いた 小部屋であつた。この如き 茶座敷も そののち 足利將軍の屋形では あまり展びなかつた。義晴の柳御所や 義輝の室町殿など 茶の湯が 既に盛に 行はれた時代にも かゝはらず、茶座敷は まだ作られてゐなかつた如く、洛中洛外屛風の中には それらしいものは 畫かれてゐなかつたし、記錄にも 表はれてゐなかつた。

桃山時代の 武家の書院造に その範となつた 細川管領屋形に於ても 御座の間の次に「めし(召)の御茶湯たな」が置かれ、大永四年(一五二四)の將軍御成に於ても そこで茶の湯が 行はれたに[註六]過ぎなかつた。

（一五六一）永祿四年に 義輝が 臨んだ 三好義長屋形になつて 能舞臺が附いた書院造となり、初めて 茶の湯にのみ使ふ「奥の四疊半」が 作られた。そこには 茶の湯棚と 臺子とが 同じ時に 並べて飾られた。その時に なほ 別に 三疊間に於ても 御茶の湯があつたが、然し それは「御成の間」に附いた小間で、御湯殿上の 名殘を留め、同朋が控へて、召の茶の湯を 調へた 部屋の位置をなほ 保つてゐたものであつた。永祿四年と云へば 利休は 既に 歳四十に 當つてゐたが、このやうに 第一流の 時めいた 屋形に於ても まだ 主殿の中に 一つ二つの 茶座敷が 作られ 初めたに 過ぎなかつたのである。それが この平內傳書の圖では 屋敷の八分の一程の 廣い場所を占め、獨り立ちの それに附いた 門をさへ 持つてゐた 數寄屋構が 作られてゐたのであつたからその生活の中に 茶の湯が 如何に 重い部分を 負ひ、住居の 機構の中に 如何に 要な處を 占めたかが 窺はれるのである。そこに 利休の茶が わが國住居の上に 並々ならぬ 大きな影を 投げ掛け、響を及ぼしたかが 認められるのである。

このやうな圖は 前にも 述べたやうに 世の常の 人の住居として 有り得べき姿として 繪かゝれてゐたのであつたから 特に 茶の湯が好きで あつたり、茶の湯に關つた 者の 住居は 部分と全體の釣合に於て 數寄屋造は これより 遙かに多くなつて ゐたはずである。例へば 利休の住

居などは 總てが 數寄屋造と なつてゐたであらうと 考へられる。佐久間不干齋は 利休の聚樂の家のことを 誌して

「近代 大《太》閤の御世 聚樂盛の時節、大名小名の屋形 數百軒 何も《いづれ》 金銀いらかを ミかく《磨》。其中に 寺ともなく 武家とも見えさる家あり。其門 二重屋根に作、瓦を ならへ《列》、うちの 住家よ《由》し有けにして 高くもなく ひきく《低》もなく、こうはい《勾配》 そらす《反らず》、こうはい はやくもなく、ぬるくもなく、はふ口《破風》 狐戸に 至まて、他家に かはり《變》、様子しほらしき事 絶二言語一。」(明記集)

と述べてゐた。大名小名の 數百軒の中に 建ち交つて 利休の家だけが 一際 目立つたらしく、

「此門たそ《誰》と問。内より 利休居士宗易と答。 かの老人 其時うち《打》う《領》なすひて云。 さすがに 天下數奇の名師哉。平人の 住所とは かくこそ 可レ違。殊勝々々と いふてとをる。」(明記集)

とも傳へてゐた。これは 他の家々が 室町時代から 傳つて來た 書院造の 見え掛りを 持つてゐたのに 利休の家だけは 恐らく 數寄屋造で 建てられたが 故に 寺でもなく、武家とも見えない姿として 目を引いたのであらう。それに また 建物の様式の 上だけでなく

「旦暮《あさくれ》 掃地《掃除》 無レ障《すき》相見え、ちり《塵》取、箒、門わきに かけならべ、飛石、植木は 不レ及レ申、門外迄 水打しめし、閑凊ひや《冷》ゝかなる事」(明記集)

などもその建物と相俟つて見る程の人の心を打つたのであらう。

この聚樂屋敷についてなほ後の傳へでどれ程に據り所があるか疑はしいが、茶道要錄に此屋敷の門は京都大德寺龍光院に殘されてゐたとしてゐる。[註七]これは檜皮葺の棟門で、甲門《かぶと》とも呼び、數寄屋造の心持を豐かに持つた低い門で、內側庇を切り取つた形は特に我々の目を好ましく捕へる。寺では小堀遠州の好みと傳へてゐたが、いづれにしても桃山時代か、少くとも江戶時代初めを降らない樣式のもので、利休の家の門もこれとあまり變らなかつたであらう。この屋敷より先に作られた大德寺門前屋敷と思はれる利休家之圖では先にも述べた如く大門、中門、平地門（屛中門）があり、その中に廣間、長五疊、九間《こゝのま》、二疊、四疊半などの重な座敷が含まれた住居があつた。聚樂屋敷の中も恐らくこれとあまり變らない程のものか、或はも少し大きかつたかも知れない。既に述べたやうに大德寺門前の廣間や九間はその頃の書院造とは異つた建て方で數寄屋造としての一つの完成を示すものであつた。また利休居士庭宅圖（三の第八圖）（家藏）として傳へたものは江戶時代中頃の表千家の樣を示すものではあつたが、少庵この方の住居で、その書院は利休の九間を再び現はしたものであつた。またその茶座敷なども利休好みを傳へてゐて、利休住居の面影を少からず殘してゐたものと思はれる。

次に 利休時代の 町屋の茶座敷は 松屋會記など その頃の茶會記を 通し ほゞ推し量り得るが、それを含む 住居全體の 姿は 全く 知られない。然し 茶を嗜んだ 人々は その茶座敷が 利休好みを追うてゐたやうに 住居も 少からず その好みを 承けてゐたであらうと思ふ。

先に掲げた 利休好み「堺町市住居露地數寄屋之圖」(七の第八圖) は 町中の住居に於ける 數寄屋造の 部分を考へる 一つの手掛りであるが、この部分が どんな釣合であつたかは 全く解らない。また 松屋の奈良手貝屋敷は 織部好みで「壹疊半之時ハ路地東西八間、南北三間。」(松屋茶湯祕抄) と誌されてゐて、堺の 利休好み路地より 遙かに 廣くとられてゐた。その頃の富み榮えた 松屋の座敷は 恐らく 世の町屋とは 比べものにならない廣さの屋敷構であつたであらう。

利休時代の あまり大きくない 中位の町屋を 考へる手掛りとして 江戸時代中頃のものではあつたが、京都新町の 尾形光琳の屋敷を 擧げて見よう。

繪を描いた 光琳の家は 貿易を行つた 堺の町屋とは 同じ 利休の茶を 好んだ人々の家でも異つたものがあつたであらう。また 時代も 利休亡き後 百二十年も 隔つてゐたから 時代的に變つた處も 出てゐたであらう。然し 光琳は 茶人系譜によると 表千家の隨流宗左に 茶を習つたと云ふことであつたから　その方から　利休の茶に　深く觸れてゐたし、また彼の藝術は　光悅や宗達に負ふ所少なくなかつたから　その住居振りにも　それらを模ねる所が　少からず　あつただらうと思はれる。彼の光悅は　利休の弟子　織部に茶を習つたとも　有樂に敎はつたとも　傳へられて

「茶湯に　ふかく　すきたれば　二疊三疊敷　いづれの宅にも　かこひて、みづから茶をたてゝ　生涯の　なぐさみとす。」（灰屋紹益　にぎはひ草）

と誌され、宗達は　少庵の　手紙の中に　共に　茶の湯に　招かれることがあつて、この二人は　共に茶の湯に　深い連りを　持つた人達で　あつた。特に　光悅の二疊敷、三疊敷を　圍ひてと云ふ　住居振りは　光琳の住居にも　また　そのまゝ表はれてゐた　所であつた。それ故に　あべこべに　光琳の住居から　光悅の住居が　偲ばれて、引いては　桃山時代の　利休の茶の影を　宿し、響を　承けた　この種の　住居も　これらから　見通しが　出來て　來るやうに　思ふ。

光琳は　先にも　述べたやうに　利休好み　二疊「獨樂庵」を　持つてゐたと　傳へられてゐたし、みづから好んだ　茶座敷も　起繪圖として　殘つてゐた。また　有樂好み「如庵」寫しの　遼廓亭を京都仁和寺に殘して、[註八]　彼は　繪や工藝に　力を致したと　同じく、建築に於ても　特に　茶座敷に　その好みを　表はしてゐた。こゝに掲げた　圖は　正德元年（一七一一）卯ノ五月廿五日附の　仕樣帳や　見積り書

を伴なつた 光琳自筆の圖（武藤金太氏藏）で、京都「新町通リ二條下ル町」にあつた。[註九] 西側に 門が開かれ、間口七間半、奥行十三間程、百坪たらずの町屋敷で、その門の一つには「路地口」と書き入れられ、庭への 直の入口があつた。その中の庭に 向つて 南向きに 西から東に

「玄關三帖」「書院十一帖」「五帖半」「（次）《(別圖に)》五帖」「居間八帖」「おく《(奥)》次八帖」「土藏」

などが 中心に配られ、この北側に

「（手代居所）《(別圖書入)》二帖」「臺所十帖半」「上ゆとの《(湯殿)》」「味噌部屋」

が取られてあつた。またこの「居間八帖」の東に連る「奥次八帖」の南側に 續いて

「おく《(奥)》八帖」「けしやう《(化粧)》間二帖」「佛段」

があり、またその「奥八帖」の西に

「繪所二かい《(階)》上り口」「（三疊大目茶座敷）」

が作られてゐた。この三疊大目茶座敷は 間取圖の上では 書入れがないが、別に「新町光琳様園三帖大目」とした起繪圖が 添へられてゐた。畫を描く部屋であつた 繪所《ゑどころ》は 居間八帖奥 次八帖の上で、「二階繪所」と書き入れてゐた。また 門を入つた北側 地境寄りに「二階手代部屋、下六帖男部屋、供部屋」があり、その奥に「乗物かけ、こしかけ」があつて、臺所北の「庭」に入

る「中門」があつた。

この茶好きだつた 繪かきの 住居には 棟を かへた三疊大目と 主屋の中に「五帖半」の茶座敷が あつた。この五疊半を 茶座敷と考へるのは 南側の「くれえん《(榑縁)》」に向つて「小かへ《(壁)》下地間戸《(窓)》ふろさき《(風呂先)》」とあり、「此所つき《(突)》上ケ」と書き入れて、突上げの 天窓が 切つてあつたし、東側には「くわと《(花頭)》口太こはり《(皷張)》」「大皷はり二枚」、北側には「床 常ノかこい《(圍)》ノことく《(如)》 かべ《(壁)》ぬり廻し」、「板たゝみ《(疊)》」などの 書入れは 數寄屋造であつたことを 明かにしてゐたし、東には「水や《(屋)》」が附いてゐて、茶の湯が行ひ得る 總てが 備つてゐたからである。

また その西にある 書院十一帖も 十二帖敷の中に 一間の床の間を 取つたもので、「御造作仕様帳」によると

「柱丸太面付 三寸四分、 軒之高サ 一丈貳尺、 床之高サ 貳尺三四寸、 高倍《(勾配)》五寸、 地廻り建屋根 土居葺 結。」

とあるものであつた。「柱丸太面付」とは いま云ふ面皮柱《めんかはばしら》のことであらう。床《ゆか》高さや 軒高さは高い方であり、 また 床の間はじめ「御座敷鴨居の下はり《(貼)》付、 四方廻り縁」と云つたもので 書院造の感じが多いが、 面皮柱であり、 それに合せて 長押《なげし》がなくて「付かもひ《(つけ鴨居)》」があり、「内法《(うちのり)》上内

廻り大坂赤壁」であつたし、また 床《とこ》の間廻りは

「御床柱吉野され丸太、かまち(框)塗物 眞塗、落懸ケ 天井、寄セ敷居、板敷、三方張付ふちあり。」

と云つたもので、眞塗の框では あつたが、板床で、吉野丸太のされ丸太を 使つた 床柱などがあつた。また 軒廻りについては

「梁(は)リ 松丸太 末口五寸、桁さか(嵯峨)丸太 末口貳寸五分……」

などとあつて、二軒《ふたのき》造りで、杉の丸桁は 末口貳寸五分と云ふ 細いものを 使つてゐた。また 外廻りは「土塗聚樂土」の仕上げであつた。また 茶座敷「五帖半」との境は「ふすま(襖)二枚 かもい(鴨居)ノ上 下地間戸(窓)」としてゐた。これらから 考へて これも 數寄屋造で 建てられた 廣座敷であつたやうに 考へられる。これらの姿は 今も 光琳好みと 傳へられる 遼廓亭から推して その見え掛りを 偲ぶことが 出來る。

これは 江戸時代 京都に作られた 中流住居の 一つの文獻として 據るに足る 史料であるが、この中に 利休の茶の響を 茶座敷を始め 廣座敷などに 明かに 認め得る建物であつた。そして この茶座敷の有り方や、全體との 釣合は そのまゝ桃山時代の 京都や堺の 茶好きの 町家と考

へても あまり誤りでは ないやうに 思はれる。 このやうな 百坪に足らない 町中の屋敷では 富んだ家でも、廣い庭は とり得ないし、百坪程の大きさの 二重路地、三重路地などは 思ひも寄らないことであつた。 そこには 文字通りの 路地に 二つ三つの植込や下草が あしらはれ、井戸や 手水構や 雪隠、飛石などで 組み立てられて、見られたものであらう。[註一〇] この含みに於て この中位の 住居は よき例として 顧られるべき ものであらうと 思ふ。

利休の前、大永から 享祿年代にかけての 宗珠の住居は 先にも觸れたが、京都の町中に 於て

「下京茶湯とて 此比 數奇などいひて、四疊半敷、六疊舖各々興行。 宗珠さし入門に 大なる松あり、杉あり。垣のうち 淸く、蔦落五葉六葉色濃を見て」(宗長手記 大永六年(一五二六)八月十五日の條)

「……山居之體 尤有レ感。誠可レ謂市中隱。當時 數奇之張本也。」(二水記 享祿五年(一五三二)九月六日の條)

などと 傳へられてゐて、この光琳の 住居のやうな 小さなものでは なかつたらしく 恐らく 利休聚樂屋敷にも 比べられるか、それより上の 構の如くにも 思はれる。 然し それらは 「數奇之張本」と云はれた 茶の湯の 專門家であつたから 世の常の 町屋としては 考へられない 在り方のもので あつたらう。

また 光琳の家も 云ふ迄もなく 世の常の 住居とは 飛び抜けた 異つたものであつたであらう。

然し 光琳の繪や 蒔繪の好みなどが 世に持て囃され、その流れに 從つて 彼の住居などに 表はれた 好みも また 世に有りたき物として 廣まつて行つたに 違ひない。

この家について 三疊大目の茶座敷は 起繪圖によれば 窓の切り方や 入口の形に よく利休好みが 取り入れられ、組み立てられてゐた。 また 廣座敷に於ても これと 同じく 利休の茶から表はれ來た 釣合の美しさや、組み立てが 見られたであらう。 そして 床の柱や 落掛 框 などの比例などに 恐らく 利休好みが 表はれて ゐたであらう。 たゞその頃の 世の好みが 桃山時代に比べて 總てに亙つて 細く弱い 傾を 持つてゐたことは 既に 前に述べた如くであつたが、これは 有樂の如庵寫し 遼廓亭にも 表はれてゐた 所から考へて、この家にも 木割の細さ、從つて建築的表れとしての 力弱さは 免かれなかつたで あらう。 そして それは 江戸時代を 通して 今にまで 傳へられ來てゐた傾である。[註二]

こゝに 今まで 述べて來たことは 利休の茶の盛んであつた 時代の 世の常の 住居が 茶の湯座敷を どんな形で 持つてゐたかを 見て來たのである。 それは 京都の一町邸の 大きさを持つ屋敷から 百坪たらずの 中位の 住居にまで及んで 平内傳書の基型圖と 光琳二條屋敷の例によつて 一通りを 眺めて見たのである。 そこには いづれにも 著しいものが あつたのであるが、江戸時代に入つての 大住宅では 利休の茶と云ふよりは 織部や遠州を 通しての 茶の湯の響を傳へるものであつたが、こゝに 表はれた傾は 益〻强められて行つた 向が少からず あつた。

註一　能阿彌や相阿彌の名で、多くの人に宛てた 君臺觀左右帳記や座敷飾記は いま二十種近くも 知られてゐるが、それらは 將軍や 武家を はじめ 珠光の如き數寄者 その他の人に 宛てたものである。これについては拙著「書院と茶室」に 委しく述べた。

註二　この君臺觀左右帳記については 後に加へられた この奥書は 持たないが、能阿彌から珠光へ、珠光から宗珠へと承け繼がれて行つたもので、全文を 德川宗敬伯爵藏の本によつて 美術研究に載せた。

註三　この工匠の祕傳書「匠明」は 平内政信が「慶長十三中ノ秋ニ記者也」として 平内但馬守吉政に傳へ、また 吉政が「慶長十五年(一六一〇)初春吉日」と奥書した卷物五卷から成り、東京帝國大學に 藏されてゐる。この内の「殿屋集」とした一卷が 住居に關る卷である。

註四　註三の匠明の中にある「東山殿屋敷圖」の誤りのことは 拙著「書院と茶室」の中で述べたことであるが、その頃の日記や 御飾記などに 誌されたものと 全く合はない形である。それは君臺觀左右帳記の建築的研究の中の東山殿の復原や、洛中洛外屛風の建築的研究の「室町殿と平内傳書の東山殿圖について」及び

「細川管領邸と鎌倉御所圖について」の中で明かにして置いた。

註五　これらは拙著「書院と茶室」の中の小川御所復原圖に明かにして置いた。

註六　細川管領屋形への御成については 拙著「書院と茶室」の中の「細川管領邸と鎌倉御所圖について」で述べた所である。この時は細川晴元の時で、茶道には 穴山梅雪が居た。それについて「梅雪ハ晴元殿ノ茶堂(道)ノ師也。晴元ト云ハ 細川ノ總領ト云。梅雪ニ利休モ 永(長)盆ヲ問フ。宗無モ梅雪ヲ合力シテ 數奇悉ク問フ。」(秀次公御茶湯記添書 宮内省圖書寮藏) とあつて、利休の師にも あたることを傳へてゐる。梅雪は 餘程長命であつたのであらうか。

註七　茶道要錄に「居士カ聚樂ノ屋敷トハ 葭《ヨシ》屋《ヤ》町通元誓願寺下ル町也。後ハ 長岡休夢ノ家ト成ヌ。是モ一同ニ上《ア》リ屋敷トナレリ。少庵再ヒ出京ノ時分 拂ヒ屋敷ト成ル。御成ノ間、色付ノ書院ハ 少庵後ノ屋敷へ引テ今ニ有ル是也。廣間ハ 大德寺塔頭高桐院ノ茶堂ト成ル。今ニ有ル是也。臺所門ハ 日蓮宗妙蓮寺ニ有ル是也。各皆ナ 今ニ 存ス。」として「延寶(三年)(一六七五)乙卯孟秋之日」の日附で 誌してゐた。何か その頃の 記錄でもあつたのか、只云ひ傳へか よくは 分らない。

註八　光琳好みの茶座敷の起繪圖や、遼廓亭の光琳好みであつたことは その當時のものは 見當らないが 松平樂翁の集めた圖(松平子爵家藏)の中に あるのなどが 古い史料であらうか。寺にも 光琳時代の その記錄は 今の所知られてゐない。

註九　尾形光琳の京都新町の屋敷圖は 二枚あつて、表側の方は どちらも 同じであるが 裏の方に 少し變つた所があり、また 一つには 茶座敷が 書き込まれ、庭の地割を 薄墨で當りを付けたものである。いづれが實施されたか 明かでない。いづれも 光琳の筆と 云はれてゐる。茶座敷の起繪圖は 色紙で 作られた 珍しいものであるが、これは 大工が 作つたものらしく、書入れの文字も 異るし、また その袋には「小形光琳様 新町御屋敷 鹿戀繪圖 積り蝶共入 正徳元年卯六月 田磨家」と誌してゐた。中に「御數奇屋 御繪圖 彥左衞門方淑所持（貼付）」とした 小袋に 入れられてゐる。然し 間取圖の中の 茶座敷圖は 他と同じ筆で、光琳の書いたものと 見られる。大工は その間取圖に從つて 起繪圖を作り、見積も 書いたのであらう。

註一〇　圖には表はれてゐないが「御造作仕様帳」の中には「露路口一ヶ所 同雪隱有。」としてゐて、茶庭の中に 砂雪隱でも作られたらしいのである。

註一一　御造作仕様帳には あまり 寸法の書入れがないが、たゞ「敷居鴨居松 一寸八分 三寸四分」とある。一寸八分が鴨居の成の 仕上寸法とすると、木割は 大きいものとなるが、丸桁が末口二寸五分など云ふ 細いものを化粧に用ひてゐた處から考へて、一寸八分の仕上げの 鴨居ではなかつたやうに 考へられ、これは敷居や鴨居に用ひる現場持ち込み材の 大きさを 示してゐたのであらう。

八の二　座敷構と座敷飾

秀吉は 山崎の寶積寺から 天正十一年(一五八三)十一月には 新しく成つた大坂の城に入り、天正十五年(一五八七)九月には また 京都の聚樂第に、文祿四年(一五九五)三月には 更に また 伏見の城にと、新しい城を 築いて、移り徙つて 行つた。これら 次々に 成つた 城屋形の構は 城と住居を 兼ね備へたもので、桃山時代らしい 性格の結晶とも 見られるものであつた。その規模は 極めて大きく、その見え掛りは 麗しく、切支丹宣敎師をして「斯る結構は 世に比類なし。」(日本西教史)とか、朝鮮の捕虜をして「其宮室務《つとめて》極ム二高爽明麗チ一」(看羊錄)とまで 誌させた ほどのものであつた。

そして これらの城の中には 數多くの建物が 構へられた。然し それらの設計に 誰が事に與つたかは 今のところ あまり明かでない。秀吉の場合でも 普請奉行は 前々からの仕來たりであつたから 定められたが、それらは 事務取り扱ひが 主であつて、技術に關つてゐた場合は 殆どなかつた。[註一] 多くは 名も殘つてゐない「番匠《ばんしやう》」と呼ばれた 大工によつて その圖が引かれ、主人

を始め　その廻りを　取りまく　物數寄の人々が　その話相手になつて　圖が　直されたり、改められたりして、仕事が　進められた　やうであつた。このことは　我國に於ては　少くとも　平安時代からの仕來たりで、[註二]　秀吉の場合も　恐らく　さうであつたと　考へられる。

大坂城、聚樂第、伏見城の　三つの城のうち　伏見城だけは　利休亡き後の　ものでは　あつたが、他は　秀吉の「茶堂《(道)》　宗易《(利休)》」（津田宗及日記　天正十一年《(一五八三)》五月廿四日の條）の時に　築かれたもので、利休は　宗及《(津田)》や宗久《(今井)》などと　共に　秀吉の　茶の湯をはじめ、座敷飾などのことに　與つてゐたから　その建物や　その庭には　何かの含みで　關り深いものが　あつたやうに　考へられる。

伏見の城について　秀吉は　前田玄以に宛て（文祿元年《(一五九二)》）十二月十一日附の手紙の中で

「又　ふしみ《(伏見)》の　さしつ《(指圖)》もたせ《(持)》　大く《(工)》のかてん《(合點)》いたし候を　一人めしつれ《(召)》候て　こし《(越)》可ㇾ申候。ふしみの　ふしん《(普請)》　なまつ《(鯰)》大事にて候まゝ、　いかにも　へんとうに　いたし可ㇾ申候間、　いそき《(急)》　さしつ《(指圖)》　大く《(工)》一人めしつれ候て、　こし可ㇾ申候。」（保阪氏藏）

とあつたことなどは　その設計圖が　作られる　いきさつを[註三]　示してゐるであらう。また　その工を　行ふに當つては　大石を　運ぶ場合など　その音頭を　みづから取つた　信長の例に準らつて　秀吉も　その他の大名も　行つたのであつた。[註四]

番匠岸上家の由緒書によると「三代目 義職《なり》長男 番匠九右衛門義規 天文十年產」は「伏見御城番匠相勤、彫物相勤申候。聚樂御城建之水晶其外玉を入御好之通、彫刻入、彫刻出來。」として、寛永五年《一六二八》附の覺書を殘してゐた。[註五]

桃山時代 このかた 欄間をはじめ その他の繪樣《ゑやう》は 建物に於て 特に 目立つたもので、それを行ふものは 大工の棟梁であつたこと 恐らく 日光廟の場合の如くで あつたであらうと思ふ。そのやうな含みで 岸上九右衛門が 聚樂第や 伏見城の彫物をした 番匠であつたことは その工事の棟梁と云ふ 役に あつたことを 指してゐたかとも 見られるのである。秀吉が「さしつ《指圖》大く《工》」と 手紙に 書いたのも このやうな男を 指してゐたのであらう。

九右衛門が 番匠であつた 聚樂第の工事と 云つても その規模が 大きいものであつたから その他にも なほ 肩を並べた 知られざる棟梁が 少なくなかつたと 思はれる。

このやうな 大工達の上にあつて 利休は 城構 そのものは ともかくとして、住居向の主な座敷や 數寄屋について 少からず その考へを述べ、その好みを 致したことは 疑へないことである。先に 引いた 秀吉の手紙には 終りの方に

「ふしみ《伏見》のふしん《普請》の事　りきう《利休》に　このま《好》せ候て、ねんころ《懇》に申つけたく候。」（保阪氏藏）とあつた。伏見城の普請を　利休に　好ませたいと　云つた　秀吉の言葉は　利休が　世にあつた間であれば　云ふ迄もなく　利休に　意匠させ　工事の指圖も　させると云ふ含みで　あつたであらう。然しこれは　既に　利休に　腹を切らせた後　一年餘りも　過ぎの　ことであつた。それ故に　秀吉の「申つけたく候」とは　利休を惜む　心から　許らずも　洩れ出た歎きで　あつたやうにも　思へる。然し　秀吉は　先にも引いた　文祿元年《一五九二》五月六日附　利休亡き後に「さいしやう《宰相》」宛に「きのふ《昨日》　りきう《利休》のちや《茶》にて　御せん《膳》もあかり《上》　おもしろく《面白》　めてたく《目出度》候まゝ　御心やすく候へく候。」（上野精一氏藏）としたゝめてゐたのを　見ると、利休の茶と　云ふやうな言葉は　秀吉に於ては　侘茶と云ふ程の輕い含みで　その言葉の裏に　利休の死を　惜む心の　こだはりなどは　少しも　讀み取れない。こんな事から推すと、　建物の場合に於ても　利休に好ませてとは　利休好みの　建物に　造らせてと云ふ程の含みであつたであらう。それは　先にも述べた　伏見城の圖に「利休の左官路」が　書き込まれてゐたが、「利休の茶」と同じく、「利休の左官」は　その頃はやつた　壁の一つで、利休好み建物の　壁塗り左官を　指してゐたであらう。

なほ　秀吉の手紙には　木下半介吉隆宛「十月八日」附で、

「又　そうゑき《宗易》かへりに　お山の　う《植》へ木みたて《見立》候て　ほらせ候て、ふね《舟》に　つみ《積》そうさなきよう
にいたし、此方へ　こし可申候。」

と書かれてゐた　ものがある。これは　年代を今の所　明かに　出來ないが、恐らく　大坂城か　聚樂第の工事が　進められてゐた　時の事らしく　宗易利休に　山の植木を見立て　掘つて、船で持つて來いと云ふことを　木下吉隆に　言ひ付けて　ゐたのである。これら　二つの　秀吉の手紙ほど　利休の建物や庭作りの　働きを　明かにするものは　他にない。

桃山時代に於ては　利休好みは　茶器だけのものでなくて、建物や　庭にまで　及んでゐたことを秀吉みづから　證してゐたに　外ならないからである。

ここで　伏見城を　利休に　好ませると云ふ　言葉の含みは　利休を　單に　茶の人として　先づ　數寄屋造に　作らせると　云ふ程に　狹くとることも　出來る。然し　數寄屋造に　應はしい山里丸などは　伏見城全體から見て　その一部に過ぎなかつた。その最も　要な　重い　城構や　主殿を　數寄屋造に　好むと云ふことは　有り得ないことで　あつたから　こゝでは　利休風とか　利休好みの建物と云ふのは　思つたより　廣い含みを　持つてゐたとすべきであらう。前に引いた　利休の手紙に　前田利家邸の馬屋や勝手のことまで　普請奉行と　相談するとあつた所を考へると　數寄屋は　云ふ迄

もないが、それだけでなしに全てに亙つて利休は指圖をしてゐたやうであつた。それ故に建物に於ける利休好みと云ふのは少くとも住居全體に及んでゐたとすべきであらう。伏見城に於ても城廻りのことはどうか分らないが、住居の部分や學問所や山里丸の數寄屋などに亙つて利休風が先づ考へられる所である。そして秀吉が利休に好ませてと云つてゐたのは前の聚樂第に於て利休が示した建物指圖の働きが彼の心に叶つたものであつた事から出てゐたであらう。また利休が殘月亭や妙喜庵に示した建築意匠の力は全く驚く可き域に到つたもので、前々からの仕來たりに拘り勝ちな番匠大工彫物や繪樣に心なづむ棟梁などが企て及ぶ所ではなかつた。このことを顧る時秀吉がこのやうに利休に

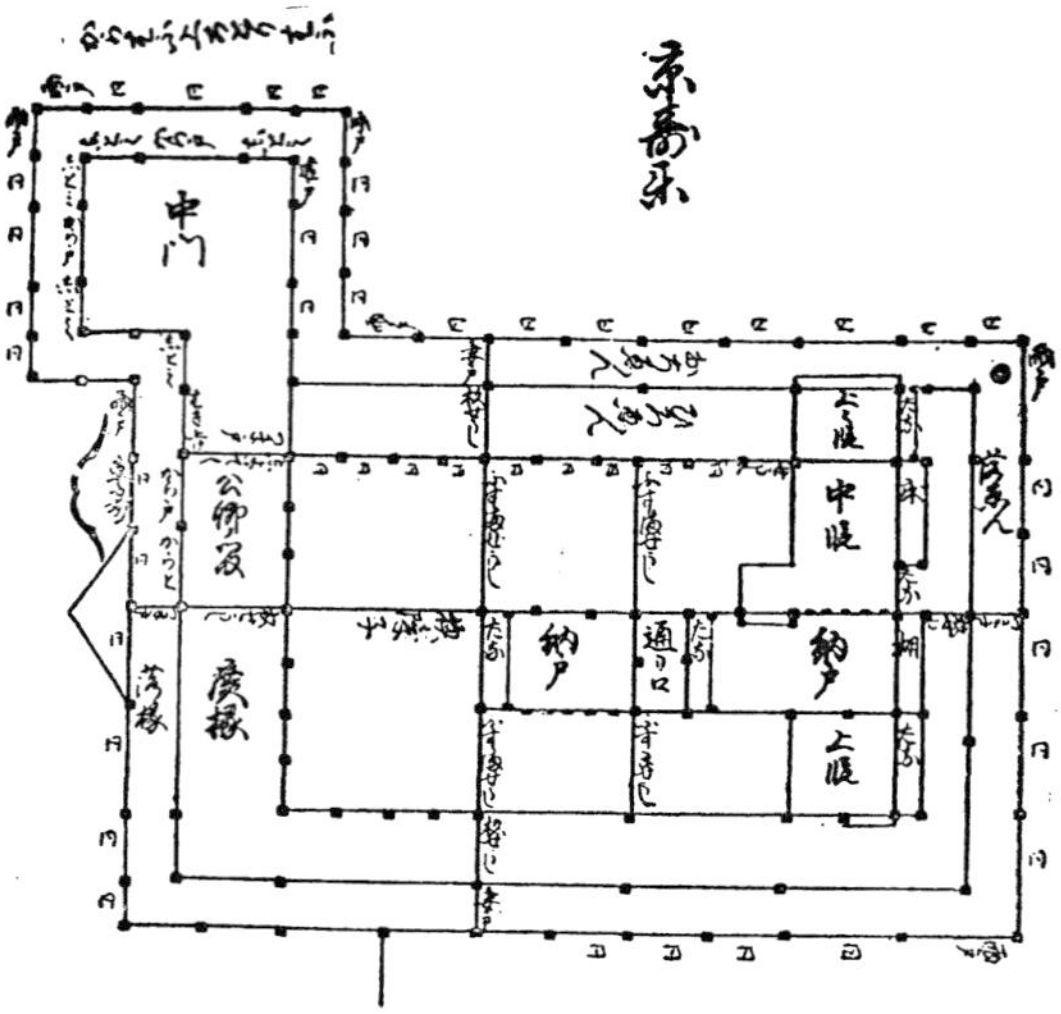

八の第二七圖　聚樂第の廣間圖

（岸上九右衞門の廣間木碎より　大熊喜邦氏に依る）

付て述べた心持を 今に於ても よく汲むことが 出來るのである。

聚樂第と伏見城で 番匠として働いた 岸上九右衛門は 寛永五年(一六二八)附の覺書「御廣間の木碎(割)」に「京壽樂(聚)」として(八の第二七圖)間取圖を 書き殘してゐた。この圖は 恐らく 聚樂第の中心をなす 建物と 考へられ、その奥の座敷は 矩折の上壇（圖には中壇）に 上々壇附きのもので、聚樂第に於ける 最

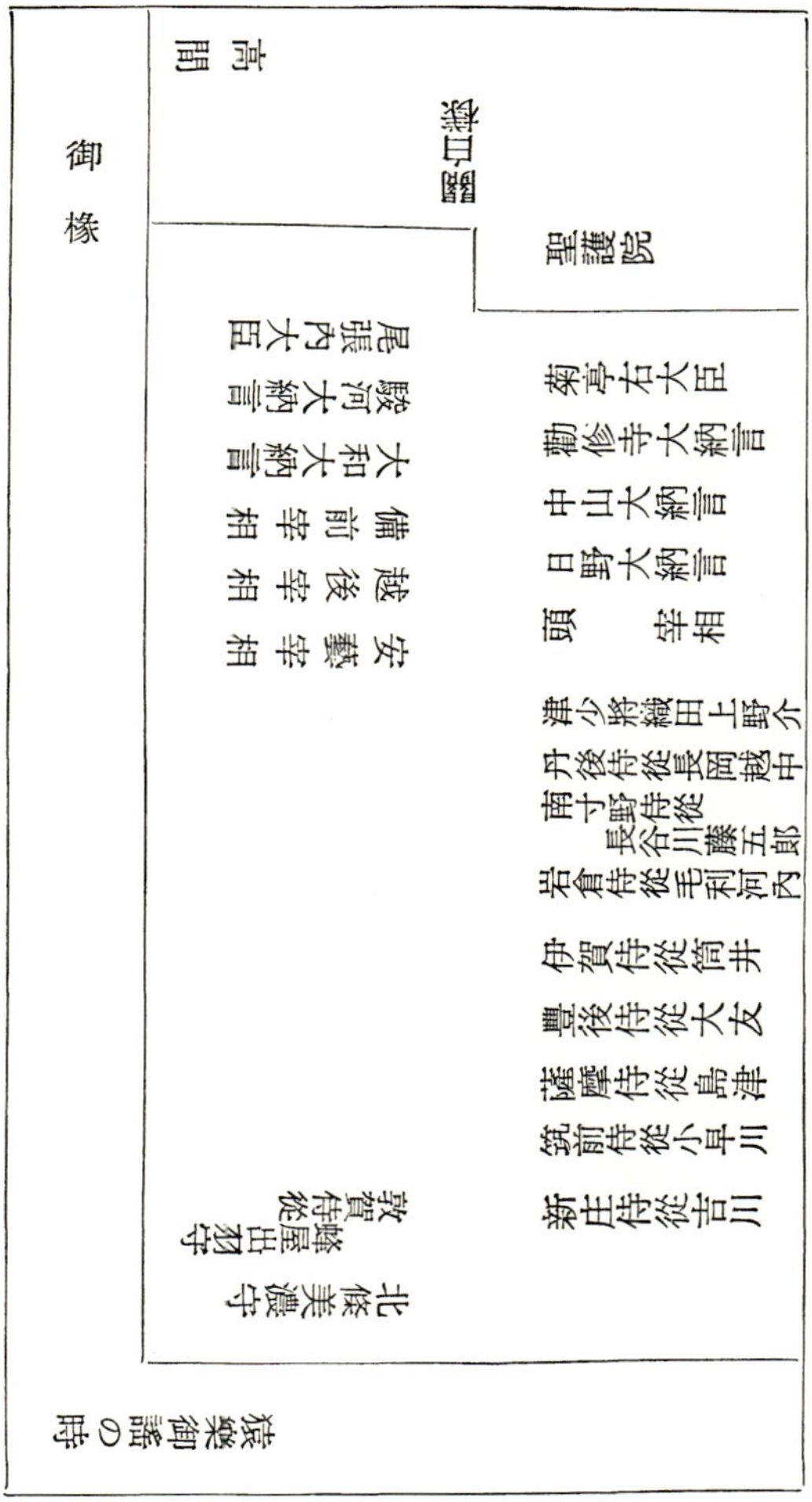

八の第二八圖　聚樂第の廣間

も上の座敷であつたであらう。聚樂第の主座敷がこのやうな形であつたことは「輝元公御上洛日記」（天正日記　毛利公爵藏）の天正十六年（一五八八）七月廿四日、八月廿二日の條に附いた圖とよく合ふものであつたから據り所あるものとしてよい。この座敷の上壇正面に「床」「たな（棚）」が作られ、上々壇には書院と「たな」が附けられて、その向側には納戸があり、上壇に向つて納戸構（調臺構）を形作つてゐた如く細かい片蓋《かたふた》柱が描かれてゐた。その形は先の「匠明」の「當代廣間圖」（八の第二五圖）と似た構へである。但し間取の續き合ひは異つてゐて、聚樂では座敷續きの軸が車寄に向ふのであつて、後に伏見城遺構とも云はれる西本願寺大書院に展びて行く形で仙臺青葉城本丸大廣間もこれであつた。「匠明」の廣間圖は座敷續きの軸が縁側に向ふもので、「尾張大納言樣御廣間」（岸上家覺書）や前田邸御成書院（文祿三年（一五九四））及び江戸城（寛永十七年（一六四〇）造營）となるものであつた。これらの桃山時代から江戸時代へかけて營まれた書院造り廣間は總て上壇、上々壇を持ち、それに床、棚、書院が附けられたものであつた。このやうな形は江戸時代長く行はれた組み立てで、世の常の座敷もそれらの上壇や上々壇は省かれてゐたが、床、棚、書院、或は床、棚だけに略されて、今のわが國住居の型をなしてゐたものである。

これらの座敷の使ひ振りは主座は常に上壇の床前であつたこと聚樂第廣間（天正十六年七月廿四日）や前田亭御成書院（文祿三年九月廿六日）[註六]の坐り場所が示した所であつた。そして聚樂第廣間の場合のやうに上壇の外に上々壇が脇に附けられ、附書院や脇棚が作られてゐた時でも、一段下の床前が主座であつた。

わが國の住居が今に於ても床前を主とすることはこの仕來たりによつてゐたと考へられよう。然し利休前はさうではなかつた。「書院と茶室」（拙著）の中で既に委しく述べた所であつたが、その一つの例は永正九年（一五一二）四月十六日に時の將軍義尹《よしたゞ》（後の義稙《よしたね》）が管領細川高國屋形に臨んだ折に

「御座之間 七間半 北押板 二間ま中 本尊觀音 高野 脇 鳥三幅 各牧溪筆 三具足 龜鶴臺 胡銅 西三間御屛風不レ立 御座 東むきにしかる（敷）ゝ。西のきは。」（細川殿御餝[註七]）

とあつたが、この御座の間は北に押板（床の間）があり、御座は西のきはに屛風も立てずにとつてあつた。また永祿四年（一五六一）三月卅日に時の將軍義輝が三好義長の屋形へ臨んだ折にも「三好筑前守義長朝臣亭に御成之記」に出てゐた圖によると「四間（よま）御成の御座敷」に於ける「御座」の位置は高國屋形と同じく御座から右に床を見た納戸構のきはであつた。[註八]

室町時代に見る これらの座は 床飾を 眺める 位置に 置かれて あつたやうである。 これより前の 義政の東山殿に於ける「御會所」の對面所「嵯峨の間」に於ても 同じく脇に 床（押板）が とられてあつた。

また 桃山時代このかたの 仕來たりと なつた床、棚、書院の 三つを 座敷飾の中心として 主な表座敷に 組んで 構へることは 今も 行はれてゐる 所であるが、 これも 利休前の時代には 見られなかつた 構であつた。

書院とは 附書院《つけしよゐん》の含みで 云ふのであるが、 床や 棚より 前に 表はれたもので、既に 鎌倉時代から 見られたものであつた。 法然上人行狀繪や 門葉記に出てゐたもので、出文机《だしふつくゑ》と呼ばれ、本を讀み、 字を書く 造付けの机であつた。 そして それは 内輪の書齋と云つた 部屋に取り付けらる可きものであつた。 例へば 貞和二年（一三四六）十月に 青蓮院に移した 十樂院小御所[註九]に 見えてゐたやうに 常御所の 脇小間に 取り付けられた「タシフツクヘ」（出文机）の如きであつた。 また 繪卷の 座敷繪の中に 表はれた 附書院も 表座敷と云つた 部屋に隣つた 小間で 本を讀む所が 法然上人行狀繪を はじめ 多くのものに 出てゐた。 この附書院は 後に 唐樣座敷飾の はやつて來ると共に この上に 硯、水入、筆、墨、巻物と云つた 文具を 列べ飾る 所に なつて來た。 そのやうに な

つた後も その有り場所は 變らなかつた。それは 足利義政の 小川御所や 東山殿に 見られた所で、既に 能阿彌や相阿彌の「君臺觀左右帳記」が 座敷飾の 敎へ書として 世に 行はれ出した後に於ても さうであつた。例へば 義政の 小川御所に於ての如く、「東の御殿」では その主な表向座敷「御對面所」には なくて「御寢所」に隣つた 西向の「次御間」に だけ 附けられてゐたし、また「西の御所」には 表向の座敷「南向御五間《いつま》」にはなくて、「西の落間四帖」についた二帖敷上壇について ゐたのみであつた。このやうなことは 東山殿に於ても さうであつたし、後の 細川高國屋形に於ても 同じであつた。また 聚樂第に於ても 廣間の附書院は その名殘を留めてゐて、上々壇となつた 脇の出張に つけられてゐた。

また 床、棚、書院と 三つが組まれて、一部屋に 表はれてゐた 場合は 利休の前に於ては 極めて 稀で、義政の 東山殿「石山の間」と、細川高國屋形の「兵庫の間」の 二つの例を 僅かに見出すだけであつた。然も それらは 表向座敷とは 隔つた 奥まつた控への 居間とも 云ふべき 部屋であつた。

聚樂第廣間にしても 伏見城遺構と 傳へられる 西本願寺大書院にしても 或は 江戸城大廣間にしても それらは それぞれの 屋形構にあつた 主な表座敷であつて、秀吉や家光が そこに住つてゐたと云ふのでなくて、特に改つた客を迎へるために構へられた晴れの建物であつた。これを先の「匠明」の規範圖(八の第二四圖)に照して見るときそれらは「御成門」を入つた突き當りの建物で「廣間」と書き込まれた主殿に當つてゐた。それは即ち「當代廣間圖」(八の第二五圖)としたものである。この一構の規範圖では常の住居に當てる所は平棟門の奥の方にある「書院」や「御寢間」である。その東に當る「對面所」は常の着物で輕く人に會ふ應接間であつたと思はれる。

規範圖に見る常の居所は、表に平棟門、遠侍、色代(式)、對面所、書院、御寢間、燒火(焚か)間、料理間、内風呂などが連りならんでゐて、これだけで一つの完き住居であつたが、なほ主殿のある部分に於ても御成門、廣間、御成御殿、料理間、風呂ヤ(屋)があつて、これもそれだけで纏つた住居の姿で作られてゐた。數寄屋の部分に於ても門から書院、料理間に到るまで一通りの住居の形を持つてゐた。これら三通りの住居が一組に纏められ、更に一つの大きな屋形構を成してゐたと見られるものである。このやうな書院造の組立ての中の廣間の所だけを取り出して見るときそれは改まつて客に會ふための部屋應接間の役割を負うてゐるのではあつたが、然しそれは一つの住居の形で晴れの主な座敷ではあつても、居間の姿に外ならなかつたことを知る。例へば廣間を形作る上壇、上々壇、納戸の三つの部屋は居間、書齋、寝所に當るもので、上々壇が 上壇から出張つて 造付けの 机様の板上に 硯や 筆墨を 列べる書院飾は その昔 机場であつた 起りを よく 談つてゐるし、また その上々壇と 向ひ會ふ側の 納戸構《なんどかまへ》は 調臺構《てうだい》とも 云はれてゐたやうに その裏に 納戸が とられ、最も 安らかな 寝所でもあり、また 寶を納めて守る 固めの 籠込《ぬりこめ》の含みでも あつたのである。

寝所と 机場とを 右左に 連り持つた 上壇の間は 應接間であつても、居間の姿で 組立てられ飾られて ゐたのであつた。餘所行きの 晴れの場に 使はれる 部屋でありながら くつろぎの間の 姿を そのまゝに 抱いてゐた 意匠である。このやうな 應接間の組立てを 作り上げるに 到つたのは 桃山時代になつてからで、「書院と茶室」の中で 既に 述べたやうに 室町時代では 見られなかつた。細川管領邸の「兵庫の間」は 三つの床の間（押板）と 違棚及び 附書院をもち、二つの上壇（床）からなる 組立ての 六疊間であつたが、（一五一二）永正九年に 將軍義尹が 臨んだとき、（一五四八）天文十七年に 將軍義藤が臨んだ時 いづれも この間は 奥まつた控への間とし 使はれたらしく、晴れの座敷には 床の間だけが 附いてゐた 十五疊敷の 「御座之間」（細川殿御訪）、「御成間」（細川晴元に御成之記）であつたのである。これより後に 建てられた 靈雲院書院に於ても 納戸構と違棚のついた 奥の間は 居間の形で 然も それには 床の間はなく、その前の 應接間と 見られ

る四疊半だけに 床の間が ついてゐた。 これは 東山殿などの 座敷の 使ひ方に於ても同じく 附書院や 納戸構のあつた 間は 居間であつたのである。

このやうな 居間の姿が 晴れの客間に 用ひられるに 到つたのは 如何なるわけで あつたらうか。 これについての考へは 既に「書院と茶室」の中で 述べたことで あつたが、 利休好みを 見る上に 極めて 要なことで あるから 繰り返しのきらひは あるが、 それに觸れて見よう。

織田信長は 安土の城を 築いた時 その書院の部分に「御幸の間」を 檜皮葺で 建てた事が 信長記に 出てゐたが、 何かにつけて信長を學んだ 秀吉は 聚樂第も 初めから 行幸を仰ぐ 積りから 營んだやうに 傳へられてゐる。 文祿三年（一五九四） 秀吉のために 建てられた 大坂前田亭御成書院も床、 棚、 書院、 納戸構附きの座敷で、 床前に 座が 設けられたが、 その場合でも 聚樂第などと同じ考へによつて 建てられた と思はれる。 それらの 座敷は 客に對しての 居間として 作られ、客に 寛ぎの安らかさを 與へ、 主人は その客の 居間に 祗候する形を 以て 最も 謙《へりくだ》つた 姿とし それを禮としたで あらうやうに 思はれる。 このやうな 禮法は 仕來たり やかましい 貴族的な 習しでなくて 或は 堺の町人などから 新しく 起つて來た 茶の湯などゝ共に 行はれ出したもので あつたかも知れない。

秀吉が 利休を 後見役として 未だ 且て なかつた禁中の 茶の湯を 行つた 天正十三年(一五八五)に 續註一〇いて、出來上つた 聚樂第廣間は これと 同じやうに 今まで 貴族達が 爲し得なかつた 仕方に於て 企てられてゐたと 考へて よいであらう。それは 紫宸殿をも 瓦葺に 直したと云ふ 信長の 新し好みを 何事にも 信長に準らつた 秀吉が 私かに承けて 里内裡としての 聚樂第廣間にも 瓦葺では なかつたが、今までに なかつた 部屋構を以て 表はし出したのである。

室町時代中頃末の 細川管領屋形は その頃の 武家屋形としては 他に 例のない 蔀戸を持ち、軒唐破風附き 寢殿造に 近い 書院造であつたが、註一一 聚樂第廣間も それを 追ふものであつた。然し 聚樂第では その形を 一きは推し進め 華やかにした ものであつた。先に掲げた圖(八の第一圖)によると「折中門《をれちゆうもん》」の 廊を作り出し、それに「からはふ(唐破風)上ちとりはふ(千鳥破風)」の屋根をかけ、廻り緣には 雨戸を建て、その中に「しとみ(蔀)」戸を 付けると云ふ 今迄に 見られなかつた 姿を 畫き出したのであつた。そして座敷の中に於ての 組み立ても 今迹べて來た如き 先の例を 破つた 仕樣であつたのである。「聚樂第行幸記」には「爰において 行幸有べしとて 聚樂と號して 里第(内か)をかまへ」と誌してゐたが、且てなかつた 里内裡の姿で あつたのである。註一二

このやうな 居間の姿を 含んだ 表座敷は 後に 伏見城にも 造られ、江戸城や 仙臺城にも 承

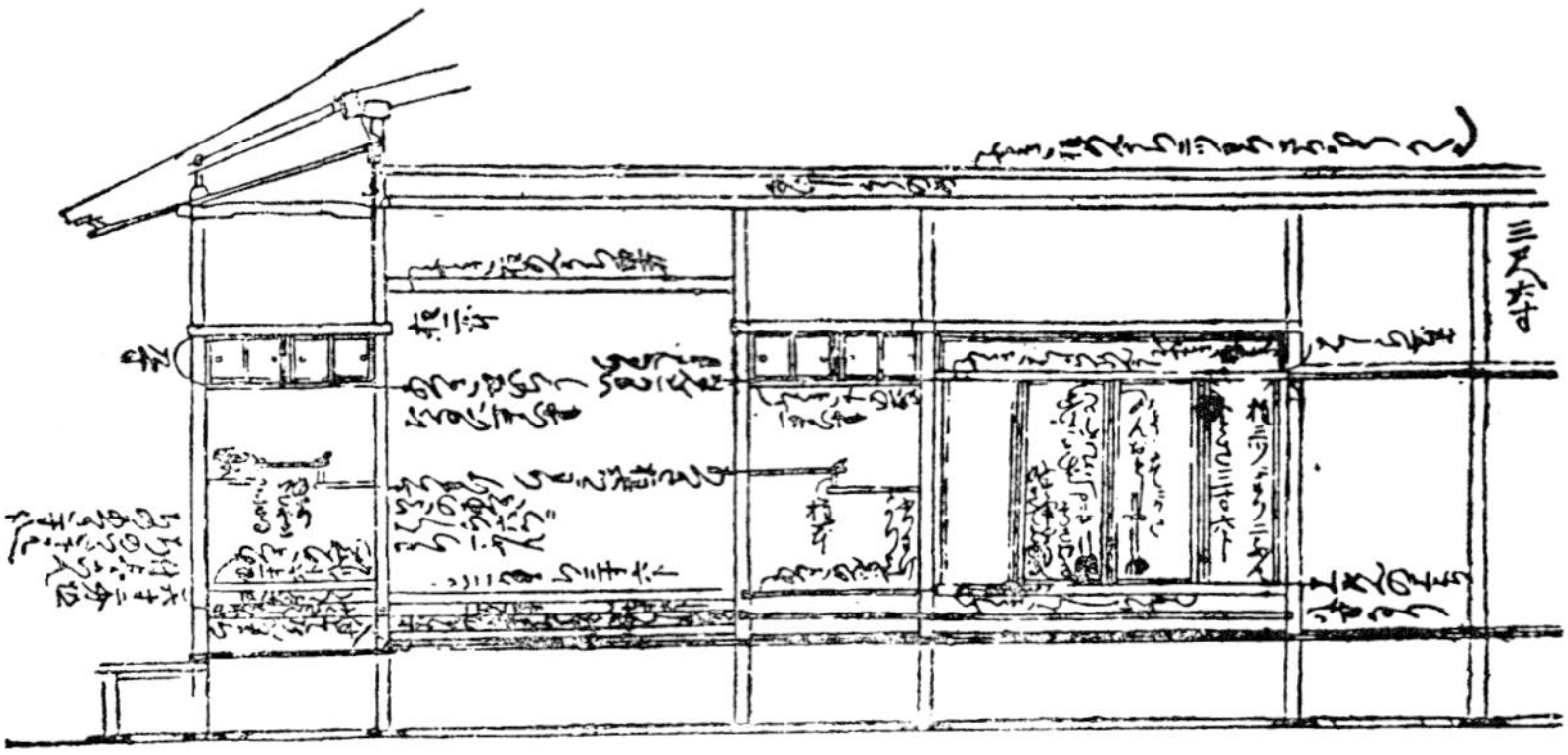

八の第二九圖　廣間の矩計圖

け繼がれて、今の われわれの住居にまで 床、棚、書院の座敷を 客間とする 仕來たりを 作つたのである。

このやうな仕來たりを作る 源となつた聚樂第を 建てるに 利休が 關つたと云ふ 留め書きは 未だ 知らないが、先にも 述べた 珠光宛 能阿彌「君臺觀左右帳記」の奥に 「關白秀吉公 於聚樂 利休居士餝之次第 被仰付候刻 此本尋求 備上覽 如此餝候也。」としてゐたのを見るとき 座敷廻りの 組み立て その他に 利休の考へが述べられなかつた はずはない。先にも 引いた 利休の手紙には この聚樂第と 時を同じくして 工事が進められた京都の 前田邸に於て 建物の繩張に立ち會ひ 數寄屋を 好んだことを 書いてゐたのを 思ふとき、この考へを 一きは させられるのである。また 秀吉の 先に引いた手紙は それを 裏付けるものが あるやうに 思へるのである。

聚樂第の廣間圖（八の第二七圖）を見ると 床の兩脇に 棚が 造られてゐた。この棚の形は この間取圖だけでは解らないが、恐らく 右脇のものは 棚板二枚の違棚で、左脇 上々壇のものは 棚板三枚の青樓棚であつたであらう。そのやうに 考へるのは 江戸時代初めに 刷り出された 木割書に 先に掲げた「匠明」規範圖「當代廣間ノ圖」を入れ、矩計圖（八の第二九圖）を 添へてゐたが、それに そのやうに 表はれてゐたし、また 桃山遺構と傳へる 西本願寺書院や 寛永時代の 江戸城廣間など この筋を 引いた 廣間造には この二通りの棚が 表はれてゐたからである。

上壇、床、棚、書院の 組合せが 最も込み入つた 構へに 成り立つたのは 先にも引いた 細川高國 及び 晴元時代の 細川管領屋形であつた。それらは 表座敷では なかつたが、聚樂第廣間と似た 折上壇を持つ「官女の間」には 二つの床（押板）と 違棚、納戸構を持ち、先にも述べた「兵庫の間」には 二つの上壇（床）と 三つの床（押板）、それに 書院と違棚を 持つてゐた。それらは 唐樣座敷飾が 床、棚、書院に於て 隙間なく 物を飾る 習しの求めを 迎へて、遂に そのやうな 混み入つた構へにまで 到りついたので なかつたかと 思ふ。

聚樂第の廣間造が 室町將軍屋形の型を 採らないで、細川管領屋形を選んだのは 如何なるわ

けで あつたらうか。これが 次に 問題になるが、これについては 別に 何も 書き傳へられたものはない。然し その頃に 作られた 番匠の祕傳書の中に 表はれた圖によつて 次のやうな 考へ方も 出來るのである。卽ち 聚樂第の廣間造は 平內傳書などが 傳へた「東山殿屋敷ノ圖」及び「昔六間七間ノ主殿之圖」が基と なつたのではなかつたかと。これは 細川管領屋形を 元として 作り出されたと 思はれる 圖である。このやうな圖は 後には 江戶城を 造る時に「鎌倉御所圖」として 源賴朝屋形の如く 裝うて 番匠の祕傳圖に 傳へられたもので あつた。[註一三]

思ふに 京都に於ては 織田信長によつて 興された 足利義昭の二條城が 舊規に從つた 將軍屋形として 營まれ、それが 信長と共に 亡び去つたのを 目のあたり 見た折で あつたから その形を 再び そのまゝ 繰り返すことは しなかつた であらう。この義昭の 二條城は 義稙《よしたね》の 三條御所このかたの 規模のもの であつた。[註一四] そこで 聚樂第は 義稙の前の 義政の屋形を 範に しようとするやうな 動きが あつたのでは なからうかと 思ふ。そして そこに 東山殿の圖が 求められるやうな 場が 生れ 出て來た であらう。桃山時代に於ける 東山殿は 茶の湯に於ては 東山御物として ことのほか 重んじ 尊ばれた 掛物や 器物を通して、その屋形造も 秀吉をはじめ世の人の心を 把へるに 足るものを 持つてゐたに 違ひなかつたからである。

然し東山殿は その頃には 既に 主な建物は 亡びてなかつた。[註一五] そして 工匠達が その頃知り得たのは 恐らく 室町時代末の 室町殿や 管領屋形に 過ぎなかつたため、東山殿の圖の求めには 管領屋形を 少しばかり作り替へて 平内の「東山殿屋敷ノ圖」(平内祕傳書その他) の如きを以てするより 他に仕方が なかつたのでは なからうか。そこに 工匠祕傳書の中に 作り物の「東山殿屋敷ノ圖」が 表はれ出る 契機が ひそかに 潛んでゐたやうに 思へる。聚樂第廣間が その圖に 據つて その頃の好みを その上に 盛り込んで 營まれたのは それは 細川管領屋形の型としてでなくて、東山殿と 思ひ込んで その型が 採られてゐたのであらうと思ふ。

また その頃の 工匠の 意匠は 管領屋形に 表はれた如き 込み入つた 座敷構や 棚造りに 到つてゐて、恐らく 折中門の 屋根形に 千鳥破風を 持つた 大唐破風を 選んだと 同じやうに 座敷構にも棚にも そのやうな 込み入つたものが 初めは 企てられたでも あらう。然るに そのやうなものが 排けられて、棚なども 青樓棚と 二枚違棚の如き 君臺觀左右帳記の 中に出た 最も單純な形が 選ばれ、床を 幾つも 附けると 云ふことなども しなかつたのは そのうしろに 利休の茶の考へが 控へてゐたためでは なからうかと 思ふ。

唐様座敷飾が 喫茶往來や 禪林小歌に 委しく 述べられてゐた如く、飾物の 多いことに 寧ろ

誇りと 宜しさを 覺えた 如くで あつたが、後に それが 一つの法となつて 調へられて來た 君臺観左右帳記に於ても なほ 極めて 物數が 多かつた。利休は 南方錄によると

「書院式ノ飾ハ 東山殿御飾を 以て 本とす。」

としてゐたが、その東山殿の飾を 見るに

「御會所 九間《（こゝのま）》 嵯峨の間、北東二間押板 御繪、御三具足 わきに 花瓶以下如ㇾ常。上に風凉《（鈴）》かかる。押板の前に 中央の卓 堆紅《ツヰコウ》をかるゝ。上に 香爐胡銅《コドウ》 するゑ候前に 歸花《（かへりはな）》の藥器《ヤクキ》一つ をかるゝ。十月より 御火鉢 七寶瑠璃置臺に すはる。同火箸《ハシ》も 八寶瑠璃也。三月壹迄。八景の八幅、四幅一對の よこゑ《（横　繪）》、東西の 小かへ《（壁）》に かゝる。さか《（嵯峨）》の躰を かき申候。」（相阿彌過剋齋宛 君臺観左右帳記 德川伯爵藏）

とあつた。この嵯峨の間は 二間の床の間（押板）を 持つた 十八疊敷 表座敷であつたが、その飾は 利休のものと 比べ 如何にも 數多いものであつた。卽ち それには 繪と 三具足が 常の如く 飾つてあつた。三具足を 使ふ 飾の 常の如くとは 能阿彌の 君臺觀左右帳記このかた

「三具足ハ 三幅一對、五幅一對之時 可ㇾ置。其外 不ㇾ可ㇾ置也。」（能阿彌 珠光宛 君臺觀左右帳記）

と傳へてゐた。卽ち香合、香爐、香匙、香筋の 香の道具を 中に 右に 燭臺、左に 花瓶の 三具

足は 三幅一對か 五幅一對の 掛物のときに 限るとして ゐたのである。それ故 この三具足の飾られた 嵯峨の間の 床は 三幅一對か 五幅一對が かけられて あつたのであらうと 思ふ。また その外に 兩脇の襖上 小壁に 瀟湘八景 八幅と 四幅一對の 横繪が 掛けてあつた。即ち掛物が 十五幅か 十七幅 掛けてあつたことに なるのである。この九間に隣つた 狩の間の 附書院は

「一間半中の 書院 御座あり。御かさり 如レ常。」(相阿彌 過剋齋宛 君臺觀左右帳記)

とあつたが、書院の 常の飾とは 例へば 插圖(八の第三〇圖)のやうなもので、硯屏の前に 置かれた硯を 心に 水入、筆、墨、刀、軸物を 右に 牙算(卦算)、印籠、水瓶が 左に 置かれ、兩脇柱に 鏡と 執木 中に 喚鐘が 釣られてあつた。筆架や 臺を除いて 十二種の 飾り付けを註一六 指してゐたのである。義政の 小川御所のも これと 同じ飾であつた。

これを 試みに 利休聚樂屋敷の 書院飾と 比べて見ると

「上段ノ ヲシ(押)板ニ 天神名號懸テ ソノ前ニ グリ〳〵ノ ショク(卓)臺ノ上ニ 青磁ノ角ナル 香爐置。ショク(卓)臺ノ下ニ 古銅ノ花生ニ ヲ車(旋覆花)(異本)一本入テ 脇ノ方ニ 臺子ノ茶湯アリ。カナ風爐 アラ(霰)レ釜、カネノ水指、ヒシヤク立 カネ、蓋置 竹ノ引切、上ニハ 黑茶椀ハカリ置。中ニ 臺子ノサキノカベニ 春甫ノ文字 懸テ。」(宗湛日記 天正十八(一五九〇)庚刀年九月十日晝の條)

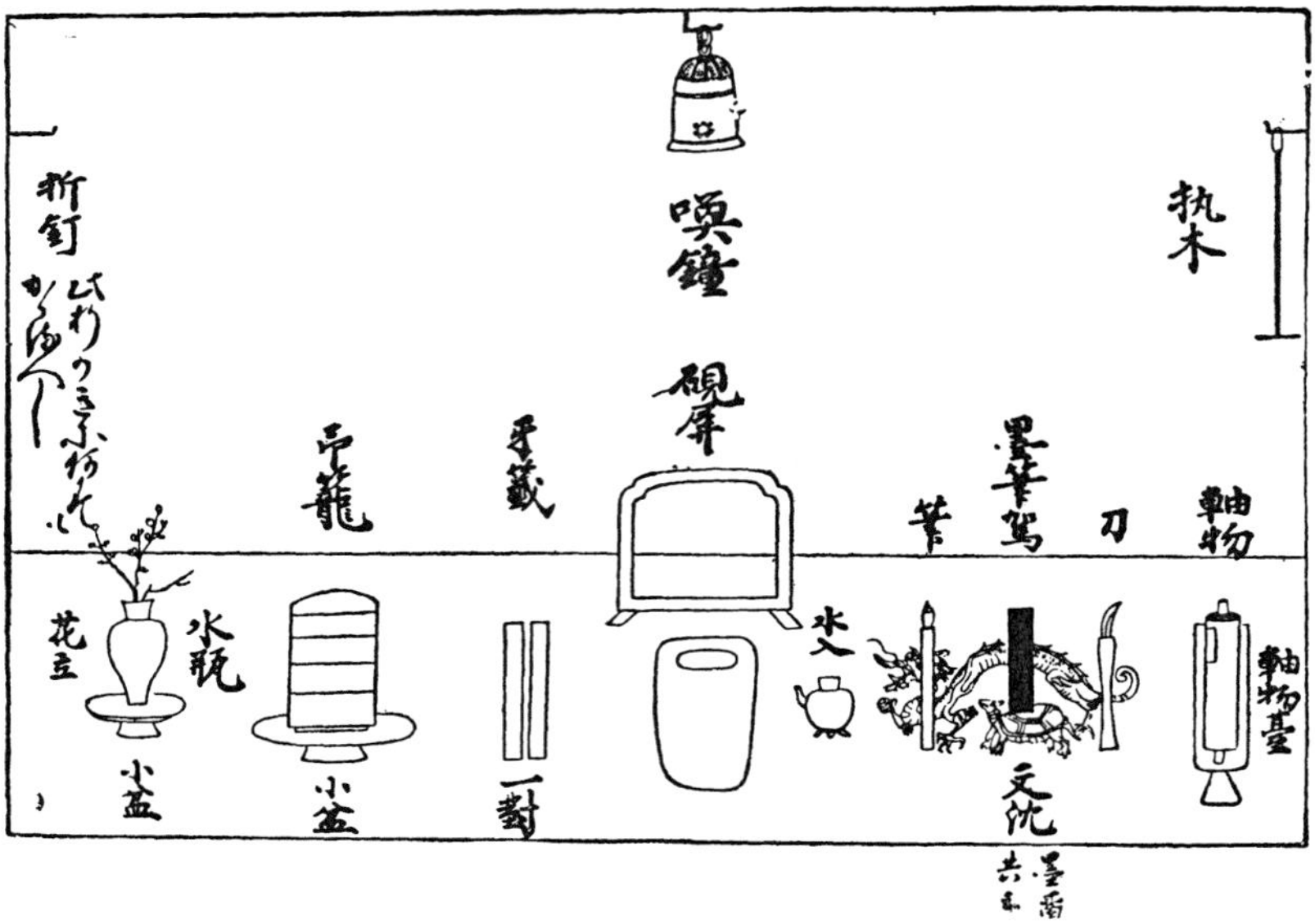

（上）八の第三〇圖　君臺觀左右帳記の書院飾圖

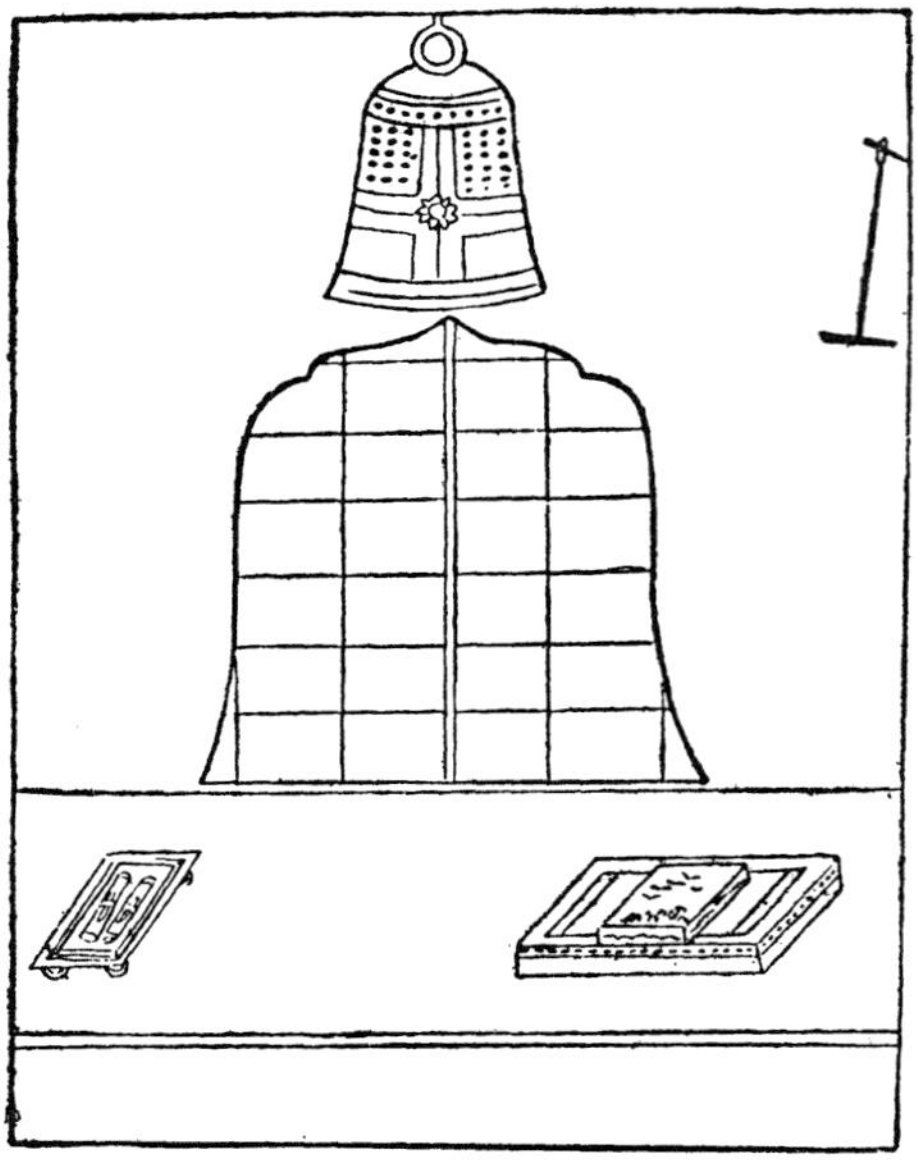

（下）八の第三一圖　「利休書院床莊」（古今茶道全書）

としてゐた。この書院座敷には 上壇があり、それに 押板（床）が 附いてゐたが、廣さは 東山殿の嵯峨の間と 同じか それに近いもので あつたであらう。それは 前に引いた「利休家之圖」に嵯峨の間と同じ大きさの 二つの九間《こゝのま》座敷が 見えてゐたことから 考へられる。この利休の座敷には 天神の名號 一幅が 掛けられて あつた。掛物は この外に 臺子の先の壁に 同じく 文字一幅 掛けてあつた。床前の 卓臺には 香爐が 一つと、花入に 尾車一本 入れてあつた。その外に 臺子飾りが してあつただけである。また 附書院が これより 十日後の會に 書院飾をして出て來るが、この時には 床には 何も置いてなかつたのか 日記には 何も 誌されて ゐない。この座敷飾を 東山殿嵯峨の間と 比べて見るとき 十七幅も 掛物をかけ、三具足をも 飾る仕方とは全く異つたものであつた。また 附書院の飾に於ても 同じ傾が 見られる。十日後の會では 先の會と 同じ客に 對してであつたから 全く 目先を變へ、利休は 書院飾に 重きを 置いたものらしかつた。そのときには 掛物のことが 何も 誌されてなかつたから 全くなかつたか あつても誌す程の ものでなかつた。然し 書院飾は 一つ一つ 繪にして 書き留めて ゐた。卽ち

「書院ニ タシツクヱ（出文机）ニ、長サ一尺一二寸 内ニ細キモンアリ。（卦算らしき物の繪に）スリカケノ墨ナリ。（墨の繪に）カネノ人形（筆架の繪に）。カウライ（高麗）筆也。カネノ牛（水入か）、丸シ（硯の繪

に)。」(宗湛日記　天正十八年《(一五九〇)》九月廿日晝の條)

と誌してゐた。タシツクヱは出机で、恐らく附書院の古い言葉出文机《だしふつくゑ》の含みであらう。或は「フ」の字が寫し脱けか書き落しかも知れない。これには卦算らしきものとそれに墨と筆と硯カネノ牛《(水入か)》の五種があつた。小川御所や東山殿の十二種の飾に比べて如何にも少いものであつた。能阿彌は大内左京大夫宛君臺觀左右帳記に

「書院ノカサリ此分可㆑爲㆓本飾㆒。此外ニハ物數ヲ略セラレ、四色五色ニテモ飾リ候。物數ヲキソロ《(置揃)》ヘ候事ハマレニ候カ。」(群書類從による)

としてゐたから室町將軍の場合などだけがこの本飾で、多くは四色か五色位飾ると述べてゐたのである。利休の場合はこの最も略された仕方であつた。然し利休の場合は恐らくそれが最も物數の多い時であつたやうに考へられる。それは掛物や花を誌すに足るものを使はなかつたことから考へられるし、また次のやうな書院飾が《(八の第三一圖)》江戸時代中期に「利休書院床莊」として傳へられてゐたからである。

「一　料紙《(れうし)》箱の上　夫々の紙　二色　若ハ　三色　席折にして置。其上に　硯箱　加へ置なり。

一　軸の物　勿論　盆にのせて　二卷物、或ハ　物により　一卷にても　三卷にても　可置。其上ハ

八の第三二圖　君臺觀左右帳記の棚飾圖

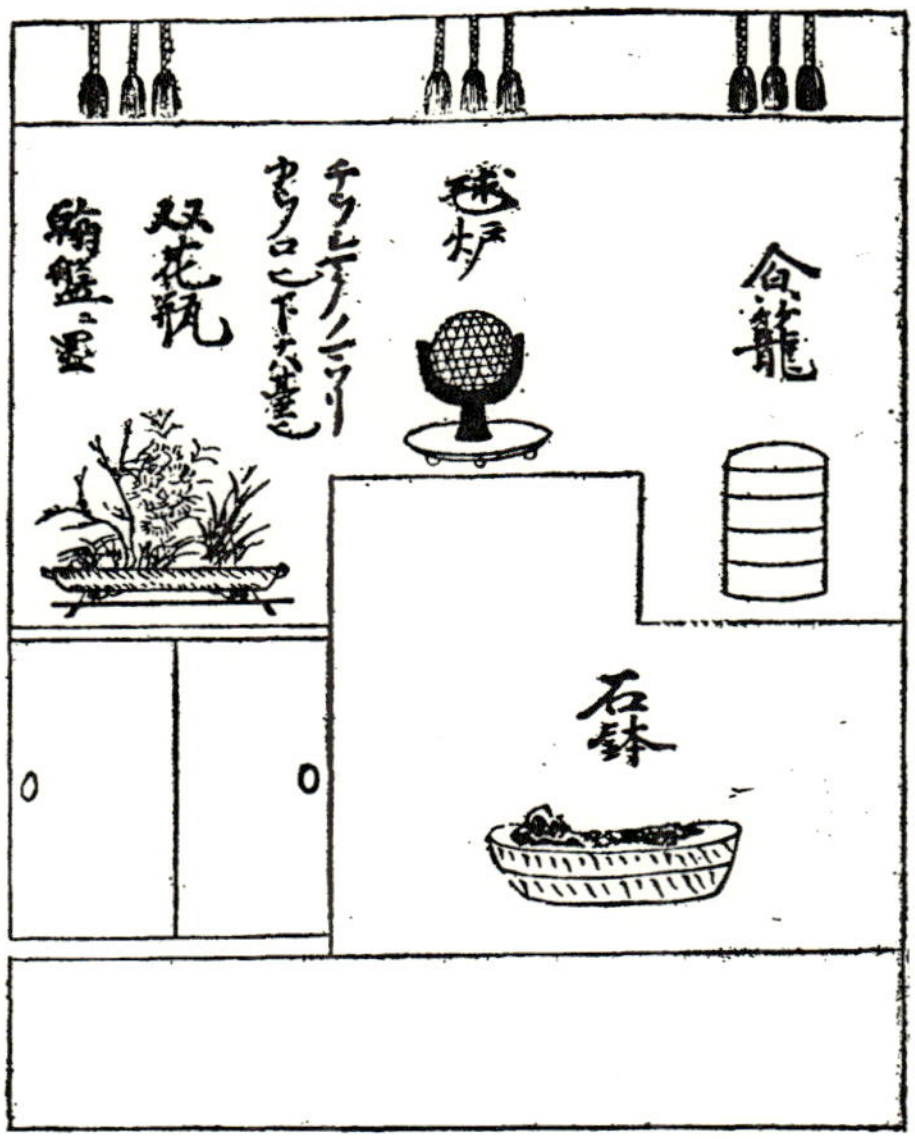

八の第三三圖　利休棚莊（古今茶道全書）

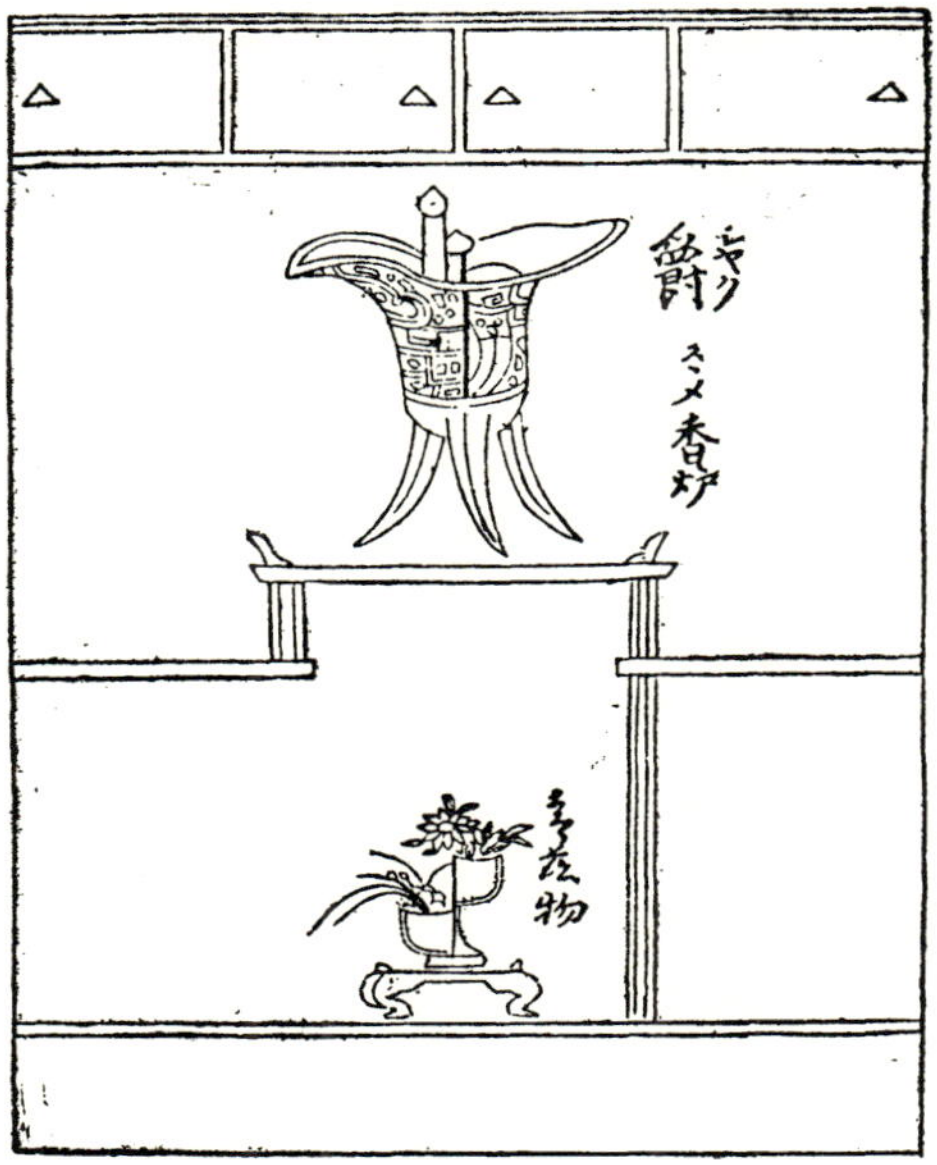

遠慮有へし。」（古今茶道全書 元祿七年刷（一六九四））と誌してゐた。これでは 料紙箱と 硯箱、それに 巻物の三種であつて、釣鐘を入れて 四種であり、また 巻物は 三巻迄 飾ることを 述べ、其上は 遠慮有へしとしてゐた。そして このやうな 仕方は

「宗匠《利休》の荘りハ先以《まづもつて》後世の格式とするゆへ記し置也。」

と添へ書きしてゐた。これは何に據つてゐたか解らないが、江戸時代中頃初めには利休の名で傳へられた仕方がこんなであつて、四種を最も多いものとしてゐたらしいのである。

この書にはなほ「利休棚荘」（八の第三三圖）註一七も傳へてゐた。これとよく似た形の棚が片寄に地袋附きで、君臺観左右帳記の能阿彌本、相阿彌本共に出てゐた（八の第三二圖）。試みにそれらと比べるとき利休好みは如何に物少くなな飾であつたかなほ明かになつて來るであらう。特に利休棚荘の圖は爵が大きく描いてあるが、棚に比べてもつと小さいはずであつたからこの飾はもつと空間的餘白を持つたものであつたらう。なほ仙傳書の異本の棚飾圖（八の第三四圖）も利休の前の仕方を示すもので室町時代末の最も數多い飾り方の一つの例であらう。

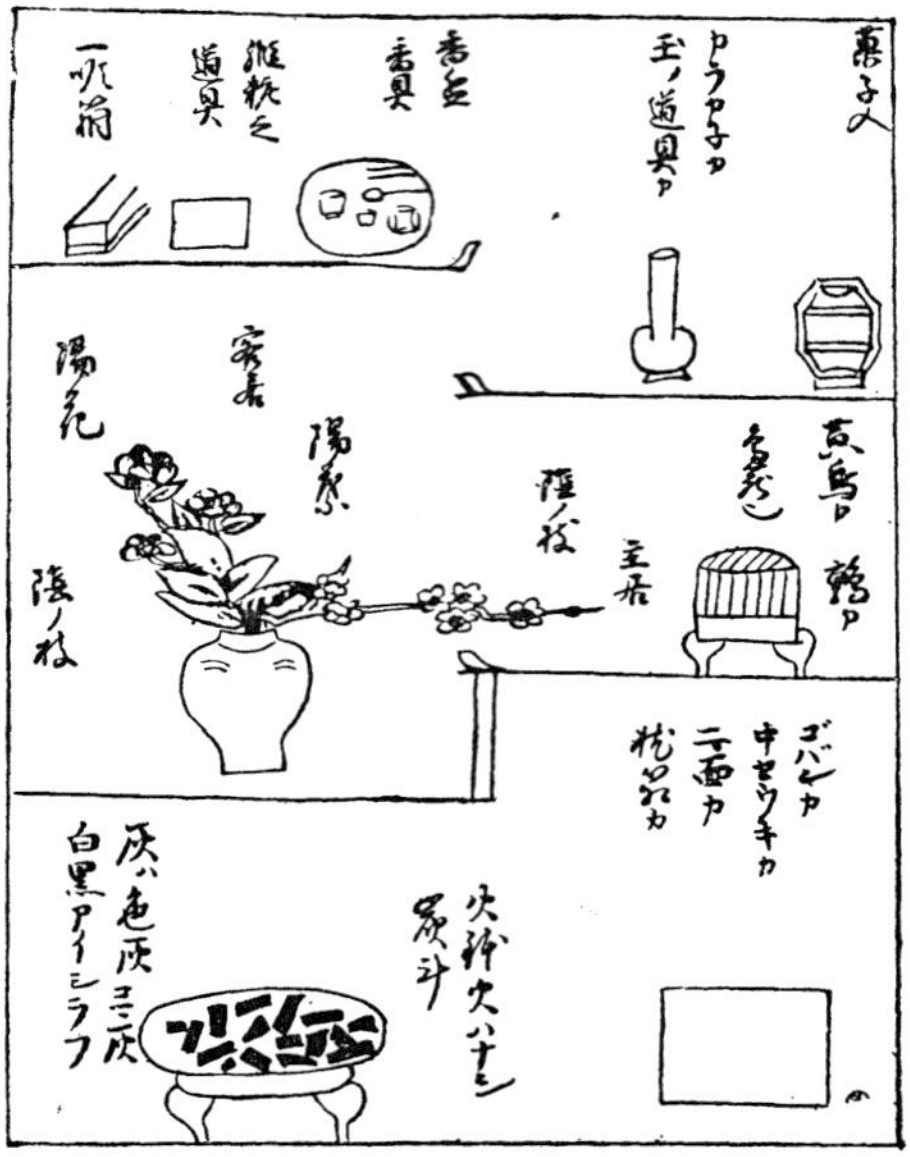
八の第三四圖　室町時代の棚飾圖（仙傳書 異本 家藏）

このやうな 座敷飾は 一つは唐様であり、他は 唐様を排けた 珠光流の 茶の湯から 出て來た飾で あつた。それは 宗珠 紹鷗時代に

「茶湯ノ奥祕ハ 物スクナニ 淨《きよ》ク 手カロ《輕》クスル躰 一段ヨシ。」（數寄道大意）

とした茶の理念から 表はれ來た 飾なのである。利休は

「昔ハ大床、書院床、違棚さま〳〵の器を 被飾候へ共 大床 用なき器は 略して飾かよし。」

（南方錄）

と宗啓に 東山殿の書院飾を 本とすることを 說きながら なほ みづからの考へを 云ひ添へてゐたのであつた。

先にも 述べた如く 利休は 聚樂第の座敷飾を 能阿彌の珠光宛 君臺觀左右帳記によつて 行つたと 傳へられてゐたが、そのやうな 關りを持つ 座敷の床、棚、書院の構には 恐らく その計畫から 仕上げまで、何かの形で 多かれ 少かれ 携つて ゐたであらう。

聚樂第書院が 凡その型は 細川管領屋形を 襲ひ乍らも その座敷の 建築的組み立てに「兵庫の間」や「官女の間」に表はれた 手の込んだ 見せ場多い 姿を 少しも 採り入れなかつたのは そこにも 利休の茶の 影と響を 見ることが 出來るやうに思へる。それは 工匠に直であらうと

遠廻りで あらうと 利休の茶が 時を得て 高潮となり、その一時代を 押しなびけた 時であつて見れば おのづからな 勢であつた。こゝでは 利休が その工事に 携つた證とすべきものは 何一つ持たないが、利休の茶の 影を尋ね 響を求める今は これらの事によつても ほゞ 見通しがつくやうに 思へる。それは また 利休の後に 小堀遠州が 時を得、その好みを 致すやうになると、一きは 明かになつて 來る事である。卽ち 利休の茶の理念が 他の向へ 展びて、その姿を 替へたり、利休好みの 高潮が 衰へて 來ると、唐様座敷飾に はぐくまれた 好みが 頭を更に 上げて來たのであつた。卽ち 座敷構となつては 松花堂の遠州好み 茶立所の如き 二つの床、二つの棚構、折書院附き、中柱建てと云ふ 十疊間、或は 遠州の伏見屋敷の居間の如き 三つの床の間、三所の棚、中柱附き十三疊間と云ふ 極めて 込み入つた 座敷構が 表はれて來たのである。桂離宮の桂棚の如きも そのやうな傾の 一端が 表はれてゐるに 過ぎないのである。

これら 江戸時代初めの 書院造に表はれた 遠州好みは 東山御物を 集め用ひた 茶の湯と共に表はれ 出て來た もので、利休時代を はさんで 室町時代後期の 細川管領屋形の 書院造と 相對ひ合ふものであつた。これらは 我國住居の 最も込み入つた 組み立ての座敷構で、後にはまた見られなくなつて 了ふものであるが、わが國住宅史の上では 目を引く 著しいもので あつた。

掛物を多く掛けた室町時代の好みは茶の湯によつて全く排けられて、利休時代には掛物なしの茶會の例は幾度も茶會記に拾ふことが出來る。今のわが國の住居では床に對幅を掛けることは極めて少く、何事かの祝の席などに稀に掛けられるやうな習しとなつて來てゐるが、それはこのやうな利休の茶が座敷飾に及ぼした著しい勢の跡なのである。

これ迄述べて來たことは我々の住居に常の習しの如く見なされてゐる床の間構は卽ち棚と附書院とをその兩脇に伴つて晴れの場の主座とする構は桃山時代になつて表はれて來たもので、利休の考へがそのうしろに働き掛けてゐたと見なされること。またその床、棚、書院の座敷飾の中心となるものも室町時代のものに比べて、全く物少なになつて來て、掛物なども對幅を掛けることは何かの時の他は稀で、多くは一幅掛けを主とし、茶座敷では掛物なしの場合も少なくない。また花を活ける時はそれだけを床で見るやうに飾物を少くし、然もその物についての觀賞は深く細かくなつた。この茶の湯の構は既に紹鷗時代に始つてゐたが、利休によつて特に進められ展べられて、廣間や書院座敷に迄それが繰り廣げられた果が今の我々の座敷飾であると見なされることである。

註一　太田和泉守（資房、一生）輯錄、小瀬甫菴（道喜）重撰の「信長記」は元和八年（一六二二）開版、寛永元年（一六二四）再刻のものであつたが、「安土城御普請之事」の中に「……爲奉行先惟住《これずみ》五郎左衞門尉長秀を可被遣旨、天正四年（一五七六）丙子正月上旬被仰出しかば長秀大形の指圖、樣體承て、同十七日安土山に至て、先普請に可入具足或鍛冶番匠をも召集……」と云ふ風に工事が進められて行つたが、奉行は事務を取り扱つてゐて、技術そのものには携はらなかつたやうに見える。また同じ著者の「太閤記」には秀吉の「名護屋旅館御作事衆」を掲げてゐたが、中に「一　御本丸すきや　長谷河宗仁法眼……一　山里すきや　石田木工頭……一　本丸より山里へうらの露地　寺西筑後守……一　山里書院　五間六間（座敷何も狩野右京亮畫之、盡善也。）太田和泉守　同所　御臺所……河原、石川」などと出てゐた。伏見城については普請奉行に佐久間河内守、瀧川豐前守、佐藤駿河守、水野龜助、石尾與兵衞尉、竹中貞右衞門尉の五人の名が出てゐた。これらも前と同じく多くは事務を取り扱つたのであらうと思ふ。

註二　平安時代の工事の仕方の一つの例は鳥羽殿勝光明院の造營について、長秋記の中に事細かに誌してゐた。この事を細かく調べた角田文次君によると「直接間接關係した人々は百餘名をあげることができる。」として、願主、近習侍臣、巧匠に分つてゐる。「工事に着手して主要部分の上棟が行はれた時ですら、全體の計畫はまだ定つてゐなかつた。しかも凡て計畫は單に圖面の上においてなされたのでなくて、例へば橋階について（橋階のこと、御堂の庇出來て後、御覽をへて一に定め仰せらるべし。）といはれ……」たやうなものであつた。また「御堂高き由　御難あり。工申して云ふ　借葺の後　御覧をへて一に定むべしと云々。」とあつて、棟上後一年も經つてから　御堂の高さを　七寸縮めると云ふやうな事などあつて、總てが素人の工事であつた。このやうな仕方は　恐らく後迄も　續いて行はれた習しであつたであらう。そして桃山時代に於ても　これに近い仕方であつたかと考へられる。

註三　この秀吉の手紙は「みんぶほうゐん」卽ち民部法印前田玄以にあての「大かう」の自筆のもので、この前に「こうらいゐこし候はんまへに申つけ候はん事おゝく候まゝ」と名護屋陣中から出したものであつた。秀吉は文祿元年（一五九二）十月再び名護屋に赴いてゐた故に、これは文祿元年十一月のものと見做し得るであらう。中に「なまつ大事にて候まゝ」は鯰の事で、地震の事を云つてゐたと、桑田忠親氏の「千利休」の中で　説かれてゐる所である。

註四　織田信長が　足利義昭のため二條城を築く時、近畿十四國の民人を使ひ、一石を引くに數千人が要つたものさへあつた。西教史に「信長自ら虎皮の行縢（むかばき）を着け、白刃を手にして、仕事場の中央に立つて、自ら監督し、人みな戰慄した。」とキリシタンの宣教師の報告にあつたが、秀吉の場合にても　似たものがあつたであらう。利休の「松新公參」（松井新介康之）宛の（天正十四年か）七月七日附の手紙に（松井男爵藏）、「次に今度越（細川三齋）もしさま　大石を被引候處、關白樣石の上にて　御音頭をとられ候事　爰元其かくれ無之候。御名譽ニ候。貴老御心底奉察候。」として　京都大佛工事の時、細川三齋も大石を引いたらしいのであつた。そして　また　諸大名の　骨折の　一通りで　なかつたことをも　仄めかしてゐた。

註五　岸上家文書は　大熊喜邦博士が建築史誌に公にされたもので、岸上家祖先由緒書によると、その家は永正、大永の頃　足利家に仕へた家のやうであつた。番匠となつたのは「初代　番匠甚五郎義信　（一五〇四）永正元甲子年三月五日生　（一五六九）永祿十二己巳年六十六歳卒」がはじまりで、秀吉に仕へたのは「三代目義職《ナリ》長男　番匠九右衛門義規（一五四八）天文十七年産」であつた。この家は　七代目から　和泉氏を　名のる。聚樂第廣間圖の出る「御廣間の木碎」は（一六二八）寛永五年　九右衛門署名の　覺書と　見られるものの　由である。

註六　「文祿三年前田亭御成記」は　續群書類從六百六十三に出てゐるもので、書寫本のみに　圖入で出てゐる。織田有樂齋の好みで、「御成書院　其外之書院　至大廣間之次第幷御成門、同御書院之住居指圖」が行はれ、「祖父中川内匠頭娘」の末の中川源太夫爲範が傳へたものとしてゐる。圖を見るに　能舞臺に向つた上壇、上々壇がいづれも十八疊間であり、つゞいて三十六疊間がある。秀吉、家康をはじめ　利家、幽齋、有樂などの座つた場所を書き入れてゐた。

註七　永正九年の細川高國屋形について　拙著「書院と茶室」の中で、復原圖を　添へて　委しく　觸れた。

註八　永祿四年の三好屋形は　群書類從に出てゐる御成記と附圖によつて知られる。これは後寫しの圖で　誤りも多いが、義輝の　座の所は　明かである。

註九　貞和二年に　青蓮院に移された十樂院小御所圖は「門葉記」（青蓮院藏）に出てゐるもので、拙著「書院と茶室」の中に　入れて置いた。

註一〇　天正十三年の宮中の茶會について　本願寺の記録「宇野主人記」に「十月十七日　京都ニハ　秀吉公申

沙汰ニテ茶湯アリ。雖無其例 當時秀吉此道御執心ノ故ナリ、宗易ヲ利休居士ニナサレ 禁中ニテ御茶タツルナリ。」として、其例 無しと 雖もと 特に 誌してゐた。

註一一　これは洛中洛外屛風に 室町時代末と見られる三通りの年代の違つた繪に 畫かれてゐたが、これらの特徴は いづれもよく捕へられてゐる。拙著「書院と茶室」の細川管領屋形の項で 既に 述ぶる所 あつた。

註一二　里大裡は 鎌倉時代の閑院のやうに 朱塗の蔀戸をもつた寢殿造などが建てられた例が 古く見えてゐたが、秀吉の場合も「民部卿法印玄以《（前田）》奉行として 諸家のふるき記錄故實など尋さぐり 相勤らる。」（聚樂第行幸記）とはあつたが、極めて自由な姿のものが考へられ、新しい試みの建物となつて表はれて來た。それは「聚樂と號して里第《（内）》をかまへ、四方三千歩の石のつい《（築）》垣 山のごとし。樓門のかためは 鐵のはしら、鐵の扉、瑤閣 星を摘で たかく、瓊殿 天に連て そびえたり。」（同上）と云ふ 盛んな營みで あつた。

註一三　鎌倉御所圖は 多くの工匠の傳書その他に 傳へられてゐるもので、早く大熊喜邦博士の研究があつたが、それと異つた考へ 後の作りものに過ぎないとする事を「書院と茶室」の中で 私は 述べた。

註一四　信長が義昭將軍のために 築いた二條城は「總見記」によると「先規ノゴトク經營シテ 御所ヲ造立可仕由……」とある。この先規は 義稙の三條御所 この方の 規模のもので、恐らく こゝでは 義輝の二條屋形を 指してゐたであらう。このことは 拙著「書院と茶室」の中で 述べて置いた。

註一五　東山殿の主な建物が亡びたのは、天文十六年《（一五四七）》の「四月——相公義晴東山御城に三好宗三、四國衆、懸慈照寺、打破——」（長享年後畿內兵亂記）であらう。その時代を過ぎると、元龜元年《（一五七〇）》の「三月廿日——東山殿

ノ御舊跡名ノミ　アハラヤノ民ノ家ニマシリテ　一宇見ヘ了。」（多聞院日記）とあつたやうに　銀閣が見えてゐたのであらう。そして天正十三年《一五八五》には　近衛前久の住居になり、慶長十七年《一六一二》五月八日亡くなるまで　そこに在つた。そして近衛家から元の寺に返すための訴狀には「彼等《慈照寺》既にたいは《大破》におよひ、くりなと《厨等》こやかけ《小屋掛》の仕合――」（光源院文書）とあつた。それが元和元年《一六一五》には「閏六月十七日　早朝赴東山慈照寺、――丹波《宮木》再建慈照古寺。鑿池水掃庭除。梵宇一新、新奇可觀。」（鹿苑日錄）とあつたやうに　大いに改められたのである。そのときには　義政の館は　觀音殿（銀閣）と、常御殿の泉殿の代りに建てられた持佛堂（東求堂）が殘されてゐたばかりになつた。本堂などは室町時代末には建てられてあつたやうで、天文十二年《一五四三》から永祿七年《一五六四》迄の京都の様を畫いたと推し定められる洛中洛外屛風（上杉伯爵藏）に　三棟見えてゐた。

註一六　能阿彌　大内宛君臺觀左右帳記には　書院飾の圖を出して、十二種の飾り付けのものは「書院ノカサリ此分可爲本飾候。此外ニハ物數ヲ略セラレ四色五色ニテモ飾レ候。物數ヲキソロ《置揃》ヘ候事ハ　マレ《稀》ニ候カ。」としてゐた。故に十二種も飾るのはその頃でも稀であつたらしいが、義政の小川御所や東山殿では　この本たるべき十二種の飾をしたことを相阿彌は傳へてゐた。中には石鉢三つ、釣香爐、拂子、鏡の六種を飾つた東山殿「石山の御間」もあつた。利休時代では　能阿彌が　物數を略したと云ふ四色五色が、最も多く飾つた例であつたやうに思はれる。

註一七　利休棚荘の中の棚の形は、二條城書院や桃山遺構とも傳へられてゐる西敎寺客殿などに見られるが、利休時代に　あつたかどうか　明かでない。これは　遠州などの　賑やかな　込み入つた　棚の　先驅的な表れで

あつたかも 知れない。また 貞享三年（一六八六）に 書かれた 普齋流茶書（家藏）の中にも「利休物好違棚 千とり棚と いふ由也。」として、この形の 棚を 畫いてゐたから 江戸時代中頃には 利休好みの 棚と 廣く 考へられて ゐたらしい。

八の三　非相稱の組立と「飛雲閣」

秀吉の 聚樂第は 聚樂第屛風（三井高辰氏藏）や 海北友松原圖の後寫し圖（聚樂小學校藏）或は長谷川等伯原圖の後寫し圖（東京帝室博物館藏）などに 畫かれて、その有樣が 傳へられてゐた。それらは 互に 相似た處が ないでもないが、建築的には 確かなものとは 云ひ難い。然し 聚樂第遺構と 傳へられる京都西本願寺の飛雲閣などと 相通ふものを その中にも見出し、何か據る所 あつたことは爭はれない。「聚樂第行幸記」によると

「四方三千歩の 石のつい《(築)》垣 山のごとし。樓門のかためは 鐵のはしら《(柱)》、鐵の扉、瑤閣 星を摘で たかく、瓊殿 天に連て そびえたり。甍のかざり 瓦の縫めには 玉虎 風にうそぶき、金龍雲に吟ず。儲の御所は 檜皮葺也。御はし《(階)》のま《(間)》に 御輿よせあり。庭上に 舞臺 左右の樂屋をたてらる。後宮の 局〳〵に 至迄 百工 心を くだき、丹靑 手を つくす。」

と誌してゐた。この中に 儲の御所は 檜皮葺とあつたが 屛風繪の中にも それらしく出て居り、

天主や櫓は瓦葺であつたらしく表はれてゐた。その瓦は金箔が置いてあつたらしく桐文のついたものが今も掘り出されて殘つてゐる。これら多くの建物の一部として傳へられるものに、横濱三溪園の臨春閣があり、京都西本願寺の飛雲閣が殘つてゐる。そのうち臨春閣は特に利休好みとさへ云ひ傳へられてゐた。これは後に述べるが、古い書物には見えてなく、その傳へは後に出來たやうで、それが大坂春日野新田にあつた頃の留め書き（家藏）には利休のことはまだ出てゐなかつた。

飛雲閣は元和三年（一六一七）に本願寺が焼けて、同四年にその建て直しが始つたころ聚樂第から今の境内に移されたと傳へられてゐる。これについての古い書物はよくは知らないが、「本派本願寺名所圖會」や「飛雲閣之記」が誌した所で、[註一]その據り所を明かにしてゐないが、遺物を通して疑なきやうに思はれるものである。

この飛雲閣は池に臨んで構へられたらしく玄關は「船入の間」となつてゐた。それは床が横引戸になつて分れ、船によつて入つたらしい。前からの仕來たりで出入口がある所だけ唐破風にされる習しがあつたが、この間の上が唐破風に作られてゐた。この建物は數寄屋造と見られるもので、利休が若し聚樂第の工事に關つたならばこれなどは最もその力を

致したものの 一つで あつたであらう。このことについては 何の傳へも 殘つてゐないが 然し この建物の 意匠理念は 工匠の 傳統を 離れたものが あつて、然も それは 茶の湯に 專ら 育くまれた 非相稱理念から なつてゐたものである。茶の湯の 器の置き方や 器そのものの 見所が示す 非相稱《アシンメトリ》の傾は 著しいもので あるが、その理念から 成り立つてゐた この建物は 傳統的な 流れを 飛び超えた ものであつた。そこに 利休の 直の手が 加はらなかつたにしても 利休の茶の 考へのもとに 導かれ展べられたとしか 思へない ものであつた。

飛雲閣は 閣建物で、恐らく 金閣や 銀閣に 倣つたものであらうが、これらの三つは それぞれ 時代的な 好みを 持つて 建築樣式としても、相似ながら 然も 全く 異つた 見え掛りを もつて 表はれてゐた。これらの建物を 庭の見所として 構へた 主座敷は これら三つが 異る如く 各〻 違つた 姿のもので あつたで あらうが、今は 殆ど 亡びて 見られない。然し 殘された 少しの 留め書きを 手掛りとして 偲び見るに 金閣は 寢殿造に 近い建物で、銀閣では 第一次完成期の 書院造であつて、それぞれ よく調を 合せ、庭を伴つて その頃の 位高き 住居として 表はれてゐた。[註二] 飛雲閣も また 桃山時代の 代表的な 書院造 聚樂第廣間と共に 樣式的にも その見え掛りに於ても 一つのものとして 連り合ひ、纏りある 眺めを 組み立てて 居たであらう。

飛雲閣は三階建で、一階は廣く、その内の古い座敷の部分の四分の一ほどの二階、その十二分の一程の三階となつて、上程著しく縮まつてゐた。金閣や銀閣が上まで同じ廣さを繰り返すのと全く異つた造り様である。また飛雲閣は先にも述べたやうに非相稱理念から成り立つ形の纏りを見所としてゐた。

こゝで非相稱《アシンメトリ》と云ふのは建物の中心から右左に分れて鏡に映した像のやうにならないことを指すのであつて、それが嚴しい含みでさうなつてゐなくとも右左相稱《あひに》ないやうに整へる意匠的心構へから出てゐたか否かを指すのである。飛雲閣ではまづ各の階の立體がもつ上下の中心軸が「ずれ」を持つてゐて、金閣や銀閣が上下一つの中心軸を持つのと全く異つてゐた。またこれは各の階に於てもさうであつた。卽ち一階の左に船入の唐破風と、右端に附書院の入母屋とが先づ見るものの目を著しく捕へるが、それらは全く異つた形を持つてゐた。それらは右左相對ひ合ひつゝも、その間に量的、位置的、釣合を保ち合ひ一つの納りをなし、二階では軒唐破風が正面からは左寄りに付けられ、それに對ひ合ひ、釣り合ふやうに二つの花頭窓が左寄りに切られてゐた。三階だけは小さく右左相稱に造られてゐたが、その如くなることによつて下の大きな量的釣合を保つための非相稱的

全體のずれを　きは立たせ　非相稱の總纏めを　おほらかに　組み立て　上げてゐるやうである。これらは　互に　持つ中心の　ずれによつて　起さる可き　動きを　量の釣合によつて　互に　靜め合ふ納りから　成り立つてゐた。卽ち　部分の動きが　全體の　釣合の中に　靜まつてゐる　姿であつた。

このやうな　組み立ての　美しさを　今更に　見出し　その好みを　特に　心入れて　展べ廣げたのは　既に　述べたやうに　茶の湯の　造形的な力に　外ならなかつた。云ふ迄もなく　それは　前々からその芽は　あつたのでは　あるが、茶の湯の　器の選び方が　見立てと　取合せによる　組み立ての　宜さを　目指し、その術として　練り展ばして來た　茶の湯　そのものが　齎らしたので　あつた。そして　そのやうな美しさを　建物の　確かな美しさとして　表はし得た　早い例は　今の所　利休の　妙喜庵圍であらうか。そして　それを　更に大きく繰り廣げて　書院廣間にまで　試みたのも　恐らく　利休九間であらう。このやうな　美しさは　古い　相稱理念からは　全く異つた　彼邊《かなた》のもので　あつて、金閣や銀閣を　造り上げた　古い傳統の　工匠達が　持ち得る　意匠理念からは　出て來さうにない飛躍的な　在り方のもので　あつた。そこに　利休と云ふやうな　人が　直にか、或は　遠廻しに　そのうしろに　在らなければならない場が　おのづからに　生れて來るのである。そして　伏見の城を「利休に好ませて」と云つた　秀吉の言葉が　この様に　推し量る事を　傍から　證すやうに思へる。

この飛雲閣は前に掲げた聚樂第廣間とどんな連りに於てあつたか、これについては今迄に知られてゐた聚樂第の繪はあまり應へるものがないのである。たゞ庭の中に廣い池が畫かれてゐたので、廣間から見渡せる庭の池としてあつたと思はれ、またその池に臨んで飛雲閣が建てられてあつただらうと思はれるばかりである。そして聚樂第行幸記によると「庭上に舞臺左右の樂屋をたてらる。」として儲の御所前に能舞臺が作られたらしいから廣間から直にこの飛雲閣がどれ程に見えてゐたか分らない。共に檜皮葺であつて、飛雲閣の込み入つた屋根の組み立てに對つて廣間は大まかな大屋根を以て向つてゐたであらうが、その中にもそれらと相呼び合ひ通ふものとして折中門の千鳥破風附大唐破風とか、入母屋造の軒唐破風などが作られ、恐らく池を隔て相倚り相俟つて、樣式的に結び付き、一つの見物に纏め上げてゐたに違ひない。

飛雲閣の外の見え掛りが秀れたものであると同じく内の座敷構もまた見るべきものの一つであつた。一階は二つの座敷と添へ部屋から成つてゐるが、先に觸れた船入の間が玄關であつて、その正面に床の間がついた二十四疊間がある。本願寺に移された折に畫かれたと思はれる狩野探幽と徳力善雪筆の瀟湘八景の貼付のため「八景の間」と呼ばれてゐた。その奥に七疊半敷上壇をもつた十九疊半の「柳の間」がある。これには三疊の上々壇と附書院が出張つて附けられてゐる。こゝには謂ふ所の「床の間」はない。八景の間境の襖から壁へかけて狩野永徳の筆と云ふ「雪の柳」が貼られてゐる。そのために「柳の間」と云はれるが、上々壇に「招賢」の額あるため「招賢殿」とも呼ばれてゐる。この間取は室町時代書院の古い形をもつてゐた。掛物をかける床の間がなく書院だけが附いてゐて、居間の姿を持つてゐた。そして次の「八景間」に床の間が設けられ、應接間をなす間取である。これは義政頃からの間取で、たゞ室町時代にその例を知らないことは上壇の出隅の柱である。このやうな柱は利休の殘月亭上壇に建てられて後に太閤柱と呼ばれてゐた。この柱は前の例にもあつたらうが、今の所飛雲閣と利休の座敷より外には知らない。[註三]太閤柱の名は利休の家に秀吉が來た時この柱に凭りかゝつたから出た名だとも云はれてゐる。

この部屋の上壇後壁は出窓になつてゐる。この一段高い所は床の間に近いが、二つの窓が兩端に切つてあり、中の壁には腰の笠木のやうに一本の横物が入つてゐて、掛物を掛けるやうにはなつてゐない。この横物は笠木や付鴨居のやうな內側だけのものでなく、外迄出てゐるもので元は下の方が窓にでもなつてゐたかも知れない。內側に於ける貼付も

その下だけ 異つてゐる。この部屋は 外の眺めを 主に したためか 壁の所が 少くて、窓が 四種の型變りで 五つ所に 切られて居り、明障子、襖なども 多い。特に 次の間境の 襖繪は 上壇正面に 建つて居り、永徳筆と 傳へられるだけあつて 大きな 氣持ちの 雪の柳繪で、この部屋を よく 引立ててゐる。また この繪を 正面からの 窓と、横からの光で 照らし出す 光の宜さは 茶座敷などで 見るやうな よく考へ企てられた 採り方である。この座敷の 窓の多い事は これも 茶座敷から 廣間に 移された 新しい意匠の 試みと 云へるであらう。これは 外を見るにも また 部屋内を 照らすにも よく その在り所が 考へられてゐて、このやうな 試みが 廣座敷に 行はれた例も 利休の家の 九間《こゝのま》の座敷より 外には 知らない所である。

八景の間の 貼付繪は 江戸時代のもので、聚樂第から 本願寺に 移された後に 描かれたものであるが、こゝの 床の間は 前々からも あつたものであらう。こゝの 床框は 既に 江戸時代に見られるやうに 疊に 付いてゐて、桃山時代の 他の例が 疊寄《たゝみよせ》と 床框の間に 小壁を 持ち、時には 眞中に 束が 建てられるのと 全く 異つてゐる。この床の間の 姿も 上壇と 押板とを 兼ねた 茶座敷の 形式であつた。また 床の間 落掛についても 桃山遺構と 傳へられる 西本願寺大廣間を 始め 紫明の間などでは 成が 巾よりも 大きい。[註四] 醍醐の 三寶院表書院や 園城寺の 勸學院客殿、光淨院客殿なども 皆さうであつたし、[註五] 飛雲閣 柳の間 上壇のも 成三寸八分、巾三寸二分で、同じ傾を 持つてゐたが、この床の 落掛だけは 成二寸五分、巾三寸で、成が 巾よりも 小さくなつてゐる。これは 利休の家の 廣間の床の間 落掛 成二寸五分、巾三寸五分に 似たものである。このやうな形は これより後 江戸時代に 承けつがれて 行くものであつた。[註六] なほ これには 東の方に「惜昔」の額ある 茶座敷が 附いてゐる。これは 使はれてゐる 材から 見て 後のもので、恐らく 江戸時代のもので あらう。桃山時代にも こゝに 茶座敷が あつたかも 知れないが、その形が 承け繼がれて ゐるものとも 思はれない。

二階は 八疊の上壇、十七疊の下壇に 分れた 一部屋で、狩野山樂筆と 云はれる 歌仙繪貼付で あるため「歌仙の間」と呼ばれてゐる。歌仙の繪は 雨戸代りの 杉戸にも 畫かれ、然も 內外兩面に 及んでゐて、他に 例のない 仕方である。

天井は 格《がう》天井で、山樂筆の 葡萄と栗鼠の繪が 貼られてゐる。

この間には 三階への 上り段前に 板戸が 建てられてゐる。これは 妙喜庵圍の 躙口に 表はれたと 同じ形のもので、上框のない 目板打ち 二枚半の 板戸(八の第一〇圖)である。また それに續いて 一階への 階段脇に 作られた 鐵の丸爐と 風呂先窓やうの 小窓は その大きさや 釣合ひ方が 茶座敷と少しも變りがない。三階は七疊敷で床の間が付いてゐる。この床柱や框は後の補と見られるもので、貼付は富士の繪とも云ひ、秀吉が畫き加へた松もあると傳へてゐるが、今は殆ど見えない。床の内の横窓は茶座敷に見る墨蹟窓を思はせるもので、菱形組子の障子をたて、外に突上戸を蔀めてゐる。また床に對ふ壁には軍配形の火頭窓が切られてゐる。

飛雲閣は内も外も共に數寄屋造の意匠理念によつて營まれた書院造、或は書院造の材料を用ひた數寄屋造とでも云ふ可きもので、どの部分も並々ならぬ仕様を示し、然もよく建物としての納まりと纏りを保つたものである。なほこれは金閣や銀閣の後を承けて花頭窓を用ひてゐたことが目を引く。然も聚樂第屛風繪を見ると花頭窓は天守にまで用ひられてゐた。このやうな窓は世の常のものと異つてはゐたが、たゞ繪空事とすべきではなく飛雲閣と相俟つて、聚樂第の總てに亙つて好まれたかと思ふのである。金閣や銀閣は西芳寺の琉璃殿を寫したものとしてまたそれは無縫塔を表はす禪宗建築として唐様で作られたが故に唐様の花頭窓が表はれたと考へられるのである。金閣は「舍利殿」とも呼ばれ、銀閣は「觀音殿」と名付けられ、共に佛像を置き、住居に付いた半ば宗敎的な含みを持つた物であつた。然し飛雲閣に於ては最早佛像もなく宗敎的な含みは少しもない。

然し禪宗建築に用ひられた花頭窓の筋を引く窓が盛んに付けられたのである。このやうな花頭形は茶座敷が花頭口として早くから用ひ來たつた出入口とは形は少し異なるが然しそれらは禪宗建築として傳つた唐樣から出て來たことはその名から明かであつた。それを住居に採り入れる切掛けをなしたのは茶座敷であつたやうである。そしてそれを思ひのまゝに取り扱つたのが聚樂第であり、飛雲閣であつたやうに思はれる。そして後に湘南亭や桂離宮の書院窓のやうに唐樣の跡が認められないまでに展びて行つたのである。

こゝで特に述べようとすることは飛雲閣に表はれた非相稱の問題である。この建物の意匠理念は全く非相稱を根柢として繰り展べられた組み立てそのもので、金閣、銀閣などとよく似た性格の建物ではあつたが、意匠理念に關る限り全く彼邊のものであつた。建築史としてそれらを一流れの中のものとして見る時工匠達が承け繼いで來ただけのものからは說き明かせないものがある。これは何か他の力で新しく生れ出たものとせざるを得ないのである。そして何か他の力とは同じ理念から成り立つてゐた茶の湯より外には見出し得ない。その茶の湯の非相稱理念は利休が中心となつて推し進めた桃山時代の性格的なものであつた。聚樂第の建築に利休が携つたと云ふ文獻は今は見出し得ないが、前にも述べたやうに　秀吉の手紙などから推して、恐らく利休の考へは　直にも　或は遠廻りにもいろいろな度合に於て　それに加つてゐたとせざるを得ないので、その含みで　この飛雲閣を見るとき、落掛の大きさと云ふやうな細かな事から　窓の付け方や　柱の立て方、或は丸爐や雨戸の姿に到るまで　何等かの形で　利休に連りある特殊なものを　そこに少からず見出すのである。

飛雲閣は　非相稱型の建物として　性格的なもので、こゝに用ひられた意匠の上の納まりや纏りは　後に日本らしさとして　認められるもので、この含みに於て　建築史的に　大きな在り方を示してゐるものであつた。そして　この如き建物の意匠理念を　育んだ源として、利休の妙喜庵圍や、殘月亭書院を　建築史の立場に於て　改めて見直し、これら一連りの建物が共々に　歴史の上に占める位の大きさと重さを　更にこゝに認めようと　思ふのである。

註一　本派本願寺名所圖會に「此時(元和四年)兩堂を轉向して　東面と爲す。元和罹災前は　本堂は南に位し、眞影堂は其北なり。共に西面にして　正面は大宮通に在り。此頃豐臣氏聚樂の亭樹を寄附し、之を石砂の東南隅に移す。……中略卽ち飛雲閣是なり。……中略……寛永七年(一六三〇)徳川將軍家光　伏見桃山城の豐臣氏舊第宅を寄附せり。……中略……第十三世良如上人寛永九年(一六三二)豊臣氏の舊第宅伏見桃山城より移して、四脚門、車寄、大玄關、大廣間、白書院及び同書院附屬の舞臺、並に大厨等を營構す。」とある。飛雲閣之記 その他 次の頁「追註」に誌す。

註二　金閣及び銀閣は 拙著「書院と茶室」の中で、このことを委しく誌して置いた。

註三　江戸時代後期に出た草齋作起繪圖(家藏)の中に 川上不白の「上段付書院」が 利休「殘月亭」を少し作り變へたものであつたが、上壇床の柱に「太閤柱」と書きこんでゐた。このやうな名は前からあつたか否か知らない。この利休の殘月亭については「三の六」で述べた。

註四　桃山遺構と傳へる廣間は 坊目誌によると「寛永七年(一六三〇)伏見城より移し同九年(一六三二)竣工す。」とあり、白書院と對面所(鴻の間)とに分けられてゐる。白書院は 白木書院の含みで、檜の柾目材の建物、同じ寺の黑書院が面皮附數寄屋造を呼んでゐるのに對つてゐるのである。白書院の上壇附の間は 紫明の間と呼び狩野興以の濃繪《だみゑ》の貼り付けである。そこの落掛は成五寸〇分、巾四寸三分五厘、板床の板厚四寸二分巾二尺で 疊寄より高一尺三寸一分。對面所は 床の間 落掛 成七寸〇分、巾五寸三分、長押《なげし》付であつて、床は板床で板厚四寸五分、巾二寸五分七厘である。

註五　慶長三年(一五九八)に 建つた醍醐三寶院の表書院床間落掛は 成三寸九分、巾三寸二分、慶長五年(一六〇〇)の園城寺勸學院客殿廣間の床落掛は 成三寸九分、巾三寸二分、慶長六年(一六〇一)の同寺光淨院客殿の床落掛は 成四寸四分、巾三寸五分で、共に板床で厚さ前のは 四寸一分、巾二尺七分、疊寄よりの高さ八寸九分。後のは 厚さ三寸、巾一尺六寸九分、高さ八寸である。三寶院は疊床で框は成四寸一分 巾三寸六分で、疊寄との間三寸のあきあり、眞中に束が建つてゐる。

註六　天文十二年(一五四三)の京都妙心寺靈雲院書院の四疊半は この飛雲閣などと同じく、 應接間と考へられる部屋だけに 床の間があり、 然もその落掛は 成一寸七分五厘、 巾二寸二分五厘であつた。 成が巾よりも小さくなつてゐること 利休の家の廣間と同じであつた。 このやうな形は 江戸時代を通して 廣く行はれ、 今に迄續いてゐる。 茶座敷を主とした數寄屋造のものは 總てこの形のものを 桃山時代から 襲つてゐた。 この形は 利休が始めたとは思はれないが、 利休は特にこの形を好んで、 成と巾との比を小さくして、 それがなほ江戸時代後期には 極端になつて行つたのであつた。

追註　「飛雲閣之記」 には 「斯飛雲閣者 豐王所レ構。 制度雄侈。 初 在二聚樂一。 後 移二于茲一。 壯麗倍レ舊。」 と江戸時代中頃 湛如 (本願寺第十六世) によつて 傳へられてゐた。 上原芳太郎氏の 「本願寺祕史」 には元和三年(一六一七)十二月二十日 本願寺が 燒けた時の記錄の中に、 災を脱れた建物として 「御亭」 があつたが、 これが飛雲閣であらうと 推論されて居た。 櫻井成廣氏の 「飛雲閣を讃ふ」 の中には 「元祿三年(一六九〇)十一月十六日の日記に 飛雲亭 の名が 見えるから 江戸初期 漢文學興隆の 時勢を 受けて 雅名を 與へられたので あらう。」 とされてゐた。

八の四　傘亭

京都高臺寺の「傘亭《からかさてい》」と「時雨亭《しぐれてい》」、横濱三溪園「臨春閣《りんしゆんかく》」は　共に　利休好みと云はれ　伏見城から　移されたものと　云ひ傳へられてゐる。今　これらは　國寶に　なつてゐるが、然し　これからの調べに　俟つ所多く、その傳へは　いづれも　不確かなもの　ばかりである。このうち　傘亭、時雨亭は　京都にあつたためか　後には　多く　書き殘された　ものがある。

この傘亭は　安閑窟とも　呼ばれ、時雨亭とは　中廊下で　連がれ、一つの建物として　高臺寺裏山の　麓の高みに　建つてゐる。

これは　茶の湯のために　好まれた　數寄屋と云ふより　茶屋と　呼ばれ、庭内の　休所であり、見晴し所であり、また時に　茶の湯にも　使ふと　云ふやうな　類のものである。これは　伏見城から移されたと云ふ　確かな書き物は　ないが、高臺寺が　秀吉夫人　北の政所　高臺院湖月尼のために慶長年代に　康德寺　及び　岩栖院の　舊い地を　合せて　營まれた[註一]折に　伏見城の建物が　移されたら

しく

「當寺 伏見の御殿を 此所へ うつしゝ故に 其けつかう(結構) いふばかりなし。」(山城名所寺社物語)
と後に 傳へられてゐたが、その時に これも 共に 移されたと 傳へられてゐる。

これが 利休好みと 云ふのは「洗雲集」の中に 貞享二年(一六八五)夏四月十二日 高臺寺に 遊ぶとして
「……東歷《テ》二數十級《チ》一而上《ル》二於松林中《ノ》一《チ》。有《リ》レ亭焉。葺《キ》レ艸《チ》爲《ス》レ瓦《ト》。布《キ》レ竹《チ》爲《シ》レ地《ト》甚朴略《ナリ》。榜《シテ》曰安閑窟《ト》。蓋《シ》名人千、、利休、、所《ブリ》レ立《ル》。休性《カ》嗜《ム》レ茶《チ》。不レ滅《セ》二唐之陸盧《ニ》一。都人慕《ヒ》レ之《チ》遊《ブ》二高臺《ニ》一者《ハ》、必造《テ》二其亭《ニ》一而觀《ル》焉。而茶竈尚存《セリ》。亭之外多《シ》二楓樹一。枝葉纖穠、掩《ス》二暎干山麓《チ》一。想之《フニ》秋醉霜時、而滿林爛々猶紅《ナランコト》二於二月花《ノ》一《ヨリ》也。其上復有《リ》二一、亭《ニ》一、翔《ス》二出於樹杪《チ》一。中《ニ》設《ケ》二毛毯《チ》一、長老偕《ト》二予踞《ス》二其上《ニ》一。……」(洗雲集)
と佛國寺の 高泉が 傳へてゐたのが、今のところ 最も早い 表れであらうか。この中に 出てゐる 安閑窟の名は 傘亭の前からの 名であつたらしい。今も その木額が 掛つてゐる。この時にはその廻りは 楓が 多くあつて、其梢を 拔きん出て 一亭ありと したものは 時雨亭《しぐれ》を 指してゐるので あらう。この場合 二つを 合せて 安閑窟と 呼んでゐたやうでも ないらしく、時雨亭は 後迄も 名がなかつた。後にも たゞ 亭と 圖などに 誌されてゐるのが 多い。これに その名がなかつたと 云ふことは 安閑窟に 附いた 一つの亭に 過ぎなかつた ためであらう。

この後「山州名跡志」の中に　これについて

「安閑窟在リ二魄舎ノ東山上ニ一。茶亭千利休。以工造所……」（山州名跡志　白慧撰　元祿十五年（一七〇二））

とあつて、後に　これを承けて、都名所圖會などにも　同じやうに　傳へてゐた。そして　今日に到つては

「時雨亭、傘亭共に　廟舍の　東山上に　あり。桃山城より　移す。兩亭の間　土廊を　架せり。千利休の　好みにして、土廊は　小堀遠州の作なり。」（大日本寺院綜覽）

と傳へて　ゐるのである。これらの　事柄は　未だ　史料的には　裏付けするだけのものを　持たないが、靈屋や　開山堂の　內に　表はれてゐた　桃山時代らしい　性格を　見出し、それと　共に　移されたと云ふ　この茶亭が　他に　例のない　姿のもので　あることに　思ひ到るとき　このやうな　傳へも否み難いものが　ある。

　秀吉の　伏見の城は　利休亡き後に　營まれたが　然し　先にも　述べた如く　利休好みで　造られたらしい。特に　このやうな　數寄屋造に於ては　その形などは　前の　利休の例に　準つて、然も利休の下に　働いたでも　あらう　大工達によつて　造られたかも　知れない。その含みで　秀吉は「りき（利休）うに　このませ候て　ねんころに　申つけ」たのであらう。それ故に　その出來上りの　初めから　伏

見の城では「利休好み」と云はれたで あらうし、後に 高臺寺に 移されてからも 同じく 利休好みと 傳へられて來たのでも あらう。

世に「利休好み」と云ふのは 多くは 利休の指圖に よつたことを 云ひ表はしてゐたが 時には 廣い含みで 利休のものを 見て作つた 利休型と 云ふべきものも 利休好みの 名で 呼ばれた場合も 少なくない。妙喜庵圍の如きは 正しく 利休指圖の 利休好みと 思はれるが、この高臺寺の 安閑窟の如きは 利休めかして 特に 作られた 利休型のもの、即ち 利休樣式のもので、後に 利休好みと 呼ばれた 一つの 例と 見られるものである。それが 遂には 利休作る所と 云ふ程に 傳つて 行つたので あると 考へられる。

作品ぢかに 利休の 息吹の掛つた 利休好みと、さうでない 利休型とでは 利休研究の上に 於ては 少からぬ 隔りが ある。然し また 同じ時代に 或は 續いた時代に 利休好みとして 作られたものには その頃の人が 利休の中に 何を 見てゐたかを 表はすものとして、別の 含みに於て 見逃すこと 出來ない 在り方の ものである。まして 今の如く 利休の 大部分の作品が 失はれて了つた 時に於ては たとひ 利休の手が 直に 加はらなくとも、利休の名によつて 傳へられてゐた所に 利休研究として 一きは 重い要な ものと 認めざるを 得ないのである。

この傘亭と 時雨亭の 二つの名は 何時頃から あつたか よく分らないが 貞享から 元祿には 安閑窟の名だけが 出て居り、安永八年(一七七九)に出た 都名所圖會になつても 高臺寺の 茶座敷について

「傘亭は 千利休が 好む所なり。」(都名所圖會)

とある。また 松平樂翁の 集めた 起繪圖(松平子爵藏)に「傘茶屋建地割 高臺寺 利休」とあつた。そして 時雨亭の圖には「亭」とのみ 出てゐた。これと 同じ圖で、少し 下るものに「高臺寺時雨亭建地割」とした 起繪圖(家藏)がある。これらから 考へると この名は 江戸時代後期に 出來たもので あるやうに 思はれる。そして この名の起りは 寶形造の小屋裏が 傘の骨のやうに 見える所から であり、また それに因んで、他を 時雨亭と 呼んだのであらう。[註二]

傘亭と 時雨亭は 渡り廊下をもつて 一つに 纏められてゐるもので、この廊下だけは 後に 小堀遠州好みと 傳へてゐるが、江戸時代の圖會 その他にも そのやうなことは 書き殘されてゐない。然し その飛石は 遠州作と 傳へられる 桂離宮の御輿寄前や、仙洞御所の 御船付などと 同じ 使ひ様で 然も 外にはない 仕方を見ると 遠州らしさを 思はせるものが ある。然し この廊下なしでは 時雨亭も 傘亭も 見らるべきでない、たとひ 後に 遠州か 或は その流れの誰かが 手を付けたとしても それは 前のものの 繕ひ仕事で、それに 幾らか 別に 飛石などが添へられ

たかも知れないと思はれるのである。時雨亭は二階造になつてゐてその高さは著しく變り、この二つの建物が量の釣合と廊下の長さとによつて全く他では見られない組み立ての美しさを成し遂げてゐるのである。これら二つは共に草葺屋根で、傘亭は寶形《はうぎやう》、時雨亭は入母屋造であつた。また共に竈土《くど》をもつてゐた。洗雲集が茶竈尙存せりとしたのはこれを指してゐたのであらう。傘亭のは茶屋などに設けられる二つ並びの竈で、片隅に作られてゐるが、時雨亭のは二階の床脇に竈土構《くどかまへ》の形で設けられてゐる。これは紹鷗この方の侘茶の構の一つに準つてゐるものかと思ふ。それについて紹鷗の弟子池永宗作は

「境(堺)ノ邊ニハワヒ(侘)數寄ト云テ、クト(竈土)カマヱ(構)バカリシテ持ッ人ヲヽ(多)シ。是ヲハ常翁(紹鷗)カマヱ(構)トモ云也。」(池永宗作茶書)

と誌して紹鷗構ともその頃呼んだらしいことを傳へてゐた。[註三] これは津田宗及日記に山上宗へキ(壁)の會として「中へくどを置テ平がま(釜)すへ(据)。」(同(永祿十年)極月一日朝)とあつた「くど」は恐らくこの例の一つであらう。然しこの構は桃山時代の茶會記には殆ど表はれてゐないから、紹鷗亡き後には廢つたのであらう。それ故にこゝでこのやうな古い好みが見られるのは紹鷗頃の茶をよく知つてゐた利休などが既に廢つたものでも半ば茶屋の姿を持つ侘茶の構

として、こゝに試みたのでなからうかと思ふのである。

この竈土構のある部屋は渡り廊下から段を上つた板の間で、見晴臺のやうに吹き拔きである。それには床がつけられ、床の正面壁には丸窓が切られてゐる。また杉丸太の床柱脇に竹の中柱が立てられ、その後に竈土が作られてゐる。床に窓の切られたのは吹き拔きのこの如き部屋では掛物など風に搖られる憂があり、初めから何もなしにこの丸窓を通して外の眺めを樂むやうに企てられたのであらう。このやうな床が桃山時代に外にもあつたことは織田道八の茶座敷について

「床の壁をきりぬいて窓とし其まわりを表具の如くにはらせ、其窓より八幡山、淀川を見る樣に作り、懸物のかはりにせられし。」（茶湯古事談）

と云ふやうな話が傳へられてゐた。

この時雨亭の床は板床で、壁の入隅は塗り廻しである。

この部屋を使ふ時には置疊でも敷くのであらうか、上壇と下壇とに分れてゐるが、總て板の間である。貞享の時には洗雲集は毛毯を敷いたとしてゐた。

傘亭の方は四隅の柱が太く古くそれに取り付く敷居、鴨居はそれよりやゝ新しいので、

今のやうに 前も 疊敷であつたか 疑はしく 餘程後に 手が加へられ、變へられた もののやうに思はれる。恐らく 時雨亭と 同じやうに 一部分は 吹き拔きの 處が あつたであらう。また その中も 土間と 板の間で 出來て ゐたであらう。[註四] この建物は 渡り廊下が 吹き拔きで あり、時雨亭も 二階は 吹き拔きで あるから それらと 形を 合せるためにも さう考へられる。

數寄屋造は 部屋の中の 組み立てに 重きが 置かれ その外見は 輕く扱はれてゐた 場合が 多いが、これは 中よりも 外に 重きが あつたやうにさへ 思はれる。これは 庭中の 眺めの 一つとして 設けられる 茶屋の 性格を 持つてゐた ために 當に 在るべき 姿に 於て それは なされてゐたのである。これは 飛雲閣と 同じく 眺めらる可き 建物として 造られてはゐたが、侘數寄の 竈土《くど》構を 持つ 數寄屋造として 正に それとは 對ひ合ふ 側のものであつた。そして この二つに よつて 桃山時代が 達し得た 數寄屋造の 意匠の野の 廣さを 見ることが 出來るのである。この含みに於て この建物の占める 建築史の上の 位は 高いものと 云はねばならない。

この建物が 利休作る所として 傳へられたのは 數寄屋造の 秀れた一つとして 見られるが故に おのづからに 落ちて行つた 結びでは あつたが、然し よく そこに 表はれてゐるものを見るとき 直には 肯へないものが ある。それは 建物に 匠まれた 見處が あまり 表面に 露は

で 目立ち過ぎる ことである。 利休 みづから 指圖をしたと 思はれる 妙喜庵圍では それらが たとへ 人の心の外に 出る程の 試みで あつても 例へば 室床《むろどこ》の如く 内に 隱れ 底に潜んで、 見る者をして 當り前の 事のやうに 思はせるだけの 域に 達したもので あつた。 そこに 利休好みと その寫しとの 爭はれない 開きが 表はれて ゐるのかも 知れない。 このやうな 建物が 或は 聚樂第などに 作られて あつたのを 大工達が 見て、 利休型として 伏見城にも 建てたのかも 知れない。

この建物は 久しく 手入れされずに 昭和九年秋の 颱風に あつて、 時雨亭の二階は 倒れた。 そして 昭和十六年に 繕はれた。 そのとき このやうな 吹き拔きの 建物の壁に似合はず 茶座敷の中に塗る 極めて細かい 聚樂土が 塗られた。 桃山時代も このやうで あつたらうか。

註一　高臺寺は「當代記」の慶長十一年(一六〇六)に「此年東山高臺寺立。是ハ古太閤政所御願也。將軍塚ノ山麓、地盤平ケ立之。高臺寺洞家ノ寺也。地形ハ福島左衛門大夫、加藤主計頭、政所へ爲合力被普請。」とある。この寺の工事は 慶長九年(一六〇四)頃から始められたらしく、 時慶卿記の同年閏八月二日の條に「鷲尾來儀、名字地康德

寺屋敷ニ 成間、 替地事、 北政所ヘ 爲訴訟談合也。」とあつたのは その取り掛り頃の ことであつたらしい。

註二　この時雨亭、傘亭については 澤島英太郎君の研究が 東洋建築誌に出てゐるが、それにも 傘亭から 時雨亭の名が 出たことを 誌してゐた。

註三　竈構は 紹鷗の頃には 堺で 流行つたものらしいが、その竈《くど》の作り方について 宗作は「クド《(竈)》カマエ《(構)》ノシヤウ《(仕様)》ハ爐ハ 三方ヲヨセ《(寄)》シキイ《(敷居)》ヲ其儘フチ《(緣)》ニシテ、一方ヘヨセ《(寄)》、 四方ヲ同様ニアテガイ、其ヲ バウジ《(定規か)》ニ一方ノフチ《(緣)》ヲスル也。 フチヲシテ アマル《(餘)》處テハ 如何程テモアレ、スノコ《(簀子)》ニシテ 水ボ《(?マヽ)》也。爐ノシ《(仕)》様ハ 土ヲヨウ《(宜)》拵ヘテ、一盃コメテ、ホシ《(乾)》カタ《(固)》メテ 釜ニアテガイ、圓ク切テ取ナリ。火ロハ 上ヲハヂカミノナリニ 廣キ方ヲ 吾前ニシテ キリ《(切)》、底ヱハ ナソヘニ切也。去程ニ 釜ヲ置ケハ 爐ノ内ハ 一圓ニミヱヌ也。炭ヲ置クモ テギハ不入。殊ノ外 平生《(平常)》受用吉。上ノカマチハ 目ノトヲリ也。其下ニ棚ヲシテ茶ノ湯ノ道具ヲ置也。ナゼニ 目トヲリニスルゾナレバ會ノ時 屛風ヲタツレバ見ヱヌ也。爐ノ内ノ土壇ハ六七分ニスベシ。」(池永宗作茶書)

註四　澤島英太郎君の名席巡り(四三)が住宅誌に出てゐたが、中に傘亭につき「四隅の古く且つ太い柱に遺る痕跡から 亭はもと柱間を開放した東屋風の建物であつたのを 今の様に改作したと推察されること」また「南西の下屋は 改作の際附加したものらしいこと」とされてゐる。私もこの考へを 凡そは肯ふものであるが、あづま屋風と云つても 全くの吹き抜きでなしに 腰に壁が附けられたり、一部分に壁もあり、板の間位は 張られてゐたこと 時雨亭の如くであつたと考へられる。謂ふ所の四阿(あづまや)となるには 建物が大き過ぎると思はれるからである。今の所では上り口脇の中柱や、その近くの鴨居屋敷など皆四隅柱より後のものではあるが、それを皆取り去つた形が元の形であつたか否かはにはかには決め難いことである。

八の五　臨春閣

横濱の三溪園にある臨春閣は傳へによると

「臨春閣（百三十四坪一合）此建築は今を距る三百五十餘年前豐太閤か聚樂邸北殿附近の園地に臨て建てられし極めて瀟洒なる別殿にして、茶聖千利休の意匠に成りしと傳ふ。文祿四年（一五九五）桃山城中に移され、元和六年（一六二〇）桃山取毀ちの際將軍秀忠此を紀州侯に賜ふ。侯更に泉州左海の長者飯野左太夫に與へ、大坂春日出新田なる飯野氏の別業に建てしめ、出府の際宿泊の用に供せり。[註一]」（三溪園天瑞院內古建築の由來及說明）

とある。これには聚樂第にあつて利休が好んだとも云はれ、伏見城（桃山城）へ移され、後には大坂の春日出新田に更に移されたことを誌してゐる。この聚樂第や桃山城のことは何時頃から云ひ出されたか知らないが、「春日出新田座鋪廻り書畫控」（江戶時代後期寫本家藏）によると、これの離座敷二階造の村雨亭について

「一　村雨亭　御額　村雨之御二字　後西院帝之皇女樣　御染筆
　桃山御殿之品　高欄ぎぼうし　傘彫物
同　襖四枚　小倉百首　但シ内六枚紛失　御堂上方　御筆
一　同次ノ間　大張付　松林雨景之づ(圖)　彩色　金泥引金砂子　狩野尚信筆
一(註一階)　茶ノ間　七疊鋪　襖六枚　花鳥ニ菊之畫　金地極彩色　狩野山樂筆
一　同小間　襖貳枚　春繪　松ニ人家之圖　桃内柳榮筆
一　春草廬
　右三字御額　尊賞親王樣　御染筆」

となつてゐる。三溪園に於ては　この二階建は　大坂にあつた時　主屋との　接りが　變へられて　建て直されたが、部屋の中は　變へられなかつた　由である。[註二]　そして　その部屋は　三溪園の由來書によると

「一(註一階)　天樂の間（此の間を　淀君化粧の間と　いひ傳ふ）
　襖及壁張付　四季山水　狩野安信筆　但　徳川時代の修補
欄間　征韓戰利品にして　此に　樂器を　插入し　天女天樂を　奏するの意を　寓したるものなり

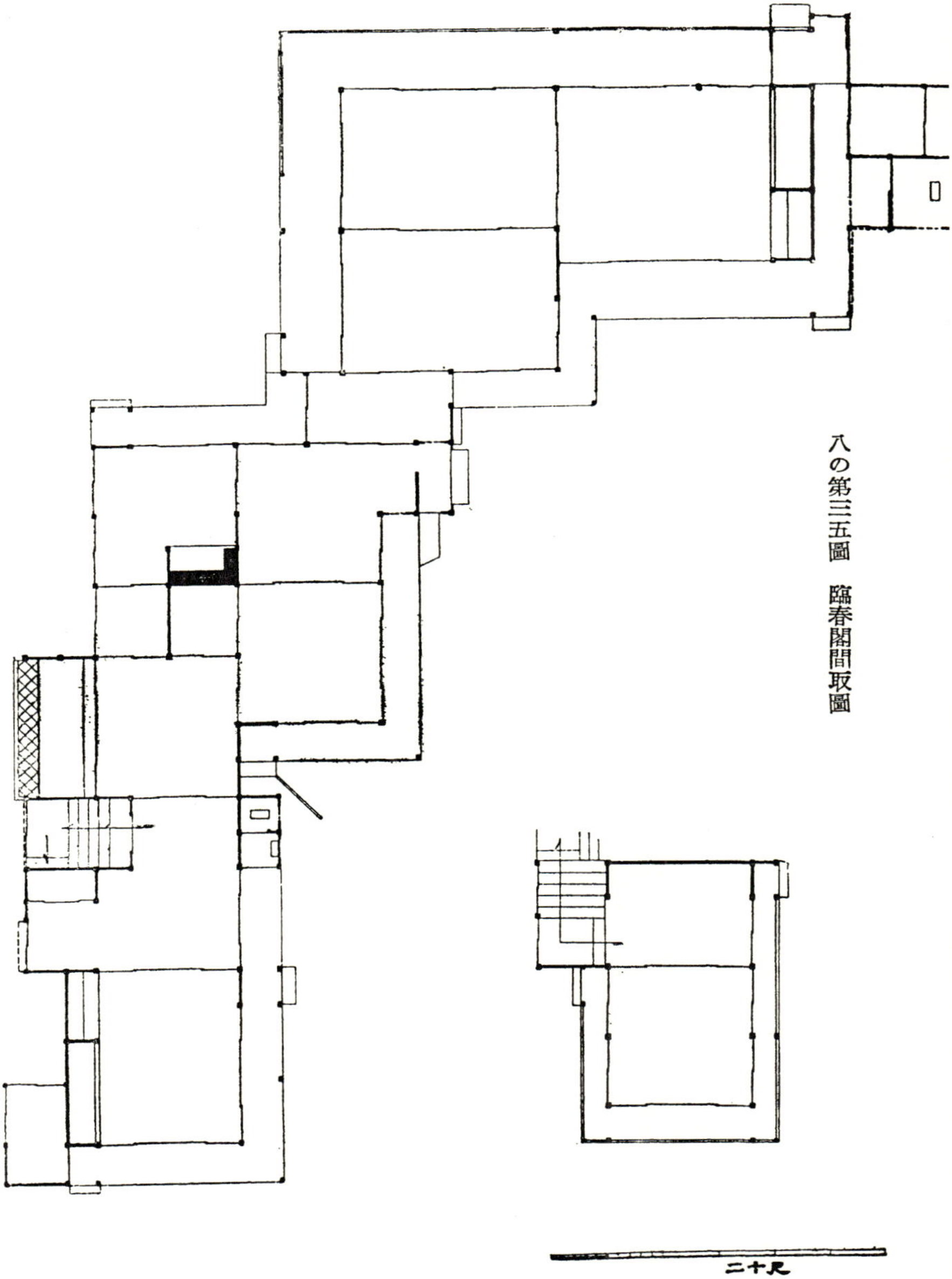

八の第三五圖　臨春閣間取圖

一 次の間
襖及壁張付繪山水　雲谷筆
一 (註二階)村雨の間
次の間　壁張付繪　時雨の松　狩野山樂筆
上の間　襖及壁張付　百人一首　宮家及殿上方筆
勾欄雨傘　飛驒巧匠作

となつてゐる。これら 二つを 比べて 見るとき 村雨亭の額は 失はれてゐたが、貼付の繪や 小倉百首、勾欄など よく 殘つてゐて、二階は 變つてゐないと 思はれる。然し 一階は 貼付繪も 變り、疊敷の處も 增し、餘程 變つてゐたやうである。この一階は 前には 春草盧の額が 掛けられた間 及び 七疊敷と 小間の三部屋が あつて、七疊敷は「茶ノ間」と呼ばれ、山樂の金地の 色繪 花鳥に 菊の襖、小間には 柳桀の 春の繪の襖が あつた。今では こゝは二部屋になり、繪の描手など 變つて居り、中には 取り違つたのもあるが、とにかく この留め書きの 誌された後に 大きな模樣變へが あつたらしい。註三 これらの事は 主屋に ついてもあるが、こゝで 特に 離座敷を 先に 出したのは 村雨亭の 勾欄のことに 付いてである。「桃山御殿之品 高欄ぎぼうし傘彫物」と特に これに 誌してゐたのは 桃山御殿の 品は この高欄だけで あることを 指してゐたのである。そして 外の處には 聚樂第のことや 桃山城のことは 少しも 誌してなく 利休好みの ことも 出てゐない。この留め書きからのみ 考へると、この建物は 聚樂第や 伏見城の 遺構として 見ることを 躊ろがせるのである。

この建物の 主座敷である「住の江の間」は 前の「春日出新田座鋪廻り書畫控」では「上段之間」として

「一 上段之間 拾五疊鋪 床弁床脇 張付共

松嶋之圖 彩色金泥引 狩野古法眼元信筆

一 同襖 四枚 極彩色

源氏若紫之圖 土佐光信筆

一 欄間 桐彫物之内 御懐紙 南西拾貳枚之内 拾壹枚紛失 殘り壹枚 一乗院宮 尊賞親王様 御筆」

と誌してゐたが、三溪園の説明では

「住の江の間

壁張付及襖 住の江の圖 狩野山樂筆

欄間　浪華十咏　　親王家御筆（現今散佚して　只一枚を　殘す）
床脇　青貝の引戶　　征韓戰利品
左側廊下　螺鈿の扉　　征韓戰利品
　此廊下にて　豐公　淀君と　釣せしと　傳ふ。」（三溪園天瑞院內　古建築の由來及說明）

と傳へてゐた。この部屋は　前に　緣側、後に　入側をもつて、兩側　共に　明障子を　建ててゐる。そのために　常の仕來たりとは　異つて　兩側から　ほゞ等しい　光が　入つて來る。そのために　貼付繪の　穩かな　調べと　よく合つて、柔かい光に　滿ちた　部屋を　形造つて　ゐるのである。また世の常の　上壇、下壇の　連りは　同じ間口であるのが　習しであつたが、これは　下壇を　半間だけ狹くして　ゐた。この間取も　また　例のない　仕方である。このやうな　光の採り方や　間取に　利休の如き　工匠の　傳統から　離れた　人の關りが　考へられないこともない。また天井が　丸太竿緣の　卍崩し仕切りの大きな　氣持ちも　利休好みに　應しいが、材の大きさや　床廻りが　桃山時代を思はせない。例へば　附書院が　書院窓だけになつた所など　江戶時代のものと　變りがなく、その材も　細く　その表はれも强くない。[註四]　例へば　飛雲閣などが　持つ　木割の太さと　組立の　强さを　桃山時代の　表れとして　見るとき、これは　それらに　比べて　極めて　弱いのである。

いま桃山遺構と傳へるものは數少なくないが、先に述べた傘亭のやうに山里丸の庭内深く植込の中にでもあつたと考へられる小さな建物は別として西本願寺の大書院にしても、この臨春閣にしても、はたして秀吉時代迄さかのぼり得る據り所があるであらうか、疑なきを得ないものである。この事について一つ二つの留め書きを書き拔いてこゝに述べて見よう。

例へば西本願寺の書院は明の使節を引見した對面所とも傳へられてゐたが、文祿に建てられた秀吉の伏見城は文祿五年(一五九六)閏七月十三日の地震で壞れたため、その使節引見は慶長元(文祿五年)年九月朔日に大坂城で行はれてゐた。[註五] この地震は「日本西敎史」に

「太閤殿下ノ宮殿ハ大厦高樓盡ク壞レ、彼ノ千疊座敷並ニ城櫓二個所倒レタリ。……城中ニ殘リシ者ハ庖厨ノミ。……」

とあり、その多くの建物は倒れたらしく、「豊臣記」には

「伏見ノ城去年七月十二日ノ大地震ニ顛倒、又又點地上、木幡峠創城郭。」

とあつて、指月の地から木幡の方へ地を變へて、再び城は營まれたものである。それから後、秀吉もなき後の關ヶ原の戰には「義演准后日記」によると

「子刻伏見城松丸燒立、責入了。猛火如レ晝。於長尾山見物。辰刻本丸月見矢藏ヲ火矢ニテ

燒立、其ヨリ千疊敷矢藏以下南ヲ指テ燒、西ヘ廻テ燒已。未刻殿守上ノ重ヨリ燒出、牛剋燒果了。籠衆方々打散テ首ヲ取云々。六十餘州諸侍三ヶ年普請苦勞ノ城凡三時斗ニ滅云々。」(慶長五年(一六〇〇)八月朔日の條)

とあり、また「古今消息集」にある石田三成の八月六日附眞田安房守宛の手紙には

「……遣二伏見城一西之丸へ移輝元其以後鳥居彦右衞門大將にて八百餘置候を各申談。去ル朔日ニ從二四方一乘破り不レ殘二一人も一討取、城中御殿をば此間雜人原踏荒シ候間悉懸レ火不レ殘二一宇一燒拂候事。」

とある。これらは大げさに書き過ぎた嫌はあつたであらうが、然しその重な建物の大部分はなくなつたこと疑へない所である。そして後に慶長七年(一六〇二)六月朔日から徳川家康によつて再び建て直されてゐたこと「當代記」や「中井系譜」「宗國記」「台徳院殿御實記」などが傳へる所であつた。また「東照宮御實紀附錄」には

「伏見城の燒し後、殿屋なければ舊材どもを取集め、荒屋一宇造建ありしを上方の者は盛慮の儉素を宗とせらるゝをばしらで、たゞうちより例の徳川殿の吝嗇さよとて笑ひぐさにせしとぞ。」(聞見集　板坂卜齋覺書)

とあつた。多くの 焼けた 記録と 舊材を 集めて 徳川殿の 吝嗇さよと 笑ひ草に迄なつた 荒屋を 一棟建てた話などは 少くとも西本願寺の書院や、臨春閣の如き 目を見張る程の 建物が 殘つてゐなかつたことを 傳へてゐるやうに 思はれる。[註六] これらの事から考へて いま 桃山遺構と傳へる 主な建物は 徳川家康、秀忠、家光などにより 慶長年代から 元和年代へかけて 建て直された 物が 大部分と せざるを 得なくなる。そのうち 様式的に見て 臨春閣は 最も 晩いものと 考へられるものである。これらの建物は 元和五年(一六一九)八月には

「今度 伏見城を 廢し、伏見在番輩 直に 大坂へまかり 勤番すべしと 命ぜられ、松平石見守輝澄、松平豊前守勝政 大坂に 赴く。伏見の城内 吉野の間を 城内 内藤紀伊守正信に賜ふ。……」(台徳院殿御實紀)

とあり、桃山の城は こゝに 取り毀たれ 初め、寛永元年(一六二四)十月廿九日には

「伏見城跡 見物、淺間敷體也。」(義演准后日記)

とある如く 淺間しいものとなり、寛永二年(一六二五)には 遂に

「伏見城 殿閣を 淀に 移さるゝにより 城番兼町奉行 山口勘兵衛直堅は 江戸に 歸り、寄合になる。」(大猷院殿御實紀)

とも傳へられて、全く伏見城の建物は桃山の地から姿を消して了つたらしいのである。この折に恐らく西本願寺やその他へ建物が移されたのであらうか。

高臺寺の傘亭は先にも述べたやうに物も小さく、茶屋として山里丸か何處かの庭の中の建物であつたから、火を免れたと考へられなくはないし、また秀吉夫人北ノ政所の因みによつて移されたのであり、江戸時代も早い頃から利休好みの傳へを持つたことなどから考へて、移される時に手は加へられてはゐたらうが、秀吉時代の趣を餘程殘してゐたのでないかと考へられる。

また臨春閣は桃山遺構と云はれる處が古い留め書きには二階の手摺だけではあつたが、最も年代の降るもので、そのために利休との關りは薄くなつて來る。然したとひ桃山時代的な强さや大きさを持たないとは云へ秀れた好ましい座敷であることには變りはない。聞くところによるとこの建物は昭和二十年五月の空襲のために壞れたと云ふことである。燒けたのでないから或は再び興し得るかも知れないことを心に祈りつゝこゝに筆を擱かう。

註一　この建物は 桃山遺構と云はれてゐるが、聚樂第より 伏見城へ移したと云ふ說明は 利休好みと 傳へられることと、朝鮮の 青貝入の戸などは 文祿の役後と 考へられるために、利休亡き後の 伏見城へ、利休時代の 聚樂第から 移したとして 年代を 合はせたやうに 思へる。然し秀吉の手紙にあるやうに 利休形に造らせたと 見れば、利休好みの 伏見城遺構の傳へは 先に 說く 高臺寺の 安閑窟などと共に さして 矛盾を覺えない 傳へであらう。

註二　今は亡くなつたが、原三溪翁の話では 元のまゝで成る可く保つ事を努められ、只同氏藏の古圖にあるやうに 本屋と 離屋との 連りが、地形に應ふために 取り變へられたのみであつた。その古圖にも 村雨亭下の 階は 今の形で 表はれてゐる。

註三　古く三部屋から成つてゐた村雨亭は 江戸時代後期に 恐らく今の如く 二部屋に變へられたのであらう。また春草廬の額は 三溪翁の世に在つた時の三溪園では 有樂の茶座敷に 掛けられてゐた。然し今は松永安左衛門氏邸の内の一つに掛けられた。この尊賞親王は「春日出新田座鋪廻り書畫控」の「上壇之間」（今の住の江の間）の所で、欄間について「一乗院宮 尊賞親王様御筆」とあつたので、延享三年（一七四六）九月十四日に亡くなつた一乗院門跡 尊賞親王に當てられるであらう。このやうな春草廬の額から考へ、次の間が「茶ノ間」と誌してあつた處から思ふと、古のものは今のやうな書院座敷でなくて、數寄屋造の小座敷でなかつたかと思はれる。それは次の間に 山樂と傳へる濃繪貼付があつたにも係らず、春草廬には 何も誌されてゐないので、土壁の部屋であつたと思はれるからである。こゝに私事のことであるが、一言附け加へて置き度い事は 三

溪翁の茶會に 和辻哲郎、谷川徹三兩氏と招かれて、會の後 古い建物や 庭の話をした時、まだ私の研究がこれに迄及んでゐなくて、この考へを述べることが 出來なかつたのが 今では心殘りである。然し私のこの研究は 三溪翁の心に 叶ふか否かはわからない。然し日本の古美術を好み、この如き大建築の保存に 心をくばつた同翁に 史料に導かれて、おのづからに落ちて行く私の結び言葉は 先づ聞いて貰ひたい氣がするのである。この言葉を 奈良の慈光院にて書いて後 いくばくもなく、この建物は 戰災(昭和二十年六月)に掛つた。燒けなかつたから 或は 復興が 出來るかも 知れないが、傷ましい限りである。

註四　この建物の雨戸は 戸袋の中に 總てが 繰り込まれる形式で、桃山時代にも その如き形が 作り出された。この雨戸は全く目を付ける可き見物である。それは部屋の內法高さ六尺六寸、緣側雨戸高さ六尺九寸六分、巾三尺一寸四分、杉の糸柾板 目板張で、銅釘打ち、上の框なしの 古い姿を 持ち、下框は 三寸三分五厘もあるもので、この如き大きさと 木の宜しさは 秀吉の桃山城を 偲ばせるものがないでもないが、建築的表現と云ふ限りに於ては やはり 弱いものと 云はざるを得ない。

註五　西本願寺書院が 伏見城(桃山遺構)のものと傳へる限り、明の使節の 對面所では あり得ないこと 明かである。このことは 城戸久氏の「伏見城沿革の研究」に委しく 述べられて居り、明の使節對面のことは德富猪一郎氏の「近世日本國民史」が 考證してゐる所である。

註六　秀吉の伏見城が關ヶ原の戰に燒けたことは いま揭げた外に なほ多くの書物がある。城戸久氏の「伏見城沿革の研究」が引く所によると、「十九日(慶長五年七月)……伏見城ニ丸內ヨリ燒拂騷動、……終夜伏見燒。」(時慶卿記)

「一日《(八月)》……今曉伏見城燒亡攻落シ……」(同)「一日《(慶長五年八月)》……大將鳥井彥右衛門自害、其外軍兵打死。城悉燒。」(梵舜記) などとあり、また「七月晦日ニ伏見ノ御城ヲ西國方責ヲトシ燒失仕ニ付 郡山ノ城ヲ御割候テ伏見へ御ヒカセ候。」(大和記) とあつて、一宇殘らず燒き拂ふと云ふ三成の手紙は 言葉通りでないにしても、また「……片時間、灰燼……」(義演准后日記 慶長五年《(一六〇〇)》八月二日の條) などが大げさな書き過ぎであつたにしても、その重な大きな建物は 燒け失せたやうに思はれる。そしてこれらは 西本願寺の大書院の如き大構な建物が殘つてゐさうにない 傳へ樣である。そして「德川殿の吝嗇さよ」と笑ひ草の荒屋一宇を その後に建てざるを得なかつた話や、今の西本願寺大書院の天井繪や襖繪、 貼付繪の悉くが 江戸時代のもののみであることなどが、それを裏付けるやうにさへ思へる。然し我々は 今迄桃山時代書院造の大きさや麗しさ、たくましさを この大書院を通して 考へてゐたのであるし、その木割などには その見方を 否む程のものをあまり見留めないのは これが德川氏によつて營まれたとしても、その多くの材などは 秀吉時代の遺物が あつたかも知れないし、また極めて年代的に 近づいた頃のもので あつたためであらうと思はれる。そしてこれを通して 秀吉時代の 伏見城千疊敷などを 思ひ見ることも あながち 誤りではなからうと 思ふ。

八の六　結　び

これ迄に述べて來た所は主に聚樂第や伏見城の住居の遺構の中に利休好みとして傳へられてゐたものもゐなかつたものも共に何等かの含みで、利休の茶の湯の影を宿し、響を殘してゐた處を見て來たのであつた。そして工匠の術としての構造的なことは別として目に訴へる表現や、生活的な使ひ勝手の點で利休のやうな工匠の傳統から離れて然もその方に鋭い眼を持ち確かな考へを抱く人柄をそのうしろに考へなければ解けないやうな建築史的飛躍を特に主に見て來たのである。すなはち地割と間取の中では一町四方の大住居から百坪程の住居に表はれた數寄屋造をはじめ、書院造の中に深く入りこんでゐた利休好みの影を見たのであつた。また座敷構と座敷飾の中では床、棚、書院と云ふわが國住居の仕來たりはまた利休の考へがうしろにあつて、それまでの私的な部屋構を晴れの構と換へたものであつたらうことを見て來た。そして座敷飾として物數少くなな飾り方は外

國と 全く異つた 日本らしさを 表はしてゐた 處であつたが、それも 珠光や 紹鷗などの 先驅の後を 承けて 利休の茶が 完くした 處であつた。そして 非相稱の 組立と 飛雲閣の中で、茶の湯の 好みによつて 導かれ 展べられた 非相稱の美しさに 觸れて、そのやうな形が 大きな建物の構に 性格的に 築き上げられた 新しい建築の 美しさを 飛雲閣の中に 見たのであつた。そのやうな 美しさの見出しと 完き成し遂げは わが國 建築史の上の 著しい 事柄であつて、利休の 茶座敷と云ふやうな その傾の 著しい 先驅の後に 續いて 仕遂げられた ものであつたと考へられるものであつた。

傘亭と 臨春閣については 世に 利休好みと 傳へられ來た 秀れたものでは あつたが、歴史的には 利休に 直に 關り合つたものとは 考へられないで、その影を 映し 響を 傳へたと 云ふ程の ものであつたことを 見て來た のである。

建物に 表はれた 利休の茶の 影と響は また 同じく 庭園の中にも 見られるもので あつた。庭については 先に 利休の茶庭の所で 述べた所で あつたが、石燈籠とか、飛石とか、疊石などのやうな 部分的なものが 古い庭造の傳へに 全く なかつたものか、またあつても 未だ 芽生えの如きもので あつたのを 大いに 展ばして、後の 書院造庭に 明かな 踏み出しをした。利休は

また その如き 細かな 部分に 關つてゐたのみならず 最も 大きな庭造りの 理念に於て 室町時代の書院造庭が ひたすら 見る物として 展びて來たのに 對ひ立つもの、すなはち 使ふことに初めから 基を 置いた 數寄屋造の庭、 卽ち 茶庭を 成し遂げて、庭造りの 理念の 新しい域を開いたことで あつた。 利休のこれらに 致した跡は わが國の 住居の造形的な 側から見るとき拔く可からざる 著しいものであつた。 彼が この如き 仕事を 成し遂げたのは 彼の一人の 力でなくて、 珠光や、 紹鷗をはじめ 利休の前に その源があり、 その流れの 潮に乘つて 織部や、有樂、 その他の 弟子の力も 後に加つて、 桃山時代の 一つの華かな 轉換期を 作つたので あつた。 これは 三齋が「何事にによらす せぬ事じやなど云事、 かた《(肩)》つまる事也とて、 極て 利休は い《(忌)》ミ嫌候。 兎角 何事によらず 見て能やうに するが 利休がりう《(流)》。」（細川三齋御傳受書） と傳へたやうな 心構へから 總ての 側に向つて 展びて行つた 彼の天才の 跡であつたことを 書きとめて結びとしよう。 そしてこの如き 建築庭園に 表はれた彼の 影響は その他の造形、 茶の湯が 關りあつた 工藝的な方面、 繪畫や、 墨蹟の選び方、 それらを 主としての 座敷飾と云ふ 域に於てもこれと同じか、 これより上の 彼の大きな跡が 見られることを 附け加へて置かう。

昭和二十年 秋

（昭和二十二年夏 校正）

■岩波オンデマンドブックス■

利休の茶室

1949年 1 月20日 第 1 刷発行
1995年 9 月13日 第 3 刷発行
2014年 4 月10日 オンデマンド版発行

著　者　堀口捨己《ほりぐちすてみ》

発行者　岡 本　厚

発行所　株式会社 岩波書店
〒101-8002 東京都千代田区一ツ橋 2-5-5
電話案内 03-5210-4000
http://www.iwanami.co.jp/

印刷／製本・法令印刷

ISBN978-4-00-730099-8　Printed in Japan